美国·亚太地区国家海洋战略研究丛书

日本海洋战略研究

MARITIME STRATEGY OF JAPAN

上海市美国问题研究所·主编
廉德瑰/金永明·著

时事出版社

出版说明

党的十八大报告提出了建设海洋强国的战略目标。而为了达到这一目标，则必须依靠综合国力，建立一整套完整的海洋战略。自从海洋向人类展示其作为海上通道的魅力之时，海洋也自然成为连接国与国之间的一个重要桥梁，也成为了外交的重要舞台，海上纷争的战场。因此，在建立海洋战略的同时，对于周边地区各国的海洋战略，我们也必须加以明察。只有这样，才能够从容应对，才能建立我们自己更为完整的海洋战略体系。出于这样的目的，上海市美国问题研究所策划了一套《美国·亚太地区国家海洋战略丛书》，通过汇集多方之力，力求完成这一目标。

我所策划的这套丛书共计八本，全面展示了美国、俄罗斯、日本、韩国、越南、菲律宾、印度以及澳大利亚这八个国家的海洋安全战略、海洋管理战略、海洋经济战略、海洋环保战略、海洋教科文战略以及海洋国际政治与外交战略等，一方面促进了我们对周边各国具有更全面的认识，另一方面也可以对制定我国的海洋战略起到重要的借鉴作用。

该丛书自策划之始，便抱着严谨的学术态度，汇集各个专家多次召开学术会议，从撰写提纲到充实内容，都数易其稿。随着时间的推移，根据新问题、新情况的出现，不断追踪充实，力求与时俱进。对此，我所还遍访相关专家，力求寻找参加编撰的最佳人选，聘请了上海社会科学院金永明研究员、国家海洋局于保华与李双建研究员、解放军国际关系学院成汉平教授与宋德星教授、华东师范大学国际关系与地区发展研究院肖辉忠博士和韩冬涛博士、上海交通大学薛桂芳教授、上海外国语大学廉德瑰教授、上海政法学院朱新山教授、吉林大学李雪威教授等高校和科研机构的专家分别撰稿。历时两年多时间终于得以全部完成。书稿完成之后，我所还聘请了冯绍雷、于向东、张家栋等著名专家进行严格评审，力求做到尽善尽美。

自从本丛书策划和编撰开始之时，便受到了来自各界的支持和帮助，上海市社会科学界联合会、上海社会科学院出版社等单位对本丛书给予了巨大的帮助，国防大学战略研究所前所长杨毅海军少将为本丛书撰写了总序，对此我们表示由衷的感谢。

对于本丛书的编撰，我所常务所长胡华统筹策划、亲力亲为；朱慧、叶君、龙菲组织协调，落实安排；汪道、李奕昕和章骞先后承担联络工作，确保该丛书出版的顺利进行。虽然在出版过程中遇到了很多未曾预料的问题，但经过不懈的努力，将这套丛书展示在了读者的面前。当然，由于本丛书难免还存在各种不足之处，我们真诚地希望各位读者和专家给予指正，提出宝贵的意见。

最后，我们要特别感谢时事出版社苏绣芳副社长以及各位编辑，正是他们的悉心努力，这套丛书才能够得以顺利出版。

上海市美国问题研究所

2016 年 8 月 26 日

总　　序

中国正处在发展的历史新起点，正在进入由大向强发展的关键阶段。我国发展仍然处于可以大有作为的重要战略机遇期，但战略机遇期内涵发生深刻变化，我国发展既面临许多有利条件，也面临不少风险挑战。

随着综合国力的增强和国际影响力的上升，我国的战略回旋空间和面临的压力同步上升。各种安全挑战中的“内忧外患联动效应”突出，我们维护国家安全利益与发展利益的“两难选择”特征增加了我们运筹国家安全的难度。在实现社会主义小康社会的冲刺阶段，避免跌入“中等收入陷阱”和“修昔底德陷阱”，是我们内政与外交的两个重大课题。

对内，统筹好经济“调结构、稳增长与防风险”三者之间的关系，确保我国经济持久、健康发展是一项重要而艰巨的工作。在新常态下，我国经济发展表现出速度变化、结构优化、动力转化三大特点，增长速度从高速转向中高速，发展方式从规模速度型转向质量效率型，经济结构调整要从增量扩能为主转向调整存量、做优增量并举，发展动力要从主要依靠资源和低成本劳动力等要素投入转向创新驱动。当前，我国经济社会发生深刻变化，改革进入攻坚期和深水区，社会矛盾多发叠加，面临各种可以预见和难以预见的安全风险挑战。

对外，我国和平发展与民族复兴给外部世界特别是给美国等西方国家带来的冲击处于一个激烈的相互磨合和相互适应阶段，各国对华政策也处在一个变化路口，并且可塑性比较强的阶段。中国的外部安全环境继续呈现双重压力状态，即：美国对我国的战略防范和周边部分国家对我国的恐惧与担忧。这双重压力“相互借重，复合交汇”，在涉及与我国利益冲突问题上一拍即合，对我们形成“同步压力”。

我们运筹国家安全正面临着两大矛盾：第一，我们国家迅速扩展的安全和发展利益和有限的保卫手段之间的矛盾；第二，增强保护国家利益手段的迫切性与日益增长的外部制约因素之间的矛盾。

我国经济发展，对外贸易额的增长以及能源供应都对海上运输产生了越来越大的依赖，海上航道的安全已经成为国家安全的重要环节，它不但涉及经济安全，也是国家整体安全的重要组成部分。然而，我国对海上航道的需求的不断上升，与我国海上防卫力量的不足形成了鲜明的反差。

我国外部安全环境，来自陆地方向的大规模军事入侵基本上可以排除，但是来自海洋方向的安全挑战日益增多。美国推进亚太战略“再平衡”，强化在我国周边地区，特别是海洋方向的军事力量部署和活动强度，对我国的周边安全环境形成了巨大压力。

无论是维护国家安全，还是发展经济，经略海洋都已经在战略上形成了刚性需求。党的十八大提出了“建设海洋强国”的战略目标，把经略海洋作为推进中华民族伟大复兴事业的重要组成部分与途径之一。建设海洋强国的内涵丰富，包括提高海洋资源开发能力、海洋运输能力、海洋执法能力、海洋防卫能力，发展海洋经济，保护海洋生态环境，坚决维护国家海洋权益，把我们国家建设成一个世界性的海洋强国。

中国地缘上是一个陆海复合型的国家，虽然在古代曾经有过丰富多彩的海上实践，早在西方的“大航海时代”开始以前，郑和就率领过举世无双的庞大船队远航到了非洲，古代的海上丝绸之路也曾经连接到了欧洲。但是，进入近现代以后，由于传统的观念落后和其他综合因素，中国却不幸地沦落为一个海洋弱国，饱受西方列强的欺凌。在我国从来没有像现在如此接近民族复兴梦想的今天，作为一个世界国家整体面向海洋，这在中华民族的历史上还是第一次，它对世界的冲击是可想而知的。

古希腊著名历史学家修昔底德认为，当一个崛起的大国与既有的统治霸主竞争时，双方面临的危险多数以战争而告终。对于大海，中国还是一个后发的国家，然而，中国建设海洋强国的步伐速度之飞快、规模之宏大，免不了引起一些国家心理上的危机感，他们既无法阻止，又不可抗拒，更难以适应。

19 世纪末、20 世纪初著名的地缘政治学家，美国海军军官、历史学家，《海权论》的作者阿尔弗雷德·塞耶·马汉（Alfred Thayer Mahan）通过对十七八世纪重商主义和帝国主义时期的海上强国英国历史的大量研究，提出了关于美国海军政策、海军战略、海军战术的一系列基本原则。马汉《海权论》的核心观点是，海洋是世界的中心；谁控制了世界核心的咽喉航道、运河和航线；谁就掌握了世界经济和能源运输之门；谁掌握了世界经济和能源之门，谁就掌握了世界各国的经济和安全命脉；谁掌握了世界各国的经济和安全命脉，谁就（变相）控制了全世界。马汉学说在美国被捧为金科玉律，尤其在两次世界大战之间的 20 多年中已经构成了美国军事战略的灵魂。马汉的海权论在西方，乃至世界的影响依然巨大。

马汉通过对17世纪和18世纪的英国历史进行推导，设定了六项他表示普遍适用、永恒不变的“影响海权的一般条件”：（1）地理位置；（2）自然构造；（3）领土范围；（4）人口数量；（5）民族性格；（6）政府的特征和政策。

现代海权更是一个复杂的体系，虽然马汉的六大要素依然发挥着作用，但是对这其中第六个要素，也就是政府的特征和政策则更有进一步拓展的必要。我们不妨根据其功能将其分为“硬件”和“软件”两大部分。其中“硬件”包含海军、海洋管理体制和机构、海洋产业和海洋科技实力等构成海权的客观物质要素；而“软件”则包括海洋管理法律制度、海洋价值观和海洋意识，这些非物质因素在海权的发展和维系方面则具有不可替代的独特作用。

各国的海洋战略也正是通过这几大要素辐射而出的，而且随着进入了21世纪，在这国际政治多极化、经济全球化、军事信息化的时代，海洋战略更是具有崭新的色彩。

以往排他性海上霸权逐渐让位于功能更复杂和更国际化的当代海权观念。这一当代海权观念新颖和核心的特点是，海上力量已无力追求单极的全球霸权与秩序，相对于日益崛起的太空和空天复合力量，海权的黄金时代已经成为历史。即使对于拥有绝对海军优势的国家，在国际政策中，单纯利用海权优势也不可能实现自身的利益。这些国家即使有能力轻易获得海上战争的胜利，其外交、经济和其他代价，也是其决定行动时不得不再三综合考虑的因素。这也与当代全球经济和政治的急遽整合趋势是一致的。

在这一背景下，在这个意义下，全球化时代的海洋战略，还加入了维护海上安全、保护海洋环境等内容，其根本目的就是保护现有经济格局的安全，维护现今给大多数国家带来利益的全球秩序的稳定。海洋战略是一个综合海洋经济、海洋政治、海洋军事、海洋法制、海洋环境等一系列因素的复杂问题。

中国奉行的是和平发展道路，而不是走历史上传统大国崛起靠军事扩张，甚至通过发动战争来实现自己战略目标的旧路。正如国家主席习近平所强调的，中国愿同各国一道，构建以合作共赢为核心的新型国际关系，以合作取代对抗，以共赢取代独占，树立建设伙伴关系新思路，开创共同发展新前景，营造共享安全新局面。

面对当今世界复杂的海上局势，中国如何更好地走向海洋、经略海洋，需要我们在战略上很好地把握，搞好战略规划与运筹。对此，我们不仅仅只是开拓出一条具有中国特色的和平发展的海上战略，同样重要的，还应当对世界各国，尤其是中国周边海上国家的海洋战略加以清晰地了解，明确地掌握。

上海市美国问题研究所将美国、日本、韩国、越南、菲律宾、澳大利亚、印度以及俄罗斯这八个国家的海上战略进行了系统的梳理。据我浅薄所知，国内至今还没有见过这样一套系列丛书。这样一套系列丛书的面世，对于今后中国如何面向大海，如何制定相应的海上战略而言，具有非常宝贵的参考价值。这样一套系列丛书的顺利出版，对于服务于建设海洋强国，对于推进中华民族伟大复兴事业都是一件值得庆贺的好事。

对于海洋战略这样复杂的问题，分国家加以考察更要花费巨大的辛劳和探索。对此，上海市美国问题研究所动员了全国的相关专家，历经多年的努力，集中全力对这套丛书进行了编撰，取得了丰硕的学术成就。

为了适应世界多极化、经济全球化、合作与竞争并存的新形势，扩大与沿线国家的利益汇合点，与相关国家共同打造政治互信、经济融合、文化包容、互联互通的利益共同体和命运共同体，实现地区各国的共同发展、共同繁荣，中国政府提出了建设“一带一路”倡议。其中，“二十一世纪海上丝绸之路”的战略规划将促进构建海上互联互通、加强海洋经济和产业合作、推进海洋非传统安全领域的全面合作，也将拓展海洋人文领域的合作。在建设“二十一世纪海上丝绸之路”的大业中，了解各国的海洋战略，更是必不可少。我相信，这套系列丛书会为照亮“二十一世纪海上丝绸之路”的拓展前程做出特殊的贡献。

《美国·亚太地区国家海洋战略研究丛书》浸透了所有参与者的辛勤劳动与心血，当广大的读者从中受益的时候，也是对为这套丛书顺利撰写、编辑、出版和发行而做出各自贡献的人们表示感谢的最好方式。

2016年仲夏，于北京

目　录

前　　言

日本江户时代的海洋战略学者林子平在其著作《海国兵谈》中说，海国是指不与陆地接壤，而被海洋包围的国家，如果风向顺当，外国军舰在一两天内就可以从两三千里的地方到达日本，因此不可不防。暂且不说他的推算是否精确，只就其海防意识来说，林子平是日本留下重视海上威胁文字资料的第一人。他认为海国的防御在海岸，海岸的兵法在水战，水战的关键在大炮，这是海国必须要做的事情。然而，林子平的海防思想与江户幕府的锁国政策格格不入，因此一生怀才不遇。实际上，日本以海洋国家为基本定位，发展海上力量，制定海洋战略，是近代以后的事情。

战后日本到底有没有海洋战略，这是一个尚未确定的问题，因为除了以开发利用海洋资源为核心的《海洋基本法》和《海洋基本计划》之外，迄今为止，日本并未出台包括安全保障在内的综合海洋战略正式文件。但是，若从近年来日本以价值观为核心的外交理念与活动，特别是日美之间达成的一系列海洋安全合作文件来看，日本的综合海洋战略似乎已经成形。本书的任务就是从日本海洋资源、经济和立法实践，安保政策的变化，外交理念与实践的内容，还有日美同盟深化等角度分析日渐清晰的日本海洋战略思路。分析将从如下不同的角度切入：海洋国家观念、海权思想、海洋资源、海洋法制、海洋权益、海洋安全和海洋外交。其中包括海洋对日本的意义、日本人的海洋战略思考、海洋政策、海洋立法、海域权益、岛屿争端和外交政策等内容。

首先，日本海洋战略的基本内容。从海洋国家观念的角度看，日本从海洋国家的自觉定位出发，认为海洋在资源获得和海上运输方面具有重要意义。为此，战前日本的海洋战略从“陆主海从”转型“海主陆从”，并走向了所谓大海军时代。历史上日本虽然有过锁国的时期，但是，近代以来日本接受了西方海权的理念，建立了海上力量，参与了列强之间争夺海权的战争。二战以后，日本奉行追随美国的政策，实际上是与海洋国家为伍观念的实践。在海洋战略思想方面，日本受马汉影响较深，至今在不少学者的理论中仍有反映。另外，日本学者高坂正尧的海洋国家理念对当今日本政界和学术界都有重要影响。日本海洋战略的基本内容大致可以包括如下几个方面：建立以海洋开发为中心的海洋大国；把中国作为重点防御对象；强调离岛防卫的重要性；重视海上交通线的安全；与海洋国家结盟。

其次，日本的海洋政策与法制。海洋战略的具体落实需要制定相关的海洋政策和法律，《海洋基本法》对日本资源利用和非传统安全方面的内容做了详细规定。值得注意的是，日本的海洋战略在一些重要领域也得到了相应的重视和发展，比如，日本重视海洋教育、海洋产业的扶助等。为保全海洋环境和可持续地开发海洋及其资源，日本要求国民重视海洋并自发地积极地参加管理海洋的活动。日本特别重视学校教育和社会教育，培养与海洋政策课题相适应的人才。日本重视海洋法的制定工作，迄今已构建了海洋法律体系，制定了《海洋基本法》《领海与毗连区法》《专属经济区和大陆架法》《专属经济区内行使渔业等有关主权权利的法律》《海洋构筑物安全水域设定法》《为促进专属经济区和大陆架的保全和利用对低潮线保全和相关设施完善等法律》《海上保安厅法》《禁止特定船舶入港特别措施法》和《在领海等区域内有关外国船舶航行法》等法律。日本海洋战略的主要目标之一为获取能源资源，鉴于石油进口的风险性，日本制定了《替代石油的能源开发和利用促进法》，还制定了以“确保安定供应”“适合环境”“活用市场原则”为基本方针的《能源政策基本法》。特别是《海洋能源与矿物资源开发计划》的制定，为官民合作、政府部门合作研究和开发海洋资源奠定了法律基础。另外，在维护海洋运输安全方面，日本积极参加反恐和打击海盗国际行动，并制定了《恐怖事件对策特别措施法》和《应对海盗法案》等法律。

第三，日本的相关海域战略。日本在相关海域战略方面，主要包括东海、南海和印度洋三个方面，其中包括围绕这些海域的资源开发、安全保障、运输通道等问题。在资源开发方面包括专属经济区划分问题，大陆架及外大陆架资源问题。在安全保障方面包括东海和南海的制海权之争，东海防空识别区问题是日本与中国围绕东海安全产生的争端，日本介入南海问题的主要战略考量与东海问题有密切关系，也与日本配合美国亚太战略有密切关系。为此，日本在外交上极力拉拢菲律宾和越南，还积极接近印度尼西亚，甚至利用欧洲国家影响力在国际上大造舆论，批评中国的南海政策。印度洋的问题主要涉及日本的海洋运输通道安全问题，是日本关心的重要海域，日本从中东进口的石油大部分要经过印度洋运回日本，所以日本对这一海域，特别是这一海域的沿岸国家特别重视。另外，日本的外大陆架战略反映了日本不仅企图在东海拓展海域空间，而且试图在公海，特别是外大陆架制度上试图进一步拓展管辖海域范围，寻求海底资源和管辖空间的最大化，确保所谓的资源能源供应和安全保障空间的意图。

第四，日本的岛屿战略。在岛屿战略方面，日本近年来特别重视离岛的保全与安全保障，这个问题与岛屿争端有密切关系，因为离岛中包括与邻国之间的岛屿之争，所谓离岛的保全也意味着争议岛屿的安全保障。日本与邻国之间的岛屿争端是其海洋战略中不可忽视的内容，在北方，日本与俄罗斯之间围绕南千岛存在领土争端，在对马海峡附近与韩国存在岛屿争端，在东海与中国存在钓鱼岛主权争端。南千岛现在被俄罗斯控制，该问题与日俄和平条约问题和西伯利亚开发问题交织在一起，呈现复杂性，短期内看不到解决的希望。独岛问题是日本与韩国之间的领土争端，现在被韩国控制，因为两国都是美国的盟国，武力解决的可能性不大，美国不会允许两国因为该问题大动干戈。钓鱼岛问题是中日之间的主权之争，现在有两国交叉管辖的趋势，日本不承认搁置争议的共识，中国将把常态化巡航进行到底，东海的局势主要由该岛主权争端引起，现在日本拉住美国大搞夺岛演习，矛头指向中国。

第五，日本的海洋外交战略。日本的海洋外交战略指的是日本近年来在外交上主要是从海洋资源确保和海洋安全保障角度展开的。海洋权益和海洋安全几乎成了日本对外政策的主要内容，其中一个重要的目的就是如何遏制中国的崛起和应对中国的威胁。一个突出的表现是日本提出价值观外交，并试图构筑“自由与繁荣之弧”，明显是要在中国大陆周边建立一个从海上或者大陆边缘构成的战略包围网。其中，日美关系、日澳关系和日印关系是日本建立这样一个海洋国家同盟的重点。为了深化日美同盟，日本与美国重新修改了防卫合作指针，还通过了相关安保法案使其能够行使集体自卫权，参与各种预想的所谓“事态”。为了拉拢澳大利亚参与包围中国的战略同盟，日本与澳大利亚签署了《安全保障合作联合宣言》，参加美澳军事演习。对于印度，日本积极接近，极力拉拢，宣传中国要构建包围印度的“珍珠链”战略，目标是拉印度与日美澳构成“菱形包围圈”，遏制所谓的“中国向海洋的扩张”。

第一章　日本海洋战略概述

日本是一个岛国，现在也自认为是海洋国家，但是自古以来，由于受大陆文化的影响，日本对海洋的认识并没有欧美一些传统的海洋国家那么深刻。尽管大和朝廷与唐朝发生过一时的海上对抗，日宋之间有过一定程度的海上贸易，镰仓幕府也从海上抵抗过蒙古人的进攻，倭寇在中国东南沿海的骚扰活动也贯穿了整个明朝时代，甚至丰臣秀吉在明朝后期在朝鲜半岛与明朝发生过大约七年的军事较量，可以说日本人在东海和黄海的海洋活动有一定的历史传统，但是这些都没有使日本产生类似西方的海洋国家意识，日本与欧洲的大航海活动没有太多的关联。

明治维新之后的日本虽然倡导脱亚入欧，后来也接受了马汉的海权思想，但是还未产生真正意义上的海洋国家意识，反而伴随着军国主义的扩张一步一步陷入了大陆战略泥潭。二战后的日本一直奉行追随美国的政策，利用日美安保条约保证自己的安全，又由于吸取了战前发动侵略战争的教训，所以，战后相当长的一段时间主要精力用在了国内经济恢复方面，对外方面则实行低调的防卫政策，至今日本独自的海洋战略并没有制定出来。

但是，以上种种理由并不等于意味着今天的日本没有基本的海洋战略思考，从历史上日本人的海洋及海洋国家意识，我们还是能够看出，日本作为一个岛国，早就有自己独特的海洋观念，尽管这种观念不同于欧美列强的海洋意识，正确解读日本人独特的海洋观念，对于准确分析今天日本的海洋战略思考，是一个具有现实意义的课题。

第一节　海洋对日本的战略意义

中国史书《魏志·三国志·倭人传》记载了日本在“东南大海之中，依山岛为国邑”，点出了古代日本与大海的关系。日本是个多岛之国，日本人生活在被海洋包围的岛屿上，海洋对日本人来说，既是维持生计的基础，也是通往外界的纽带。在日本众多的岛屿中，本州、四国、九州和北海道，一般被称为本岛或者本土。从九州最南端的大隅半岛和中国台湾之间延绵分散着一串岛链，呈东北—西南走向，依次是：大隅诸岛、吐噶喇列岛、奄美诸岛、冲绳诸岛和先岛诸岛，统称西南诸岛，这一岛链与中国东南沿海的江苏省、浙江省和福建省隔东海相望，也把东海与西太平洋隔开，构成太平洋进入东海的天然屏障，也形成东海进出太平洋的自然阻碍。本州岛的西侧隔日本海与朝鲜半岛和俄罗斯对望，北海道则邻千岛群岛和萨哈林岛，背对鄂霍次克海。四面环海，决定了日本在地理上是岛国，也是海洋国家。因为自古以来日本人并未完全被限制在岛屿之上，而是依靠海洋谋求生存，依靠海洋谋求发展，甚至还曾借助海洋向外扩张，所以，他们对海洋的重要性早就有所认识，有着自己朴素的海洋观，在当今的时代，日本又对海洋有着现实利益层面的深刻理解。

一、　资源方面

日本早就意识到，若论领土面积日本只能排到世界第 61 位，但是，若论海洋面积，日本的专属经济区和领海等“属于日本的海洋”总面积是447万平方千米，可以排在世界第6位，即排在美国、澳大利亚、印尼、新西兰和加拿大之后。如果考虑到海水的深度，日本拥有的海洋体积推定为1580万立方千米，可以占到世界第4位，排在美国、澳大利亚和基里巴斯之后（当然这只是估算，而且不考虑与邻国之间的争议海域）。

另外，日本也是一个由6852个岛屿构成的岛国，特别是远离日本四个主岛的“离岛”小笠原岛、冲之鸟礁、南鸟岛、大东岛等岛屿为日本主张的专属经济区面积作出了贡献。作为世界第四大海水体积拥有国，日本自然不能忽视海洋中所蕴藏的资源。

一般来说海洋资源大致可分为：海底资源、海洋资源和水产资源。

（一）海底资源

以石油为例，当今世界石油开采的大约1/3来自海底。日本近海，包括东海油气田，储量与伊拉克的储量相当，据推算大约有1000亿桶，这是日本与周边国家争夺海洋控制权的根本原因。另外，海底资源除了石油和天然气之外，还有锰、镍、钴、铜等稀有金属，日本近海海底也被证实存在大量稀有金属岩层。

海底是埋藏宝藏的地方，比如，太平洋和印度洋的海底就存在大量的锰矿。日本早在1987年就获得了夏威夷东南方向海底的7.5万平方千米的锰矿开采权，[①] 现在日本正加紧对其储藏量和对环境的影响进行调查和评估，开发技术也在加紧进行。另外，日本从1987年开始也对南鸟岛南方的公海海域进行海底资源调查，2005年开始对有希望存在矿产资源的海山进行了精准确定和精密调查，还向国际海底机构提出了申请，目的在于确保日本对这些矿区的权益。日

① 独立行政法人石油天然气金属矿物资源机构网站，http://www.jogmec.go.jp/recommend_library/jnewsweb/contents9_04.html，2013-2-19。

本政府早年决定在2012年之前完成海底资源埋藏量的评估，并完成相关技术探测，现在这一阶段已经完成。日本计划从2013年至2018年开始对提取和精炼进行技术研发，研发成果将在下一阶段交由民间企业进行商业开发。日本计划在2010年探明海底资源的储量和开采试验，2015年进行“海底热水矿床”开发，2030年进行海外海底热水矿床开发合作和可燃冰开发及锰元素开发，最后达到全面海洋开发和利用。①

所谓“海底热水矿床”，就是在水深1000米至3000米的大洋中央海底山脉，也叫中央海岭的火山性岛屿周边海域分布的含有金属硫化物的矿床。目前已经发现了这种矿床350多处，渗入海底地下的海水，被海底火山岩浆加热之后，会吸收地壳中的金属元素喷出来，并在海底经冷却而积淀起来，从而形成“海底热水矿床”，其中包含着铜、铅、金和银等矿物质资源。除此之外，还有镓、硒、碲等稀有金属，它们都是高端技术产品不可或缺的元素。这些资源日本100%依赖进口，而这些资源在日本的专属经济区和大陆架都有埋藏，日本已经确认了在冲绳海沟的伊势名海穴和伊豆、小笠原海域的明神海丘等处，都有广泛的矿床存在。

（二）海洋资源

这是指在海水中包含的除了水产资源以外的资源。海洋占地球表面的71%，海水的量大约有13.5亿立方千米，地球上上百种物质元素的80%都在海水中存在，这种溶解在海水中的元素，一般被称作“海水溶存物质”。海水中当然主要包含了盐分，还有钠和镁元素，事实上，海水中也包含着金元素，甚至铀元素。铀是核武器、核电站必不可少的原料。海水中的微量元素，对于人类的生产和生活都是必不可少的，随着海洋科技的不断进步，提取这些微量元素，

---

① 我が国における海洋開発利用の基本戦略，http：//blog. canpan. info/mt-forum/img/380/appendix. pdf 2013年2月19日。

将对于人类的未来具有重要的意义。特别是海洋深处的资源对于人们来说还是个未知数，这里常年见不到阳光，这里的资源和生物，与依靠光合作用生长的植物和依赖阳光生存的生物都有不同之处，它们对人类的影响也是未知数，因此，蕴藏着巨大的潜力，具有无限的魅力。德国在第一次世界大战失败之后，曾经试图开发从海水中提炼黄金的技术，据说每吨海水中可以提炼出3微克的黄金，不过由于提炼费用远远超出了黄金的价格，所以，这项技术也就被搁置起来，但是，这件事却证明了从海水中提取贵重金属是完全可能的。当然，进一步说，如果科技发展达到了能够廉价提取黄金的程度，那么，一旦这种技术被所有国家掌握，黄金也就不再珍贵了，价格必然暴跌。

日本是个严重缺乏资源的国家，但是作为海水体积拥有量占世界第四位的国家，自然要坚决捍卫它的海洋资源。比如，据科学测算，海水中的铀元素，每吨含3毫克，是黄金含量的1000倍，这样测算，世界大洋的总体积中应该含有铀元素45亿吨。另外，海底地壳表层所含铀元素是海水中的1000倍以上，这部分铀元素也不断向海水中渗出。由于海水黑潮的流动原因，海水有一部分是不断流向日本海域的，这意味着，海洋资源也不断地向日本海域流动，日本科学家估算，每年大约应该有520万吨铀元素流向日本海域，如果能够提取其中的0.2%的话，就可以供日本核电站一年所用的铀元素，也就是说，每年流向日本海域的铀元素可供日本核电站使用500年。[①]

日本严重依赖石油和天然气的进口，每次石油涨价都对日本经济造成巨大损害，影响国民生活。其实，在日本拥有的海域埋藏着替代进口能源的物质，这就是被称为继煤炭和石油之后的第三大能源：可燃冰。可燃冰是在深海高压和低温条件下产生的物质，日本

① 山田吉彦，《日本は世界4位の海洋大国》，讲谈社，2010年，第58页。

周边海域埋藏着大量的这种能源，所以，日本非常重视周边海域的资源确保和安全保障。可燃冰早在19世纪就被人们认识，20世纪30年代在西伯利亚，由于可燃冰的出现堵塞了输气管道，20世纪60年代，在永久冻土层也发现了这种有机物，之后，各国都在加紧研究可燃冰。2002年，由日本、加拿大、德国、美国和印度共同研究，成功进行了从地上收集地下可燃冰曾含有的甲烷气体的实验。

根据日本经济产业省官员发表的文章介绍，在日本的专属经济区和大陆架大约埋藏着大约7.35万亿立方米可燃冰，这些相当于日本每年天然气消费量的94倍，也就是说可供日本使用94年。其实，日本早在2001年就分三步实施了开采可燃冰的计划，2008年之前的阶段，日本实施了科研和实验；之后，从2009年开始，日本在周边海域进行了开采和生产活动，2010年5月，日本政府召开了一次海洋相关者座谈会，与会者对海洋基本法的具体实施进行了讨论；从2016年至2018年进入第三阶段，即商业运转阶段，日本计划十年以内实现商业开采。日本政府为此投入的国家预算也是世界最多的，可以说日本是世界可燃冰开采最先进的国家，意味着日本将来有可能摘掉资源贫乏的帽子。

目前日本主要是进口液化天然气，进口比重占96.4%，如果可燃冰的商业开采步入正轨，日本在能源方面对进口的依赖会大大缓解，由于石油价格上涨引起的能源危机和国际形势变化导致的经济危机，以及随之带来的日本国民生活的压力也会大大缓解。从这个意义上看，今后五十年，日本依靠自己的领海、专属经济区所蕴藏的资源解决能源供给问题，将是全国上下共同关心的问题。可燃冰问题，会成为日本根本利益所在，也是日本战略资源的重要组成部分。这是日本在东海、钓鱼岛，在南海，在北方领土，在独岛与邻国发生主权冲突的根本原因，因为日本要尽量把自己控制的领海、专属经济区和大陆架扩大到极限，不惜与邻国发生争端。所以，要了解日本的海洋战略，不分析日本在海洋资源方面的根本利益就不可能真正理解和把握这一问题的实质。

（三）水产资源

不仅包括渔业资源，而且还包括大量的藻类、贝类和海洋哺乳动物，这些都是人类生存所不可或缺的资源。日本人喜欢吃鱼，根据2007年的统计，日本人平均每人每天吃80克水产食品，2003年的日本渔业白皮书公布了日本人平均每人每年消费水产食品金额和3.2万日元，吃鱼的传统加上营养学家关于吃鱼有利于儿童头脑发育的宣传，使得日本家庭的鱼类摄取量不断增加。不仅是儿童，成年人也在鱼的胆固醇大大低于肉类的营养学知识驱动下，宁愿多吃鱼而少吃肉。日本人最喜欢吃寿司，寿司是日本人消费的重要形式之一，日本有大约3.2万家寿司店，平均每4000人就有一家。可以说，对于日本的食文化来说，如果没有寿司和生鱼片，就不知道从何说起。

日本最喜欢吃金枪鱼，2004年世界金枪鱼产量是28万吨，其中日本的产量是21万吨。日本人离不开金枪鱼，离不开鱼，离不开渔业生产，因此离不开海洋。日本必须保护自己主张的海域的渔场，2008年，日本海上保安厅在钓鱼岛海域逮捕了台湾捕鱼船，这艘船就是捕捞金枪鱼的作业船。日本占领钓鱼岛之后，宣布该岛周围200海里为其专属经济区，凡是进入该海域的渔船，或者遭驱赶，或者遭逮捕。钓鱼岛问题的利益关键虽然在于专属经济区和大陆架的划分基点，但是，其周围海域的渔业资源利益也不容忽视。

2007年，安倍内阁出台了“农林水产物和食品综合出口战略”，对于出口环境、品目、输出国和地区都制定了相应的战略。2010年制定的日本新成长战略规定：把农林水产领域视为成长产业，在2020年之前实现粮食自给率达到50%，2017年之前，使农林水产物和粮食出口额增加1万亿日元。在国际贸易谈判的舞台上，日本是作为一个粮食纯进口国出现的，本国的农业和渔业的生产和保护固然重要，但是，国内农业和渔业生产的保护也要从环境保护、生态平衡和国民消费等各方面进行全面平衡考虑。近年来，日本开始重视离岛在渔业生产方面的重要性，离岛作为生产条件不利的地区，既要给予生产补助，又要注意保护环境。一般来说，日本的渔业生产和渔村建设存在着三个不利条件：一是生产条件不利；二是生活条件不利；三是法制的不利。日本认为解决这些问题的具体办法是设立离岛补助金，帮助离岛渔民运送海产品，提高收入吸引年轻人从事渔业生产，防止渔业生产者的老龄化，促进离岛渔业生产的发展。当然，离岛的安全也是他们考虑的重要内容。

二、 海上通道的安全

其实，日本的资源在目前还主要靠进口，无论是矿物资源，渔业资源还是农产品，都严重依赖进口，日本与海外贸易的97%是通过海上运输实现的，所以，海上运输的安全与日本经济和国民生活息息相关，包括海上航行的安全和海上战略安全。

（一）海上航行安全

对于日本来说，有两大海上通道对贸易举足轻重：一是北美航路；二是欧洲航路。

在北美航路上，亚洲通往北美的方向，日本的集装箱货物占20%，北美通往亚洲的方向，日本占到14%。在欧洲通道上，亚洲通往欧洲的方向，平均每年集装箱货物是1.2万吨，从欧洲到亚洲的方向货物量是6700吨。从货物种类来看，2010年的统计可以看出，日本当年从中东进口的石油是160万吨，从澳大利亚进口的铁矿石是76万吨，从澳大利亚进口的煤炭是118万吨，从印度尼西亚进口的煤炭是31万吨，从美国进口的玉米是15万吨。根据日本国土交通省海事局统计，日本2012年的海上贸易量是9.6亿吨，其中，进口是1.6亿吨，出口是7.9亿吨。[①]

距离日本1.2万千米的亚丁湾、苏伊士运河是连接亚洲与欧洲的交通要道，也是日本生命线，因为这里每年通行1.8万艘船舶，其中有1700艘是日本船，约占总数的10%。另外，世界集装箱货运的20%是日本的，日本出口的汽车大约有94万辆通过这一海域，占日本汽车出口总数的20%。日本消费石油的90%是从中东进口的，其中大部分是从波斯湾经过霍尔木兹海峡、阿拉伯海运往日本。所以，亚丁湾和波斯湾海域的海上安全对于日本来说意义重大。

2008年，索马里海盗大部分集中在亚丁湾海域，2010年海盗向肯尼亚和坦桑尼亚以及西印度洋北部扩散，特别是在波斯湾和阿曼湾的所谓石油通道也频繁发生劫持事件，船舶航行安全受到严重威胁。2012年，日本船舶和日本船舶公司经营的外国船有五次被劫持和袭击，还有两次被海盗追踪和射击，以及在东南亚海域发生过停泊后被海盗登船袭击事件。2009年3月，日本防卫大臣命令实施海上警备行动，开始向亚丁湾派遣海上自卫队护卫舰对日本商船进行护航。7月，日本制定了《关于海盗行为处罚和应对海盗行为的法律》（简称《海盗应对法》），现在日本以该法律为根据继续在亚丁湾实施护航行动。

日本国土交通省也对日本商船接受日本护航问题进行了政策指导，除此之外，日本国土交通省还制定了程序，接受外国商船申请日本护卫舰的护航，国土交通省在这方面与防卫省建立了沟通机制。2012年日本海上自卫队总共进行了104次护航，接受护航的船舶数是533艘，截至2013年3月31日为止，日本已经进行了404次护航，接受护航的船舶数是2912艘。[②]

为了应对海盗袭击，不少国家都允许民间武装警备员乘船随行，

---

① 资料来源：日本国土交通省海事局编，《海事レポート2013》，第84页。

② 资料来源：日本国土交通省海事局编，《海事レポート2013》，第18页。

国际海事组织（IMO）也在积极推进各种应对海盗的措施，日本也积极参加这种应对措施的讨论和尝试。2011 年 9 月，国际海事组织制定了“关于高风险地区船上使用民间武装警备员的指针”“关于高风险地区船上使用民间武装警备员的国旗规定”和“关于高风险地区船上使用民间武装警备员入港指导方针”，这些规定虽然没有法律约束力，但是反映了国际组织在打击海盗方面对民间海上警备公司的期待，日本在这方面态度积极，是因为海上安全关系到日本国民生活与经济的发展。被海洋所包围的岛国日本，离开海外贸易便不能生存，商船队肩负着维持日本国计民生的重任，在不能受到护航保护的情况下，日本商船的船长通常是这样通知船员的：一旦遇到海盗，千万不要抵抗，要告诉他们船长室有赎金，把他们领到船长室来。海盗对策是日本确保海上运输安全的重要一环，因此，日本官民都十分重视。

日本从中东运往本土的货物和资源必经马六甲海峡，该海峡也是日本的生命线。马六甲海峡虽然是连接印度洋与南海的重要战略通道，但是，该海峡布满浅滩和暗礁，实际上是个航行十分困难的海峡。日本有 80% 的石油从马六甲海峡通过，因此日本十分关注这个海峡的航行安全问题。为此，日本与沿岸国印度尼西亚、马来西亚和新加坡，通过民间团体创立管理机制，在灯塔和浮标的设立方面提供了援助，并提供建设和维修支持，总共提供了 147 亿日元。近年来，亚洲经济不断发展，马六甲海峡的船舶航行日益增加，航行安全只靠沿岸国和日本维持已经显得力不从心，因此有必要吸收其他海峡通道利用国参加共同管理。

2007 年 9 月，马六甲海峡沿岸国和利用国在新加坡召开了会议，通过了创立“海峡安全合作机制”的决议，规定安全合作机制以《联合国海洋法公约》第 43 条为基础，合作机制是世界首个有关国际海峡沿岸国与利用国之间达成的协议，包括“海峡合作论坛”“合作项目调解委员会”和“航行援助设施基金委员会”三部分构成，还确定了沿岸国提出的6个合作项目。日本从2009年开始对海峡航行援助基金提供资金支持，日本通过日本财团每年出资财团预算的1/3，还通过日本船主协会、日本石油联盟、日本损害保险协会、日本电器事业联合会、日本煤气协会、日本天燃气协会等民间团体和公益法人每年提供50万美元的援助资金（另外，阿联酋、韩国、IMO、国际航向援助设施联盟、中国、沙特阿拉伯印度也提供了资金）。[①]

2012年9月，“海峡合作论坛”召开第五次会议，日本代表在会上强调了马六甲海峡的重要性，介绍了日本对海峡航向运营的贡献，还提出了确保航行援助基金稳定供给的问题，要求扩大基金来源。日本主张应该扩大海峡利用国对海峡航行援助基金的贡献。日本自认为是马六甲海峡的第一利用国，所以，十分重视对该海峡的管理与合作，并与沿岸国建立了长期的互相信赖关系，日本要在马六甲海峡的航行管理与运营方面发挥领导作用。

（二）海上战略安全

在安全方面最让日本关心的莫过于海上通道的战略安全。一般在平时，世界的海洋在一定的时期会有一个强有力的海军保护通行的安全，其他国家并不需要对安全问题进行特别的投入，这和领土防御有所不同。但是，这种情况不会永久存在，一旦海上安全形势发生变化，过度依赖海上交通的国家必须有所准备，以确保自己的贸易和通商安全。海上通道绝不是一条由出发点到终点的简单航线，也就是说只确保了起点的安全或者终点的安全，并不能保证全线的安全。当然，所谓日本的海上通道，除了领海部分之外，公海上的航道部分并不属于任何国家，只不过对于日本船舶频繁通行的海域，日本政府自然给予关心而已。日本海上保安厅平时在200海里水域进行巡逻，但是在战时，这种安全措施必须由海上自卫队完成。所

① 资料来源：日本国土交通省海事局编，《海事レポート2013》，第84页。

以，早在20世纪80年代，就有日本学者提出，鉴于日本有可能受到外国炸弹和鱼雷的袭击，海上自卫队在建造驱逐舰的同时，还要建造轻型航母和防空巡洋舰，增加舰船时不可缺少的是洋上“索敌”和反潜、防空装置，海军至少要装备现代化的1万吨级航空母舰，以便在太平洋和南海显示海军的存在。还要配备装有高射炮和导弹的5千吨级轻型巡洋舰，满足在两洋护航需要。总之，日本海上力量至少要配备两艘轻型航母，两艘轻型巡洋舰，他们这个计划是现在日本财政完全可以承担的。

为了确保海上运输的安全，首先在近海，日本对离岛防卫的重要性做出了明确的规定，认为离岛对于领海和专属经济区的安全，海上交通的安全，对于海洋资源的开发利用和海洋环境的保护都具有重要的作用。另外，海上通道从东亚的马六甲海峡开始经过印度洋延伸至中东，这条通道对于日本来说具有重要的战略意义。不过，根据日本宪法的规定，特别是长期以来根据日本内阁对集体自卫权的限制解释，日本无法直接动用武力保卫其海上通道的安全，因此，日美同盟便成了保护这条通道的关键。战后的日本在防卫上主要依赖美国，和平宪法也规定了日本永远放弃战争作为解决争端的手段，所以，理论上讲，对于日本自身来说，在日美同盟的框架之下，日本自己获得制海权已经没有实际意义。但是，尽管如此，作为美国的盟国，日本实际上是借助美国对海上通道的控制，获得经济和贸易上的利益，也就是说，日本的海洋利益是以美国的战略为基础获得的，所以，配合美国的战略就显得格外重要。1982年日本开始认真考虑海上交通通道1000海里防卫线的问题，曾经担任防卫厅长官的中曾根康弘积极主张海上交通线的防卫，特别强调在维护日美关系的基础上由日本自主防卫海上交通线。

总之，海洋对日本具有生死存亡的重要意义，资源的获得和安全保障这两大方面都与海洋有密切关系，是日本海洋战略思考的前提和基础。

第二节　日本海洋战略的历史背景

岛国日本自古以来就有“向海”意识，在漫长的历史长河中，江户时代的锁国政策只是一时的现象——其实，江户时代也并非绝对的锁国，古代日本一向重视与海外邻国的交往，近代则建立了海权，成为世界级海洋强国，虽然日本在二战期间与欧美列强争夺海洋的战争中失败，但是，日本从来没有放弃海权的建设。将来的日本，是一个摆脱所谓“战后体制”的日本，是一个所谓“正常国家”，这个“正常国家”必定是一个海洋强国，这是日本作为岛国的必然选择，也是历史性选择。

一、 向海的民族——日本

日本是个岛国，一般来讲，岛国有大有小，虽然因为有海洋的环绕都可以称为海洋国家，但是却未必所有的岛国都可以被称为海权国家，这是因为受国家规模、民族特性和传统文化的影响，即使被海洋包围，并有一定规模，若没有产生海洋文化，也不能成为真正的海洋国家。反过来说，即便不是岛国，只要具有足够的海岸线或出海口，是濒海国家，并能建立起有效的海权，也可以成为海洋国家。日本是岛国，也是海洋国家，因为日本很早就筹划过渡海与海外国家进行交流的国策。日本国家最早的战略性外出计划是公元7世纪至9世纪的遣唐使派遣计划，这并非国家组织的贸易项目，而是向唐朝学习法律制度、引进先进文化的战略。

遣唐使的派遣，首先是吸收中国的文化，但是从海权意义上看，遣唐使也承担着朝贡贸易的任务，是古代海上丝绸之路贸易与海权的反映。古代海上丝绸之路反映了国家通过贸易控制海洋，亦即掌握海权的能力。“东海丝绸之路”是古代海上丝绸之路的重要组成部分，它主要由中国大陆向东到达中国台湾、琉球、朝鲜半岛和日本的东海航线构成，东海、渤海、黄海和对马海峡是“东海丝绸之路”真正的起源，隋唐时期，日本使节和僧侣通过东海往来中国频繁，他们在浙江台州获得青色绫，带回日本作样板，仿制彩色锦、绫等。唐代江浙等地出产的丝绸直接从海上运往日本，丝织品已开始由礼物转为正式的商品，日本贵族对其需求量很大。奈良是当时日本的首都，可以说是“东海丝绸之路”的终点，奈良的正仓院收藏了大量来自中国和波斯的珍宝，有史料记载波斯人曾跟随遣唐使到达日本，① 可以认定日本在唐朝时就是东西方海上贸易通道的东端，现在的大阪住吉一带被认为是丝绸之路的日本玄关，平城京是海上丝绸之路的最终端。② 遣唐使既要完成朝贡任务，也要完成贸易任务，中日之间通过遣唐使进行的朝贡贸易，在这条贸易通道上扮演了主要角色。之后的“勘合贸易”和“朱印贸易”也是“东海丝绸之路”的重要贸易形式。

二、 好战的民族——日本

日本是个崇尚武力的国家，历史上就有尚武精神，因此形成武士专权的幕府，曾与中国大陆发生过几次武装冲突。中日两国隔海相望，贸易利益的维护被掩盖在两国对朝贡体系的态度下面，中国位于朝贡体系的顶点，左右着“东海丝绸之路”的兴衰。历史上日本对朝贡贸易的反常态度反映了这个国家也有大国意识，历史证明日本不但一有机会就脱离朝贡体系，而且还会对之发起挑战。

---

① 参见三杉隆敏：《海のシルクロードを調べる事典》，芙蓉書房出版，2006 年。

② 参见陈炎著：《海上丝绸之路与中外文化交流》，北京大学出版社，1996 年版。

甲午战争以前，两国之间至少发生过三次较大规模的海战，古代中日之间发生过三场海战，初唐中日白村江海战（也称“白江口海战”），忽必烈征日战争和丰臣秀吉侵朝战争。每次冲突都源于日本对朝贡体系的挑战，同时这些挑战也明显具有争夺“东海丝绸之路”制海权的含义。比如，白村江海战是发生在公元663年唐朝与日本海军之间的一场海战，被称为中日千年第一战。这次战役是历史上日本第一次以武力与唐王朝进行对抗的尝试，也是日本试图控制朝鲜半岛和掌握对马海峡制海权的行动。

日本可以通过大海进攻朝鲜半岛，也可以凭借大海防范外敌的进攻。忽必烈对日本的进攻，最初目的在于切断日本与南宋的贸易通道，掌握“东海丝绸之路”的制海权。公元1268年，忽必烈派信使持国书到朝鲜，命高丽国王王植诏谕日本前来朝贡，遭到拒绝。忽必烈不甘心，第二年又派使者要高丽代为索要日本回信，日本照样置之不理。日本拒绝向蒙古人称臣固然是其本身具有的大国意识的反应，同时也不能接受忽必烈在国书言辞中的傲慢态度，当然最根本的原因是日本对东亚朝贡体系的不认可。比如，忽必烈在给日本的国书上说：“不相通好，岂一家之理哉？以至用兵，夫孰所好？”[①] 日本很反感这种居高临下并夹杂威胁的文书，日本自唐朝末年就不向中国朝贡了，也不会轻易屈从于蒙古人的海上压力。

文永年间发生的这次“元日之战”纯属名分之战，是元朝要压日本来朝拜，而日本则为独立国的尊严而不惜抗战，其实质也是日本对朝贡体系的抗拒。1271年，忽必烈改国号为大元，不再以蒙古自称。1273年，忽必烈先派元军统帅忽敦趁耽罗岛人起义反对高丽统治攻占该岛，在岛上设立诏讨司，从而控制了日本与南宋之间的海上通道，切断了日本与南宋的贸易联系。并于1274年8月向日本发起进攻，元军3.2万人在博多登陆，迫使日军退向太宰府。但是，

① 《元史》，卷二百八　列传第九十五　外夷一·日本。

之后，鉴于日军战斗顽强，元军也需修整，于是，元军撤回船上，准备次日班师。不料遇到台风，元军损失 1.3 万人，仓皇逃回朝鲜。忽必烈第二次攻打日本是 1281 年 5 月开始的，这一次仍然遭遇日本的顽强抵抗，元军连博多也未攻下。而另一股元军在攻打太宰府时迟迟不能展开行动，只是在海上游荡，最后再次遇到台风，船毁人溺，丧师大半，以失败告终。日本虽然以不屈的态度，抗拒了元朝的入贡要求，自绝于东亚朝贡体系之外，但是制海权仍在元朝手中，两国之间政治关系一直冷淡。日本继续在朝贡体系之外游离，还必须时刻提防来自大陆的袭击，代价十分惨重，镰仓幕府也因这一战从此走向衰落。

丰臣秀吉力量强大，所以不想向明朝朝贡，但又想获得贸易利益，所以想以实力征服明朝，控制“东海丝绸之路”。

1592 年，即万历二十年，丰臣秀吉派使者送信给朝鲜国王李讼，通知他日本要“假道贵国，超越山海，直入于明，使四百州尽化我俗，以施王政于亿万斯年”。[①] 第二年 5 月，日军攻入朝鲜都城，国王逃至平壤。日本军队渡过鸭绿江，明朝得到琉球报告日本进攻朝鲜，并威胁琉球提供粮草后，认为朝鲜为“国之藩篱，在所必争”，于是派兵渡鸭绿江，收复平壤，恢复黄海制海权。面对明朝的介入，丰臣秀吉命增兵两万，无奈日本国内已经无兵可征，他悲叹：“吾不幸生于小国，兵力不足，使我不克遂耀武八表之志，奈何！奈何！”怅然久之。

1598 年，中日两国商议讲和，明朝派使节册封丰臣秀吉，诏书写道“封尔为日本国王”，明朝显然不了解日本的政治，丰臣秀吉不是国王，也不是“征夷大将军”，明朝封他为国王，他是不能接受的，因为在日本历史上几乎没有人要取天皇而代之。不过，丰臣秀吉当时是从另一角度拒绝明朝册封的，他夺过诏书撕毁，说：“吾掌

---

① 日·《国史资料集》，卷三，第 430—434 页。

握日本，欲王则王，何待髯虏之封”，[①] 反映了日本人对以中国为中心的朝贡体系的抵抗。

三、 倭寇的泛滥

倭寇与日本海军的形成有密切关系。日本的锁国，通常是指江户时代，其实，唐朝末年日本废除派遣唐使之后，大约 400 年的时间没有再向中国派遣使节，这应该是日本第一次锁国。这个漫长的时期，同江户时代一样，两国政府之间没有往来，但是，日本民间与中国南方省份之间却并未完全断绝交往。宋元时期，有过民间贸易，到了明朝，两国民间的交往呈现了复杂多样的情形。倭寇的泛滥是贯穿明朝始终的现象，所谓倭寇，也并不是简单可以定义的，他们有时被称为水军，经常参加战斗，像是海上武士。有时进行掠夺，是十足的海盗，有时则不顾政府的禁止，从事商业和贸易活动。总之，研究日本的海权史，倭寇是一个绕不开，也不能回避的题目。从水军的侧面看，所谓水军，不过是当时地方豪族经营的半独立性质的武装集团，他们时而与地方或者中央政府合作，有时则反抗政府，在政府看来，这些水军不过就是海盗而已。

水军有时以豪族的姓为名，比如：“三浦水军”“河野水军”“村上水军”都是豪族的姓，揭示着他们与豪族的关系。有的以地名为名，比如：“松浦水军”“熊野水军”“房总水军”“伊豆水军”等。日本水军的造船能力达到了一定的水平，特别是水军的战法对日本近代海军也有相当的影响，比如，日俄战争期间，日本联合舰队司令东乡平八郎使用的“丁字”队形和“乙字”队形都是继承了古道水军的战法。

---

① 黄遵宪著，吴振清等点校整理：《日本国志》（上卷），天津人民出版社，2005 年版，第 133 页。

从经济角度看，倭寇的泛滥也是日本海洋活动的重要一部分。所谓倭寇，就是13世纪至16世纪中期活跃于朝鲜半岛和中国沿海省份的海盗。他们大致出现于元末明初，在山东、江苏、浙江、福建和广东沿岸为非作歹。倭寇泛滥的背景是忽必烈进攻日本失败后，日本经济遭到严重破坏，倭寇不仅来中国掠夺粮食，而且还绑架陶工等技术人员。明朝与日本室町幕府之间有官方允许的堪合贸易，但是，这些官方许可的贸易并不能满足日本豪族的需要，于是他们就与中国沿海的中国人勾结，在沿海进行商业贸易活动。《筹海图编》记载了“倭奴拥众而来，动以千万计，非能自至也。由内地奸人接济之也。济以米水，然后敢久延。济以货物，然后敢贸易，济以向导，然后敢深入”。[①]

当时，因为不满有限的堪合贸易，而与中国沿海边民进行走私贸易的主要势力是九州地方政权的藩主锅岛氏和岛津氏，他们与水军有着千丝万缕的关系。当时的萨摩藩就吸收了不少水军建成了萨摩海军。后期的倭寇，实际上就是武装走私集团，他们的活动范围甚至到达过菲律宾、马来半岛和爪哇一带。其中琉球是贸易的中继站。丰臣秀吉统一日本之后，实行朱印贸易，其实不过是让倭寇合法化而已，因为所谓的“朱印”，只盖上了丰臣秀吉（后来是德川家康）的印章，证明船只所属，并没有写明发行条件等具体内容，实际上不过是堪合贸易的扩大。不管怎么说，伴随日本的统一，丰臣秀吉掌控日本之后，倭寇终于消失了。

四、 日本锁国的原因

事实上从丰臣秀吉开始直到德川幕府连续三代都实行锁国政策，从丰臣秀吉出兵朝鲜并未取得胜利来看，当时的日本并无实力保护

① 《筹海图编》，《海防图论》，第1357页。

海外利益。而欧洲的海权国家葡萄牙、西班牙、荷兰和英国都已经凭借实力向东亚进发，伴随而来的还有基督教，当时的日本天下初定，各路诸侯并不统一，如果不同教派的基督教与日本国内不同的政治势力结合，必定造成日本的混乱和分裂。所以，采取锁国政策是一种自我保护。事实上，锁国政策实行了 200 多年，其直接起因就是天主教。宽永十四年（1637 年）日本发生“岛原之乱”，那是一场在九州爆发的农民起义，虽说起义的规模并不算大，但江户幕府方面还是费了老大的力气才将其镇压，镇压过程中还请来了荷兰人帮忙从海上开炮轰击起义者的根据地岛原城。镇压之后，幕府发现暴乱的参加者基本上都是天主教徒。于是，幕府决定实行锁国政策，禁止天主教进入日本。

江户幕府当时只与朝鲜半岛的李朝保持关系。1693 年日韩之间发生竹岛归属和捕鱼权的争端，但是为了维护日韩关系，1696 年幕府向对马藩发出训令，说竹岛本来属于对马藩，但是因为一个无用的小岛影响与邻国的关系并不是良策，所以应该放弃，并禁止日本国民去竹岛附近捕鱼。江户幕府之所以重视与韩国的关系，是因为朝鲜半岛是唯一与大陆文化相连的纽带，虽然日本早就可以通过海路与中国东南沿海进行交流，但是，通过朝鲜半岛的陆路交流仍然是最方便和最安全的路径。

另外，江户幕府与荷兰保持了密切的关系，荷兰之所以能够与日本正常交往并不仅仅是因为荷兰帮助过江户幕府镇压过天主教起义，还因为荷兰是一个重商主义国家，又是当时最强的世界大国，日荷关系可以和后来的日英关系以及现在的日美关系相提并论，特别是当时的荷兰没有像葡萄牙和西班牙那样试图传播基督教，也是日本与荷兰保持持续交往的重要原因。因此，日本接受了荷兰，荷兰文化也就相当程度地影响了日本，当时日本除了有汉学之外还有兰学，所谓兰学就是通过学习荷兰语并借助荷兰学习西方的科学技术，了解外部世界。

当时日本的造船水平落后，实际上没有到达东南亚的远洋能力。但是，德川家康把首都迁往江户，其实为日本后来成为海洋国家奠定了基础，因为江户湾是一个优良港湾，十分有利于日本发展海洋运输。事实上江户幕府对于所谓“外样大名”（藩主“大名”的等级之一）的统治能力极其有限，锁国政策也不可能彻底执行。当时鹿儿岛的萨摩藩控制着通往琉球的航路，富山藩控制着日本海的海上通道，他们一直在走私，当时北海道的虾夷产的海带经过琉球不断地出口到中国各地，然后从中国换回药材等商品。其结果是幕府虽然与中国没有外交关系，但是清朝前期康熙、乾隆年间的重要出版物都通过走私传到了日本。这些对于德川幕府都是求之不得的，如果锁国政策被彻底执行，必然损害幕府甚至整个日本的利益。可见，江户时代的锁国政策是相对宽松的，是有灵活性的，必要的经济往来和文化交流还是被允许的，这是日本人重视现实的民族特点的反映。

五、 日本近代海军之父——胜海舟

明治维新不是突然发生的，它是在幕府拼命应付西方列强的十几年努力基础上发生并成功的，也是包括幕府的开化派与倒幕派人物共同完成的大业。美国佩里舰队的到来确实震撼了日本，德川幕府内部经过了激烈的争论，最后才痛下决心决定开国的。比如，佩里到达日本之后，虽然签订了《下田条约》，但是，幕府的首席老中，也就是掌权人物阿部正弘对于开国还是比较慎重，他征求了幕臣及各地大名的意见，要求他们献计献策，探讨度过危机的良策。胜海舟就是在这个关键的历史时期涌现出来的杰出人物，他与明治维新的成功有密切的关系，因此在谈明治维新时，不能不涉及这位幕府方面的杰出人物。

1855 年，当时还是幕府的下级官员的胜海舟提交的报告《海防意见书》引起了幕府实权人物阿部正弘的注意，他很赏识胜海舟的才学，虽然他是一个下级武士的儿子，但被阿部破格调到长崎海军教习所，成为教官。1860 年胜海舟参加幕府代表团赴美交换“日美通商友好条约”批准书。翻译约翰万次郎、福泽渝吉也在其中，福泽渝吉后来对日本的现代化，特别是文明开化，在思想上发挥了重要作用。1860 年的这次航行，是日本人历史上首次自己组团并驾驶军舰越过太平洋访问美国，福泽渝吉称这次航行是“日本人自己实现的伟大壮举”。尽管有人说，船上有美国测量船船长约翰·布鲁克同行，不过，至少这些日本人返回日本是自己驾驶回来的。

回国后，胜海舟被幕府任命为军舰奉行（是海军主管），他在神户建立海军塾，招募萨摩藩和土佐藩的粗壮男人和脱藩者入学，坂本龙马、伊东佑亨和陆奥宗光都是他的学生。胜海舟后来被任命为陆军总裁，再后来担任军事总裁，是幕府的重要军事负责人。1864 年，他与萨摩藩的下级武士、但极具影响力的开国派领袖西乡隆盛相识，并受到了西乡的赏识。

在明治维新前夕的倒幕派和守旧派的激烈冲突中，胜海舟作为幕府的重要官员，他主张尽早停止内战，打开江户城，实现政治和解。1868 年 3 月 14 日，胜海舟代表幕府与新政府代表西乡隆盛谈判，两人达成协议，避免了江户城内的战斗，150 万市民的生命和财产得以保护。其实，当时的幕府得到法国支持，而明治新政府得到英国支持，胜海舟代表幕府说服英国向明治新政府施加压力，告诉西乡隆盛如果谈判破裂，幕府将把市民疏散到千叶，然后烧掉城市，进行焦土作战。胜海舟的这一想法是参考了 1812 年的莫斯科保卫战的历史。当时他还真的安排江户消防组准备放火，并征集大小船只准备疏散市民。另外，他还命令幕府军舰准备炮轰东海道，切断新政府军粮道和退路，还安排幕府将军德川庆喜登上停泊在横滨的英国军舰准备逃亡。

当然，虽然与西乡隆盛的谈判保住了江户城，胜海舟并不认为幕府在这一战术上的胜利会挽回德川幕府在战略上走向末路，他最后还是反对幕府对明治新政府做无用的抵抗。特别是在当时法国支持幕府、英国支持新政府的背景下，如果这个内战持续下去，日本会分裂。所以，胜海舟当时决定对西乡隆盛无血开城，对于明治新政府来说功不可没。胜海舟虽然是幕府的旧臣，但是由于他的开明，明治维新后他担任了新政府的外交大丞、兵部大丞和元老院议官、枢密院顾问等重要职务，只不过他有自知之明，在新政府一直保持沉默。他与明治政府的新贵西乡隆盛、大久保利通都等保持密切关系，虽然他与将军德川庆喜意见不一致，但是为他获得明治政府的赦免尽了最大努力。还利用自己与新政府的人脉关系，为幕府官员的就职提供帮助。西乡隆盛发动叛乱之后，他还为西乡恢复名誉到处奔走，最后获得天皇同意，在上野为西乡树立了一座雕像，这座雕像至今屹立在东京的上野公园。

胜海舟其实是日本近代海军之父，甲午战争时期的日本联合舰队司令伊东祐亨是他的学生，不过胜海舟反对明治政府发动甲午战争。丁汝昌自杀之后，胜海舟公开发表悼念文章，他警告战胜之后浮躁的日本人说，追随欧洲人的殖民政策是愚蠢的，中国是个大国，绝不是卑鄙的竞争对手，而是共同对抗欧美的合作伙伴。他还说：“日本也许为胜利沾沾自喜，但是支那人对此并没有什么感觉，因为这是个大国。支那人对于帝王的变化，对于外敌的侵入，都会泰然处之，就像一阵风刮来，没什么了不起。皇室灭亡，帝王更换，外敌进入，支那社会都不会发生变化，对他们来说国家的兴亡，就像大象被蚊子蛰了一下。日本如果对于此次胜利太过于骄横，日后恐怕要吃大亏。武器和剑戟的胜利，不等于经济上的胜利，日本在经济上不可能战胜支那，我非常担心。”

他还说：“我坚决反对日清战争（即甲午战争），因为兄弟打架会让外人笑话，即使日本战胜又怎样呢？支那就像斯芬克斯一样，外国人是不了解的，支那的实力一旦被知道，欧美人会接踵而至。

日本人应该在欧美人不知道的情况下，尽快与支那合作发展商业、工业和修建铁路，支那的五亿民众是日本最大的客户。”由此可以看出胜海舟已经具有了以商业利益为核心的现实主义思考，特别是他的中国观和中日合作思想，以及关于战争的思考，即使到了今天仍然不为过时。但是遗憾的是，明治维新的新贵武士们虽然具有应对西方列强侵略和民族救亡的强烈动机，却不能摆脱武士生来具有的称王称霸本性，这一点一旦与西方的霸道结合起来，就很难理解胜海舟忠告。结果是不幸被胜海舟言中，日本在甲午战争胜利后“太过于骄横”，终于吃了大亏。

六、 大日本帝国海军兴亡

近代日本的海军建立于江户时代末期，日本的海权被世界认可是甲午战争和日俄战争之后。不过追本溯源，日本海军的历史可以追溯到神武天皇的时代，虽然根据《古事记》和《日本书纪》记载，神武天皇是日本的初代天皇，是日本天皇家的祖先，据推测大约生活在公元前 660 年前后，但是仍然具有神话色彩，不足以成为可以考证的历史。中国史书《三国志》记载过日本古代王国邪马台国，日本有学者认为邪马台国女王卑弥呼去世之后，公元三世纪，神武天皇率领邪马台国势力征服了近畿地区，建立了大和朝廷，但是这种说法与明治政府推算的神武天皇在位年代出入太大，另有学者认为这个传说与高句丽的建国神话太相似，不足为信。但是，尽管这段历史充满神话色彩，但是日本还是有人把神武东征的出发地日向国（宫崎县）高千穗定为日本海军的发祥地。

比较靠谱的说法是日本海军起源于古代的水军，即起源于前面说过的倭寇。江户时代的幕藩体制下，明治维新之后，新政府接收了幕府的海军操练所和海军教习所，1870 年，明治政府将陆海军分离，并于 1872 年设立海军省，初期由川村纯义和胜海舟负责。1876

年日本建立海军兵学校，1893 年设立军令部。明治政府初期因为萨摩藩占主导地位，所以海军优于陆军，但是西南战争之后，西乡隆盛自杀，萨摩藩势力减弱，陆军成为日本军队的重点。西乡从道和山本权兵卫成为海军大臣，他们重视海军发展，甲午战争前，日本有 31 艘军舰、24 艘鱼雷艇，日俄战争前日本有 76 艘军舰、76 艘鱼雷艇。当时，日本海军分成“常备舰队”和“西海舰队”，后来两个舰队统合起来，称为“联合舰队”，这是“联合舰队”的起源。日俄战争后，日本成为世界第三大海军国家。

1920 年，日本提出“八八舰队”计划，以美国为假想敌。根据 1922 年和 1930 年的“伦敦海军条约”，日本停止建造主力战舰。但由于伦敦海军裁军谈判破裂，日本重启战舰建造计划，二战前日本已拥有 385 艘军舰和包括零式战机在内的 3260 架战机，海空力量成为英美的威胁。二战期间，日本与美英澳荷开战，1944 年的马里亚纳海战后，主力战舰丧失大半，航母和军舰因为缺乏燃料，无法行动，日本海军走向没落。二战期间日本海军把主要的军舰和人才投入到联合舰队，只重视进攻，却轻视了海上通道的防卫，也没有进行有效的商船破坏战以阻断敌国的物资供给。另外，日本的反潜能力和海上护卫能力也相对落后，导致大量商船被潜艇和鱼雷击沉，港湾也被封锁，日本国陷入了贫瘠状态。

二战后，日本残存的军舰被美国、苏联和中国作为赔偿品运走，大约一万架军用飞机，除了留做研究用之外，其余被销毁。日本武装被解除后，海军省改为第二复员省，一些舰船和海军工作人员转而从事复员工作。军令部的工作人员改为从事应对远东国际军事法庭工作。第二复员省于 1946 年改名为复员厅第二复员局，1948 年改为厚生省第二复员残务部。海军所属的水路部和扫海部队划归运输省，海军医院改为国立医院。

七、 海上自卫队的建立

战后，日本被解除武装，海军大臣米内光政委托军务局长保科善四郎伺机重建海军，1946 年 1 月，海军省一些人开始研究再建海军的问题，核心人物是军务局第三课长吉田英三。由于二战期间日美两国都布设了大量水雷，日本的扫海部队需要保留，1946 年在运输省下设了海上执法机关“海上保安厅”，1948 年 1 月，在厚生省第二复员局工作的吉田英三等人开始秘密研究重建海军的问题。朝鲜战争爆发后，1950 年 10 月，美国远东海军要求日本组建海上力量，原海军大将野村吉三郎、保科善四郎和吉田英三等人开始正式研究重建海军事宜。但是，他们的研究团队并未得到日本政府高官的认可，于是他们转而寻求与美国的合作，野村与美国海军少将阿雷・波克建立了密切联系。1951 年 2 月，野村研究团队与阿雷・波克以及盟军司令部进行了共同论证，提出了关于重建海军的组织框架资料，并报告日本政府和美国国务院。

1951 年 10 月 19 日，吉田茂和盟军司令李奇微达成协议，美国借给日本 18 艘护卫舰和 50 艘登陆舰艇，为此，日本内阁设立了一个直属的秘密机构“Y 委员会”，成员都是旧海军和海上保安官。经过“Y 委员会”讨论，这些舰船被编在海上保安厅内的专门机构管理，1952 年 4 月 26 日，成立海上警备队，是现在的海上自卫队的前身。同年，海上警备队与扫海部队合并为警备队从海上保安厅分出，与原属首相府的警察预备队一起划归保安厅管辖。1954 年 7 月 1 日，保安厅改称防卫厅，警备队改称海上自卫队，原属帝国海军的军港设施、航空基地都划归海上自卫队使用，战前帝国海军的驱逐舰也编入海上自卫队。

海上自卫队是日本自卫队的海上部门，根据日本宪法规定日本不可以拥有军队，所以，在日本国内自卫队不被看作是军队。但是，外国人一般是把日本自卫队当军队看的。日本海上自卫队现有成员4.5万人，每年预算大约是1.1亿日元，海上自卫队的最高职务是海上幕僚长。在日本自卫队中，海上自卫队是与美国合作关系最为密切的军种，除了海上自卫队从筹备阶段开始就有美国参与之外，1958年起，两国就开始了海军合作，1963年，海上自卫队的潜艇被派往美国进行训练，1980年，日本海上自卫队首次参加了美国海军主办的“环太平洋联合演习”。1991年，海湾战争爆发后，日本海上自卫队被派到波斯湾扫雷，2001年“9・11”事件之后，日本海上自卫队被派到印度洋为美军提供油料，现在，日本海上自卫队正在亚丁湾参加护航行动。

2007年，海上自卫队的上级管理机构防卫厅升格为防卫省。2014年，海上自卫队建立50周年纪念仪式上，海上幕僚长石川亨发表演讲说：“我们今后将继承和发扬海军的优良传统”，反映了日本人自身也是把海上自卫队当成日本海军的。近年，由于国际形势的变化，日本感到有被邻国超越和威胁的感觉，所以，他们在进一步加强与美国的合作程度与扩大合作范围之外，还具体筹划日本与美国以外的国家之间的安保合作。于是，日本与澳大利亚、日本与印度、日本与韩国的防卫交流变逐渐扩大，特别是日美之间在已有的基础上，不断扩大和充实军事合作的范围和内容，日本为此还通过内阁决议，扩大解释了行使集体自卫权的问题，使海上自卫队逐渐成为一支在世界范围活动的海上力量。

八、 海上自卫队的实力

日本海上自卫队主要驻防在横须贺、吴港、大湊、舞鹤和佐世保等五个地方，把日本领海划分成五个警备区。按功能划分护卫舰队、航空集团、潜艇舰队和扫海部队。日本把主要精力都用在海上自卫队上是可想而知的，因为日本给自己国家的定位是海洋国家，假想敌首先是来自海上的。

最受瞩目的是护卫舰队，它有 4 个舰队群，其中有 2 个经常处于战备状态。护卫舰 48 艘（约 22 万 2000 吨）。战后海上自卫队的舰艇不再使用驱逐舰的名称，而是统称护卫舰，这是掩人耳目的做法。包括“村雨型”9 艘，高波型 5 艘，秋月型 3 艘，初雪型 7 艘（其中 2 艘 2015 年退役），白根型 2 艘，朝雾型 8 艘，高风型 2 艘，金刚型 4 艘，爱宕型 2 艘，兵戈型 2 艘，出云型 1 艘，阿武隈形 6 艘。

全世界的海军力量加在一起还不低美国的一半，但是尽管如此，日本海上自卫队还是算得上第二位的。日本共有 6 艘宙斯盾舰，这种舰艇是专门应对空中打击的，可以应对上百发来自空中的导弹攻击，如果一架对舰歼击机可携带 4 枚导弹，宙斯盾舰可相当于 20 架战斗机。

日本海上自卫队的潜艇部队创建于 1955 年，最初是美国租给日本的潜艇，但日本当时也制定潜艇制造计划。现在，日本已经决定在 2021 年之前，将日本原有的 16 艘潜艇（约 4. 5 万吨）增加到 22 艘，2015 年增加到 18 艘，潜艇队员也将增加 400 名。日本的潜艇部队部署在横须贺和吴港，其任务直接关系到日本的安全保障，所以，训练和作战行动都是秘密的。

日本的潜艇都是常规动力，这是因为日本推行无核政策，不能发展核动力潜艇。常规动力潜艇的缺点是不能像核动力那样长久潜在水下，但是却可以完全停止启动，实现静音效果，这一点核动力因为无法完全停止转动，也就无法实现较好的静音效果。所以，日本的潜艇可以在无音状态下接近敌舰，进行监视和攻击，被称为“海上忍者”。日本潜艇在这方面是世界领先的，特别是目前日本的潜艇性能仍然优于中国。

日本海上自卫队没有航空母舰，但是，推进了建造起降直升机的“准航母“计划。日本海上自卫队早在保安队时期就计划建造航母了，当时美国也主张日本应该拥有轻型航母。1967 年制定的第三次防卫力整备计划，决定了日本建造 2 艘能起降三架直升飞机的护卫舰，后来拥有这种可以起降直升飞机的大型护卫舰达到 4 艘，2014 年“出云号”大型护卫舰下水，可以起降 9 架直升飞机。“出云号”的甲板从船头到船尾都很平整，看上去更像航母，特别是它全长 250 米，与参加偷袭珍珠港的航母“翔鹤”和“瑞鹤”长度差不多，所以被称为“准航母”。2015 年 8 月，又有一艘可起降直升飞机的大型水面舰艇“加贺号”下水，引起了日本国内外的关注。到 2015 年为止，日本已经拥有 6 艘大型水面舰艇。

日本建造航母问题也是个政治问题，特别是能起降对敌轰炸机的航母在宪法上也是不允许的，所以只能生产反潜用防卫型航母。另外美国因素也不能忽视，战后以来，虽然美国认为日本应该建造轻型航母，但是美国也担心日本海上自卫队成长为过去的帝国海军那样的舰队。所以，日本的海军建造计划必须征得美国的同意，美国的意图是只允许日本的海上自卫队成为其第七舰队的辅助舰队。近年来，美国开始考虑日本海上自卫队可以在远东和近东发挥作用，所以，在将来日本建造航母问题上，美国变得有所松动。另外，日本海上自卫队还拥有扫雷艇 29 艘（约 2. 7 万吨），巡逻艇 6 艘（约 1000 吨）。

美国《外交政策》杂志刊登过一篇文章，题为“2012 年的中日海战”，作者是美国海军大学准教授杰姆斯·霍尔姆斯，根据当时的力量对比，文章的结论是日本将战胜中国。当时他认为，虽然中国主力战舰至少有 73 艘，导弹艇 84 艘、核潜艇 63 艘，相比之下，日本只有 48 艘主力舰（2015 年是 53 艘）和 16 艘潜艇，但是日本海上自卫队舰艇的质量高于中国，自卫队员的素质也高于中国。日本的宙斯盾舰配备了世界最先进的电子机器。另外海上自卫队的 16 艘潜艇的静音性能和鱼雷攻击能力是世界一流的，特别是日本还有 P3C

反潜侦察机 160 架，完全可以抵消中国包括核潜艇在内的潜艇数量优势。[1]

从上述日本海洋战略的历史背景来看，日本向海外“进出”是有历史传统的，作为岛国和海洋国家，日本还会恢复其海上强国的地位，海上力量的发展，只要主客观条件允许，会加速进行。其海洋战略也会随着海上力量的增长不断修改和变化，海洋战略的外向型是其基本发展趋势。

第三节　日本海洋战略的理论思考

其实，海洋国家并不仅仅取决于这个国家所处的地理位置，而是基于以海洋国家意图和能力为基础的国家发展战略。日本的近代海洋战略思考起源于江户时代，成熟于二战期间，具有明显的扩张性特点，战后日本，特别是近年来日本声称面临着中国的崛起，于是，日本又在海洋战略历史的延长线上充实了自己的海洋战略理论思考。

一、 日本海权思想的先驱——林子平

江户时代的著名学者林子平为中国人所熟悉是因为他的著作《三国通览图说》，在这本书中，他把钓鱼岛标为中国领土，所以，该书及其附图成了关于钓鱼岛主权属于中国的重要旁证。但是，林子平的影响还在于他是日本最早提出海权思想的学者，1788 年，他出版《海国兵谈》，其中提到：“仔细想来，从江户的日本桥可以通

---

① 週間ポスト、2012 年 9 月 14 日号。

过水路连接唐与荷兰”，点出了日本通过大海与世界相连的特点。林子平在《海国兵谈》中说，海国是指不与陆地接壤，而被海洋包围的国家，如果风向顺当，外国军舰在一两天内就可以从两三千里的地方到达日本。因此不可不防。他还说，海国的防御在海岸，海岸的兵法在水战，水战的关键在大炮，这是海国必须要做的事情。林子平在书中主张确保虾夷的安全，认为这对日本防止俄国将日本殖民地化具有重要意义。为此，他建议日本应该先于俄国将虾夷变成日本的领土，主张日本应该开发虾夷的经济，教化阿衣奴人，改变日本人的虾夷观，当务之急是确立虾夷是日本一部分的认识。这是他的虾夷开发论和北方防御论的本质，同时从他以安全和对俄战略为理由主张占有北海道来看，他的海洋观具有扩张性。

林子平生于1738年，因姐姐是仙台藩主伊达宗村的侧室，故林子平与其兄林友谅成为仙台藩士，但伊达宗村去世之后，林家兄弟便失去庇护。江户时代是日本闭关锁国的时代，林子平在《海国兵谈》中主张日本应该重视海防与海权，与幕府的国策相反，特别是林子平的主张冒犯了江户幕府的老中（仅次于将军的幕府施政者）松平定信，因为当时松平正在推行“宽政改革”，不允许任何人对政策提出异议，所以，林子平遭到排斥，不得重用，林子平本人也因这本《海国兵谈》受到政治迫害，甚至遭到软禁——实际上是当时的一种刑罚“禁锢刑”，被幕府幽禁在仙台。在幕府看来，向往海外的人，就是扰乱宁静的江户社会秩序，必须受到惩罚，《海国兵谈》也被禁止发行。林子平于1793年在失意中走完一生。

日本学者井上清认为林子平是日本近代民族意识的先驱者，他之所以写作《三国通览图说》并不仅仅是因为熟知日本周边地理对于日本的国防——当时主要是指德川幕府、诸藩阀和封建领主的总体防御具有重要性，而是从整个日本民族的角度而写的。1775年，林子平去长崎旅行，从荷兰人那里得知俄国的南下政策，深感有必要加强国防，并立志学习地理学与军事学。后来，再次游学长崎，与当时的著名“兰学”专家大槻玄泽、宇田川玄随、桂川甫周等学者建立友谊，可见林子平并不是等闲之辈。

林子平在不遇中病死之后，因为是受幕府处分之人，所以没被允许树立墓碑。不过，林子平死后一个月，幕府的松平定信在政治上失势下台，后来，林子平也被允许树立墓碑，1842 年，他的侄子林珍平为他树立的墓碑。他的书也于 1851 年和 1854 年重刻再版。明治维新的著名政治家，日本首相伊藤博文和大规文彦还为他题写了“彰显文”，历数林子平一生的伟业。

1832 年，德国的东洋学者海因里希·克拉普罗特（Heinrich Klaproth）把《三国通览图说》翻译成了法文，因为书中的附图《无人岛之图》，即小栗原群岛地图。小笠原岛被英国占领时，幕府极力抗争力主该岛属于日本，但是，困于缺乏证据，这时，译著《三国通览图说》证明了英国人发现该岛之前，日本就已经发现，幕府以此为根据在与英国围绕该岛归属的谈判中获得主动。[①]

二、　马汉对日本海军战略的影响

马汉的名著《海权对历史的影响》传入日本，首先是由日本水交会翻译成日文的。最早翻译马汉《海权对历史的影响》一书的是曾经留学哈佛大学的金子坚太郎，该书一经发表并在美国引起轰动之后，金子坚太郎就马上把它的核心部分翻译出来，送给了明治政府的海军大臣西乡从道，1893 年 7 月号的《水交纪事》还专门做了介绍，说该书是近来杰出的一本海军著作。接着刊物又从 10 月号到 12 月号全文刊载了该书的第一章。翻译之后还被送给了当时的东邦协会成员，该协会共有 800 多名成员，包括国务大臣、国会议员、

① 参考資料：奈良本辰也「叛骨の士道」、奈良本辰也「歴史に学ぶ」、童門冬二「江戸管理社会反骨者列伝」、南条範夫「夢幻の如く」http：//rekishi-club. com/kijin/hayasi. html。

官僚、军人、编辑、银行家和实业家等，比如副岛种臣（会长）、近卫笃麿（副会长）、尾崎行雄、涩谷荣一、犬养毅、金子坚太郎、小村寿太郎和原敬等。

东邦协会于1896年将该书翻译出版，副岛种臣在序言中写道："我国是海国，如果熟读马汉的著作，掌握马汉主张的制海权，日本就将支配太平洋的通商，巩固海防，征服敌人。"日本海军认为马汉发掘了前人未曾发掘的作为财富和力量源泉的海权与历史的关系，马汉开拓了前人不曾踏入的新版图，前无古人，后无来者。特别是该书还被呈送给了天皇，然后根据天皇敕令，日本全国的中学和高中以及师范学校也都被分发。正式出版之后，不少日本人都纷纷给马汉写信进行讨教。特别是日本海军在战略和战术方面深受马汉影响。

马汉的著作对日本海军发生了巨大影响。日本实现富国强兵目的之后，曾经一度在海洋国家还是大陆国家之间进行选择，甲午战争以前，日本陆军主张"陆主海从"的战略思想，海军对此十分不满，有人说："陆军能自己在对马海峡架桥进入朝鲜半岛吗？"1898年11月，山本权兵卫就任山县有朋内阁海军大臣，开始积极推进海军建设进程，纠正"陆主海从"的方针。他认为海军是日本帝国国防的最重要部分。国会通过的海军法案指出，帝国应该在外东洋常设舰队，并且必须拥有根据地，将来帝国国防方针的第一任务就是发展海军，从此确立了日本"海主陆从"的基本战略。

1899年5月，山本权兵卫派当时还只是少佐的佐藤铁太郎赴英国留学，然后派他去驻美使馆工作8个月，专门研究国防论。佐藤在美国接触并接受马汉的海权论，回国后任海军大学教官，他的讲义《帝国国防论》被山本权兵卫呈给天皇。1902年，佐藤写了《帝国国防史论》一书。他在书中把日本界定为与英国一样的"岛国"，认为岛屿帝国必须建立强大的海军。他说，日本自从中世纪以后，已经习惯了"陆主海从"的政策，必须改变这种状况，确立"海主陆从”的战略。他的主张为海军争取经费和争取与陆军平起平坐奠定了基础，并在日本点燃了大海军主义之火。在海军战术上，佐藤认为，海战的目的就是歼灭敌人舰队，目标是击沉敌舰队的主力。其实这就是马汉关于海战的基本主张，后来佐藤铁太郎也被称为日本的马汉。

日本海军理论家秋山真之最受马汉影响。1897 年他到美国拜访过马汉。秋山回国后在海军大学讲授海军战术和作战准则，日俄战争期间他是作战参谋，制定了对俄作战计划。秋山认为，战斗力的主要因素是进攻，并认为海战的目的就是与敌舰队决战，从而建立了日本的舰队决战思想。

1899 年 3 月，日本海军大学教官坂本俊笃大佐向校长柴山矢八建议聘请马汉来做教官，薪金是 1.5 万日元，当时该大学的外聘教官标准是 1.2 万日元，大将的年收入是 6000 日元。由此可见，当时日本海军大学对马汉的诚意。当时日本招聘了德国陆军少校默克尔（Klemens Wilhelm Meclel），日本陆军是按照德国方式建立的，默克尔的年薪是 5400 日元。如果日本能够成功聘请马汉，有可能把本来按照英国方式建立的海军改造成美国式的。

但是，马汉在美西战争爆发后就被任命为美国海军委员会的成员，受到了海军副部长西奥多·罗斯福的赏识，在舆论界也很有影响力。特别是他当时认为由于美国的软弱无力，有可能使至关重要的夏威夷落入日本人手中，美国应该先取得夏威夷，然后再寻求政治解决的方法。他在之前的 1897 年曾发表文章认为，日本的崛起会使东洋与西洋急速接近并发生冲突，美国作为西洋文明的保护者必须获得夏威夷和加勒比海的前沿阵地，修建巴拿马运河增强海军实力。可见，当时的日本海军对于美国，至少对于马汉还没有足够的知识，马汉已经感觉到了日本是美国的对手，不可能接受日本海军的邀请。

明治海军利用了马汉的名声扩建了海军力量，而马汉显然是反日的，事实上日本也并没有具体照搬马汉的军事思想。当然，马汉不太重视破坏通商，认为经济封锁不会让敌人窒息，也轻视潜艇对商船的破坏，这一点后来还是对日本有所影响，也是马汉海权论的不足之处。

在大海军主义的指导下，1907 年，日本国防方针规定了制造 8 艘战列舰和 8 艘装甲巡洋舰的“88 舰队计划”。凡尔赛会议之后，日本成为世界第三大海军国，大国意识膨胀，开始重视传统的战法和孙子兵法。陆军中将落合丰三郎还根据甲午战争和日俄战争的战例完成了《孙子例解》，被海军规定为指定参考书，并没有把马汉的书视为至高无上的经典。

华盛顿会议确立的美英日舰队比例是 5∶5∶3，日本处于劣势，所以，日本认为只有利用潜艇作战才能补充这种劣势。潜艇的作用在于突然袭击，在此时日本已经产生了突然袭击的战术思考。

后来，伦敦会议又对辅助舰和潜艇进行限制之后，日本又对陆上航空兵抱以希望。“九·一八”事变之后，美国已经成了日本确定的敌人，海权之父马汉的地位开始在日本下降。日本军令部长加藤宽治认为，既然接受马汉的海权思想，承认海权的消长决定国家的兴衰，那么，也不得不承认日美海军不可避免要在太平洋发生冲突。

秋山的战法是日本自古以来的传统战法，包括埋伏、快袭、夜讨和追击等，“T 字战法”也来源于传统战法。佐藤的战法基本上是孙子兵法，他的国防论也是第一线海上、第二线沿岸和第三线国内，这不是马汉的进攻理论。但是日本海军还是相信了马汉主张的舰艇在海岸攻击要塞是不利的，所以轻视陆上作战和登陆战，导致日本与美国争夺太平洋岛屿作战失败，最后导致了日本在战争中的失败。可见，海洋战略，特别是海军战略对于战术是有影响的。

日美海战的真正原因是两国围绕中国的经济战，美西战争的结果使美国获得菲律宾，美国提出门户开放政策以来，美国就不择手段企图拓展中国市场，共和党政府为了维持美国的经济繁荣，使其膨胀的能量转向中国，制定了增强海军力量的国家战略——进攻性海军战略，这对日本的大陆政策是重大威胁。不了解太平洋，就不能了解中国。不了解中国也同样不会理解日美在太平洋的争夺。到此，中国问题与海军问题和太平洋的制海权问题就连在一起了。

1938 年，日本制定了机动运用陆上航空兵的《海军联合航空队令》，1941 年为了统一指挥，日本组建了第 11 航空舰队，随后又组建了包括 8 艘驱逐舰和 4 个航空战队的第 1 航空舰队。1941 年，美国有 7 艘航母，日本有 10 艘，还有第 11 航空舰队可以灵活运用陆上航空战机。以及可以搭载舰载机的航空母舰。不过，在二战期间日本仍然出现海军主导还是陆军主导的争论，随着日本陆军在中国大陆冒险的成功，最后主张“进出大陆”的“陆主海从”战略占据了主导地位。但是，该战略使日本走上军国主义道路，也使日本最后走向战败。

三、 战后的海洋国家论

战后日本的精英开始重新思考国家的战略，战前就已经存在的海洋派及其他们的海洋国家意识在战后占据了主导地位，海洋派给日本的国家定位基本上是海洋国家。海洋派认为日本的自然属性决定了它是个海洋国家，日本不仅是海洋国家而且还是海洋大国。

日本战后亲美政策的始祖吉田茂把日本推行对美协调政策的原因归结为日本的海洋国家性质。他认为，日本是个海洋国家，通过海外贸易养活着 9000 万国民，所以，日本必然最重视在通商关系上与经济上最富裕、技术上最先进、在历史上关系最密切的英美两国之间的关系。

20 世纪 60 年代，著名国际政治学者、日本京都大学教授高坂正尧提出“日本的海洋国家构想”，主张日本作为海洋国家在战前与同样是海洋国家的英美争夺海上霸权是不明智的。高坂认为日本海军败给美国海军，这个基本事实是海洋国家的宿命，亦即日本不应该与海洋国家发生冲突，他认为不理解这一点就不能真正理解现在日本在国际政治中的定位。他认为日本国民也与其他海洋国家的国民一样是通商国民，日本的边疆在浩瀚的海洋，日本的未来在海洋。高坂正尧主张以限制军备为条件的“海上通商国家”，开了日本战后海洋国家研究的先河。

另一位著名国际政治学者永井阳之助认为，现在日本有关国家发展战略，主张“海洋霸权论”的大多是主张“军事现实主义”的防卫问题专家，还有一些亲英美的“政治现实主义者”，他们是从日本近代史得出的结论，认为日本与海洋国家结盟就会繁荣，与大陆国家结盟就会失败，所以主张与海洋国家结盟，还主张获得海洋实力，扩大海洋权益。

战后日本开始是在美国和苏联之间做选择，冷战结束之后，又很快处于美国与中国之间的霸权转移时代。

对于中国，日本的海洋国家论者高坂正尧早在20世纪60年代就有过战略性预判。他认为，历史上，对于日本来说，中日两国之间的距离比起大陆上其他对中国朝贡的国家来说还是比较远的，距离的“遥远”和大海的存在不仅在文明上，而且在军事上也成了防波堤，这便使日本避免了被中国在文化上同化的命运。他说：“日本是中国周边唯一一个没有明确成为中国的纳贡国之国家。因为日本距离中国比较远，所以中国对于日本来说没有成为现实的威胁。日本能够根据自己的喜好，没有像朝鲜和越南那样付出巨大的代价，就引进了高度发达的中国文明。”① 同时高坂也指出，正是因为中日两国之间的这种相对来说并非密切的关系，所以，当代表着西洋文明的美国人佩里准将从太平洋的对岸来到日本时，日本就迅速接受了他们的文明，原因是日本没有深受中国大陆文化的影响，还保持

① ［日］高坂正尧《海洋国家日本の構想》中央公论社，2008年，第54页。

着自己的独立性，因此比较容易接受西方的文化。

但是，古代中国没有成为日本现实的威胁，并不意味着现代中国不会成为日本的现实威胁。高坂在20世纪60年代就预测到中国可能崛起，并且提出了日本的应对之策。他指出，当一种文明或者一个国家迅速崛起的时候，历史就会在它的势力推动下发生改变。高坂认为这种改变是经济、军事和文化等各种综合因素发挥作用的结果，是不以人的意志为转移的。他举例说，历史上，德意志帝国形成以后，它的第一任宰相俾斯麦就说过："德国已经饱和了"，意思是说德国统一之后不应该再扩张了，但是德国国民却开始要求扩张，并像火山爆发一样挑起了两次世界大战。高坂认为中国恐怕也是个掀起波澜的国家，它崛起之后在客观上必然对周边国家造成威胁，这是不以中国人的主观意志为转移的。

当然，高坂并不认为这意味着中国一定会侵略别的国家，而是说这种扩张意识与国家的意图、性质毫无关系，仅仅因为它的权力增大就会给周边国家带来风浪。如果说高坂的"中国威胁论"还不那么明显的话，那么，他的学生前原诚司作为一名走上日本政坛的少壮派政治家，他的"中国威胁论"就是赤裸裸的了。高坂在60年代曾说过中国在历史上没有成为日本现实的威胁，而前原则在中国崛起的背景下多次称中国是现实的威胁。著名学者渡边利夫也说："东亚共同体的主导显然是中国，背景是中国的地区霸权主义，目标首先是统一台湾。统一台湾之后走出海洋是中国多年的梦想。中国如果不能确保海洋通道和石油能源进口的安全，其发展就不能得到保障。像中国这样缺乏资源的超级大国，其发展本身就是霸权行动。"①

中国的崛起被高坂一语中的。他还预测，由于中国的复兴，日本就会出现种种争论，从而陷入对美从属还是对华从属的矛盾之中，

---

① ［日］渡边利夫《新脱亜論》文春新書，2008年，第283—285页。

这一点也被他言中。接着他提出日本“增强自己的实力是避免这种矛盾的唯一道路。”① 他指出，首先是日本应该从文明的角度，重新发现日本自己虽然不是西洋文明的一部分，但也决不是东洋文明的一部分。日本维持自己伟大的独立性的方法不是与中国的同一性，而是注意与它的相异之处，强调自己既不是西洋也不是东洋的立场。特别是他主张日本应该在美国的军事力量逐渐减弱的时候，增强自己的自卫能力。他认为，日本应该与美国保持良好关系，同时不与中国吵架。他的意思就是，日本既不与中国对立和对抗，也不牺牲与美国的良好关系而从属于中国。这是高坂正尧“海洋国家论”的核心所在，也是他提出的关于应对中国崛起的基本策略。

总之，日本的海洋战略理论思考，起源于江户时代，明治维新之后，深受英美海洋战略思想的影响，特别是马汉的海权思想对日本影响很大。战后日本在国家定位问题上基本摆脱了战前的摇摆，明确了海洋国家属性，并在强化与海洋霸权国家美国之间的同盟关系和防范崛起的大陆国家—中国方面达成了基本的共识。

第四节　日本海洋战略的基本内容

那么，日本海洋战略的基本内容到底包括哪些呢？就目前来说，当今日本海洋战略的基本内容可以做如下归纳：加强海洋资源的利用与开发，建设以海洋开发为中心的海洋大国；防范中国向海洋的进出，保卫离岛的安全，重视海上通道安全的维护；与海洋国家结盟，建立一个以西太平洋和南太平洋为主要范围的价值观和海洋国家联盟，对抗大陆国家中国的崛起。

① ［日］高坂正尧《海洋国家日本の構想》中央公论社，2008 年，第 64 页。

一、 建立以海洋开发为中心的海洋大国

日本于1961年就设立了首相的咨询机构“海洋科学技术审议会”，专门就有关海洋利用的技术开发等重要政策事项为政府决策提供咨询。1969年，该审议会提出的报告成了后来日本海洋科学技术政策指针的基础，也为21世纪日本海洋开发政策的制定奠定了基础。[①]《联合国海洋法公约》通过之后，日本于1983年签署，1996年6月批准，之后，公布了国内法《领海与毗连区法》、《专属经济区与大陆架法》等8个海洋相关法律。2002年8月，日本科学技术学术审议会海洋开发分科会向文部科学省提出了“21世纪初日本的海洋政策报告”，指出：海洋国家日本最重要的课题是如何实现海洋的可持续利用，日本应该制定“了解海洋”“保护海洋”和“利用海洋”的综合平衡政策。

2005年，日本设立了“海洋技术论坛”，这是一个横跨产官学和政府各部门的论坛，论坛反映了日本加强海洋活动和海洋产业立国的理念。为此日本重视海洋产业的创立和关于海洋资源开发的基础研究。海洋资源对于日本的高科技产业具有重要意义，特别是海底资源和海洋中的稀有金属对于资源匮乏的日本来说极为重要。因此，日本政府重点对海底资源的研究和开发给予了重视，为将来企业的介入打下基础。2006年4月，日本朝野各党成立“海洋基本法研究会”，提出7项海洋政策基本理念，就海洋基本计划达成共识。2007年4月，提出《海洋基本法》法案，获得压倒多数赞成。2007年7月31日，安倍晋三在综合海洋政策本部第一次会上说：“利用海洋是我国今后发展的重要课题，海洋基本法的实施标志着日本从

---

① 「平成18年度——わが国における海洋政策の調査研究報告書—海洋基本法の制定に向けて」、『海洋政策研究財團』、http：//www. sof. or. jp/jp/report/pdf/200703_ ISBN978_ 4_ 88404_ 198_ 4. pdf、わが国における海洋政策の調査研究報告’、2007年3月、5页。

今年开始朝着真正的海洋国家目标出发。”①

日本继《海洋基本法》的制定之后，2009 年，又制定了《海洋基本计划》，以此为根据，还制定了“海洋能源和海洋矿物资源开发计划”。

日本政府认为，海洋资源的开发仍然在开发方法、资源储量以及运送手段方面还有待于进一步完善，所以，完全按照市场经济运作，交给特定的企业还存在一些困难。比如说，目前日本还没有从长期计划着眼进行投资、为将来日本的海洋开发事业打基础的民间企业，这样的金融机关也不存在，所以需要政府进行战略性投资。上述《海洋基本法》的制定和综合海洋政策本部的设立就是这种战略性投资的制度和组织保证。

2009 年 12 月 1 日，民主党的鸠山由纪夫首相主持综合海洋政策本部会议，制定了“为了海洋管理的离岛保全和管理方法基本方针”。② 2010 年 5 月 26 日，日本国会还一致通过了“低潮线保全和据点设施整备法”。③ 2010 年 7 月 13 日，菅直人内阁通过了“关于低潮线保全和据点设施整备基本计划”的内阁决议，该计划制定了冲之鸟礁和南鸟岛为特殊离岛，规定了要采取保全措施防止离岛海岸的低潮线发生后退，还要整备离岛海湾设施使之据点化，实施稀有金属资源开发和渔业活动。④

2010 年 7 月 16 日，日本首相公布每年 7 月 19 日为“海洋日”。菅内阁决定制定的新成长战略，包括了开发利用海洋资源和海洋能

---

① 総合海洋政策本部開催状況（第 1 回）、2007 年 7 月 31 日、首相官邸、http://www.kantei.go.jp/jp/singi/kaiyou/kaisai_ before090916.html。

② 海洋管理のための離島の保全・管理のあり方に関する基本方針、「首相官邸（総合海洋政策本部）を参照、http://www.kantei.go.jp/jp/singi/kaiyou/ritouhoushin.html。

③ 「首相官邸（総合海洋政策本部）を参照、http://www.kantei.go.jp/jp/singi/kaiyou/teichousen/houritsu.pdf。

④ 「首相官邸（総合海洋政策本部）を参照、http://www.kantei.go.jp/jp/singi/kaiyou/teichousen/keikaku.pdf。

源，以及扩大以亚洲为中心的通过海洋的贸易。[①]

鉴于当今世界正处于由石化燃料向绿色能源的转换期，美国已经计划在2025年把可再生能源的比率提高到25%，日本也承诺了在2020年之前将温室气体削减25%。为此，将来新能源电动汽车的普及就成了各国竞争的新领域。比如，美国打算在2015年生产100万台这种新型汽车，日本也加紧在这个领域提高其竞争力，而这种汽车不可缺少的是稀有金属。由于中国对稀土实行管制，日本开始把目光投向了海洋，根据日本科学家的研究，海底埋藏着丰富的稀有金属，这对于100%依赖进口的日本来说，海底资源具有巨大的魅力。

二、 日本把中国作为重点防御对象

冷战终结之后，日本配合美国的战略转变，把朝鲜半岛和台湾海峡作为其海洋战略的主要目标，即所谓日美安保体制是以应对亚太地区不稳定因素为主要任务的。但是近年来伴随中国在经济和军事方面的崛起，日本的海洋战略把防备中国当作了主要目标，他们把中国看成大陆国家，但认为中国已经明显表现出了要走向深蓝的意向，所以日本得出中国与海洋国家日本的对立有必然性的结论，主张与海洋大国美国结盟对抗中国的威胁，阻止中国在西太平洋的崛起。日本人这样想有其现实根据，因为中日两国之间存在东海和大陆架资源的争端，两国之间至今没有划设分界线。

2010年5月，日美两国首脑就针对中国在东海和太平洋的活动，加强合作并监视中国海军动向问题达成协议。[②] 在这种背景下，日本

---

① 菅直人「7月19日「海の日」を迎えるに当たっての内閣総理大臣メッセージ」、2010年7月16日、首相官邸、http://www.kantei.go.jp/jp/kan/statement/201007/16msg_umi.html。

② 佐々木類「中国海軍の動向監視で一致日米防衛相会談」、2010年5月26日、『産経新聞』。

于2010年9月7日扣押了进入钓鱼岛海域的中国渔船和船长，挑起了中日争端，然后出台了岛屿命名、海洋法制修改和加强日美同盟的措施，最后决定就修改日美防卫合作指针进行谈判。钓鱼岛问题的争端因为“撞船事件”突出之后，日本防卫省官员说：“近年来，中国海军的活动十分活跃，这对日本来说是威胁”，并明确表示日美两国决定在2010年12月在西南海域进行以“夺回离岛”为主要内容的联合军事演习。①

2010年年底，日本民主党内阁发表了新版防卫大纲，对日本的防卫政策进行了修改。日本从20世纪70年代开始制定防卫计划大纲，在冷战的背景下，日本防卫的重点是苏联，而冷战终结之后，日本开始强调与周边国家之间的关系，但是伴随中国的崛起，日本开始考虑如何防范来自中国的威胁。2010年的新版防卫大纲列出的理由是中国海军在东海和南海进行了多次军事演习以及中国的国防开支不断增加，大纲中特别提到中国军队在周边海域，特别是在日本附近海域的活动越来越频繁。日本尤其对中国在军事与安全方面缺乏透明度感到不安，于是把中国定义为“地区与国际社会的担忧事项”。

提出“机动防卫力”的概念也是日本防范中国的重要措施。为了适应新的国际形势和应对海洋上发生的突发事件，日本提出了“机动防卫力”的概念。之前日本执行的是应对苏联进攻的“基础防卫力”原则，其基本思路是在日本全国均等地部署军事力量。而所谓“机动防卫力”，则是适应战略考虑“转向中国”和应对朝鲜半岛局势的军力配备与防卫理念，特别是应对海上“有事”，需要更加机动的作战能力。比如，为了防卫钓鱼岛的安全，必须有能力以最快的速度和有效的手段进行“夺岛”作战，在这种理念的指导下，

---

① 「自衛隊が離島奪還訓練、南西諸島想定し12月」、『読売新聞』、2010年8月19日、http：//www. yomiuri. co. jp/politics/news/20100819 - OYT1T00023. htm？ from = rss&ref = rssad。

日本有人提出“应该建立美国海军陆战队那样的军事组织”。也就是说，“机动防卫力”就是让日本的武装力量更具有速战力、机动性、柔软性和多目的性。他们认为，为了应对亚太地区的不稳定因素，以“机动防卫力”为核心的新防卫理念，其意义就在于防卫力并不是为了单纯保持和拥有，而是为了在情报收集、警戒监视活动与侦查活动等领域中适时与适当的实际运用。

现在日本的保守主义者，既主张日本应该突破宪法的限制，把自卫队派到海外，为此他们突破了禁止使用武器的规定，修改了武器出口三原则，特别是他们正在放弃高坂“不与中国吵架”的主张，他们在钓鱼岛、东海、南海，甚至在中国内政方面说三道四，突出其所谓对华政策的“自主性”。

三、 强调离岛防卫的重要性

2007 年通过的《海洋基本法》规定确保海洋的安全对于四面环海的日本来说极其重要。所以，该法律规定了确保海上运输的安全，特别是对离岛防卫的重要性做出了明确的规定，认为离岛对于领海和专属经济区的安全、海上交通的安全，对于海洋资源的开发利用和海洋环境的保护都具有重要的作用。

（一）突出“西南诸岛”防御的重要性

2010 年的防卫计划大纲把原来使用的“岛屿部分”一词改为“西南诸岛”。日本重视所谓“西南诸岛”防御的重要意图在于加强对钓鱼岛的防御。因为，“西南诸岛”一词是《旧金山和约》第三条规定美国“托管”冲绳的区域范围时所用的说法，该条规定所指定的美国“托管”区域范围从经纬度上把钓鱼岛也划入其内，所以，日本也借用了这个词，把日本九州与中国台湾之间的岛屿链统称为“西南诸岛”。按照日本政府现在的解释，“西南诸岛”具体包括属于鹿儿岛县的萨南诸岛和属于冲绳县的琉球诸岛两大部分，其中琉球诸岛南部的“先岛诸岛”包括宫古列岛、八重山诸岛和所谓“尖阁诸岛”（即中国钓鱼岛）。由于钓鱼岛是中日两国之间的争议领土，两国在东海海域岛屿范围上的认识不同，日本显然担心如果继续沿用原来的“岛屿部分”的说法，钓鱼岛就未必明确包括在内，更不能保证美国是否协防该岛的安全。修改名称之后，日本的防卫范围和日美安保的协防范围都包括钓鱼岛在内的含义更加明确了。

（二）加强在冲绳的军事部署

日本自卫队平时对所谓“西南诸岛”也进行监视和“警戒”，并进行必要的情报信息搜集活动。2009 年 3 月之前，日本航空自卫队曾减少了 F—4 战斗机的配备，但是，为了加强防空实力，又在那霸基地配备了 F—15 战斗机。2010 年 3 月，日本还把驻扎在冲绳的第一混成旅改编成第 15 旅团，加强了部队配备。日本还加强了海上警戒与海空军弹道导弹防御系统的部署，航空自卫队在那霸基地由一个飞行队增至两个，每个都配备 20 架战斗机。另外，日本还决定把目前驻扎在冲绳的自卫队由 2000 人增加到 4000 人。现在，日本在宫古岛以西没有部署军队，只有一个航空自卫队的雷达站，所以，被称为是防卫上的“空白地”。防卫省正在研究向这一地区部署军队的问题，比如，他们已经决定在与那国岛派驻 100 人的沿岸监视部队，主要任务就是通过雷达监视中国军舰的活动。

2015 年 9 月，日本防卫省制定了下一年度防卫预算的概算，防卫费连续四年增加，并且越来越重视日本西南方向的防卫。比如，这次防卫概算增加了为夺岛作战所必需的机动战斗车的购买费用，计划购买 36 辆。目前日本在全国有 15 个陆上自卫队师团（包括旅团，每个师团大约 8000 人，每个旅团大约 400 人），此次计划把其中的 7 个师团或旅团改编成机动师团或旅团。2016 年首先把驻扎在熊本的第 8 师团和驻扎在香川的第 14 旅团改编成机动部队，配备机动战斗车。这种战斗车装有 8 个轮胎，时速 100 千米，装有与坦克一样的 105 毫米火炮，可以空运，在夺岛战斗中将发挥重要作用。

另外，为了空运机动部队和机动战斗车，日本还计划购买一架 C2 运输机，这种运输机连续续航能力是 6500 千米，最大载重量是 30 吨，空运能力是日本现在拥有的 C1 运输机的四倍。除此之外，日本已经计划购买 17 架新型的鱼鹰运输机，明年计划先配备 12 架。特别是日本还计划于 2017 年前成立具有登陆夺岛能力的“水陆机动团”，在此之前明年进行这种部队的人员训练。

四、 重视海上交通线的安全

海洋国家首先要防卫自己周边的海域，这是“海主陆从”，而大陆国家则必须首先防卫陆上的安全，这是“陆主海从”。大陆国家如果有足够长的海岸线，就不得不在发展过程中拥有海洋国家性格。过去，法国、荷兰、西班牙、葡萄牙，后来的苏联和中国也都是如此。日本在甲午战争后，开始侵略大陆，成为大陆国家，但是最后陷入在中国大陆作战的泥沼之中。

战后日本放弃了扩张性的大陆政策，但是作为岛国，特别是作为以贸易立国的国家，日本的防卫必须依靠海军，海军的任务是保护通商贸易通道，由此带来国家产业的兴旺。岛国的陆军相对弱小，不具有支配大陆的能力。与其获得广大的统治领域，不如建立有效的经济运营手段，海洋的自由，包括航行的自由和自由贸易体制非常重要。运用外交手段遏制任何国家对海洋的一极控制，这是日本的利益所在，也是战后日本必然的选择。

战后日本的防卫力量是遵循“海主陆从”原则建立的，即以海洋为主、以陆地为辅，这是 100 年前明治时代的海军战略家佐藤铁太郎的主张。海洋国家面临的是海上的威胁，大陆国家面临的是来自陆上的威胁，美国并没有来自大陆的威胁，是个海洋国家，日美同盟是海洋国家同盟。日本认为，日美同盟及反对美国一极支配的中国和俄罗斯结成的事实上的大陆同盟相对立的态势是东亚局势的基本特点。战后的日本在防卫上主要依赖美国，和平宪法也规定了日本永远放弃战争作为解决争端的手段，所以，理论上讲，对于现在的日本自身来说，制海权的获得已经没有实际意义。

战后，早已经不是扩张领土的时代，最近的一次进行领土扩张尝试的国家是伊拉克对科威特的吞并。南海和东海的争端是主权权益的对立，不是领土扩张问题。现在并不存在有能力侵略日本的国家，所以，陆上自卫队的战车和对敌直升飞机都被认为是不必要的。20 世纪 70 年代和 80 年代，假想苏联进攻北海道是日本防卫力量部署的根据，但是，1995 年版防卫计划大纲规定陆上自卫队由 13 个师团减少到 9 个师团，反映了日本战略思路的变化。

现在日本更多的是设想海上通道有可能遭到攻击，相对来说这方面的威胁要大于陆上的进攻。如果不能确保海上通道的安全，日本将无法生存，这就必然引起日本的焦虑，他们担心一旦发生不测事态，日本的商船是否能够得到保护。作为美国的盟国，日本实际上是借助美国对海上交通线的控制，获得经济和贸易上的利益，也就是说，日本的海洋利益是以美国的战略为基础获得的。所以，配合美国的战略就显得格外重要。另外，海洋通道从东亚的马六甲海峡开始经过印度洋延伸至中东，这条通道对于日本来说具有重要的战略意义。根据日本宪法的规定，特别是根据日本内阁对集体自卫权的限制解释，日本无法直接动用武力保卫其海上通道的安全，因此，日美同盟便成了保护这条通道的关键。

日本作为资源进口国家，中东是其主要的石油来源地，中东地区的动荡不安直接影响到日本的国家利益。特别是日本在国际政治中的立场也常常要求它必须重视与中东产油国之间的关系，一旦被看作是支持中东国家的敌对国家，那么就会被中断供给石油，第一次和第二次石油危机就证明了这一点，当时日本被断了油，整个经济陷入混乱，社会也陷入惶恐，当时日本国民疯狂抢购手纸的事，至今日本人记忆犹新。

1981 年 5 月，日本首相铃木善幸访问美国，首次提出日本近海 1000 海里防卫问题，铃木与美国总统里根发表的联合声明表示：两国将在确保日本的防卫和远东的和平及稳定方面适当地分担责任，日本表示要努力改善日本的领域和周边海域和空域的防卫能力。①

1982 年日本开始认真考虑海上交通通道 1000 海里防卫线的问题，曾经担任防卫厅长官的中曾根康弘积极主张海上交通线的防卫，特别强调在维护日美关系的基础上由日本自主防卫海上交通线。之后，中曾根康弘上台，提出日本列岛成为“不沉的航母”，“三海封锁”和“海上通道防卫”构想。还提出了购买宙斯盾舰和 P3C 反潜侦察机 100 架的计划，加快强化日本的防卫能力，目的在于配合美国的对苏潜艇作战。②

1984 年 4 月 10 日，中曾根内阁在参议院预算委员会上提出，日本如果设立周边数百海里航路带，就必须在 1000 海里海域确保一旦发生不测事态能够保护海上交通的安全，为此必须重整海上防卫力。③ 可见当时日本政府确立的海权是周边数百海里海域的安全确保，为此，要建立保障 1000 海里海上交通线安全的防卫能力。这是以美军为矛，以自卫队为盾的海权战略。

也就是说，日本海上自卫队的主要任务是防卫沿岸 1000 海里的安全。事实上，日本的海上通道延伸到世界，超过了 1000 海里，那么问题是 1000 海里以外怎么办？对于这个问题，一般认为这是美国负责的，日本只负责 1000 海里。但是，现在美国被认为会逐渐失去

---

① 西原正・土山實男共編『日米同盟 Q&A100』（東京：亜紀書房、1998 年）、195ページ。共同声明全文について、以下を参照。「鈴木総理大臣とレーガン・アメリカ合衆国大統領との共同声明」、1981 年 5 月 8 日、外務省、http://www.mofa.go.jp/mofaj/gaiko/bluebook/1982/s57-shiryou-403.htm。

② ［特集］「自衛隊海外派遣」崩れたタブー意識 = 毎日新聞社世論調査」（1991/06/23 毎日新聞朝刊）、日本財団図書館『私はこう考える【自衛隊について】』、参见 http://nippon.zaidan.info/seikabutsu/2002/01257/contents/190.htm。

③ 海上防衛力整備の前提となる海上作戦の地理的範囲について」、防衛庁編『防衛白書』（1984 年版）

防卫的能力和意识，于是，近年来日本防卫政策开始发生变化，日本在认真考虑是否由自己负责海上的防御。

五、 日本与海洋国家结盟的政策

西南诸岛和冲绳防卫力量的部署只是防范中国的一个方面，而且是对其“主权”范围的防卫，加强海上交通线的防卫必须在外交上有所作为。在外交上，日本重视与海洋国家结成联盟，保证国家的安全，维护海洋利益。海洋国家结盟牵制大陆国家的霸权是地缘政治理论的一个基本思考，日本的海洋国家结盟思想在战后主要表现为与美国结盟和与其他大陆边缘国家结盟的特点。

（一）加强与美国的同盟

海洋国家结盟是为了包围大陆国家的霸权，所以，地缘政治学者都不约而同地提出各种形式的结盟主张。日本的海洋派在战前就主张日本维持与英美国家之间的友好关系，他们反对日本陆军主导的与德意两国结盟战略。高坂正尧和吉田茂都曾主张日本与海洋大国英美结成同盟，高坂正尧认为日本与美国保持一定程度的军事关系是必要的，所以，战后日本重视日美关系外交政策是日本与海洋国家结盟战略的必然结果。高坂还认为二战后的事实证明了日本与美国之间的军事合作是必要的，也是不可改变的。他说，美国距离日本很远，这是日本所受的恩惠，否则的话，美国会把日本吸收掉。在高坂看来，日美之间在地理位置上的距离为日本与美国结盟牵制近邻大国形成权力的平衡奠定了基础。另外，在日本海洋派看来，维护日本安全的基本因素是对海洋的支配，而今天的海洋是在美国支配之下，如果日本与美国对抗，日本将不能获得安全。

战后日本的历任首相都强调日美关系的重要性，特别是近年来，从小泉纯一郎到安倍晋三都无不强调日美之间的合作。安倍晋三虽然在接任小泉出任首相之后，在历史认识问题上与美国有过摩擦，还在外交战略上试探日本与北约合作的可能性，但是，他还是更强调日美关系的重要性。2012 年底，安倍梅开二度再次成为日本首相之后，更是主张日美之间应该密切合作，深化日美同盟关系。福田康夫提出日本应该在亚洲与美国之间维持平衡，但是，仍然强调对美关系的重要性。麻生太郎作为亲美派的吉田茂的外孙，他在各种场合都主张日本作为美国的盟国应该发挥积极作用。民主党鹰派的代表前原诚司也讲："我的老师高坂正尧告诉我，无论有多大的困难，都要处理好日美关系"。民主党的鸠山由纪夫内阁虽然被认为推行"脱美入亚"政策，但是，他并没有放弃日美同盟的任何想法，只不过是主张日本应该与美国建立对等关系。至于鸠山之后的内阁，无论是菅直人还是野田佳彦都对鸠山的对美"平等"倾向进行了调整。日本与美国结盟的政策倾向短期内不会有较大的改变。

（二）与其他海洋国家结盟

与美国结盟是日本与海洋国家结盟政策的重要部分，除此之外，与其他海洋国家建立安保合作关系也是重要内容。比如，日本著名评论家屋山太郎指出，海洋国家应该联合起来，把日美同盟扩展开来。他认为，日本应该以美国、澳大利亚、新西兰、印度为核心加上东盟组成亚太共同体，或者海洋国家联合。这一思想为日本海洋派所共有，而且在事实上成为了日本对外政策的理论基础。安倍晋三在 2006 年上台之后就主张价值观外交，其实价值观外交也是海洋国家意识的反映，因为所谓海洋国家，在地缘政治学者的解释里就是西方民主国家。所以，价值观相同国家的联盟就是海洋国家之间的结盟，安倍提出的"日美印澳"安保对话构想，以及麻生太郎提出的"自由与繁荣之弧"都是海洋国家结盟思想的应用。其实，日本在战后一直重视与东南亚国家的关系，日本的这一外交方针，除了具有经济目的之外，还有战略目的，即牵制中国在这一地区的影响力。因为东南亚国家地处南海，又都是民主国家，所以，日本的海洋派便把东南亚列入海洋国家，使之成为日本建立价值观之弧的重要地区。

日本政府近年来还一直致力于推动日美韩、日美澳和日美印安保合作。2012 年还在美国建议下力推日韩“物品劳务相互提供协定”与“军事协定一揽子保护协定”的签订，尽管由于韩国国内的反对，两个协定的缔结遇到了挫折，但是，如果日本继续推行海洋国家结盟政策，那么日韩之间的军事合作还会再次被提到议事日程上来。

作为一个岛屿国家，同时也作为一个海洋国家，日本拥有巨大的海洋利益需要保护和开发，在经济发展方面，日本的西边是亚洲，南边是大洋洲，战后几十年的过程中，日本在经济上与这两大地区建立了密切的联系。日本与这两个地区之间的进出口贸易占其贸易总额的40%。近年，日本与美国、欧洲的贸易比率明显相对下降。其实，澳大利亚也在积极思考融入亚洲，日本和澳大利亚是西太平洋的主要海洋国家。另外，在日本看来，东南亚的印度尼西亚和菲律宾也是重要的海洋国家。战前的日本曾经接受国际联盟委任统治南太平洋，现在，日本对于南太平洋岛国也加紧拉拢。在安全和政治方面，有人主张，亚洲大陆由中国掌握主导权，但是日本将掌握西太平洋和南太平洋国家所有海洋国家构成的地域的政治和经济主导权，这是日本提出价值观外交和“自由与繁荣之弧”战略构想的地缘战略基础，日本要在中国大陆边缘建立一个由日本主导的边缘地带之弧，这个弧也是海洋国家联盟，这是日本海洋战略的基本思考。

第二章　日本的海洋政策与海洋法制

一般而言，海洋战略的具体落实需要制定相关的海洋政策，并加以实施：

第一，日本相继制定了《海洋政策大纲》和《海洋基本计划》，其中体现了日本海洋战略的内涵。

第二，日本海洋战略在其他领域的政策与措施，包括了在海洋教育领域上的政策与立法和海洋立法及产业法等内容，教育方面的立法目的在于教育儿童亲海、知海、守海、用海，包括通过让儿童对水产品和资源、用船舶运输人员和物资、利用海洋联系世界人民的作用的认识，培育儿童理解持续地利用海洋的特别重要性。在海洋产业领域方面，日本有关方面提出了《日本海洋产业建议书》，被政府采纳形成政策和法律。

第三，海洋战略在立法方面的动向主要表现在在海洋基本制度方面的法制完善，具体包括《海洋基本法》《领海与毗连区法》《专属经济区和大陆架法》以及《海上保安厅法》等重要法律。

第四，日本在能源领域上的政策与立法动向，主要表现为《能源政策基本法》和《海洋能源与矿物资源开发计划》的制定上，立法的目的在于获取与确保能源资源，并为开发海洋能源与矿物资源提供保证。

第五，日本为实现政治大国、成为正常国家的目标，开始积极参与维护国际和平与海洋安全事务活动，特别是协助美国等国打击海上恐怖活动，派遣海上自卫队军舰赴外参与打击索马里附近海域海盗活动，以提升日本的国际地位。为使这些活动具有法律依据，日本制定了相关法律，比如，《恐怖事件对策特别措施法》规定了自卫队的三种活动：合作支援活动、搜救活动和救援灾民活动。

第一节　日本海洋战略在海洋政策上的体现

一般而言，海洋战略的具体落实需要制定相关的海洋政策，并加以实施。为此，日本按照《2005 年海洋建议书》的要求不断地完善了相关海洋政策，丰富了海洋战略的具体内容，即相继制定的《海洋政策大纲》和《海洋基本计划》体现了海洋战略的内涵。[①]

一、日本的《海洋政策大纲》与《海洋基本计划》

（一）《海洋政策大纲》内容

日本海洋政策研究财团于 2006 年 12 月 7 日公布了《海洋政策大纲——寻求新的海洋立国》（简称《海洋政策大纲》）。实际上，其是根据《2005 年海洋建议书》的建议，由海洋基本法研究会历时

---

① 《2005 年海洋建议书》全称为《海洋与日本——21 世纪海洋政策建议书》（2005 年 11 月 18 日），内容参见海洋政策研究财团编：《海洋白皮书：日本的动向，世界的动向》（2006），2006 年 3 月，第 184—192 页。

八个月（2006 年 4—12 月）经过十次讨论审议而完成的。①

《海洋政策大纲》内容，主要体现在以下三个方面：

1. 指出日本应重视海洋问题。考虑到人类的生存和繁荣极大地依赖于占地球表面积约 70% 的海洋资源，今后随世界人口的增加对海洋的依赖将不断增加，而现实是，围绕海域的国家间的竞争和对立、滥用海洋资源以及海洋环境污染等均日益严重和深化，为此，《海洋政策大纲》指出，日本对海洋问题必须重视。

2. 强调综合管理海洋的必要性。认识到海洋问题的重要性和复杂性，单一国家已无法处理海洋问题，为此，《海洋政策大纲》指出，国际社会应以各国对沿岸海域的管辖为前提，以国际合意为原则，为全人类的利益而协调行动，对海洋进行整体而和平的管理。

3. 建议制定海洋基本法。考虑到日本综合管理海洋问题的政策和体制并没有改进，仍采用纵向垂直功能分割的方法用个别法律处理海洋问题，不要说综合性的海洋政策，连管理海洋问题的主管大臣和机构也没有。这种现状的弊端之一为，日本无法向国会提交相关海洋法案。为此，《海洋政策大纲》指出，为改变上述情况，有必要尽早构筑应对海洋问题的新体制。同时要求把作为新的海洋立国的理念提升为国家的重要政策，即把海洋政策作为国家的政策——国策，也有必要对资源丰富的海域实施综合性的管理及国际合作与协调。《海洋政策大纲》最后指出，推进综合海洋政策的关键是尽早

---

① 海洋基本法研究会成立于 2006 年 4 月。其由多党（自民党、公明党和民主党）的参议员和众议员（10 名）、海洋方面的专家学者（15 名）和作为观察员的有关省厅的官员（10 名）共 35 名组成。观察员所涉部门为：内阁官房、内阁官房大陆架调查对策室、防卫厅（省）防卫局、外务省经济局、文部科学省研究开发局、水产厅、资源能源厅、国土交通省综合政策局、海上保安厅、环境省地球环境局。从该研究会的观察员组成可以看出，这是一个综合了防卫、外交、历史、水产、资源、交通、海上执法、环境等多方面人士组成的立法委员会，它反映了日本海洋立法所考虑内容的综合性。该研究会的事务局设在海洋政策研究财团。其任务为，通过调研和审议，为日本提出综合性的海洋政策和法案。其宗旨为，改变日本一直以来管辖海洋事务的纵向行政分割制度，让政府与民间成为一体，综合性地制定和推进国家海洋政策，使海洋与人类共生，确保国家利益。参见日本海洋政策研究财团编：《海洋白皮书：日本的动向，世界的动向》（2008），2008 年 5 月，第 208—209 页。

制定海洋基本法。

（二）《海洋基本计划》的内容与效果

日本根据《2005年海洋建议书》和《海洋政策大纲》要求，于2007年4月30日在国会通过了《海洋基本法》（自2007年7月20日起施行）。例如，《海洋基本法》第16条规定，为全面而有计划地推进海洋政策的实施，政府应制定有关海洋基本计划。为此，根据《海洋基本法》第29条设置的综合海洋政策本部于2008年2月8日出具了《海洋基本计划草案》。3月18日日本内阁会议批准了以《海洋基本计划草案》为基础的《海洋基本计划》。其已成为自2008年起五年间指导日本海洋事务的行动指针。为进一步了解日本的海洋工作与具体措施，有必要概述《海洋基本计划》的相关内容。

1. 基本结构。《海洋基本计划》由四部分组成，分别为总论、实施海洋政策的基本方针、为实施海洋政策政府应采取的综合而规范的措施、为综合而规范地推进海洋政策的必要措施。[①]

2. 主要内容。(1) 关于总论部分的内容。《海洋基本计划》指出，海洋支撑着地球上多种生物的生存；日本是一个面临太平洋西部的由六千多个岛屿组成的岛国，不仅享受海洋的恩惠，而且为运输物资或确保食物供应在广泛地利用海洋；同时，在国际社会海洋带来的多种灾害也成了威胁陆地居民生活（包括损害生命与财产）的要因，而日本就是面临上述困难不断发展的国家之一。另一方面，由于海洋广袤、问题复杂而交叉，对人类来说，未知的海洋领域还很多，迄今对海洋的认识与研究还不够，同时，从与海洋有关的各种现象探究其原理，对于解决诸如全球环境那样的问题也有必要，所以，《海洋基本计划》建议，必须继续对海洋进行调查研究，以使人类更好地开发利用海洋。

---

① 关于《海洋基本计划》详细内容，参见日本海洋政策研究财团编：《海洋白皮书：日本的动向，世界的动向》（2008），2008年5月，第180—201页。

20世纪60年代以来，随发展中国家的兴起，以及对海洋勘探与利用技术的发展，各国尤其是发达国家对资源的竞争日趋激烈，推进了海洋法律制度的制定与完善，尤其是综合规范海洋法律制度——《联合国海洋法公约》（简称《公约》）的制定（1982年）与生效（1994年），使原先的领海以外即公海的制度发生了根本性的变化，各国可以合理使用该公约规范的海域，例如，专属经济区、大陆架以及国际海底区域等。换言之，扩大沿海国管辖权的新的国际海洋秩序已经成型。为此，《海洋基本计划》指出，为应对随人口增加、经济社会活动发展带来的负面影响、应对地球温暖化引发的异常气候与自然灾害频发及生物多样性减少等带来的全球问题，人类应充分地认识其危害，并持续考虑对策，使日本为人类的安宁发挥先导作用，也能实现《海洋基本法》中规定的“海洋立国”的目标。

针对上述情形，《海洋基本计划》指出，对四周被海包围的日本来说，必须进一步推进与完善海洋政策，以适应形势与应对挑战，为此，日本制定了《海洋基本法》，并为推进该法律规定的政策，要求政府制定海洋基本计划（包括具体的实施方针），以发挥综合海洋政策本部的作用，并实现“海洋立国”愿望。

最后，《海洋基本计划》为综合推进海洋政策，提出了三个目标：第一，海洋需在解决全人类的问题中发挥先导作用；第二，需构筑完善持续利用海洋资源与空间的制度；第三，为使国民安全与安心生活要求海洋领域作出必要的贡献。

（2）在第二部分，即实施海洋政策的基本方针部分。《海洋基本计划》细化了《海洋基本法》第2—7条规定的六个理念的内容，即海洋的开发、利用与海洋环境保护的协调，确保海洋安全，增强对海洋的认识，海洋产业的健康发展，海洋的综合管理，海洋的国际合作。具体内容为：

第一，在海洋开发利用与海洋环境保护之间予以协调方面的内容。《海洋基本计划》指出，日本先前利用海洋主要限于水产业和运输两个方面，但现已判明人类可广泛利用海域资源，例如，矿物资源、海洋自然能源（海洋波浪、涨潮力）、海洋微生物资源。同时，人类在利用开发海洋资源时，也应考虑海洋环境保护，以实现可持续利用，因为，目前海洋环境严重恶化，尤其是水产资源状况严重退化。另一方面，人类对开发利用海洋能源的认识与开采技术还有待深化。所以，在开发利用海洋资源时，应协调与海洋环境的关系，为此，应在技术开发、制定合理计划等方面完善必要的体制。

第二，确保海洋安全。鉴于日本陆地周边为日本具有管辖权的海域，经济发展与生活所需的必要能源资源，包括运输食物等的物资多依赖于海洋，同时，日本的人口、资产和社会资本等多集中于沿海地区，《海洋基本计划》指出，日本应采取措施，确保包括维护航行安全等海洋权益在内的海洋安全，以及应对来自海洋的自然灾害威胁，对于国民整体生活来说，是至关重要的课题。

第三，充实海洋科学知识。对人类来说，海洋未知的领域众多，而海洋对于如地球环境问题等那样的全球问题、应对巨大海沟型地震、确保能源资源安定供应等，显然继续调查和研究海洋对于开发利用海洋资源具有重大的作用。同时，由于调查海洋需要特殊的设施与设备，短期内不可能产生有效的成果，需要长期的努力。首先，《海洋基本计划》指出：对海洋的调查与研究是一个战略性的课题，必须持续地推进；其次，必须将海洋调查与研究的最新成果予以统一管理，改变以前分散于各机构的现状，使其更加有效与合理，使其为推进海洋产业的发展、促进海洋基础研究和提高海洋调查的效率等服务，应完善一体化管理模式；再次，《海洋基本计划》指出，为进一步提升日本在海洋科技水平，必须培养海洋方面的优秀研究者、技术者和研究援助人员，以改变日本目前在海洋先端领域缺乏支撑未来海洋事业的年轻人才严重不足的局面；最后，《海洋基本计划》指出，必须在青少年的教育中，增加认识海洋和培养从事海洋工作方面的教育活动。总之，鉴于海洋涉及的领域众多，即使初期投资很大，也不会有很快很好的效果，所以，必须整合各机构的力量，明确以上的想法或提案实施的可能性及其效果。

第四，健全发展海洋产业。由于日本贸易量的几乎全部、国内物资运输量的近40%依赖于海上运输，同时，国民生活中供应的动物蛋白质的40%是由水产品提供的，而支撑这些活动的海运业、水产业、造船业等海洋产业，是维系日本经济社会健康发展与国民生活安定有序的基础，而为使这些产业健康发展，必须调整海洋开发利用与海洋环境保护的关系，确保安全。因此，《海洋基本计划》指出，它们之间是有机联系的，不可分割的。根据《海洋基本法》第5条的规定，海洋产业是指，从事海洋开发、利用和保护等方面的产业。为此，建议日本政府为正确把握海洋产业的现状，必须调查、收集和研究海洋产业的基本情况。《海洋基本计划》指出，日本面临两大难题：第一是服役船舶的陈旧与高龄化；第二是从事海洋产业人员的减少化与老龄化。为此，《海洋基本计划》建议政府应采取紧急措施，以强化国际竞争力与海洋产业的经营基础，包括整合产学研部门的力量，制定实现具体目标的行动计划。

第五，海洋的综合管理。由于海洋问题紧密相连，不可分割，所以，《海洋基本计划》指出，应对海洋的开发利用采取综合的管理。同时，指出了管理日本管辖海域的三项立场：保持可持续利用海洋的合适状态；促进海域开发利用可能性研究；维持海洋利用秩序。为此，《海洋基本计划》建议：应通过减少对海洋污染的方法保护海洋环境，积极收集、管理和监视海洋资源开发利用有关的各种情报，并实施统一处置；协调海洋利用者之间的关系，包括根据国际规则处理与他国间的海域划界争议；进一步推进日本调查200海里外大陆架工作，以向联合国大陆架界限委员会提交申请；应研究损害专属经济区制度中日本海洋权益的对策与措施；应推进远离陆地的岛屿的开发与管理工作。

第六，海洋问题的国际合作。为确保海洋航行自由、海洋安全，实现海洋水产资源的可持续利用，其不仅是日本的课题，也是世界各国面临的课题，为此，《海洋基本计划》指出：日本应在相关国家间推进合作的同时，在形成、发展及遵守国际秩序方面，日本应发挥先导性的作用；日本也应在应对气候变化问题、确保生物多样性那样的全球问题上，进一步增强国际合作。首先，为确保海洋航行自由和海洋安全，《海洋基本计划》建议，日本应与相邻国家构筑与推进相关体制，以确保马六甲海峡附近海域的运输安全、控制海盗事件的发生，为此，应积极利用应对海盗事件的亚洲区域海盗事件合作协定，并尽可能地让更多的国家参与。其次，为确保海峡航行安全，应与海峡沿岸国、海峡利用国共同研究新的合作体制。再次，为确保放射性物质的运输安全，应与对运输该物质有影响的国家间强化双方的信赖关系，建议日本政府应积极参与国际海事组织等制定国际公约工作，尽早缔结应对海洋恐怖事件及运输大规模杀伤性武器的国际公约，为此，应积极计划国际合作问题。最后，对于水产资源的开发利用问题，《海洋基本计划》指出，为保持日本在水产业上的传统优势，建议在中日韩的专属经济区内构筑合理利用资源的合作体制，以养护管理该海域的水产资源。另外，在应对地球温暖化引发的海洋灾害问题上，《海洋基本计划》指出，日本应积极采取措施支援亚太区域的地区合作工作，及时向可能受到海洋自然灾害的国家或地区提供相关情报，积极支援海洋自然灾害后的振兴复兴工作。

（3）在第三部分，即关于海洋政策实施方面，政府应采取综合而规范的措施。

第一，推进海洋资源的开发与利用。鉴于日本广泛地依赖与利用海洋，《海洋基本计划》指出，日本应在恢复渔业环境方面，引入合理的管理措施；在海洋能源资源方面，应进一步调查资源状况、开发海洋生产技术、处理好开发引起的海洋环境污染问题，以合理开发利用海洋资源。具体为：养护与管理水产资源，包括充实养护与管理水产资源的措施，确保措施的遵守，保护水产动植物的生育环境，增强渔场的生产力；推进海洋能源资源的开发活动，包括石油、天然气、矿物资源、海底热液体矿物资源，以及其他资源等的研究开发活动。

第二，保护海洋环境。主要包括确保生物多样性、减轻与减少对海洋环境的污染、研究保护海洋环境的对策与措施，并切实实施。

第三，推进专属经济区内资源开发活动。由于日本认为，其拥有管辖权海域的面积达 447 万平方千米，居世界第六位，且在该海域存在着丰富而多样的生物资源与矿物资源，所以，必须有计划地采取措施，实施开发活动，包括：依据国际规则解决与他国间存在的海域划界争议；于 2009 年 5 月前向联合国大陆架界限委员会提交 200 海里外大陆架申请；制定完善管理专属经济区海域的监视与处罚制度；取缔外国船舶非经同意在日本海域从事的海洋科学调查活动。

第四，确保海上运输竞争力。鉴于日本在外运中的国籍船舶与船员的减少，在内运中船员的减少与老龄化，为确保日本的海上运输，消除不安定的要素，《海洋基本计划》指出：首先，日本应采取相应的对策；其次，在亚洲与欧美间的主要航路中，日本的港湾地位相对低下，致使日本的海运费用与时间将会增加，所以，应采取强化港湾地位，提升国际竞争力的措施；再次，由于船舶及其在航运中的重大海难事件频发，来自于船舶对环境的影响引发全球问题，所以，应提升海运的安全性与改善海上运输的品质。具体措施为：应提升外运中日本的国际竞争力、增加日本国籍的船舶与船员；培育船员；整备海上运输据点；提升海上运输品质。

第五，确保海洋安全。对日本来说，为维护海洋权益，维持海洋秩序和确保海洋安全，是很重要的。在维持海洋秩序方面，《海洋基本计划》指出，应采取以下措施。主要为：维持周边海域秩序，日本应对非法入侵海域、损害航行秩序等的行为，在制度上采取措施，予以取缔；进一步构建应对紧急事件的体制，包括增强巡视船舶与舰艇、航空飞机等的紧急出动体制；构建应对非法船只的共同处理方案，有关机构应紧密合作包括共享监视得来的情报；与其他国家强化管理马六甲海峡的合作关系；根据国际法，采取合理措施控制与取缔公海海盗行为；尽早缔结防止海洋航行安全不法行为条约议定书，以控制大规模杀伤性武器的使用与输送；积极参加基于防止海上扩散安全保障设想的预防训练活动；合理检查船舶，以防止放射性物质的扩散、对船舶与港湾等的恐怖袭击行为，同时，应提升港湾运载、装卸货物的能力。

另外，在确保海上交通安全方面，《海洋基本计划》指出：首先，为防止海盗事件的发生，日本应在应对海上交通量的增加与船舶的大型化高速化等方面确保船舶航行所需的航路整备、活用船舶自动识别装置、评价运输安全管理制度、在分析海难事件的基础上修改海上交通规则，并对航路标识等进行研究；其次，为确保海上交通要道——马六甲海峡的安全，应参加沿岸国与利用国合作的体制，并推进维持与管理航行支援设施；再次，应推进提高台风预报精确度、更新航海用电子海图等工作；最后，对于外国船舶，为清除不符合国际标准的船舶，日本应与各国合作处理这些问题。另外，建议日本为贯彻海上交通安全，应与民间海难预防团体合作，并普及有关知识，以指导实践并推进取缔工作。

而在应对来自海洋的自然灾害问题上，《海洋基本计划》指出：首先，应对海岸线附近预防海洋自然灾害的设施进行检查与更新；其次，促进居民遇难事件的情报工作、适时有效地对居民进行避难与防灾训练；再次，检修运送受灾地区物资的海上运输物资的仓储工作、培养派员救援人员；最后，利用防震设备与仪器，观测地震灾害工作，以增强防震能力。

第六，推进海洋调查。《海洋基本计划》建议政府应采取以下措施：（a）切实实施海洋调查。即各政府机构应通过各种方法切实调查海洋，活用调查结果；迅速采取措施，更换不适应调查任务的船舶与设备；为有效实施海洋调查，应研发相关设备、活用人工卫星；各机构应通力合作，包括合作调整调查计划、共享调查结果、共用调查船与观测仪器；为实施海洋调查工作，应尽力得到大学、地方公共团体及民间企业等单位的援助。（b）收集整理与海洋管理有关的基础情报。（c）统一管理海洋情报。（d）加强国际合作。即各国应共有、交换海洋调查情报数据。

第七，研发海洋科技。《海洋基本计划》指出，日本应推进海洋基础研究；加强海洋问题对策研究；整备研究基础，包括充实研究船舶、设备研究基础，培养、确保海洋研究者、技术者及研究支援者，强化海洋科技创新体制，加强合作。

第八，振兴海洋产业与强化国际竞争力。《海洋基本计划》指出，日本在支撑国家经济社会的海洋产业上，应通过研发引入先端新技术、培养海洋产业方面的人才等手段，维持与强化国际竞争力；为活用海洋资源与海洋空间，应创设新的海洋产业，把握海洋产业的动向。

第九，实施沿海岸综合管理。《海洋基本计划》指出：（a）日本应对沿海岸与陆域一样实施统一管理。主要包括：应研究因开发陆地造成陆地土壤流向海域的措施；修复海洋营养盐类供给与调整，以确保海洋生物生存与养育环境；减少陆域污染物过分流向海域，避免超过海洋承载力；减少向海洋倾倒垃圾；有效利用海岸附近的公园与绿地设施。（b）调整海岸利用规划。（c）构筑联合管理沿海岸的体制。即根据各海岸的实情与特性，采取措施，以明确管理内容。

第十，有效利用与保护离开陆地的岛屿。考虑到日本离开陆地的岛屿众多，其是设定管辖海域的重要根据之一，同时，其在确保海上交通安全、开发利用海洋资源、保护环境等方面，具有重要的作用，所以，《海洋基本计划》建议，政府应明确这些岛屿在推进海洋政策上的位置，采取相应措施管理与保护这些岛屿。

第十一，加强国际联系与促进国家合作。鉴于国际社会在更具体地细化、补充《公约》内容，《海洋基本计划》建议，日本应在制定、运用国际公约、国际体制下的海洋活动、海洋争端解决、海洋资源管理、海洋环境保护、海洋安全、海洋科技等方面积极参与和加强国际合作。

第十二，增强国民对海洋的理解与促进人才培养。《海洋基本计划》建议，日本应采取措施，提升国民对海洋的关注，促进青少年对海洋的理解，制定培养海洋人才计划。

（4）在第四部分，即综合而有计划地实施海洋政策方面的必要措施。为切实推进海洋政策，《海洋基本计划》建议日本政府应采取以下措施。

第一，有效实施海洋政策。即在听取各方意见后，应修正海洋基本计划中的具体实施内容。

第二，在利用海洋之际，相关者应互相协调、合作，尤其在保护海洋环境、开发利用海洋、确保海洋安全等方面，以推进海洋政策措施的实施。

第三，及时公布海洋政策情报。即通过互联网及时公布海洋情况与海洋政策现状、每年度发表海洋状况及其政策报告书。

3. 预期影响。《海洋基本计划》是严格按照《2005 年海洋建议书》和《海洋政策大纲》要求制定的，是《海洋基本法》施行以来综合海洋政策本部的第一个实际成果，尽管公布的《海洋基本计划》（有效期为五年，五年后对其进行评价与修改）为不具有法律拘束力的文件，但因其是由各机构大臣组成的综合海洋政策本部制定的文件，可以预期，各方将会切实实施，并成为指导日本海洋事务的行动指针。

总之，以《2005 年海洋建议书》为主要内容的日本海洋战略已

经成型。为推进海洋战略，日本制定和实施了《海洋政策大纲》和《海洋基本计划》，具体化了海洋战略内涵。而为保障海洋政策的顺利实施，有必要将《海洋政策大纲》和《海洋基本计划》中的政策和措施予以固定，而海洋立法显然是一个重要且不可缺少的手段。

应该强调的是，实际上，日本在制定出台《海洋政策大纲》与《海洋基本计划》之前，已存在一些相关的文件，这些文件无疑对海洋战略的制定与实施有重要的作用，也是日本海洋战略的重要组成部分。从内容来看，这些政策文件主要集中在海洋的开发与管理方面。

此外，鉴于第一次制定的《海洋基本计划》已经到期，日本政府于2013年4月通过了新的《海洋基本计划（2013—2017）》，以持续性地推进日本海洋战略的实施。①

二、日本在开发管理海洋方面的政策建议

长期以来，日本高度重视海洋问题，在海洋战略成型之前，日本在开发管理海洋方面的政策建议，主要为以下四个方面：

（一）基于长期展望的海洋开发基本构想及推进策略

日本科学技术和学术审议会于2002年8月发表了题为《基于长期展望的海洋开发基本构想及推进策略——21世纪初期日本的海洋政策》，其从三个方面指出了日本在海洋方面应完善的政策和措施，其内容如下：

1. 日本海洋政策的应有方针。鉴于《联合国海洋法公约》的缔结、环境问题的重要性增大，在考虑海洋政策时，应将重点从如何享受海洋的恩惠转移到实现“海洋可持续利用”为主，这是十分必

① 日本的《海洋基本计划》内容，参见海洋政策研究财团编：《海洋白皮书：推进面向“海洋立国”的新的海洋政策》（2014），2014年3月，第194—221页。

要的。为此，今后日本的海洋政策要点如下：

第一，海洋政策需向平衡“保护海洋”“利用海洋”和“认知海洋”的政策转换。即为实现海洋的可持续利用，根据科学认识，必须最大限度地考虑环境利用海洋，力求协调海洋保全、利用和研究这三个领域，实现向平衡的政策转换的目的。

第二，从国际视野战略性地实施海洋政策。为解决与海洋有关的问题，国际合作及调整多数国家的权益是十分重要的，日本应认识国际性的权利和义务，在国际贡献和国家利益之间寻求平衡，战略性地实施海洋政策。

第三，从综合性的观点出发，策划日本的海洋政策，在相关省厅的合作下实施这些政策和措施。日本是一个岛国，与市民生活直接有关的海洋多与海洋相连。考虑到海洋利用多样化的现状，国家应从包含人文社会科学在内的层面综合性地探讨对策，在涉及多个行政领域的政策上力求统一，并综合性地实施。

2. 海洋政策的基本观点。包括三个方面：

第一，海洋保全。为维持和恢复海洋环境，实现“健全的海洋环境”；实现海洋开发利用的可持续发展，为构筑循环型社会作出贡献；作为国民共有的财产，将“美丽、安全和活灵灵的海”让后代继承。

第二，海洋利用。寻求与海洋环境保全之间的协调；从综合的观点出发进行探讨和调查分析，在修复海洋保全的同时，在一定程度上限制海洋的利用，进行综合管理；从长远看必须实施符合市民个人的利益利用海洋，所以，应从综合的观点考虑在不同领域协调利用海洋的政策和措施。

第三，海洋研究。通过对海洋的研究，利用获得的新知识，为保全和利用海洋服务；解明给生活带来直接影响的诸如地球温暖化及气候变化等自然现象的机制；通过研究海洋，为扩大人类知识财产作出贡献，同时，提升青少年对科学技术的兴趣和关心度。

3. 海洋政策的推进政策与措施。具体包括四个方面：

（1）在保全海洋、维持和恢复海洋环境方面的综合举措。为正常保持自然具有的物质循环系统的功能，保持因人类活动不超过海洋对环境负载的净化能力和生产力等恢复范围，采取以下措施：在封闭性海域推进环境改善事业；解明藻场、珊瑚礁等的净化功能、生产功能；解明有害化学物质等对生态系统及人类健康等的影响；强化油留出的预防和消除体制；防止因外来生物物种的侵入搅乱现存物种的灭绝及生态系统。

特别指出了在以下两个方面的措施。第一，在利用海洋和防护沿岸灾害方面的举措。在利用海洋时，为确保海洋的可持续利用，应采取必要的措施，尽量维持和恢复环境。同时，为应对地球温暖化等地球规模的环境变化问题采取相应的措施。包括：预防和消失因土砂收支不平衡引发的侵蚀海岸、沙滩等方面的措施；应对因异常气象、海象多发的沿岸灾害方面的措施；构筑因地球温暖化引起海平面上升而影响沿岸区域的评价制度；因二氧化碳等海洋隔离引发对生态系统影响的评价制度；资源开发等引发的环境影响评价制度。第二，在社会经济方面的举措。在海洋生物利用方面，为积极推进在保护自然环境及创造海洋环境方面的措施，有必要从多角度的观点出发定量地评价海洋环境的社会经济价值，并合理而有效地实施为保护环境采取的环境价值评价方法的高度化政策和措施。

（2）在海洋利用方面的举措，主要包括以下五个方面：

第一，在利用海洋生物资源方面的措施。为求水产品的安定供应和水产业的健康发展，应沿水产基本法明确的方面，合适地保存水产资源，重点对水产动植物的增殖和养殖采取措施，维持生态系统的整体，并在兼顾防止环境污染的同时，实现海洋生物资源的持续利用。具体包括：通过限制捕获量等推进对水产资源的管理和恢复；活用海洋中的未知微生物和遗传因子。

第二，在利用再生可能的海洋能源和资源方面的措施。为适应循环型社会的实现，重点推进利用再生可能能源和资源方面的措施是很重要的，为此，应在利用广泛分布在海洋中的风力、波浪力、温度差、太阳光等方面的能源，海洋丰富的营养盐，通过清洗和净化方法利用在低温有安定性的海洋深层水方面，采取相应的措施。

第三，在利用海洋矿物、能源资源方面的措施。已经预见到将来国际社会对于诸如石油、天然气等那样的能源资源和锰结核等那样的矿物资源不足，为寻求环境影响的极小化和利用未开发的海洋资源，有必要进行相关技术开发，并继续进行调查活动。包括：调查和开发作为能源资源的富钴结壳；根据《联合国海洋法公约》调查大陆架。

第四，在利用沿岸空间方面的措施。需在多数领域重复利用的沿岸空间进行各领域利用的协调，推进考虑环境的港湾、渔港设施的整备工作，目的是实现获得平衡的、多功能地利用沿岸空间；安全而有效地实现海上运输，确保对于贸易立国的日本重要海上运输的有效性和安全性；实现海事产业的健全发展。措施包括：推进作为地球温暖化对策的长距离干线运输向内部航海运输等的转换；为实现安全的海上运输的海盗对策。

第五，在实现市民亲近海洋方面的措施。发展海洋娱乐对于丰富市民生活、活跃地域经济等是很重要的，在解决诸如海难增加、交通堵塞、垃圾等问题方面，应进一步推进海洋娱乐空间的整备和普及工作并灵活使用。

（3）在海洋研究方面的举措，主要包括以下四个方面：

第一，挑战未知海洋领域。随人类知识的扩大，国家和社会的发展，为提升大众对科学技术的关注度，应根据国际统一海底采掘计划推进海底下区域的勘探等前沿海洋研究。同时，致力于研究解决地球环境问题和预防自然灾害。另外，海洋与地球环境的变化有很大的关联，在海域发生的地震、海底的火山喷发等给沿岸地域带来很大的灾害。为解决地球环境问题和预防自然灾害，有必要与海洋、海底的各种现象有关的原理予以追究和理解。主要包括：与气候变动有关的观测研究；海洋底的力学研究。

第二，以保全和利用海洋为基础的研究。为持续利用海洋，有必要以海洋研究中获得的科学知识为基础，为寻求海洋利用和海洋保全之间的协调，应实施适当的政策。主要包括：考虑沿岸空间利用和沿岸防灾方面的研究开发；促进海洋预报。

第三，开发基础技术。为对与海洋观测及卫星观测有关的新材料、采集数据及其进行高度分析所需的各种技术进行开发，应进一步在提升原来的调查、观测、分析技术的精度和持续性等方面的技术进行开发。包括：卫星观测技术的高度化；海洋观测技术的高度化。

第四，整备研究开发体制和基础。与海洋有关的研究和开发技术涉及多个领域，有必要推进日本综合性的海洋研究及其基础装备，而积极参与国际合作、有组织地和战略地进行研究和观测工作也是很重要的。同时，为维持日本在海洋研究方面的国际领先地位，有必要促进完善基础设施。主要包括：促进调查和研究船舶的有效使用；完善研究活动所需的情报流通体制。

（4）完善整体海洋政策的基础，主要为以下四个方面：

第一，培养人才和提升人员对海洋的理解。为实现平衡性的海洋政策，不仅培养海洋人才是很重要的，而且提升市民对海洋的关心也有必要。首先可以在学校教育中利用诸如海洋日等的活动，需要让全体国民有共同的意识，即认识到管理和利用海洋是支撑日本将来生活基础的重要问题之一。为此，应充实海洋教育，并增强对海洋理解的活动。

第二，促使情报流通。从船舶的安全航行、防灾、保护自然环境，以及水产等的观点出发，必须迅速和容易地接收与海洋有关的基础情报。同时，为得到全球数据进行海洋研究，对国内外的海洋观测数据尽可能地集中管理，以期能让更多的利用者活用这些情报。

为此，应促进海洋数据的收集、管理和提供等方面的工作。

第三，应对国际性的问题。为解决海洋问题，需要寻求国际贡献与确保国家利益之间的平衡，所以，完善国际合作框架、参加国际性的项目、推进支援发展中国家的国际合作等是很重要的。

第四，综合性地策划海洋政策。为持续地利用海洋，综合性地探讨海洋政策是十分必要的，应融合相关政策，努力去除重复的部分，明确从社会经济的观点考虑综合性政策的方针也是很重要的。为此，应活用海洋开发分科会以及海洋开发相关省厅联络会议，同时，对于策划符合21世纪的海洋政策体系，应以海洋开发分科会为中心反复讨论也是很重要的方面。

尽管这些内容是预见到了今后10年的状况，并基于长期的展望而制定的，但今后应考虑社会情势的变化，对相关内容进行不断地修正，这无疑是很重要的。

从该文件可以看出，它贯彻了日本海洋战略文件所倡导的特点——综合性，要求战略性地实施海洋政策。

（二）沿岸区域综合管理研究会建议

2003年3月由沿岸区域管理研究会制定的《沿岸区域综合管理研究会建议》主要包括以下五个方面的内容：

1. 日本针对沿岸区域管理采取的措施。在沿岸区域一方面要求产业、物流、娱乐等各领域的有序利用，同时，为利用和应对灾害等，已经利用人工的方法对沿岸区域进行了很大的加工和改变。同时，也出现了保护湿地、保全砂浜等那样的环境问题。所以，为恢复沿岸区域管理的应有状态，一直以来各种机构采取了多种措施。例如，在1998年的全国综合开发计划——《21世纪国土整治规划》，规定了应制定和推进沿岸区域圈综合管理计划的内容，以此为基础在2000年2月制定了《沿岸区域圈综合管理计划制定方针》。此后2001年6月国土交通省河川局汇总了《沿岸区域管理研究会建议》。

此外，其他机构也提出了相关建议。例如，日本沿岸区域学会于2000年12月提出了《沿岸区域的持续利用和保全环境的建议》，2002年5月日本财团提出了《日本21世纪海洋政策建议书》。

在法制层面，1999年修改了《海岸法》，在一直以来的防护目的中增加了环境和利用的观点，要求在海岸实现防护、环境和利用相协调的目标。同时，增加了整备诸如设施那样的硬件对策，也进一步采取了诸如危险支援那样的软件对策。另外，在2000年修改了《港湾法》，在法律目的中明确地规定了应在考虑环境保全的基础上完善港湾等内容，应强化相关措施。

特别是在封闭性水域，人类的活动对环境的影响很大，同时对利用也提出了很高的要求，所以，应对保全环境及利用水域进行调整。对于东京湾、伊势湾和濑户内海（包含大阪湾），为防止水质污染，应根据《水质污染防治法》和《保全濑户内海环境特别措施法》，采取削减从陆域流入港湾的污染总量。尤其是对于濑户内海（包含大阪湾），为保全其环境，制定了《保全濑户内海环境特别措施法》，规定了设置排污等设施的规则、防止因富营养化发生的损害、保全自然海浜等特别措施等内容。对于有明海和八代海，以发生深刻的渔业损害为契机，制定了《再生有明海和八代海特别措施法》，以保全和改善环境，并通过恢复水产资源促进渔业振兴等特别措施。另外，从环境、防灾、国际化等的观点出发，在旨在再生都市的项目中，为寻求大都市圈的“海洋的再生”，为首先在东京湾采取措施，通过与其他机构的合作，设置了东京湾再生推进会议，为改善水质采取了相应的措施。对于东京湾、伊势湾和大阪湾，为加强它们之间的作用分担和联系，通过国家和相关港湾管理者之间的协调制定了《港湾计划基本构想》，即希望从更广泛的观点出发开发、利用和保全各港功能。

2. 沿岸区域管理中存在的问题。主要表现在以下方面：第一，利用和环境方面的问题，包括：水质污染、船舶事故造成的油溢事件、海岸漂流垃圾、海岸侵害污浊、湿地减少、利用海岸对生态系统的影响。第二，利用方面的问题，包括：娱乐和渔业之间的矛盾、娱乐者之间的问题、停放游船等的问题、以及利用近海部分土地的问题。第三，防灾措施和环境方面的问题，包括：完善海岸等对生态系统的影响。第四，防灾对策和利用方面的问题，包括：因构筑海岸物对娱乐的影响、因构筑护岸和岸堤等设施对景观的影响。第五，防灾措施上的问题。

3. 应对沿岸区域问题的措施。如上所述，沿岸区域的各种问题依然众多，甚至比较深刻。所以，针对沿岸区域的种种问题应调查现今的制度及评价其效果，并采取措施加以处理。需要检查的方面，主要为：

第一，审查有关的责任主体是否明确？在沿岸区域，也存在管理者不明确的海域，管理体制也不完全，当发生问题时，处理问题的责任主体也不明确，所以，今后应针对每个问题明确责任主体。

第二，审查实施政策和措施的主体间的合作是否不足？对于各种问题，由各实施主体分别处理，但当在责任不明确的部分产生问题时，就不能充分发挥效果。所以，今后在行政领域外，必须在研究者、区域住民、利用者和非赢利组织等相关机构之间进行合作，通过分担合适的作用实施有关的政策和措施。此时，有必要探讨区域住民、非赢利组织实施的活动进行支援的制度。

第三，审查区域住民与利用者之间达成的合意是否充分？从项目的计划阶段到工程的实施各个阶段，由于对区域住民和利用者等的说明和对话并不充分，所以在还没有充分地与区域住民等之间形成合意就开始项目的事例多见。为此，今后应充分地协调区域住民和利用者之间的意见，实施对区域住民和利用者等方便且满意的项目。

第四，审查是否充分考虑了广泛的影响？局部的开发和构筑物的设置会影响水质的恶化及侵蚀海岸，同时，采取海砂也是恶化环境和侵蚀海岸的要因，这是由于没有充分地考虑到广泛的影响造成的。此后，应在得到研究者的合作的同时，充分地调查和探讨对包含其他领域的影响，并与其他机构进行充分的调整。

第五，审查开发和防灾是否充分而优先地考虑了环境？迄今实施的防灾对策和邻海部的开发，其必要性是明确的且取得了一定的效果，也考虑了对环境的影响，但作为代价，很多自然海岸和湿地等自然环境消失了。所以，今后应更重视环境，采取与自然共生的必要措施。

第六，审查有关沿岸区域的情报是否不足？由于在沿岸区域调查环境结果的基础性情报、与生态系统特征等有关的环境自然科学的情报、与利用水域的状况有关的社会科学方面的情报不足，存在没有充分地协调与环境的关系的缺陷。所以，今后应完善收集、整理和管理以环境情报为首的与沿岸区域有关的情报制度，促进自然科学研究。

4. 综合管理沿岸区域的基本方针。考虑到上述各种问题明显化，为有效应对沿岸区域的各种问题，仅靠一直以来的由单一的项目主体对单个项目及其政策和措施和单一政策目的进行处理，虽然达到了一定的目的，但无法形成所希望的沿岸区域。例如，在东京湾，因流入尿素、磷等在引发湾内富营养化的同时也发生了赤潮和青潮等现象，不仅很大地影响生物的养殖，也发生了诸如漂浮垃圾问题在沿岸区域引发的环境恶化问题。同时，在东京湾背后的陆域聚集了多数的人命和财产，即所谓的“零米地带”为中心的区域防灾对策必须强化。再次，由于港湾货物集中于靠近湾内位置的重要国际港湾，过度依赖于海上交通，所以从新利用的要求出发需完善空港设施。由此，在环境、利用和防灾各领域须进行综合管理。

为此，有必要从综合的观点出发管理沿岸区域，以形成良好的环境、确保安全及调整多种用途，同时，通过多种相关者的参与，实现符合区域特性并具有自然魅力的空间布局，将美丽、安全和活生生的沿岸区域让后世代继承的目标，所以，应采取以下措施：

第一，协调政策和措施实施主体之间的关系。让行政、研究者、区域住民、利用者、非赢利组织的多种相关者参与政策和措施的探讨、实施及其评价工作。此时，必须向区域住民和非赢利组织等提供充分的情报。同时，在实施政策和措施时，应在相关者之间进行充分协调，以根据问题发挥各自的作用并有效地实施相关政策和措施。另外，应建立鼓励非赢利组织和民间企业等能积极参与其中的包括相关政策和措施在内的新制度。

第二，对相关问题整体实施。对于因各种原因引发的诸如水质污染和海岸侵蚀等紧密相关的问题，应从综合保全水质和土砂管理政策等多方面和广泛地探讨对策，并有效地实施。

第三，应扩大个别法律的目的和适用范围。在沿岸区域发生的问题中，应开始迅速考虑修改既存法律和扩大适用范围的可能性，以扩大应用范围。

第四，统一管理无制度的问题。在沿岸区域发生的问题中，对于无法用既存法律和扩大适用范围、也无法管理且依然在自由使用、无任何限制的一般海域，应指出对其立法的必要性，为应急处理可先由地方共同团体制定条例应对。

第五，为新活用沿岸区域应拓展政策和措施。人类已经从沿岸区域接受了各种形式的恩惠，为得到国民进一步的理解，应在充分考虑保全环境的基础上，有效地活用大量储存的自然能源，并促进制定多种活用的政策和措施。

第六，相关者之间共享情报和向国民提供情报。为对沿岸区域实施综合管理，有效利用相关机构拥有的各种情报是十分必要的，所以必须在包含研究者和非赢利组织等在内的相关者之间共享情报。同时，通过利用说明会、网站和宣传册子等所有手段，向国民广泛地公开与沿岸区域有关的情报，并应对各种要求。

5. 综合管理沿岸区域的建议。研究会以短期应对具体问题为出发点，探讨了综合管理沿岸区域的基本方针和具体的政策及措施，为长期综合地管理沿岸区域问题，提出如下建议：

第一，制定综合管理沿岸区域管理的计划。在对依行政区分沿岸区域活动的实施时，由于各区域的地理条件、社会条件、自然环境条件等各不相同，所以有必要对各沿岸区域进行统一管理，并协调多种相关者的要求。为此，为对沿岸区域实施综合管理，今后国家应促进地方公共团体制定沿岸区域圈管理计划。

第二，完善推进政策和措施的体制。由于沿岸区域的问题应根据各区域的实情应对，为实施建议的政策和措施，各区域应设置以行政部门为主体、由多种相关者参与的协议会，以探讨和实施及评价具体的政策和措施。同时，必要时协议会可对政策和措施进行评价和修正。

总之，建议是为综合管理沿岸区域，对国土交通省所辖事项的政策和措施进行了汇总，与沿岸区域有关的问题涉及多种相关者，今后必须与相关省厅积极合作，以实施相关政策和措施。

同时，建议提及的既存法律适用范围以外的问题，作为短期的应对方法需扩大个别法律的适用范围，以有效地实施个别的政策和措施，但在将来，应将综合管理沿岸区域的这些个别政策和措施汇总并制定新的法律制度。

所以，要让每个国民认识到海洋和海岸是自己的，并让多数国民理解和认识沿岸区域问题，这是很重要的，必须广泛地公开沿岸区域的现状及其政策和措施的实施状况，并让国民们更深入地讨论这些问题。

（三）自民党关于海洋问题的建议与措施

自民党（当时的执政党）政务调查会于 2004 年 6 月 15 日提出了“维护海洋权益的九个建议”。其内容主要包括以下两个方面。

1. 关于计划与实施综合海洋战略的建议。具体建议为：

（1）设置与海洋权益有关的阁僚会议，制定与实施海洋战略及政策；

（2）在“中间线”的日本侧，由政府主导实施资源调查及授予企业或组织海底资源试采权；

（3）尽早解决东海划界问题；

（4）加速2009年向大陆架界限委员会申请外大陆架的调查工作。

2. 关于确保海洋秩序的建议。具体建议为：

（1）为应对包括“平时”向“有事”发展的事态，建议应完善政府“危机管理体制”；

（2）加强海上保安厅对钓鱼群岛周边警备的预警与监视体制；

（3）强硬处理中国海洋调查船；

（4）强化对冲之鸟岛（礁）、钓鱼群岛的行政实施与控制权；

（5）通过强化自卫队的能力和活用日美安保框架，确立应对各种事态的体制。[①]

应指出的是，上述建议中的有些内容是确保日本在东海权益上的具体措施，而有些内容则属于对于冲突出现后的危机应对方案，应对中日发生海洋利益冲突的制度安排，同时提出了制定海洋战略的任务。

据此建议，日本政府于2004年6月设立了“与海洋权益有关的阁僚会议”，并鼓励日本企业在东海（尤其是在中日“中间线”以东海域）开采海底油气资源；2004年7月，日本政府开始在所谓的“中间线”以东有争议的区域租用挪威调查船进行海底油气勘探，以调查春晓油气田附近的海底地质结构。

此后，自民党于2005年3月29日制定了“维护东海海洋权益的紧急建议”。其内容主要包括以下三个方面：

① 参见（日本）海洋船舶财团海洋政策研究所编：《海洋白皮书：日本的动向，世界的动向》（2005），2005年3月，第186—187页。

第一，关于试勘探的实施问题。它指出，根据《矿业法》，在“中间线”的日本一侧设定试勘探权并进行试采，在法律上没有问题。这显然是保卫国家资源的当然措施，但对民间企业来说，在未界定的海底区域开发资源必然伴随风险，为此，建议应由政府委托民间企业实施试采为妥。

第二，关于进行试采的具体措施。主要为：设定试采权；创造有利于进行试采的环境；设置海洋权益相关阁僚会议。

第三，与中国进行交涉。例如，要求中国提供开发春晓油气田的资料，并要求停止开发活动，对中国采取强硬的措施。[①]

据此建议，日本政府于2005年7月授予帝国石油公司东海油气试采权；2005年8月，宣布帝国石油公司办妥试采东海油气的一切手续，但限制条件为该公司在正式开采东海油气资源时，必须再同政府协商，在征得政府同意后，该公司才能正式实施开采活动。

实际上，在中日间关于东海问题的磋商进程中，日本政府的立场与态度及措施，多是根据上述关于海洋问题的对策或建议而作出的。例如，在东海问题磋商中，日本向中国索要开发东海油气田的数据和资料，向帝国石油公司颁发东海油气试采权文书等。当然，上述内容不全是针对东海问题的，其内容涉及海洋问题的全部，是关于海洋问题的综合性策略的一部分。

（四）日本经济团体联合会关于海洋开发的建议

日本经济团体联合会于2005年11月15日提出了“关于推进海洋开发为重要课题的建议”，该建议主要包括以下四个方面的内容：

第一，实质性地推进外大陆架调查活动；

第二，确保对自然灾害等的安全与安心感，包括开发利用海洋观测监测系统、开发防灾减灾体系、为保护地球环境实施相关研究开发活动；

① 参见http：//www.jimin.jp/seisaku/2005/seisaka-003.html，2007年3月12日。

第三，开发海洋资源，包括开发海洋各种能源、开发海洋生物资源等；

第四，完备海洋开发体制。[①]

可见，该建议是以开发海洋为目标的战略性建议。

从上述四个方面有关海洋问题的文件和建议内容，可以看出日本海洋战略的成型与发展得到了多数相关机构的支持，并取得了一定的成果。

最后应补充说明的是，日本自2009年8月民主党夺取政权，2009年9月建立新政府以来，至2009年11月仍未出台关于海洋问题的新政策，因此，可以认为，日本新政府是尊重前政府关于海洋问题的政策和立场的，其近期也不会有新的关于海洋问题的举措。

第二节　日本海洋战略在教育和产业上的政策与措施

值得注意的是，日本的海洋战略除在上述领域获得体现和发展外，在其他领域也得到了相应的重视和发展。其他领域包括海洋教育领域、海洋产业领域等。

一、在海洋教育领域上的政策与措施

在海洋战略方面完善海洋教育领域上的政策建议，主要为日本海洋政策研究财团于2008年2月提出的《推进小学普及海洋教育建

① 参见日本经济团体联合会网站：http://www.keidanren.or.jp/japanese/policy/2005/085.html，2007年4月25日。

议》和2009年3月提出的《21世纪海洋教育蓝图——与海洋教育有关的课程和单元计划》（小学编）。

（一）《推进小学普及海洋教育建议》

1. 提出建议的背景。（1）海洋对日本的重要性。占地球表面积的71%、拥有地球水源的97.5%的海洋，不仅是人类为首的生命的源泉，也给地球整体的气候系统带来很大的影响，以源自海洋、空间、森林到河川再汇集到海洋的水循环系统，在维持生物生命方面承担了极大的作用。在由海洋带来的比较安定的环境下，人类延续了自诞生以来的持续繁荣，日本最大限度地接受了海洋的恩惠并获得了发展。

拥有海岸线总长24800千米，据世界海岸线长度第六位的日本海岸线中，可以看到自流冰到珊瑚礁的各种各样的环境，同时在广阔的海域存在丰富多样的生物、能源和矿物等天然资源。为此，日本一方面将海域作为确保资源的场所加以利用，也作为与世界进行贸易的交通场所予以使用，又作为预防外国侵略保卫国土的自然屏障或作为国民的休闲场所广泛利用，即在与海洋深深的相互关系中构筑和发展了日本的社会、经济和文化等领域。现在，总人口的约50%居住在沿海岸、动物蛋白质的约40%取自水产品、进出口货物贸易的99%依赖于海上运输。所以，海洋对于日本十分重要。

（2）有关海洋的国际动向。迄今为止的人类，在领海以外的广大海域任何人都可以自由开发利用海洋——“海洋自由”的观念下，为寻求新的资源积极地经略海洋。特别是近年来，由于科学技术的进步和发达，人类在海域的行动能力增强，为此沿海国陆续地将海域及其资源圈入自国，另一方面这种频繁的活动在世界各地引发了海洋污染、资源枯竭、环境破坏，结果威胁人类自身的生存基础。

但为确保今后世界人口继续增加所需的水、食品、资源和能源以及顺利运送这些物资的需要，今后有效利用海洋是必不可缺的，为了能将有限的海洋恩惠延续至下代，必须综合地管理海洋的开发、利用和保全。

海洋的综合管理不是日本一国的问题，而是应与地球上的所有国家必须合作处理的问题。因为海洋充满了水，海洋引发的事故和现象是互相紧密关联的，在某一个场所发生的事态会超越时空用各种形式传播和影响到其他地方。为此，海洋空间问题不能简单区分为国内问题和国际问题，其具有应用国际观点加以处理的因素。

在这种情形下，经过约半个世纪的长期讨论，《联合国海洋法公约》（简称《公约》）终于在 1994 年 11 月生效。《公约》一方面承认沿海国在专属经济区的主权权利和管辖权，同时，规定了诸如沿海国有保全及保护海洋环境义务等那样的包括与海洋有关的几乎所有领域的法律框架和规则，而被称为“海洋宪法”。

国际社会于 1992 年在里约地球峰会通过了《21 世纪议程》行动计划。在其第 17 章详细地规定了海洋和沿岸区域的环境保护与可持续开发和利用的政策框架。

据此，在国际社会确立了海洋开发、利用、保全和管理的框架和规则。目前，海洋进入了在国际合意下由各国对广大的沿岸海域予以管理为前提、为人类的利用各国合作和平管理海洋整体的时代。即在 20 世纪后半叶，由“海洋自由”原则变换到了“海洋综合管理”的新时代，可谓是时代的转换期。

鉴此，近年来世界的多数国家为综合地管理海洋制定了海洋政策、完善了海洋法律制度，推进了相关行政、研究机构的整合和布局，制定了反映广大海洋利用者意见的程序，积极处理包括沿岸区域在内的所有海域的综合管理体制。

（3）对日本的要求。日本自称根据《公约》拥有居世界第六位的管辖海域，得到了很大的好处，但对海运、水产和建设等的利用形态始终采取了功能区分的纵向管理形式。为此，日本于 2007 年 4 月制定了《海洋基本法》，开启了为推进综合海洋管理的步伐。在此基础上还制定了首个《海洋基本计划》（2008 年 3 月 18 日）。

为保全海洋环境和可持续地开发海洋及其资源，要求日本国民每人理解其重要性，并要求他们自发地积极地参加管理海洋的活动。为此，进行加深对海洋的正确理解和关心的教育活动是极其重要的。《海洋基本法》第28条规定，为能让广大国民加深对海洋的理解和关心，在学校教育和社会教育中应采取为推进海洋教育的必要措施，同时，应在大学培养与海洋政策课题相适应的人才。

在新的法律制度框架下，为加深国民对海洋的理解和关心，当务之急是对承担未来责任的青少年的教育必须充实。

2. 日本的教育现状。（1）日本初等教育现状。在2006年12月修改后的《教育基本法》中，规定了以平衡智、德、体的发达为基本，要求个人自立，正确处理与他人及社会的关系、自然及环境的关系，并能在国际社会生活的日本人以这种观点出发的具体教育目标。据此在2007年6月公布的《学校教育法》的部分修改处明确了具体的义务教育目标；同时，在第30条特别明确规定了“培养终生学习的基础、掌握基础知识及技能，养成活用知识和技能解决课题所必须的思考力、判断力、表现力及其他能力，养成自觉学习的态度”等内容，对学习能力作了明确的定义。

关于学生们的学力状况，在2007年4月实施的全国学力与学习状况调查及2003年的国际学生评估项目调查等的各种调查结果中，关于基础、基本知识的掌握，在整体上取得了一定的成果，但在涉及思考力、判断力和表现力等的阅读理解能力及对问题的应对方面明显存在不足。同时，对于学生们的身心与身体情况，规范意识薄弱，生活习惯还未确立，体力不支的问题也很明显，特别是学习意识低落、对自己的前途信心不足、感到不安的孩子增加，并且与朋友等周边人员的人员关系不能很好地处理的孩子明显增加。

在这种状况下，要求在初等教育中掌握和活用基础与基本的知识、技能的能力，自己探究学业的自觉的学习意识，健全的身心和体魄，与他人共生的态度等素质。根据这种动向，在2008年修订学习指导纲要时，增加了改善各教育学科、调整了学科与综合学习的时间分配、重视语言活动和实践活动、充实道德教育等方面的内容。

另外，由于对学校教育的期待及需求广泛，学校的职责也明显地多样化，出现了对学校教育重新调整、完善的要求。当然，不仅是学校教育，对社会及家庭的教育方法也必须加以关注，为应对激烈变化的社会，必须将个人培养成能发挥其能力的人才、培养与可持续发展的自然环境形成良好关系的人才、培养具有国际视野对区域及社会发展能作出贡献的人才，为此，要求学校、区域和家庭应形成一体并采取措施。

（2）日本海洋教育的现状与课题。为了解学校教育中的海洋教育情况，有必要回顾战后学习指导纲要的变化历程。特别是对于小学，在1947年的学习指导纲要（施行方案）中具体明确地记载了海洋的学习内容，但此后有关海洋的内容逐渐减少，在1998年修订的学习指导纲要中已无具体的表述。所以，在教科书中有关海洋的内容就少了。同时，从安全等理由出发，邻海的学校减少，即使近海的学校也不积极地去海边活动的倾向增加。由此，社会各方提出了，与海洋的重要性相比，学习海洋的机会减少的现象是存在问题的意见。

为改善上述局面，1998年创设了“综合学习时间”，通过各学校的努力，处理与区域相关的课题，要求靠近海域的多数学校以海为题材开展活动，以形成普及海洋教育的氛围。但另一方面，明显地存在各学校的人员或时间并不宽裕，教材及支持体制并不充分、完善，制定综合学习的时间计划并不充分等问题。所以，在2008年学习指导纲要的修改中相关的时间数被削减，仅要求各学校根据指导计划推进探究性的学业、扩大对海洋的学习。

为此，在已制定的《海洋基本法》中，重新强调了海洋教育的重要性，明确了以前并不明确的有关海洋教育的意义，规定了应采取的必要措施。例如，《海洋基本法》第28条（增进国民对海洋的理解等）第1款规定，为加深国民对海洋的理解与关心，国家需采取以下措施，即在学校和社会教育中推进海洋教育、启发《公约》和其他国际规则以及为实现海洋可持续开发和利用方面的国际合作、普及有关海洋的娱乐活动；第2款规定，为培养具有正确应对与海洋有关的政策与问题所需知识和能力的人才，国家需努力在大学等机构推进在学科教育和研究方面的措施。由此，明确了国家在学校教育及社会教育中为推进海洋教育应采取必要措施方面的责任。今后，根据《海洋基本法》的理念，有必要推进新的“海洋教育”。为此，规范“海洋教育”概念、研究推进普及性教育的具体政策和措施，就尤为迫切。

3. 有关海洋教育概念的建议。鉴于上述内容，海洋教育的定义建议如下，并据此努力推进普及性教育。

关于海洋教育的概念，众所周知，人类不仅享受了海洋的很多恩惠，而且给海洋环境带来了不少的影响，海洋与人类的共生是国民的重要课题。海洋教育是指，让国民更深入地理解海洋与人类的关系，在寻求保全海洋环境的同时，从国际理解的观点出发培养拥有和平和可持续地开发利用海洋的知识、技能、思考力、判断力、表现力的人才。为实现该目的，海洋教育应在亲海、知海、守海和用海方面推进相关学习活动。

（1）亲海。通过在自然丰富的海洋及周边邻近区域社会内的各种实践活动，培育对海洋的丰富感受及对海洋的关心，造就亲近海洋自然、欲从事海洋事务的儿童。

（2）知海。培养对海洋的自然及其资源与人类之间的密切关系予以关注，进而产生进一步调查欲望的儿童。

（3）守海。通过调查海洋环境活动及保全海洋环境的实践，培养主观想从事海洋环境保全事务的儿童。

（4）用海。通过让儿童对水产品和资源、用船舶运输人员和物资、利用海洋联系世界人民的作用的认识，培育儿童理解持续地利用海洋的特别重要性。

4. 推进小学普及海洋教育建议。

（1）基本观点。在《海洋基本法》第28条中，对学校教育和社会教育提出了一般国民对海洋的理解和增进的要求，同时，对大学等机构提出了应培养能应对海洋政策课题的人才要求。但学校教育的现状是，如上所述，存在各种各样的课题。尽管在大学等机构的人才培养中，涉及综合处理海洋问题所需的跨学科性的教育才刚刚开始，但通过培养具有专业性的人才，并加深对海洋的基本理解，是能增多培养对象的。学校教学尤其是以掌握基础、基本知识和理解的小学教育，应将其在海洋教育的整体中放在极其重要的位置，为此，应尽早研究以下五个方面的问题，建议构筑普及海洋教育的推进体制。

（2）具体建议。

第一，应明确有关海洋教育内容。海洋包含了从自然现象到社会事务和现象，包括文学、艺术要素在内的广泛领域的学习题材。为活用海洋的特征，不单是理科和社会科学（或文科）等学科的学习，应采用跨学科的方法，通过接触自然的亲海实践活动、组合性地探究活动，培养综合性的思考力及判断力。为让学校明确上述方针，应尽早明确地提出具体的教育内容及方法。

第二，完善普及海洋教育的学习环境。由于在学习指导纲要中直接记载海洋的内容有限，而为普及海洋教育，应考量学习指导纲要的其他相关内容，设法在教科书中积极增加记载海洋方面的内容，包括充实次要教材及学习科目等的教材内容、通过活用网络完善海洋教育情报系统及提供安全的实践场所。

第三，充实拓展海洋教育的外部支援体制。由于海洋教育存在许多需要外部合作的内容，在教育过程中如能得到外部的合作，则能加深对海洋内容的理解，所以，在理解海洋教育及学校的意见后，有必要研究各学校认为必须得到外部支援才有效果内容的外部支援体制。具体来说，应明确地整理出能支援的相关机构（例如，博物馆、水族馆、大学及研究机构、相关海洋团体、NPO、渔业合作协会、工商组织、海运水产建设等相关海洋业界等）可以协助的内容，同时，教育委员会应认识海洋教育的重要性，构筑支援学校的体制。

另外，外部支援并不是短期单一的，而是需要继续长期实施的，所以，应在包括财政在内的多个方面制定支持外部机构支援海洋教育的框架，活用企业对社会贡献的活动框架，设置海洋教育基金或海洋教育财团等那样的组织机构。

第四，培育担负海洋教育的人才。培养和培训承担海洋教育实践的教师，是不可缺少的。为此，应完善培养担负海洋教育教师的教育体制。同时，对现职的教师进行海洋教育也是很重要的，可以在教育课程及现职教师的培训中，增加学习海洋的机会。另外，利用让拥有海洋专业知识的人员暂时替换海洋教育的教师的方法等，完善外部人才的培养制度。

第五，积极推荐海洋教育研究工作。学校教育中的海洋教育，由于实践还很少，其教育内容及指导方法、效果评价等方面的教育分析并不完善。同时，模型学科研究还未开始，为此应对海洋教育进行研究。另外，应进一步推进大学等研究机构的设置与整备。

（二）《21 世纪海洋教育蓝图——与海洋教育有关的课程和单元计划》（小学编）

2009 年 3 月海洋政策研究财团提出的《21 世纪海洋教育蓝图——与海洋教育有关的课程和单元计划》（小学编）（以下简称《21 世纪海洋教育蓝图》），是根据《推进小学普及海洋教育建议》的第一个建议（应明确海洋教育内容）而开发和制定的具体成果。

而开发海洋教育课程的前提条件并不是在义务教育中新设所谓的“海洋”课程，而是将海洋教育贯穿在已存的科目中进行综合性的教育。正如在 2008 年 3 月出台的《学习指导要领》中所体现的，应就与海洋相关的教育内容、通过海洋教育应明确培养的能力，包括教育什么、何时教和如何教等内容。《21 世纪海洋教育蓝图》就回答了这些问题，规范了这些内容。

总之，期望在义务教育中增加与海洋有关的教育内容，增进学生对海洋的认识和理解，目的是更好地利用和开发及保护海洋，培养与海洋有关的人才梯队。

最后，应指出的是，为能向政府提交《推进小学普及海洋教育建议》，日本成立可了“推进初等教育普及海洋教育委员会”。该委员会由以下六位人员组成：佐藤学（委员长，东京大学大学院教育学研究科教授、日本教育学会会长）、峪野道弘（文教大学教授、日本生活科与综合学习教育学会会长）、白山义久（京都大学专门科学教育研究中心主任、教授）、寺岛虹士（海洋政策研究财团常务理事）、宫崎活志（文部科学省初等中等教育局）、山形俊男（东京大学大学院理学研究科副研究科长、教授）。该委员会的事务局设在海洋政策研究财团。

2008 年 2 月“推进初等教育普及海洋教育委员会”汇总“推进小学普及海洋教育建议”后，分别通过文部科学省初等中等教育局局长、综合海洋政策本部事务局局长向文部科学大臣、海洋政策担当大臣提交了上述建议。

可以预见，今后日本还会制定出台诸如《21 世纪海洋教育蓝图》（小学篇）的配套政策建议，例如，《21 世纪海洋教育蓝图》（中学篇）以及《21 世纪海洋教育蓝图》（大学篇）等方面的建议报告。为此，我们应继续关注这些海洋教育建议书在教育领域的具体实施及其效果。上述文件中的有关海洋教育内容和措施对于我们提升海洋意识、增加海洋教育内容，无疑具有一定的参考和借鉴作用。

二、 在海洋产业领域上的政策建议

海洋政策研究财团于2009 年 8 月制定了《存活于亚洲的日本海洋

产业建议——从2050年的日本出发》（以下简称《日本海洋产业建议书》）。根据《日本海洋产业建议书》的内容，所谓的海洋产业，是指海运和造船以外，再加上港湾建设和与海洋开发有关的产业群。

（一）制定《日本海洋产业建议书》的背景

日本认为，日本虽然在20世纪末持续地取得了世界经济第二的地位，作为世界的工厂为世界的发展作出了贡献。但进入21世纪以后，随着经济的全球化、经济的多元化（多中心化）、价值观的多样化和地球环境问题的深刻化等，为应对这些变化和发展，日本的政治、社会及产业结构无疑应进行变革和改造。

在这种世界背景下，日本国内也出现了一些变化，例如，2007年《海洋基本法》的制定和实施，开启了日本为实现“新的海洋立国”目标的努力。而对于海洋产业来说，在21世纪中叶时，日本应实现怎样的目标、采取如何的行动等方面，讨论不多，也很不明确。基于上述情势和现状，日本海洋政策研究财团从2050年日本的境况出发，对完善和发展日本的海洋产业作了研究，并提出了《日本海洋产业建议书》。

（二）研究日本海洋产业应有前景的方法

为了研究今后日本海洋产业的应有前景，日本海洋政策研究财团将目标期设定在2050年，以此为基础讨论2050年日本在海洋产业上的具体措施和政策目标。而为研究2050年日本海洋产业的应有前景，必须考察2050年时所处世界的形势、世界海洋产业的状态和日本的状况等内容。

对于2050年当时世界的形势，根据气候变化政府间组织报告预测，世界人口将由2005年的64.65亿人增加到2050年的86.73亿人，增加约1.3倍；世界的GDP从2005年的44.688兆亿美元增加到2050年的193.223兆亿美元，增加约4.3倍；而能源需要由石油转向天然气，2050年的能源需要量为2005年能源需要量的3.0倍。对亚洲来说，尽管亚洲人口的增长率低于世界，但为世界GDP增长幅度最高的区域。同时，区域经济的相互依存关系更为紧密，尤其在亚洲，经济合作得到发展，贸易明显增加。在世界经济的发展中，包括在所有的经济活动和一般市民的生活中，考虑地球温暖化和环境问题成为最优先的事项和行动标准；对安全的意识明显高涨，特别重视国际合作体制对确保安全的重要性，并增进相关者之间的理解和合作。

对于2050年世界海洋产业的前景，以世界经济增长为基础，根据海洋政策研究财团的测算，2050年的世界海上货物运输量为2005年的运输量的2.5倍；在亚洲，2050年集装箱海上运输量为2005年的运输量的10.7倍。可见，在世界海上贸易的发展中，支撑世界经济发展的国际海运作用日益重要。这种重要性不仅体现在世界，也体现在区域的经济贸易活动中，在亚洲特别明显和重要。在这种背景下，就必须确保船舶的数量和调配、船员的供应，以及处理海上运输引发的各种问题的体制。换言之，对上述问题的配置提出了新的要求。

对于2050年日本的状况，海洋政策研究财团研究人员认为，2050年的日本将处于以下境况：

第一，日本将处于经济停滞的状态。虽然亚洲的经济获得了很大的增长，但2050年的日本经济的压倒性优势将减少，劳动力将由2005年的8566万人减少至2050年的6285万人，如果不雇佣外国劳动者将无法维持当时日本的经济社会基础。可见，2050年的日本将处于经济发展停滞的状态，即2050年的日本处于亚洲经济快速发展中的停滞状态。

第二，继续日本在个别领域的制度优势。在区域经济圈中，2050年的日本将继续保持在安全、环境保护等方面的制度和技术优势，并通过这些为亚洲的经济发展作出贡献；自由贸易体制进一步发展，企业和工厂等的相互发展加速，跨国企业的作用加强，基础设施进一步改善；人员流动增加，日本有望成为世界前十名的观光国家。

第三，发展多种能源开发技术和节能设施。2050 年的日本，能源、矿物和粮食等依赖海外的构造基本不变，但世界能源体制将由依靠石油和煤炭转向依赖于天然气和再生能源为中心的多种能源体制。此时，日本通过发展太阳能、风力和波浪等再生能源的直接利用和通过处理电池等的间接利用，以及增加对海底资源的开发利用，确保能源自给率达到 30% 的程度。同时，随人口的减少和在经济领域发展低碳经济，实现使能源总消费量由 2030 年达到顶峰后开始下降的目标。另外，日本应进一步发展海水转换成淡水的技术、水再生技术、开发节水型的产业设备和生活器具，并转移这些技术，为世界淡水供应不足作出贡献。

第四，处于持续挑战低碳社会的阶段。日本 2050 年温室气体的长期削减目标为减至目前的 80%，大致能够达到。为此，在经济活动和市民生活的各个方面，应为实现低碳社会进行各种努力。在市民生活方面，在各地进行的低碳都市建设、建设高保温住宅、使用省能型温水装置和在宅工作等已普遍化。在办公场所，在引入省能建筑、建筑物能源管理系统的同时，在大都市实用应推广能量保温和控制技术，使单位和民生部门的二氧化碳排放量比 2005 年明显减少。在产业部门，应利用产业余热、高效利用热水器、开发省能型商品。同时，对排放量多的单位继续利用海底回收和储备二氧化碳技术。在交通运输部门，应推广使用铁道和船舶，提高其运输量。

此外，为实现低碳社会，使经济和环境互利，并被世界所承认，应向发展中国家转移相关技术。

第五，对生活和环境提出了更高的要求。2050 年的日本人为寻求更和平而快活的社会，将遵守必要的管理和规范的制度，并乐意承担相关费用。同时，日本人会改变大量消费型的生活方式，追求高品质和长寿的物品和服务。换言之，2050 年日本人将对影响生命和健康的各种危险更加敏感，对此合理的社会规范予以默许，不符合这些规范的企业将被淘汰。另外，对劳动安全有影响的工种将无人参与，这种产业将消失；日本会进一步发展和活用与安全有关的通信技术，并管理社会。

此外，2050 年的对人体和生态系统有影响的生产、销售和消费活动，将接受严格的规制和监督；从有效利用资源和保护环境的角度出发，将推进企业的循环利用活动，并促进市民生活所有领域的循环使用。

根据上述情况，日本海洋政策研究财团研究人员考虑了日本 2050 年海洋产业的二种前景。一是“悲观的前景”，所谓的任意型，即对现在的海洋产业基础不予强化，也不进行根本性的改革，顺其自然。二是“期望的前景”，所谓的积极型，致力于实现“新的海洋立国”为目标。

为实现日本海洋产业的“期望的前景”，《日本海洋产业建议书》提出了以下具体的目标。第一，海洋产业应为世界和日本的经济社会发展作出贡献；第二，海洋产业应积极应对人类的安全、安心和环境问题及处理社会生活的变化问题；第三，海洋产业应成为持续发展和有魅力的产业。

（三）发展日本海洋产业的具体建议

为能使日本的海洋产业和技术继续引领世界的发展趋势，发挥日本在海洋领域的贡献，为此，海洋政策研究财团设立了委员会、工作组，在广泛听取意见和调查的基础上，制定了《日本海洋产业建议书》。

《日本海洋产业建议书》基于 2050 年日本当时海洋产业所处的地位和发展趋势，提出了以下五个方面的建议。具体为：

1. 建议日本政府应在亚洲区域内进一步扩大海上运输市场，积极培养海上运输方面的人才。因为，日本预测今后亚洲的海上运输市场将继续扩大，并成为日本海洋产业的新生市场，所以，日本必须积极而成功地参与海上运输市场活动。针对海上物流的大幅度增加趋势，日本应采取具体的措施，即日本海洋研究机构应在亚洲区域内创设诸如有效运送集装箱等那样的新型网络服务模型。同时，根据这种模型，积极发挥日本海洋相关产业的作用，包括开发船舶制造业、提前整备亚洲区域内的港湾设施等。

对于海上人才培养和流动问题，由于以经济发展为背景的亚洲市场将快速增长，日本国内相关封闭产业应在准确把握市场动向和经济波及效果的基础上，构筑新的商业模型，尽早积极参与相关活动。同时，为构筑和实施这种新模型和发展相关产业，日本应根本性地修正相关海洋产业制度和做法等，与亚洲其他国家促进对话活动。

2. 建议日本政府制造超级省能源的船舶和全面普及零排放的船舶。为了使海上运输量的增大和大幅度地削减二氧化碳排放量两立，日本认为，必须大幅度地改善所有船舶排放二氧化碳的系统。为实现此目标，日本海洋产业相关者应在增强国际合作的同时，同时采取以下措施：第一，开发和加速使用超级省能船舶（所谓的超级省能船舶是指二氧化碳的排放单位比 2005 年的同型船舶的排放量减少 50% 以上的船舶），争取在 21 世纪 20 年代后期普及世界各地。第二，尽早开发和使用零排放船舶（所谓的零排放船舶是指二氧化碳的排放单位比 2005 年的同型船舶的排放量减少 90% 以上的船舶），力争在 2030 年代后期普及世界各地。第三，力争在 2030 年代后期使用对船舶产生的二氧化碳进行回收和储备的系统。

3. 建议日本政府发展让年轻人有吸引力的船舶产业。为能使日本的船舶产业成为高收益和高技术并具有魅力的产业，建议日本政策采取以下措施：第一，大幅度地提升船舶产业附加值，目标为建造高附加值的具有先进技术的船舶，并到 2020 年船舶产业的个人产值为现在的 3 倍。第二，加大研究开发船舶的投资力度。2002—2006 年间，日本船舶产业的研发投入远低于其他制造业的 4.26%，为此，《日本海洋产业建议书》建议到 2020 年底船舶产业的研发费用应占总销售量的5.0%，即加大对船舶产业的投资力度；同时指出，近期必须由国家资金予以支援。第三，培养相关技术开发人才。为有效地开发超级省能船舶和零排放船舶等的技术，同时考虑它们的专业性，日本应有广泛而灵活的视野。对于船舶产业界，应与相关学界合作，不仅限于国内确保这些方面的优秀人才。这对于让海洋船舶产业成为有魅力的产业、提升产业收益和增加研发投资，也是必要的。第四，保护知识产权。为确保船舶技术开发的竞争力，必须保护相关的知识产权，为此，《日本海洋产业建议书》指出，日本应将保护船舶知识产权作为实施和振兴日本船舶产业的重要政策和措施加以看待，同时要调整与其他相关单位和人员的关系，包括船主、造船单位、船用机器和设备制造单位等，必要时应制定新的国际规则。

4. 建议日本政府从新的视野出发完善开发海洋资源和利用海洋空间的制度。考虑到海洋的能源资源有限，开发和使用再生能源又需要时间，所以，《日本海洋产业建议书》指出，日本应配合海洋化石能源开发计划，对海洋再生能源的生成技术，特别是风力、太阳能发电方面的技术，应以2020年为目标进行开发活动，并兼顾开发技术的安全性和对生态系统的影响。① 同时，考虑到与海洋有关的各种研究开发活动项目（例如，海洋化石能源利用项目、海洋再生能源生成项目、海洋二氧化碳储备项目、大规模海洋养殖项目、海水淡化项目、海洋资源和空间可持续利用项目等）需要大规模的预算，所以，应得到国民的支持，《日本海洋产业建议书建议》应作为国家项目推进，并认为这些项目属于高度发达的海洋系统工程，日本的船舶产业应在其中发挥核心作用。

5. 建议日本政府应在亚洲建设综合海洋中心。为能在国际社会

① 对于海洋化石能源计划，日本国立环境研究所在2007年2月出具的《2050年日本低碳社会》的报告中指出，对于陆地上的太阳光、风力发电应在2020年与储备和运送二氧化碳的能源储备系统同时实现。

就海洋产业方面的政策制定工作发挥亚洲的作用，亚洲国家必须强化合作。《日本海洋产业建议书》指出，日本应成为亚洲海洋活动的知识和技能的中心，即应在亚洲创设开放性的综合海洋中心，以活用日本的技能。其功能为：第一，收集和输送与海洋活动有关的信息；第二，计划和制定与海洋活动有关的政策；第三，促进与海洋活动有关的人才交流。为此，《日本海洋产业建议书》要求日本海洋工作者应在产业、政府和学者之间加强合作，尽早制定战略性的规划，争取在2020年使日本的相关海洋产业公司在亚洲发挥开放性的综合海洋中心的作用。

从《日本海洋产业建议书》内容可以看出，日本通过分析预测将来的世界海洋产业态势和国际情势，兼顾日本海洋产业的实际，站在2050年的高度，提出了发展日本海洋产业的具体建议，具有相当的前沿性和危机意识，值得我们学习和借鉴。

第三节 日本海洋战略在立法上的动向

日本是一个高度重视海洋问题的国家，尤其重视海洋法的制定工作，迄今已构建了海洋法律体系，为此，有必要首先概述日本海洋法制内容。而为实施海洋战略，推进海洋政策实施，重点实现《海洋政策大纲》要求的海洋立国目标，需要通过立法的方式保障海洋政策和措施的实施，以解决国家能源资源紧缺、确保海上通道安全、解决海洋划界争端包括岛屿主权争端、扩大海洋管辖范围等问题，特别是完善阻碍和影响海洋问题的体制和机制问题，以形成合力，综合应对和处置海洋问题，为此，日本出现了海洋立法新动向。为此，通过对上述内容的研究，以揭示日本海洋立法的发展趋势与目的。

一、日本的海洋法制及执法机构

上已言及，日本是一个高度重视海洋问题的国家，而为开发和利用及保护海洋，日本制定了相关的海洋法制。主要包括以下几个方面：

第一，在海洋基本制度方面的法制。主要为《海洋基本法》《领海与毗连区法》《专属经济区和大陆架法》。

第二，在海洋附属制度方面的法制。主要为《专属经济区内行使渔业等有关主权权利的法律》（1996年6月14日公布，1996年7月20日施行），《海洋构筑物安全水域设定法》（2007年4月27日公布，2007年7月20日施行），《为促进专属经济区和大陆架的保全和利用对低潮线保全和相关设施完善等法律》（2010年7月施行）。

第三，在执行海域管辖方面的法制。主要为《海上保安厅法》（1948年4月27日公布，1948年5月1日施行，2001年11月2日最终修改）。

第四，在管理相关船舶入港和外国船舶在领海等航行方面的法制。主要为《禁止特定船舶入港特别措施法》（2004年6月18日公布，2004年6月28日施行），《在领海等区域内有关外国船舶航行法》（2008年6月11日公布，2008年7月1日施行，2012年9月5日修改）。

考虑到上述有些法律将在下文言及，现仅以《海上保安厅法》为例展开论述。

（一）日本海上保安厅的创设与职责

日本根据《海上保安厅法》（1948年4月27日制定，1948年5月1日起施行，于2001年11月2日进行了最后一次修改）第1条的规定，于1948年5月1日正式创设海上保安厅。根据《海上保安厅法》第10条规定，日本海上保安厅首席主管是海上保安厅长官，其上级领导是国土交通大臣，海上保安厅长官统一管理海上保安厅业务，指挥监督其职员。

根据《海上保安厅法》第2条的规定，海上保安厅的任务为：厉行海上法令，海难救助，防止海洋污染，搜查和逮捕海上犯人，规制海上船舶交通，管理水路与航标有关的事务，以及其他确保海上安全和附属事务，以确保海上安全和治安。

为实现上述任务，根据《海上保安厅法》第5条的规定，海上保安厅的具体管理事项为：

第一，严格执行与海上法令有关的事项；

第二，必要时，对海难人员的生命、海难船舶的货物及其船舶本身实施救助或援助；

第三，救护遭难船舶、处理漂流物和沉积物；

第四，实施海难调查；

第五，清除船舶交通或航行的障碍；

第六，救助海上保安厅以外人员在海上的人员生命、货物及船舶，同时，监督清除影响船舶交通或航行的障碍物；

第七，为维护海上安全，对在海上从事旅客或货物运输的人员或单位进行必要的监督；

第八，管理与航行有关的法律、与船舶交通有关的信号；

第九，管理港口运行规则；

第十，确保船舶航行或交通集中海域的交通安全；

第十一，防止海洋污染及海上灾害；

第十二，对沿岸水域实施巡视警戒；

第十三，镇压海上暴动及骚乱；

第十四，搜查及逮捕海上犯人；

第十五，援助国际搜查；

第十六，与其他机构（例如，警察厅及地方警察、海关、检疫所及其他行政机关）进行合作、共助及联络；

第十七，根据《派遣国际紧急援助队法》（1987 年制定，法律第 93 号）实施国际紧急援助活动；

第十八，测量水路、观测海象；

第十九，绘制及提供水陆图和航空图；

第二十，通报与海上安全有关的必要事项；

第二十一，建设、维护和运用灯台及其他航标；

第二十二，根据灯台及其他航标的附属设施通报观测到的气象信息或情况；

第二十三，监督海上保安厅以外人员建设、维护及运用灯台和其他航标的情况；

第二十四，实施与其相关的国际合作事项；

第二十五，管理由政令规定的文教研修或进修设施的相关事项；

第二十六，为履行职责建造、维护和运用所使用的船舶和飞机；

第二十七，为履行职责建造、维护和运用所使用的通信设施；

第二十八，管理其他事项。

（二）海上保安厅的机构设置与管辖事项

为维持海洋秩序、救助海难事件、预防和保护海上灾害及海洋环境、确保海上安全等，日本将海上保安厅的管辖范围分为 11 个管区，由北向南依次排序。在各管区，设置管区海上保安本部，在其下面设立了海上保安部、海上保安署、航空基地、水陆观测所、海上交通中心等机构。

海上保安厅的上述机构，主要的管辖事项为：

1. 维持海洋秩序。具体为：应对恐怖事件；避免与预防海上争端；保护领海、应对处理不许可船舶和测量船只；处理秘密进口、秘密航行的事件与人员；监视、取缔海上环境事件；监视、取缔国内秘密捕鱼事件；监视、取缔外国渔船的非法作业事件；调查大陆架地质构造。

2. 救助海难事件。海上保安厅为及时救助海难事件，配置了24小时可出动的巡视船（艇）和飞机体制。即当海难事件发生时，根据其当时的情况与附近国家的相关救助机构进行合作，及时收集、分析关联情报，研究搜索区域，派巡视船（艇）、飞机到达现场，并邀请附近船舶合作，进行救助。在此，为尽快处理海难事件，日本活用了“船位通报制度”，即在接受从船舶发出的其现在的位置、方向及航速等情报后，当该船舶遭遇海难时，可推测其位置，尽早地派出在附近航行的船舶对其进行迅速实施救助的制度。同时，为救助特殊的海难事件（例如，为救助从翻船、火灾或沉没船舶内的人员生命等那样的事件），配置了有高度救助技术的特殊救难队。

3. 预防海上灾害、保护海洋环境。当发生大规模的油泄、有害危险物质排出、船舶发生火灾等事件时，为防止灾害的扩大，海上保安厅配置了迅速对应的体制，例如，机动防除队。同时，海上保安厅尽力在为预防海洋污染、保护海洋环境进行不断地努力，例如，对国民进行保护海洋环境的普及性教育。

4. 确保海上交通安全。为确保船舶航行安全，在东京湾及濑户内海等航运密集海域，制定慎密的安全对策、提供正确的海上情报、设置准确的航路标识等，为此，海上保安厅以确保安全性和效率性两立的船舶交通环境为目标，采取了各种安全政策与措施，例如，设置“海上交通中心”、提供航海情报等，并取得了较好的效果。

5. 与国内外机构协调和合作。为正确实施海上保安厅涉及的多种海上保安业务，例如，跨国犯罪、涉及广泛海域的搜索救助活动、保全地球规模内的海洋环境等，海上保安厅有必要与国内外的机构进行协调和合作。为此，海上保安厅开展了广泛的海上保安业务，例如，接收国外研修人员、派遣专家、与相关机构积极交换意见及情报等。

（三）海上保安厅的职权

根据《海上保安厅法》第17条的规定，海上保安厅职员为切实实施其职权，必须具备以下条件：必要时，可要求船舶停止，并可要求船长或代替船长指挥船舶的人员提供根据法令应在船舶上配备的必备资料、船舶的同一性、船籍港、船长的姓名、出发港或出发地、目的港或目的地、货物的性质或其他与航海有关等方面的信息，进行检查；或者可对船员或旅客进行必要的提问。海上保安厅职员在履行上述检查或提问时，应穿制服或携带体现其身份的证件。

当海上保安厅职员认为海上犯罪正在进行或天灾事变、海难、损坏工作物、危险物爆炸等危险事态存在，并将对人员的生命或身体或对财产带来重大损害，以及情况紧急时，除遵守其他法令外，可采取以下措施：第一，让船舶前行、停止或禁止出航；第二，让船舶变航或移动到指定场所；第三，让船员、旅客及其他船内人员下船，或限制、禁止他们下船；第四，让货物上岸，或限制、禁止货物上岸；第五，限制、禁止其他船舶或与陆地间的交通；第六，制止对人员的生命或身体有危险、或对财产带来重大损害的行为。

同时，《海上保安厅法》第 19 条规定，海上保安厅职员在履行职责时可根据《警察官职务执行法》（1948 年制定，法律第 136 号）第 7 条的规定，准用武器。当然，对海上保安厅职员使用武器也有所限制。具体内容为：

当海上保安厅职员重复要求船舶停止前进，而船员不履行，并对海上保安厅职员执行职务进行抵抗或欲逃跑时，海上保安厅长官从该船舶的外观、航海形态、船员的异常举动，以及周围的情况和相关情报判定，其符合以下情形之一时，海上保安厅职员认为让该船舶停止前进无其他合理手段时，根据事态可在合理及必要的范围内使用武器。第一，认为该船舶为外国船舶，同时，属《公约》第 19 条规定的在日本的内水或领海内航行的非无害通过的行为；第二，如果无视该航行，在将来有重复进行的很大的可能性；第三，该航行在日本国内属于准备处以死刑或无期徒刑或三年以上有期徒刑那种重罪的行为；第四，如果不用尽让船舶停止或临检措施，可能在将来发生重大的凶恶犯罪的情况。

另外，为履行海上保安厅的职责，必要的设施是应该配备的。例如，日本海上保安厅每年 365 天，实施 24 小时履职的巡视船有 122 艘、巡视艇有 234 艘；特殊警备救难艇有 88 艘；用于测量和航路标识业务的船舶有 57 艘；飞机有 72 艘。这些装备无疑提升了海上保安厅的活动范围与管辖能力。

当然，鉴于海卜环境的复杂性，执行业务的困难性，为确保海上安全，必须有专门的人才队伍。为此，为提升海上保安厅职员的业务知识与技能，日本设置了专门培养海上保安厅职员的机构——海上保安厅大学校和海上保安学校。

海上保安厅大学校为专门培养海上保安厅干部的教育机构，教育期间为 4 年 6 个月，致力于掌握执行海上保安业务所必要的学识和技能。而海上保安学校是对被录用为海上保安厅职员的人员进行必要教育训练的机构。进入该学校后，将根据业务领域分成四个课程（船舶航运体系、航空、情报体系和海洋科学课程），教育期间为 1 年（其中情报体系课程为 2 年），重点学习技能、语言和法律知识。而一旦进入上述学校，均享受国家公务员待遇。

二、 日本在完善海洋体制机制上的立法

进入 21 世纪以后，日本为综合实施和推进海洋战略，在海洋问题上的立法动向，特别在完善海洋体制机制上的立法，主要体现在以下两个方面：

（一）在完善海洋基本法律制度上的立法

上已言及，为改变应对海洋问题的现状，日本根据《2005 年海洋建议书》的建议和《海洋政策大纲》的要求制定了《海洋基本法》，从而理顺了管理海洋事务的体制机制问题，即海洋基本制度。《海洋基本法》内容主要为：

1.《海洋基本法》的目的。即为保全海洋环境、开发利用海洋、确保海洋安全等而开展海洋管理活动。

2. 海洋政策的基本理念。即保全海洋环境理念；确保海洋安全理念；可持续开发利用理念；充实海洋科学知识理念；综合管理海洋理念；国际合作理念。

3. 各主体的职权与义务，制订推行政策与措施的方针。即应规定与海洋有关的单位和个人的职权和义务，并规定制订和实施海洋管理措施的方针。

4. 海洋基本计划。政府为综合而有计划地推进海洋管理方面的措施，应制订海洋基本计划。其内容应明确国家、地方公共团体、企业、国民的职责和涉及制订海洋基本计划等有关海洋综合管理的基本施行政策，并对综合推进海洋行政的行政组织等方面的内容作出规定。实际上，海洋基本计划是综合和体制化海洋政策、具体规定海洋基本政策的计划。

5. 设置海洋政策担当大臣。即内阁总理大臣应任命海洋政策大臣，以有效地统制专业性和连续性强的海洋政策、展开综合管理活动；同时，以基本理念为基础，体制化先前由各部门实施的纵向分割海洋事务的职责，推进综合管理海洋的国策。

6. 设置综合海洋政策会议机构。为调查和审议制订海洋基本计划及综合管理海洋所需资源分配方针等方面的重要事项，应设置以内阁总理大臣为议长，海洋政策担当大臣为副议长，由内阁官房长官、内阁总理大臣指定的国务大臣及有识志士和经验者为其他组员而组成的综合海洋政策会议机构。

7. 其他相关规定。即为推进海洋综合管理政策与措施，应完善其他相关的必要规定。

应该指出的是，日本《海洋政策大纲》与《海洋基本法》是根据《2005 年海洋建议书》的具体要求而制订的，旨在完善日本的海洋政策与制度，以从体制机制上综合处理海洋问题。从上述文件内容可以看出日本对待海洋问题的综合考虑和全面重视。

在《海洋基本法》中应引起注意的主要内容为：海洋政策的基本理念、基本政策措施，设置综合处置海洋政策的组织机构——综合海洋政策本部。[①] 同时，前已言及，《海洋基本法》是由各党派组成的海洋基本法研究会提出的，所谓的“议员立法”，也得到了其他党派的支持，可谓是体现了国家的意志。《海洋基本法》的成立受到了包括日本在内的国家的广泛关注。今后，我们必须关注以《海洋基本法》为基础而制订的《海洋基本计划》规定的制度与措施及其实施状况。笔者认为，东亚国家尤其是中日韩等国对《海洋基本法》关注的理由，主要是因为其存在以下几个方面的特征。

（1）《海洋基本法》的出台和实施是日本持续努力的结果。因为其是日本海洋开发审议会自 1987 年提出应制定海洋基本法以来，经过 20 年的努力才制定出台的。

（2）《海洋基本法》强化了海洋政策的基本理念。这些理念体现了海洋问题的特点及应对海洋新问题的要求，符合国际社会管理海洋的发展趋势，即国家应在了解、保护、利用海洋上予以平衡协调，以实现海洋为人类服务，实现海洋与人类的共生。

（3）《海洋基本法》创设了管理海洋的机构。《海洋基本法》第 29—34 条规定，由内阁总理大臣从内阁府特命大臣中任命海洋政策担当大臣；为调查、审议、制订海洋基本计划及综合管理海洋所需资源分配方针等方面的重要事项，设置以内阁总理大臣为议长，海洋政策担当大臣为副议长，由内阁官房长官、内阁总理大臣指定的国务大臣及有识之士和经验者为其他成员而组成的综合海洋政策

---

① 关于《海洋基本法》的结构，其由四章和附则组成。第一章：总则（第 1—15 条）；第二章：海洋基本计划（第 16 条）；第三章：基本政策措施（第 17—28 条）；第四章：海洋综合政策本部（第 29—38 条）。附则由两款组成，第 1 款规定，该法自公布之日起的三个月内，由政令规定的日期起开始实施；第 2 款规定，在该法实施五年后，对其进行综合判断，并根据其结果对四章的内容采取必要的措施。参见海洋政策研究财团编：《船舶与海洋新闻简讯》No. 163（2007 年 5 月 20 日），第 8—10 页。

本部。

（4）《海洋基本法》要求制定海洋基本计划。《海洋基本法》第16条规定，为全面而有计划地推进海洋政策的实施，政府应制定有关海洋的基本规划（简称《海洋基本计划》）。实际上，《海洋基本计划》是对海洋战略和海洋政策的细化或具体化，是对海洋问题的规划，因而成为指导日本海洋事务的行动指针，所以引起注目。

（5）《海洋基本法》规定了海洋基本政策的具体工作。《海洋基本法》第17—28条指出了日本今后应重点在以下领域采取相关海洋政策和措施。即日本应在推进海洋资源的开发和利用，保护海洋环境，推进专属经济区等海域的开发，确保海上运输，确保海洋安全，推进海洋调查，推进海洋科学技术的研发，振兴海洋产业和加强国际竞争力，实施沿岸海域的综合管理，保护离陆岛屿（孤岛），确保国际协调和促进国际合作，增进国民对海洋的理解和认识等方面采取政策和措施。

当然，《海洋基本法》规定的上述内容均是日本海洋战略和《海洋政策大纲》强调的领域和重点内容，用法律的形式予以固定，确保其通过综合海洋政策本部长期贯彻实施，以实现海洋战略目标。

另外，值得一提的是，日本国会在通过《海洋基本法》时，也通过了《海洋政策大纲》要求的将海洋立国作为国策的《推进新的海洋立国决议》（2007年4月3日），实现了《海洋政策大纲》目标。可见，日本在完善海洋战略及海洋政策进程中具有步步深入、不断完善之特点。

关于《推进新的海洋立国决议》内容，即为切实实施《海洋基本法》，《推进新的海洋立国决议》要求政府充分考虑以下五个方面的事项，并采取相应措施。具体为：

第一，为尽早制定《海洋基本法》中规定的具体细化新的海洋立国的海洋基本计划，作为政府应依本法在内阁设置综合海洋政策本部，并为实现各种政策措施应集中而综合地推进完善其体制。

第二，为制订海洋基本计划及推进其政策，政府在综合海洋政策本部内应设置由广泛的在海洋领域的有识之士组成的，并能充分反映成员意见的机构。

第三，考虑到日本根据《联合国海洋法公约》的规定，还没有完备相关国内法，为确保国家海洋利益，履行相关国际海洋义务，政府应尽早完善与《联合国海洋法公约》及其他国际公约要求的国内海洋法制；同时，注意到国际社会对《生物多样性公约》及其他国际公约涉及保护海洋环境的问题日益重视，日本政府应为设置保护海洋生物多样性的海洋保护区、保全海洋环境研究必要的具体措施。

第四，日本被海包围，对日本来说，保障海上运输安全、开发利用海洋资源等是不可或缺的，为此，在确保海上安全的同时，海上保安厅应重点研究完善危机管理体制，包括与其他行政机构联合探讨综合性的组织体制。

第五，为万无一失地保卫属于日本的正当领土，同时鉴于构建新的海洋秩序符合作为海洋国家——日本的国家利益，政府应在外交政策上更进一步地推进各种政策措施。

尽管日本国会众议院通过的上述海洋问题决议没有拘束力，但它对于政府有一定的压力和促进作用，政府也不会全然不顾及国会的政策性决议内容与措施。自《海洋基本法》施行以来，日本已设置了综合海洋政策本部，并实质性地开展了活动。可以预期，日本将在海洋问题上倾注全部国家力量，完善海洋相关政策与法制，尤其将进一步完善管制海洋问题的组织体制与机制，以努力实现海洋战略目标。

（二）在完善领海制度上的立法

由于日本自1977年制定《领海与毗连区法》以来，未出台相关领海制度的法规，为完善领海制度，2008年6月5日，日本众议院通过了《在领海等区域内有关外国船舶航行法》（2008年7月1日起施行）。该法由12条和附则组成。所谓的“领海等区域”，根据第2条的规定，是指日本的领海和内水。关于制定该法的目的，其第1条规定，考虑到确保海洋安全对被海包围的日本的重要性，通过规定在领海等区域外国船舶的航行方法、规范外国船舶航行的措施，以及其他必要的事项，以维持外国船舶在领海等区域的航行秩序、控制意外行动，确保领海等区域的安全为目的。该法的制定使日本对外国船舶在领海的无害通过有法可依，从而进一步完善了领海制度。鉴于对东海尤其是钓鱼岛周边海域的紧张状态，日本于2012年9月5日修改了《在领海等区域内有关外国船舶航行法》，目的是强化对钓鱼岛周边海域的“管理”和“管辖”。[①]

（三）在应对东海问题上的立法与发展趋势

众所周知，日本与其他国家之间存在多个海洋问题争议。例如，与韩国存在竹岛（独岛）主权归属争议，与俄罗斯存在北方四岛主权争议，与中国存在东海划界争议和钓鱼岛及其附属岛屿归属争议。如何合理地处理这些问题，是日本需要应对的重大问题。为此，日本为确保相关权益，特别是企图拓展海域管辖范围，以最大限度地获取能源资源，尤其在2004年5月东海问题凸显后，日本加快了海洋立法（修法）进程。主要体现在以下两个方面：

1. 在拓展海洋“国土”上的修法

2005年7月日本将原来的《国土综合开发法》改名为《国土形成计划法》，增加了关于海域（包括专属经济区和大陆架）的利用和保护方面的规定，强化了对海域的管理。[②] 通过修订该法，扩大了海洋“国土”范围，并强化了对其的管理，即通过修订该法，日本将海域成为了“国土”，从而极大地拓展了“国土”面积，并要求

---

① 参见金永明：《日本“国有化”钓鱼岛行为之要因：海洋战略与海洋法制概要》，《东方法学》2012年第6期。

② 参见海洋政策研究财团编：《海洋白皮书：日本的动向，世界的动向》（2006），2006年3月，第193—194页。

对这些海域进行管理。

2. 在应对东海问题上的立法建议与成果

上已述及，一直以来，日本为开发利用海洋，高度重视海洋政策及其立法，并构建了海洋法律体系。关于东海问题的争议凸显后，日本加快了海洋立法步伐。其主要目的为维护日本的海洋权益，寻求海洋利益的最大化，为各种活动提供法律依据。日本草拟或修改及完善的法案，主要为：

（1）民主党关于制定海洋相关法制的建议。即当时的在野党——民主党于2005年10月21日草拟了“关于在专属经济区等海域实施自然资源的勘探和进行海洋科学调查有关的主权权利及其他权利的法律案”“海底资源开发促进法案”等法案。

第一，“关于在专属经济区等实施自然资源的勘探和进行海洋科学调查有关的主权权利及其他权利的法律案”的结构。该法案由5章（共24条）和附则（共6条）组成。第一章名称为：总则（第1—2条），第二章名称为：禁止外国人勘探天然资源（第3—4条），第三章名称为：外国人的海洋科学调查（第5—15条），第四章名称为：补充规则（第16—20条），第五章名称为：罚则（第21—24条）。

第二，“海底资源开发促进法案”的结构。该法案由3章（共18条）和附则组成。第一章为总则（第1—2条），第二章为开发海底资源的基本方针等（第3—8条），第三章为海底资源开发促进本部（第9—18条），即为综合及有计划地推进海洋资源开发，规定设置海底资源开发促进本部，并规定了其职责、组成等方面的内容。

尽管上述法案未成为法律，而成了废案，但它们的目的是维护日本专属经济区等海域的权益、合理管理外国人员进行的海洋科学调查活动，以确保《公约》规定的沿海国的权利。可见，上述关于维护海洋权益的立法草案旨在对包括东海问题的争议采取行动，以维护自身的“中间线”划界原则与主张，确保对大陆架资源的管辖权。同时，日本的相关措施也确是按照其建议推进实施的。即日本试图完善《公约》大陆架制度规定的沿海国对管辖大陆架资源的配套法规，包括对东海大陆架资源的管辖权。

（2）制定《海洋构筑物安全水域设定法》。即2007年4月日本在国会通过《海洋基本法》的同时，还通过了《海洋构筑物安全水域设定法》（也可称为《海洋构筑物安全地带设定法》，自2007年7月20日起施行）。该法旨在维护日本在东海的海洋权益，保障国内企业（包括与他国企业合作）在“中间线”附近实施勘探和开发海底资源的活动，以期为国内企业在“中间线”西侧海域实施资源开发活动提供法律支撑，试图获取更多的能源资源。

由国土交通委员长提交国会审议并通过的《海洋构筑物安全水域设定法》，由7条和附则组成。[①] 主要包括以下内容：

第一，制定目的和依据。为确保海洋构筑物安全及其周边海域船舶的航行安全，根据《公约》的相关规定，旨在对有关海洋构筑物安全水域的设定规定必要措施。

第二，主要内涵与影响。其包括以下六个方面：国土交通大臣为确保海洋构筑物的安全及其周边海域船舶的航行安全，根据《公约》规定的制度，可以设定安全水域；安全水域的设定，应根据特定行政机关首长的要求而进行；国土交通大臣在设定安全水域或废止安全水域时，应公告安全水域的位置与范围；除非对船舶无法实施运作，任何人如未得到国土交通大臣的许可，均不得进入安全水域；在施行该法律时，不妨碍日本缔结的条约及诚实履行其他国际性规范的制度；该法自公布日起在三个月内由政府发布的政令规定

① 例如，日本《海洋构筑物安全水域设定法》第1条：宗旨；第2条：定义；第3条：安全地带的设置；第4条：安全地带的公示；第5条：禁止进入安全地带；第6条：诚实履行国际规则；第7条：罚则。附则规定，该法自公布之日起三个月内由政令规定的日期起开始实施。参见国家海洋局海洋发展战略研究所编：《日本正在制定中的海洋四法案》（战略所不定期刊物）2007年第2期（2007年5月），第9—11页。

的日期起施行。

应该指出的是，沿海国制定在海洋构筑物周围设定安全水域的法律依据主要为《公约》第56、60条。例如，《公约》第56条第1款规定，沿海国在专属经济区内对人工岛屿、设施和结构的建造和使用有管辖权；第60条第1款规定，沿海国在专属经济区内应有专属权利建造并授权和管理建造、操作和使用：人工岛屿、相关设施和结构；第60条第4款规定，沿海国可于必要时在人工岛屿、设施和结构的周围设置合理的安全地带，并可在该地带中采取适当措施以确保航行以及人工岛屿、设施和结构的安全。当然，与其权利相对应，沿海国主要具有以下义务：

（a）通告义务。例如，《公约》第60条第3款规定，沿海国对人工岛屿、设施或结构的建造，须妥为通知，并对其存在必须维持永久性的警告方法。

（b）撤除义务。《公约》第60条第3款规定，沿海国对于已被放弃或不再使用的任何设施或结构，应予以撤除，以确保航行安全，同时考虑到主管国际组织在这方面制订的任何为一般所接受的国际标准；这种撤除也应适当地考虑到捕鱼、海洋环境的保护和其他国家的权利和义务。

（c）宽度限制与通知义务。《公约》第60条第5款规定，安全地带的宽度应由沿海国参照可适用的国际标准加以确定，其范围应妥为通知。对安全地带的宽度有以下要求：关联要求，即安全地带的设置应确保其与人工岛屿、设施或结构的性质和功能有合理的关联；距离要求，即安全地带从人工岛屿、设施或结构的外缘各点量起，不应超过人工岛屿、设施或结构周围500米的距离。

（d）其他事项。《公约》第60条第7款规定，安全地带不得设在对使用国际航行必经的公认海道可能有干扰的地方；《公约》第60条第8款规定，人工岛屿、设施和结构不具有岛屿地位，即其没有自己的领海，其存在也不影响领海、专属经济区或大陆架界限的划定。

显然，日本《海洋构筑物安全水域设定法》旨在保护其在东海问题上的海洋权益、试图防止中国在日本单方面主张的“中间线”附近海域实施开发活动，并为日本民间企业今后在“中间线”东侧海域实施试开采活动、预防中国阻碍其开采活动，提供制度上的法律保障。

为此，中国应重点关注，日本是否会在东海海域其主张的所谓“中间线”附近建造相关海洋构筑物的问题，并应考虑具体的对策，争取主动。

总之，笔者认为，上述日本海洋战略与相关法制，近期可能将会在以下两个方面产生消极影响：一是日本可能在“中间线”附近再次实施海洋调查活动；二是日本可能在“中间线”附近构筑海洋建筑物。

第四节　日本在能源领域内的政策与立法动向

日本海洋战略的主要目标之一为获取能源资源，所以，必须阐述日本在能源领域上的政策与立法动向，而在论述日本的能源立法前，首先应概述日本的能源政策。综观日本的能源政策，其是根据时代的各种要求不断变化的。

一、 日本能源政策的演进过程

一般可以将日本的能源政策的演进过程，分为以下几个阶段。

1. 石油危机前的日本能源政策。在1973年石油危机突发以前的日本战后的能源政策可以分为两个时期：第一，战后复兴期

(1945—1962 年)。为增加煤炭产量确保优先所需的劳动力、资金和资材等，通过“倾斜式生产方式”(1946 年)，确立了以官民为一体的增产煤炭的体制，实现了从战后荒废向复兴经济的转变。此后，为应对朝鲜战争后煤炭不足的情况，促进煤炭产业的合理化，维持了以煤炭为中心的供应体制——“煤炭为主石油为副的政策”。第二，高度成长期（1962—1972 年)。把维持低廉而稳定的能源供应作为能源政策的支柱，此期间属于以能源供应为中心由煤炭向石油转换的时期，所谓的“石油为主煤炭为副的政策”。具体来说，在推进陷于产业结构不好的煤炭产业合理化的同时，为确保石油产品的稳定供应，根据消费地精加工的原则，在政府的监督下通过提升石油精加工能力、制订石油生产计划等方法，发展健康的石油产业。同时，1962 年在日本出现了能源供应的换位，即石油供给量首次超过了煤炭量，石油处于能源供应的首位，能源供应的主体开始转向石油，快速地推动了所谓的日本“能源革命”。

2. 第一次石油危机后的能源政策。在此期间，分为三个时期。

第一，第一次石油危机和应急对策。以第四次中东战争为契机在 1973 年爆发的第一次石油危机（原油价格高涨和供应减少)，对当时石油依存度超过 70% 的日本的国民生活和经济带来了很大影响。政府为应对出现的危机，不仅设置了国民生活安定紧急对策本部，而且内阁通过了《石油紧急对策大纲》，以通过行政指导的方法开展消费节约运动、减少石油和电力的使用量等措施来摆脱困境。同时，积极推动了与石油稳定供应有关的立法工作，例如，1973 年 12 月制定了《石油供需合理化法》和《国民生活安定紧急措施法》。1974 年在美国的建议下包括日本在内的主要石油消费国间组成了能源调整组。在这些国家的努力下通过了国际能源计划（IEP）协议。该协议指出，为确保紧急时的石油自给，规定了上年平均纯进口量的 90 天数量的石油储备义务和附带削减消费措施的紧急石油交易制度。为此，日本在 1975 年制定了《石油储备法》，规定了 90 天储备加强计划，在1981年底实现了石油精加工销售公司等民间储备石油义务者储备90天油量的目标。

第二，重视能源稳定供应的时期。经历了第一次石油危机带来的石油供应不足威胁的日本，认识到确保能源的稳定供应是将来左右日本的最重要的课题，为改善日本及其脆弱的能源供应构造，必须采取相应的措施。具体为：减少对石油的依存度，由非石油能源作为能源，以确保能源的多样化；确保石油的稳定供应；推进节省能源技术的研究和开发；研发新能源。其中对于新能源的研发，在1974年开始了以2000年起，在几十年后可由新绿色能源替换日本原来能源所需的相当数量的开发计划。

第三，开发电力和制定“电力三法”。在经济高度增长期，日本电力需求以超过年均10%的速度持续上升，除1974年外，在第一次石油危机后到第二次石油危机期间电力需求以4%—8%上升。为应对这种电力需求持续增长的状况，加速电力开发工作无疑是重要的课题。一方面，由于对安全性和公害的不安，发电厂等设施因本地广大住民的反对多难以建立。所以，为继续消除本地住民的上述不安，必须考虑提升接受发电厂等设施区域的福利问题。为此，1974年日本制定了《发电用设施周边区域整备法》《电力开发促进税法》《电力开发促进对策特别审计法》，所谓的“电力三法”。根据这些法律，通过支付电力设施建设促进对策费等方法，采取各种措施；同时，通过这些法律，进一步促进了核电厂的建设工作，对于降低日本的石油依存度发挥了很大作用。

3. 第二次石油危机后的能源政策。在此期间，分为两个阶段，并采取了以下措施。

第一，第二次石油危机和引入替代石油的能源对策。第一次石油危机后，为确保能源的稳定供应和促进节省能源的工作，日本经过第二次石油危机后，采取了更进一步的措施，以促进这些工作。其中，因引入替代石油的能源的开发和使用，达到了降低石油依存度的目的，又从改善能源供应结构所需，于1980年制定了《替代石油的能源开发和利用促进法》（简称替代能源法）。以此为依据，日本政府在内阁通过了《替代石油的能源供应目标》。

第二，促进节省能源的开发和利用。因经历了石油危机，日本认识到了节省能源的重要性，所以，促使政府完善了与节省能源政策有关的法律制度、各种措施等。在完善法律方面，1979年制定和施行了《能源使用合理化法》（简称《节能法》）。该法为综合推进工厂、建筑物和机器设备的节省能源工作，规定了各领域所属单位应采取的措施。同时，对于技术开发工作，开始了“月亮照明计划”，以求提升能源转换效率、回收未利用的能源、开发能源利用技术等。此外，资助民间机构研究开发节省能源的技术，以实现日本产业在能源使用效率上达到世界最高水平。

4. 市场机制后的能源政策。其主要体现在以下两个方面：

第一，在提升效率方面的应对措施。日本在经历了两次石油危机的经验和教训后，确立了以确保石油稳定供应、促进对替代石油的能源的开发和利用、增进节约能源体制为支柱的综合能源政策体系。在节约能源和开展替代石油的能源的进程中，研究了国际原油价格降低出现的新事态、在能源供应中确保安全和成本最佳平衡的工作。特别是在1985年达成市场机制后，日元汇率增加，日本国家产业的国际竞争力的增加，要求降低和减少能源成本。所以，在石油产业上，自1987年起开始对增设石油精加工设备方面的批准或许可采用了弹性制度，以缓和规范。在电力领域，采取了一些缓和措施，使自家发电、废热发电等向电力系统的联系容易化（1986年），使自家发电等的多余电力销售成为可能（1989年），即扩大了销售对象的范围，从而解决了相关能源问题。

第二，在满足大量和富裕要求下的能源扩大措施。自20世纪80年代后期至90年代，国民开始追求生活的富裕和丰富，特别是在民生部门和运输部分大量地增加了能源的消费量。即在民生部门，随所需的空调数量的增加、大型家用电器的普及、社会活动的24小时化、办公等信息化的发展；在运输领域或部门，随汽车拥有量的增加、汽车的大型化、物流等增加，消费能源大量地增加了。这些部门对能源需要的增加，再次体现了确保稳定供应能源和开发及利用节约能源技术的重要性。

5. 应对地球温暖化问题。近年能源政策的新课题为：必须应对起源于能源使用而排出的二氧化碳等造成的地球温暖化问题。国际社会于1997年通过了约束发达国家削减造成温室效果的气体排放指标的《京都议定书》。其中规定日本温室气体的排放量应在2008年至2012年的第一约束期间削减与基准年排出量相比减少6%的指标。为此，日本针对地球温暖化问题，于1998年制定了汇总具体政策和措施的《地球温暖化推进大纲》。此外，随《京都议定书》的生效（2005年4月），为确保实现日本减少6%的目标，日本内阁通过了规定必要措施的《京都议定书目标实现计划》。但实际上，起源于能源使用的日本的二氧化碳排放量在2003年与1990年的排出量相比增加了13.3%，所以，为实现上述目标仍需作出更多的努力。

6. 构筑强硬而灵活的能源体系。自1973年发生第一次石油危机后，日本经过努力克服了许多困难。其实，在稳定供应能源的同时，必须同时考虑全球规模的环境问题、能源的自由化问题和提升能源的使用效率等问题。鉴于能源的特殊性和国际局势，日本于2002年6月制定了以“确保稳定供应”“适合环境”“活用市场原则”为基本方针的《能源政策基本法》。根据《能源政策基本法》，为长期、综合和有计划地推进与能源供给和消费有关的政策和措施，日本内阁于2003年10月通过了与能源的供给和消费有关的基本计划——《能源基本计划》，并向国会作了报告。日本认为能源政策应考虑国际能源情势、国内经济结构和国民生活方式的变化等要素实施，其与环境政策、科学技术政策有密切的联系；为国家的将来，必须把能源政策作为坚定的国家战略来对待；同时，要求能源政策能根据各种环境的变化加以适当的调整或修改，即期望构筑强硬而灵活的能源体系。为此，日本政府认为应根据《能源基本计划》，并根据各种变化和要求促进国家能源政策的实施和发展。

二、 日本的能源立法与具体政策

1.《能源政策基本法》。上已言及，《能源政策基本法》于 2002 年制定，由 14 条组成，重要的是其规定了三个基本方针。

（1）基本目的。《能源政策基本法》第 1 条规定，能源对于国民生活的稳定和提高，以及维持和发展国民经济是不可缺少的，鉴于能源的利用给区域和地球的环境带来了很大的影响，通过规定与能源供需有关的政策和措施、基本方针，并明确国家和地方公共团体的责任和义务等方式，本法通过规定与能源供需有关政策和措施的基本事项，希望长期、综合和有计划地促进能源政策和措施，为保护区域和地球环境作出贡献，同时为日本和世界的经济社会的持续发展作为贡献为目的。

（2）基本方针。《能源政策基本法》规定了日本能源政策的三个基本方针。

第一，确保稳定供应。《能源政策基本法》第 2 条规定，对于能源的稳定供应，涉及与世界能源有关的国际情势等不安定的要素，应减少过分依赖于进口石油等一次能源的特定区域的依存度，对于日本来说，应通过开发能源资源、整备能源运输体制、促进能源储备和提升能源效率，同时，对能源进行合适的危机管理等方式，力求采取使能源供应源多样化、提升能源自给率和能源安全保障为基本的政策和措施。对于由其他能源替代或储存明显困难的能源供应，尤其应在确保信赖性和安定性方面采取必要的政策和措施。

第二，适合环境。《能源政策基本法》第 3 条规定，在能源的供需方面，通过提高能源的消费效率，促进太阳光、风力等向化石燃料以外的能源利用的转换，以及提高化石燃料的利用效率等方法，实现防止地球温暖化和保全地球环境的能源供需目的，同时，应为致力于形成循环型社会采取相应的政策和措施。

第三，活用市场原理。《能源政策基本法》第4条规定，对于与能源市场自由化等的能源供需有关的经济机构改革问题，应以充分考虑上述两项基本方针为目的，并充分发挥各单位的自主性和创造性、充分确保能源供需者的利益为宗旨，逐步缓和相关的政策和措施。

（3）职责和义务。《能源政策基本法》规定了各相关者的职责和义务。例如，《能源政策基本法》第5条规定，国家应根据该法规定的基本方针，制定综合性的与能源供需有关的政策和措施，并加以实施；在使用能源时，国家应使用对环境负载带来最小影响的物品等方式，努力减少对环境的负载。第6条规定，地方公共团体也应根据基本方针和国家的相关政策和措施，制定与区域实情相符合的与能源供需有关的政策和措施，并加以实施；地方公共团体在使用能源时，应使用对环境负载小的物品，以降低对环境的负载。关于各单位的职责，《能源政策基本法》第7条规定，各单位在进行生产活动时，应尽力发挥自主性和创造性，有效利用能源，在考虑稳定供给能源和保全区域及地球环境的同时利用能源，也有责任协助国家或地方公共团体实施与能源供需有关的政策和措施。第8条规定，国民在使用能源时，应致力于能源的合理使用和活用新的能源。当然，各相关者在制定和实施与能源供需有关的政策和措施时应相互理解、发挥作用和进行合作。

（4）相关措施和要求。在法制和财政上的措施，《能源政策基本法》第10条规定，为实施与能源供需有关的政策和措施，政府应在法制上、财政上或金融上采取必要的措施和其他措施。在其他方面的要求，主要为：

第一，向国会报告的要求。《能源政策基本法》第11条规定，政府每年应向国会提交与能源供需有关的政策和措施实施情况的报告。

第二，制定能源基本计划的要求。《能源政策基本法》第12条规定，政府为长期、综合和有计划地推进与能源供需有关的政策和措施，应制定《与能源供需有关的基本计划》（简称《能源基本计划》）。同时，《能源政策基本法》第12条还规定了《能源基本计划》的具体事项，包括基本方针、主要政策和措施、研究开发的政策和措施，以及其他必要的事项。

第三，普及能源知识等。《能源政策基本法》第14条规定，国家为让广大的国民增进对能源的理解和关注，应通过各种机会积极公开能源信息，并活用以非营利为目的的团体，广泛地普及和合适地利用能源的启发活动，并为普及能源知识采取必要的措施。

2.《能源基本计划》。《能源基本计划》于2003年10月由日本内阁决定，并获得通过。《能源基本计划》是根据《能源政策基本法》的要求制定的，是对《能源政策基本法》规定的基本方针的具体化。《能源基本计划》指出，尽管在一定程度上可以预见到社会情势和技术体系等方面的发展趋势，但对于国家各能源领域的具体政策和措施也最多只能规划预测到十年左右，同时，对于研究开发能源方面的技术也在不断地变化与发展，需要有长期持续保持其领先的措施，所以，必须涉及这些内容。当然，能源政策受到世界能源情势、日本经济结构和国民生活变化等方面的影响很大，又与环境政策、科学技术政策紧密关联，所以即使制定了《能源基本计划》，也不是一成不变的，至少需要每隔三年根据情况的变化适时地探讨《能源基本计划》，必要时对其进行修正。同时，能源政策与国民生活及其经济基本活动相关，应广泛地推进国民各阶层对能源政策的认识和理解，尤其在修改相关能源政策内容时，应充分地注意这些方面，特别应广泛地听取国民各阶层的意见。

对于《能源基本计划》的具体内容，其不仅规定了与能源供需政策和措施相关的基本方针，包括确保能源的稳定供应、能源的利用应适应环境、能源的供需应符合和活用市场原理；而且规定了长期、综合和有计划地供应能源所必要的政策和措施，包括确立能源供应的基本框架、促进能源需要所应采取的措施（推进省能源的政策和构筑资源节约型经济社会、有重点地采取能源对策）、开发和利用多种能源（包括开发和利用核能、确保核能开发与利用的安全和安心、研究开发新能源、开发和利用气化能源、开发和利用煤炭、开发和利用水力和地热资源等）、完善石油供应体制（包括在确保石油稳定供应方面完善有效的石油储备措施、为开展综合能源资源战略完善确保石油安定供应方面的措施、完善灵活调整石油产业经营的基础）、加强对能源技术的开发和利用（包括重视能源技术开发的意义、国家参与能源技术开发的重要性）；同时，指出了重点开发能源的领域和相关措施（包括在开发核能技术上的措施、在电力技术上的重点政策、开发新能源技术上的措施、省能源技术上的措施、石油技术上的政策、天然气方面的技术措施、煤炭技术方面的政策和措施、人才培养的课题与改善方面的政策和措施）；另外，还规定了推进实施《能源基本计划》的其他必要事项（包括促进信息公开、普及能源知识，明确地方公共团体、企事业单位、非营利组织的作用和国民的职责等）；最后，《能源基本计划》要求日本加强国际合作（包括与国际组织和其他国家之间的合作），特别强调了日本应与亚洲其他国家进行区域能源合作，包括向他国提供省能源的技术、有效利用能源的技能，发挥日本的积极作用。

3.《新国家能源战略》。2006 年 5 月，日本经济产业省出台了《新国家能源战略》。《新国家能源战略》从八个方面规划了与能源有关的日本国家能源战略，并指出了具体的实施措施，以实现国家新能源战略目标。《新国家能源战略》关于八个方面的具体内容和措施为：

第一，明确具有战略性的具体项目的定位，包括构筑世界最先进的能源供需体系，综合加强资源外交和能源合作环境，完善应对紧急状态的措施。

第二，省能源领先计划，目标为通过革新技术和改善能源循环社会体系，实现至少到2030年达到改善30%的能源消费效率的目标。具体措施为，构筑省能源技术战略、分领域引入先进的运作体系、确立由市场评价的省能源投资体系、建设省能源型的城市和区域。

第三，制定适合下代的运输能源计划，目标为到2030年运输部门的石油依存度达到80%的目标，为此需进行必要的环境完善。具体的措施为，确实改善汽车的燃料消费体制、完善使用多种燃料的制度环境、研究和开发适应环境的燃料和技术、开发和普及电动与燃料电池汽车。

第四，制定新能源发明计划，目标为到2030年普及使用以下能源：使太阳能发电的成本与火力发电的成本相同；促进地区生物能和风力发电的制度，提升地区能源自给率；增加混合能源汽车销售量的同时，引入电动汽车和燃料电池汽车。具体的措施为，根据各种能源和其相应的技术特性扩大新能源的利用，并采取以下政策：包括根据各能源成长阶段的特点采取相应的措施扩大需要和供给；构筑使周边关联产业与地区相融合的产业基础；促进新能源的使用制度；加大对相关新能源投资企业的支援力度。

第五，制定核能立国计划，因为，核能发电具有稳定性和供给稳定性的特点，同时，在使用中是一种不排出二氧化碳的绿色能源，所以，应广泛开发和使用。目标为使核能发电量的比例达到所有发电量的30%—40%。具体的措施为，在电力自由化的前提下，新建和改建核能发电厂及其设备；尽早完善核燃料循环使用的体制；积极参加能使核能发电扩大和核不扩散两立的国际合作制度；开发支撑下代的核能技术和培养相关人才；对其他国家的核能产业提供国际支援；确实促进处理放射性废弃物的措施；通过强化保证质量等方法，改善和提升安全水准方面的检查制度；加强对使用设备的监测、提升抗震措施；加强国家和地方之间的信赖关系等。

第六，综合资源确保战略。为确保日本资源的稳定供应，日本应加强与资源国之间的综合关系、增强对资源开发企业的支援力度，以实现强力推进日本在海外在战略上获取资源开发的目标，同时，使日本企业控制的原油输入量的比例到2030年达到交易量40%的程度，并确保供应源的多样化。具体的措施为，强化战略性、综合性，确保资源供应的政策和措施；促进战略性资源的技术开发；强化调整天然气的战略；开拓化石能源的绿色利用；加强矿物资源的战略。

第七，亚洲能源环境合作战略。充分发挥日本在省能源技术方面的世界优势，利用拥有先进节能技术的产业界，扩大其在亚洲开展合作的机会，为在亚洲确立能源安全保障体制、解决地球环境问题等作出日本的贡献，同时，构筑与亚洲各国之间的双赢关系。亚洲能源环境合作战略的目标为，在亚洲为提升能源的利用效率作出日本的贡献；解决因使用煤炭等引发的诸如地球温暖化等那样的环境问题作出贡献。同时，为防止亚洲各国产生能源危机，应对紧急的能源供应问题，建议在亚洲建立有效的储油框架。具体措施为：以亚洲省能源项目为基础促进省能源工程，包括在两国之间进行政策对话和制定行动计划，为亚洲各国制定相关制度提供援助，在民生和运输及电力部门之间开展合作，由日本企业向其他国家的相关企业援助省能源的机器和设备，加强与国际组织和政府及相关机构之间的合作，积极利用亚太经合组织等那样的国际组织；在亚洲展开新能源合作，包括帮助亚洲各国建立能源计划和制度框架，通过技术开发和实验引入支援制度，资助能源产业；在亚洲普及煤炭的绿色使用、生产和安全技术，包括普及煤炭绿色利用技术，加强在煤炭和液化气利用技术方面的合作，普及煤炭生产和安全技术，加强两国之间能源政策对话和利用国际组织等；在亚洲构筑能源储备制度性架构，包括为应对紧急状况下的技能和制度层面上的合作，构筑紧急状态下的能源调配制度性框架；促进亚洲在核能使用方面的区域合作，创设为安全使用核能的区域合作机制，促进和平利用核能的区域合作。

第八，加强能源紧缺时的应对措施。针对石油储备制度，《新国家能源战略》指出，应通过增强日本的储备数量，继续提升日本全国整体的能源储备标准，并通过引入国家石油产品储备制度，实现灵活性的石油储备制度。同时，完善日本应对能源紧缺状况下的紧急供应体制。具体措施为，通过引入石油产品储备的方法强化石油储备制度，完善与天然气有关的紧急应对制度，加强能源供应危机时的管理合作。

综上所述，日本通过制定《新国家能源战略》，规划了重要领域的能源技术战略，指出了日本在中长期所需技术开发的目标和重要性，并希望通过政府与民间共同努力采取相应的政策和措施，尤其在省能源的关联领域，实现在世界上日本为最先进的能源国家的目的。为此，《新国家能源战略》要求在2030年前总结和应对能源方面的各种问题，对能源开发战略提出具体的路线图，以在2100年、2050年（所谓的超中长期）实现日本能源技术最发达的国家的目标。

最后，考虑到各种能源政策和措施的实施需要得到承担能源安全保障的强有力企业的支撑、需要得到国家和政府对有关活动的强有力和有效的支持、也需要国民对能源问题的深刻理解和认识，所以，《新国家能源战略》指出，为实现日本中长期的能源国家战略，三者必须紧密合作，特别是应在上述八个领域加强合作，致力于构建和实现上述领域的环境。

4.《海洋能源与矿物资源开发计划》。2009年1月，日本经济产业省出台了《海洋能源与矿物资源开发计划》。该开发计划在综合海洋政策研究本部于2009年3月24日召开的第五次会议上得到了确认，而成为日本开发海洋能源与矿物资源的重要文件。

第一，出台背景。对于在陆域缺少能源和矿物资源的日本，其所需的能源资源几乎全部依赖于进口，但近年以来资源出口国的国民情绪快速高涨，这种情况严重地影响了日本的能源和矿物资源的稳定供应环境，为此，日本不仅应继续强化与资源出口国之间的关系，活用资源外交，同时，必须采取措施确保自国稳定的资源供应源，而不受他国资源政策的影响。所以，日本认为，勘探和开发日本的领海、专属经济区和大陆架的能源和矿物资源是极其重要的。

日本自称拥有位于世界第六位的领海、专属经济区和大陆架的面积，且近年在这些海域已发现了石油、天然气和多金属结核、海底热液硫化物等能源和矿物资源，但对于准确把握这些能源和资源的储存量和分布状况、开发的生产技术、因开发引起的环境影响等问题，日本认为需要继续研究和解决。

在这种现状下，日本于2007年7月开始施行了规定有关海洋基本理念的《海洋基本法》，内阁于2008年3月通过了根据《海洋基本法》制定的《海洋基本计划》。《海洋基本计划》要求政府制定综合而有计划地推进海洋政策和措施的具体文件，并规定在2009年度中，在相关府省的合作下应制定《海洋能源与矿物资源开发计划》（暂称）。同时，《海洋基本计划》不仅要求文件应详细地规定勘探和开发海洋能源和矿物资源的路径，以及必要的开发技术等内容；而且还要求应明确国家、研究机构和民间企业承担的作用。

第二，主要内容。《海洋能源与矿物资源开发计划》由五章组成。第一章为“多金属结核开发计划”；第二章为“石油和天然气开发计划”；第三章为“海底热液硫化物开发计划”；第四章为“其他能源和矿物资源开发计划”；第五章为“与各省厅等的合作及国家与国民的作用分担”。

考虑到开发能源与矿物资源能否成功存在许多不确定的因素，其中也包括推进这些开发计划的具体速度，所以，为合理而持续地执行这些开发计划，《能源与矿物资源开发计划》指出，必要时应根据勘探能源和矿物资源的进展状况、资源价格前景等情况，对《能源与矿物资源开发计划》作出修正。

可见，日本通过制定相关能源政策和立法，目的是构建节能型和循环型的社会；通过制定《能源和矿物资源开发计划》，目的是减少对他国的进口依存度，加强自国控制能源资源的能力；通过实施《新国家能源战略》向亚洲其他国家输出节能技术和设备，包括支援他国构筑能源资源制度和应急机制及其框架等方法，确保亚洲安定的能源资源供应，尤其是能源资源的安定环境，实现自国的能源资源保障供应。

总之，在亚洲经济获得持续发展的当今，各国所需的能源资源使用量必增，所以，需设法扩大能源资源的供应量，包括扩大能源资源来源地，特别应开发海洋及其资源，同时，要开发和利用节约能源资源的新技术和设备，这是国际情势和亚洲各国面临的重大问题和挑战。另外，还需要开发新能源，为经济社会的可持续发展提供能源资源保障，在这方面，日本拥有先进的节能技术和设备，亚洲国家可以向其学习，推动亚洲进一步的发展。

第五节　日本参与海上反恐与维护海上通道安全的立法

日本为实现政治大国、成为正常国家的目标，企图摆脱《宪法》的拘束，参与所谓的维护国际和平与海洋安全事务，包括协助美国等国打击海上恐怖活动，派遣海上自卫队军舰赴外参与打击索马里附近海域海盗活动，以提升日本的国际地位。为使这些活动具有法律依据，日本制定了相关法律。

一、 在协助国际社会打击海上恐怖活动上的立法

自“9·11”事件以来，世界各地的恐怖事件依然不断，恐怖活动仍然是国际社会的重大威胁之一，国际社会打击恐怖主义的任务依然严重。尽管有多个国家向阿富汗派遣了部队以执行“持续的自由作战”（Operation Enduring Freedom）行动，在陆地上已取得了一定的实绩，但与恐怖主义、麻药、秘密运输武器等有关的组织已经从山地逃到海上，利用船舶将其转移至中东、非洲、欧洲和东南亚等地，制造爆炸的恐怖事件也时有发生。为阻止恐怖者逃跑、控制武器弹药和麻药等扩散，主要由欧美各国和巴基斯坦的舰艇在印度洋实施“海上阻止行动”（Maritime Interdiction Operations）。

所谓的恐怖对策海上阻止活动，是指由外国军队通过对恐怖活动的打击，消除其威胁，为实现《联合国宪章》的目标作出贡献，并为阻止和控制恐怖者和武器等的转移，通过国际合作对在印度洋上航行的船舶进行检查、确认和采取其他措施的执法活动。[①] 通过各国舰艇实施无线照会、登船检查等方法，已经从有嫌疑的船舶没收了大量的麻药、发现了大量的小型枪支和便携式的打击战车的火箭。以上措施可以说取得了一定的成果，但国际社会合作打击恐怖活动的任务仍很艰巨。

1. 日本参与反恐活动的步骤。为能参与打击恐怖活动，日本政府不仅在“9·11”事件后，于2001年10月8日设立了“恐怖事件紧急对策本部”，并决定采取紧急应对措施，同时，于10月29日在国会通过了《恐怖事件对策特别措施法》。作为具体的措施之一，于11月9日派遣了自卫队的舰艇赴印度洋海域，以收集相关情报，11月25日，根据上述法律，日本派遣了海上自卫队的补给舰、扫海母

① 参见（日本）防卫省编：《日本防卫白皮书》（2009），2009年7月，第242—243页。

舰和护卫舰赴印度洋海域以实施合作支援活动等任务，12 月 2 日和 2002 年 1 月 29 日，日本补给舰分别向在印度洋的美国舰船和英国舰船实施了洋上给油活动，从而拉开了日本海上自卫队赴海外参与国际活动的序幕，而成为参与其他活动的先例。为此，有必要阐述《恐怖事件对策特别措施法》内容。

2.《恐怖事件对策特别措施法》内容。为预防和根治恐怖主义，日本积极主动地参与国际社会合作活动，希望为国际社会的和平与安全作出贡献，《恐怖事件对策特别措施法》以规定以下事项为目的。第一，为消除“9・11”事件的威胁，为实现《联合国宪章》目标作出贡献，本法规定了日本对参与以美国为首的各国军队的活动采取的措施、实施程序和其他必要事项。第二，本法规定了根据联合国决议、联合国的要求，以及日本根据人道主义精神应采取的措施、实施程序和其他必要事项。同时，本法规定了自卫队的三种活动：合作支援活动、搜救活动和救援灾民活动。根据该法第 3 条的规定，合作支援活动是指日本应向外国军队等提供物品、服务、提供方便和其他措施；搜救活动是指日本应搜救外国军队在展开活动时因战斗行为遭难的战斗员；救援灾民活动是指根据联合国打击恐怖活动相关决议和联合国的要求，为救援受害者或可能的受害者，日本根据人道主义精神采取的活动，包括运送粮食、衣服、医药品以及其他相关生活物资、医疗等行为。该法有效期为 2 年，后进行了多次延长，因为该法规定，可根据实际情况，延长 2 年以内。例如，2003 年 11 月 1 日，延长了 2 年；2005 年和 2006 年，又各延长了 1 年，有效期至 2007 年 11 月 1 日，于 2007 年 11 月失效，为此，日本暂时中断了在印度洋的补给活动。2008 年 1 月，日本国会通过了《阻止海上恐怖事件实施补给支援活动特别措施法》（简称《补给支援特别措施法》），从而为再次开启补给活动提供了法律支撑。

3.《补给支援特别措施法》内容。该法通过后，防卫省迅速于 2008 年 1 月 24 日和 25 日又派遣了两艘海上自卫队军舰赴印度洋，于2月21日再次开始了在印度洋上的补给活动。[①]《补给支援特别措施法》的目的为：考虑到根据本法向阻止海上恐怖活动的各国军队实施的补给油料等的合作支援活动对于预防和打击恐怖主义有贡献，并得到国际社会的好评；鉴于打击恐怖主义活动的任务仍很艰巨，实施补给支援活动依然必要。为此，日本决定继续实施补给支援活动，以发挥本国在确保国际和平和安全方面的作用。

关于实施补给支援活动的原则和内容，主要为：日本实施的补给支援活动不属于武力威胁或行使武力的活动；补给支援活动在本国领域、无战斗行为的区域或实施补给支援活动期间无战斗行为的地域，例如，印度洋公海、外国同意的领域；在实施补给支援活动时，内阁大臣应根据实施计划代表内阁指挥监督各行政部门工作；相关行政机关的负责人应协助防卫大臣实施补给支援活动；内阁大臣实施补给支援活动的计划需得到内阁会议的批准，并应将修改计划的内容和补给支援活动的结果及时向国会报告。该法的有效期为1年，但可根据需要延长1年。2008年12月12日，该法延长了1年，有效期至2010年1月15日。由于实施补给支援活动，需要有相应的计划，为此，日本内阁于2008年1月16日批准了《与实施补给支援活动有关的执行计划》，细化了具体内容。[②]

应该说，由于日本海上自卫队军舰在印度洋向展开海上阻止行动的他国军舰实施了补给油料等活动，这些军舰就不用为补给燃料靠港，提升了其打击恐怖活动和其他非法活动的效率，致使武器和成为恐怖活动资源来源的麻药等向世界扩散的可能性减少，在一定程度上为国际和平与安全作出了一点贡献。但应该注意的是，为避免日本持续向海外派遣军力，必须对其任务进行界定，并要求其严格遵守相关法律。

---

① 参见（日本）防卫省编：《日本防卫白皮书》（2008），2008年9月，第230页。

② 关于《与实施补给支援活动有关的执行计划》的详细内容，请参见（日本）防卫省编：《日本防卫白皮书》（2008），2008年9月，第373—374页。

此外，为参与打击索马里附近海域海盗行为活动，日本政府又制定了相关法律，企图使其行为有法律依据。

二、 在应对索马里附近海域海盗行为上的立法

为适应国际社会特别是联合国安理会决议呼吁各国参与打击索马里海盗行为的要求，日本为能使参与活动有法律依据，制定了相关法律。

1. 制定与出台应对海盗法的背景。日本内阁于2009年3月13日决定海上自卫队军舰赴索马里海域实施海上警备行动，并向国会提交了《应对海盗法案》。该行动的决定和法案的出台源于综合海洋政策本部向政府提交的应对海盗行为的建议。即海洋政策研究财团于2008年11月18日向综合海洋政策本部长内阁总理大臣麻生太郎提交了《日本应对索马里附近海域海盗行为的建议》。[①] 2009年1月18日，海洋政策研究财团又建议政府制定海盗取缔法，并望派遣军舰赴索马里海域实施护航活动，以应对海盗行为、确保日本海上自卫队赴海外参与打击海盗行为的行动有法律依据。为此，日本政府根据上述建议，成立了执政党法案工作组，于2009年3月4日汇总了有关海盗法律草案。在3月13日召开的内阁会议上决定向国会提交《应对海盗法案》。2009年3月14日，日本政府决定派遣海上自卫队驻扎在广岛的“涟”号和“五月雨”号军舰赴索马里海域实施《自卫队法》（自1954年7月1日起施行）第82条规定的海上警备行动。由此拉开了日本海上自卫队赴海外执行任务的序幕。

应该强调的是，日本在应对海盗问题上的政策与措施，是根据日本船舶协会的要求，为保护自国船舶和船员的航行安全，履行国

---

① 参见海洋政策研究财团编：《海洋白皮书：日本的动向，世界的动向》（2009），2009年6月，第216—217页。

际义务，确保国家海上通道安全等要素综合考虑后制定的。同时，为扩大对船舶的管辖权，日本认为有必要扩大对海盗行为的制裁，例如，应增加对未遂行为的打击等，所以，提出了《应对海盗法案》。

此后，日本内阁提交的《应对海盗法案》于2009年6月19日在众议院的第二次投票中获得通过，以《应对海盗法案》为基础的《处罚与应对海盗行为法》已于2009年6月24日公布，根据该法附则第1条的规定，其已于2009年7月24日生效。《处罚与应对海盗行为法》共由13条组成。其主要内容与《应对海盗法案》内容相同。所以，日本先前的海上自卫队的海上警备行动已转化为依据《处罚与应对海盗行为法》的行动。为此，有必要阐述相关内容。

2.《日本应对索马里附近海域海盗行为的建议》内容。主要包括以下两个方面：

（1）目的。为确保日本国家赖以存在的生命线——海洋通道安全，同时，从维护国际和平与安全应合作的观点出发，国家应该积极地参与打击在索马里海域多次发生的海盗行为（包括防止、预防和排除）活动。

（2）具体建议。日本应在联合国安理会、联大会议、以及其他国际会议上，更积极地要求国际社会参与防止索马里海域发生的海盗行为；同时，考虑到联合国安理会第1816号、1838号决议，日本应派遣海上自卫队的舰艇等赴索马里海域打击海盗行为，并且应尽快实施；索马里附近海域的海盗猖獗，是索马里内政混乱和治安恶化的重大弊端之一。为此，国际社会应增加对索马里复兴的支援，取消将索马里海域作为海盗温床的产业基础，并提供解决贫困的资金和技术，提供监视和取缔海盗的雷达设备及其他器材，以稳定索马里国内人民的生活和治安；日本在印度洋由海上自卫队舰艇承担的补给活动，是保障海洋安全的国际合作活动，应继续坚持；本建议中提及的措施，不限于索马里海域的海盗行为，必要时也应适用于其他区域，为此，应首先派遣海上保安厅的船舶予以应对；跨越国境行动的海盗是人类共同的敌人，威胁世界和平与安全，为应对海盗，联合国安理会应发挥首要作用，包括采取国际和平执行活动或执法活动。

3. 日本《应对海盗法案》内容。日本内阁向国会提交《处罚海盗行为与应对海盗行为相关法案》（简称《应对海盗法案》）。其内容，主要为：

（1）目的。鉴于确保日本经济社会及国民生活中船舶航行安全的重要性，兼顾《联合国海洋法公约》的宗旨，为合适而有效地处罚和应对海盗行为规定了必要事项，以求维护海上公共安全与秩序。

（2）基本概念。关于海盗行为，是指船员（除军舰等外）或乘客为私人目的，在公海（包括专属经济区）或日本领海（包括内水）从事以下行为：（a）掠夺船舶和控制航行；（b）掠夺船舶内的财物等；（c）掠夺船内人员；（d）强迫人质；（e）以上述行为为目的的入侵和损坏船舶、明显地接近其他船舶、备凶器航行。对海盗行为的处罚，即对实施海盗行为者处刑如下：对实施（a）—（d）行为者，处无期或五年以上的徒刑，如使人负伤则处以无期或六年以上的徒刑；如使人死亡则处以死刑或无期徒刑；对实施（e）中的入侵和损坏船舶和明显地接近其他船舶行为者处以五年以下的徒刑，对备凶器行为者处以三年以下的徒刑。

（3）相关措施。海上保安厅应对海盗行为采取必要的措施；除海上保安厅人员可根据《警察官职务执行法》第7条的规定能使用武器外，如果在制止正在进行的（e）项中明显地接近其他船舶时，不遵守其他的制止措施，并在继续实施上述行为，有充足的理由认定无其他手段时，则在必要时可根据事态的发展合理地使用武器。关于自卫队应对海盗行为的措施，防卫大臣认为特别必要时，在得到内阁总理大臣的许可后可命令实施应对海盗行动；如果望得到许可时，应向内阁总理大臣提出应对的必要事项（紧急时只要通知行动的概要）。在提出应对的必要事项中，应记载实施海盗行动的必要性、区域、部队的规模、期间以及其他重要事项。内阁总理大臣在认可实施海盗行动以及完成海盗行动时应向国会报告。在武器的使用方面，准用《海上保安厅法》的规定、《警察官职务执行法》第7条的规定。

4. 海上警备行动与依据《处罚与应对海盗行为法》行动的区别。关于海上警备行动，一般来说，如果在公海上对日本船舶的攻击还没有达到有组织和有计划的程度，则根据《宪法》日本无法使用自卫权，但并不是说，为保护自国的船舶，不能采取任何措施。针对在公海的海盗行为，在平时（非战争状态）主要由海上保安厅承担“平时海上警察行动”；如果海上保安厅的上述行动无法应对或明显困难时，则自卫队可根据《自卫队法》第82条的规定实施“海上警备行动”。[①] 同时，根据《自卫队法》第93条的规定，在一定条件下自卫队在实施海上警备行动时可使用武器。[②] 这次日本向索马里海域派遣海上自卫队的舰艇实施护航行动，即为根据《自卫队法》的海上警备行动。

海上警备行动与依据《处罚与应对海盗行为法》的行动之间的区别，笔者认为，主要表现在以下两个方面：第一，实施新行动的海上自卫队也可对其他国家的船舶因海盗行为而实施管辖或制裁，不限于日本的船舶或载有日本船员的船舶，即扩大了保护船舶的范

---

① 参见村濑信也编：《自卫权的现代发展》，（日）东信堂2007年版，第265—267页。海上保安厅无法实施本次索马里海盗护航行动的原因，主要为：索马里离日本太远，而海上保安厅能长期连续航行，并可搭载直升飞机的巡视船舶只有一艘；索马里海盗的武装装备状况，使海上保安厅人员无法应对，因为，海上保安厅人员只有在自卫时才能使用武器，同时，海上保安厅能应对重型武器的巡视船舶也只有一艘；各国多用海军军舰赴索马里护航。参见防卫研究所主办会议材料：《海盗行为与各国实践》，2009年3月。

② 例如，日本的《自卫队法》第82条规定，为保护海上人员生命和财产或维持治安，防卫大臣认为有特别的必要时，在得到总理大臣的承认或许可后，可命令海上自卫队部队实施海上必要行动（即海上警备行动）。参见管野和夫等编：《袖珍六法》，（日）有斐阁2008年版，第342—344页。

围。第二，实施新行动的海上自卫队可使用武器，即对实施海盗行为的船舶提出停止命令时也可使用武器。因为海上自卫队依据《自卫队法》第 82 条的规定执行的海上警备行动，其军舰只能保护日本及其国民的生命和财产不受损害的护航行动，无法对他国的船舶实施管辖或制裁；在使用武器方面也受到严格限制，原则上只能用于自卫；而根据《应对与处罚海盗法》的行动，也能对海盗船舶予以打击，包括可向实施海盗行为的船舶发出停止命令时使用武器。

此外，为有效地处理广袤的索马里海域附近的海盗问题，日本认为有必要利用飞机对海域进行监视，为此，日本政府于 2009 年 5 月 15 日发出了派 P－3C 飞机赴索马里海域实施监视的命令。5 月 28 日，两架 P－3C 飞机从日本出发，自 6 月 11 日起已开始执行监视任务。具体任务为，以吉布提国际机场为据点，以日本护卫舰实施的护航海域为中心，对亚丁湾海域实施监视并收集海盗情报、向护卫舰和保护船舶提供相关海盗情报。同时，为保护机场，日本又向吉布提派遣了由 C－130、U－4 组成的航空运输队，以在必要时运输相关器材和物品。第一次运输物资的任务已于 5 月 21 日完成。[①]

可见，日本为确保赖以生存的海上通道安全，在名义上为实施国际合作，履行国际义务，第一次向海外派遣了由海上自卫队实施打击海盗行为的活动，为今后相关活动提供了先例，所以，值得我们关注。当然，尽管日本针对海盗行为的法律已经生效，但对于今后如何实施具体的护航行动，如何与他国的军队进行协调，如何强化索马里过渡政府的统治能力及提升其对海域的控制能力等问题，仍有待处理和解决。

---

① 参见（日本）防卫省编：《日本防卫白皮书》（2009），2009 年 7 月，第 108—113 页。

第三章　日本的相关海域与大陆架战略

日本在相关海域的战略思考是在其海洋战略的基本内容基础上形成的，主要表现在东海、南海和印度洋三个方面。东海是日本贯彻其离岛和西南诸岛战略的主要海域，也是钓鱼岛安全的重要依托，同时也是与中国争夺海底资源的重要场所，所以是日本海洋战略实施与日美合作的重要区域。南海是日本海上运输线的重要路径，也是日本亚洲战略的重点区域东南亚的所在地，同时也是美国“亚太再平衡”战略的重点部署区域，因此日本被美国要求介入南海的争端，日本也借势让南海问题成为其遏制中国的一张重要的外交牌。印度洋是海洋强国历史上必争之地，日本也一向对之十分关心，特别是战后印度洋作为日本的海上运输线的重要航段，日本不得不关心这一海域的安全保障问题，目前日本在印度洋的活动主要在于配合美国的行动和以联合国的名义参与其中，同时在外交上拉拢印度洋沿岸国家，与中国的所谓“海洋进出”进行政治博弈。另外，日本还加紧拓展外大陆权益，获取资源。

第一节　日本的东海战略

日本海洋战略的基本内容中，除了海上交通线的防御之外，关于海域安全方面，重点放在东海，这一点反映在近年特别重视离岛和所谓西南诸岛的防御上，为此，日本积极配合美国的“亚太再平衡”战略，深化日美同盟关系。这个问题已经在第一章第四节“日本海洋战略的基本内容”中有所论述。其实，除了安全领域的问题之外，东海问题还有一个重要侧面——中日两国由资源问题引起的划界问题，这是两国围绕东海安全问题进行博弈的深层次原因。从历史的观点看，中日两国自古以来就不曾在东海划过界线，20 世纪 60 年代中期以后，东海海底埋藏着大量石油与天然气资源的事实公布于众，中日两国都开始关注这一海域的资源划分。特别是近年来，伴随着中国的崛起和对海洋权益的重视，加上美国亚太战略调整，日本政府也陆续制定了一些关于海洋战略的法规和政策，他们开始认真思考日本的自主战略，重新认识自己的“海洋国家”定位，还确立了“海洋立国”的方针，在此基础上，逐渐形成了东海战略基本思路。日本在思考东海战略问题时，主要关注海洋划界、资源开发、钓鱼岛主权和危机管理四个层面，其中，资源的开发是核心问题，划界问题的实质是资源的划分，并不是主权的划分，钓鱼岛主权争端的背后也是资源的划分和战略价值。而危机管理主要是安全保障问题，该问题虽然具有独立性，但是也与资源的确保有着密切的关系。发现资源之后，日本虽表面赞成共同开发，却同时企图阻止中国在中间线西侧已有的开采项目，并不断加强在这一海域的军事存在，遏制中国的发展，导致东海问题难以解决，也使中日关系陷入僵局。

一、“共同开发”谈判的起源

中日围绕东海资源问题的争端与战后国际社会对海洋资源的认识和利用有密切关系，也与国际社会建立的一系列有关海洋资源的法律与理论有必然的联系，中日两国关于东海争论的焦点就在于对相关海洋法概念的理解有所不同，形成东海问题的法理原因。中日关于东海“共同开发”谈判起源于钓鱼岛周围海域共同开发提案，它也是与《联合国海洋法公约》的讨论与制定为背景的，通过“共同开发”谈判的过程可以观察日本东海战略的基本目标。

（一）东海“划界”问题与日本的态度

日本对东海的兴趣最初与《联合国海洋法公约》的讨论和通过过程有密切关系，分析日本的东海战略，必须从这个《公约》的通过说起。《联合国海洋法公约》于1982年获得通过，并于1994年生效。该《公约》规定：深海是人类共同继承财产，无论公海还是领海都承认无害通行。特别是这个《公约》提出了对今天的国际关系仍然具有巨大影响力的领海、大陆架、专属经济区和公海等重要概念。日本于1996年批准该《公约》后还公布了《专属经济区和大陆架法》，其中第1条和第2条规定：日本的专属经济区和大陆架是从其领海基线量起向外延伸到其每一点同领海基线的最近点的距离等于200海里的线以内的区域。1998年中国颁布《中华人民共和国专属经济区和大陆架法》，其中第2条规定：我国的专属经济区是从领海基线量起延至200海里的区域，大陆架是我国陆地领土的全部自然延伸扩展到大陆边外缘的海底区域，或在某种条件下扩展到200海里的海底区域。这样，日本便与中国的主张发生了对立，因为东海的最宽处也不过360海里，所以，中日双方的主张有重叠，两国之间始终不能在划界标准问题上形成一致意见。

其实，在《联合国海洋法公约》生效之前，第三次联合国海洋法会议围绕大陆架的划分原则进行过争论，基本上分为“等距中间线派”和“领土自然延伸派”，“中间线派”认为应该在相向国家之间划分大陆架，而“平衡原则派”则主张根据海底的地质结构、堆积层的流出源等因素由相关国家解决。日本、英国、希腊是“中间线派”，中国、爱尔兰、土耳其是“平衡原则派”。由于分歧的存在，当时联合国在制定海洋法条文时有模糊处理的倾向。

中国根据领土自然延伸原则主张东海大陆架是中国大陆流入海洋的泥沙堆积而形成的，所以，大陆架应该延伸到冲绳海槽，日本对此坚决反对。根据1969年4月联合国亚洲远东经济委员会在曼谷发表的报告，东海海底可能存在大油田，因为东海海底发现一系列平行的隆起地形，它们分别是中国大陆长江和黄河等河流带来的堆积物形成的类似堰堤的海底地形。最北部的隆起地形是由黄河冲积来的沿山东半岛部分，接下来是经过黄海板块的隆起地形，这里大约有200立方千米的堆积物。另外，在台湾与日本之间的大陆架边缘的隆起地形是长江带来的堆积物。报告指出，东海大陆架与黄海海底的堆积物中有可能埋藏着大量的石油和天然气，这个位于台湾北部的面积相当于台湾数倍的广大区域，其堆积层的厚度有可能达到2000至9000米。其中，黄海海底的堆积层厚度是2000米以内，但比东海海底的堆积层含有更丰富的有机物。

其实，东海大陆架的资源是大陆带来的冲击物造成的，也为现代科考所证实。根据1955年中国全国人大通过的《关于根治黄河水害和开发黄河水利的综合规划的报告》提供的资料，黄河每年经过陕县在下流与河口之间流出的泥沙是13.8亿吨，体积约为9.2亿立方米。黄河每年流出的沉积物是20.8亿吨居世界第一，长江每年流出5.5亿吨，为世界第四。根据陕县水文观测站的统计，每年通过该站流向下游的泥沙是12.8亿吨。①

中国的主张不仅符合地质科学论证，也是以20世纪70年代的国际法理论为根据的，即以大陆架的尽头冲绳海沟为界限，以大陆架的自然延伸、大陆与岛屿的对比等东海的特性为基础划分。

日本认为，“自然延伸论”是20世纪六七十年代以前，关于相邻国家在大陆架划定的案例，是以前的国际法观点。日本提出如果以1982年通过的《联合国海洋法公约》的规定以及之后的国际判例为基础的话，相邻国家间的距离不足400海里的经济水域界限划定，不能适用自然延伸论。另外，日本还认为冲绳海槽的海底地形并不具有法律意义，所以，他们认为中国提出的大陆架延伸至冲绳海槽为止的主张是不符合现代国际法的。于是，日本提出了与中国相对立的主张，认为中日之间应该根据1982年制定的《联合国海洋法公约》规定和国际判例，以中间线为基础，公平划定解决中日关于东海的专属经济区划分问题。

（二）日本提出“共同开发”钓鱼岛周边海域的提案

早在《联合国海洋法公约》通过之前，围绕钓鱼岛问题中日两国就已经发生争执，“共同开发”钓鱼岛周边海域的提案最早是1979年6月由日本先提出的，随后中国领导人也对来访的日本经济界人士提出过两国“共同开发”钓鱼岛附近海底石油的建议。比如，这一年的6月17日，国务院副总理李先念对来访的日本社会党代表团说：“日本有人提出在这一区域共同开发，这是个聪明的办法。”而日本在政府层面首次提出共同开发提案的是7月10日，当时，积极主导在钓鱼岛建设直升机停机坪和派遣调查团实施“有效控制”的自民党鹰派运输大臣森山钦司在内阁会议上提出两国共同开发东海海域石油资源的构想。之后，外相园田直也在日本国会发言中表

① 邓子恢：《关于根治黄河水害和开发黄河水利的综合规划的报告》，载《人民日报》1955年7月20日。

示了他赞成共同开发的构想。7 月 11 日，日本外务省指示有关人员与中国接触，就共同开发问题与中国谈判。

那么，为什么当时日本主动提出共同开发钓鱼岛海域资源呢？

日本之所以首先提出共同开发建议，是因为坚持对钓鱼岛实行“有效控制”的自民党鹰派企图通过共同开发，使中国减少对其推行“有效控制”行为的反对。特别是当时联合国海洋法内容的讨论关于按大陆架划分原则的趋势似乎对日本不利，一般预测有可能更倾向于平衡原则，又规定把开发大陆架的优先权给沿岸国家，因为大陆架是大陆的自然延伸，钓鱼岛正好在东海大陆架之上，海洋法很有可能做出有利于中国的规定。在这种背景下，日本为了防止出现不利于自己的情况，所以，想出与中国共同开发钓鱼岛周围海域的办法先参与进来，以免《联合国海洋法公约》出台之后日本完全丧失钓鱼岛周围资源的开发权。可见，日本自民党政府想通过共同开发先获得有利地位，至少使开发权成为既成事实，使之成为日后争取主权的一个根据。

除了上述考虑之外，当时还有许多日本人对于海外的石油供应是否有保障并无信心。20 世纪 70 年代欧佩克大幅提高原油价格，所以日方有人提出了中日共同开发钓鱼岛附近石油资源的设想，目的在于尽早开采石油，保障石油需求，避免海外进口的风险。日本外相园田直也表示他赞成这个建议，并认为这个问题可以与主权问题分开，尽快着手共同开发。

1979 年 8 月 14 日，日本外务省决定正式向中国提议就共同开发钓鱼岛周围海域问题进行谈判。8 月 15 日，外务事务次官高岛益郎向大平首相汇报了外务省的构想，并得到了大平的批准。对于日本的提案，中国当时虽然没有立即回答，但是，1979 年 9 月 6 日，国务院副总理谷牧访问日本，对于两国共同开发钓鱼岛周围海域问题，他指出：钓鱼岛的主权属于中国，两国可以搁置主权争议，开发过程中如果发生纠纷，可以通过对话解决问题。[①] 这就正式回答了日本的建议。

1980 年 11 月 21 日，中日大陆架谈判事务级别会谈在北京举行，日本由驻华公使加藤吉弥、外务省条约局审议官山田中正参加，中方由外交部亚洲司司长肖向前、外交部情报局副局长沈韦良参加。

日本外务省的构想是双方在钓鱼岛 12 海里范围之外共同开发。日本的基本思考是在钓鱼岛与中国大陆之间划一条中间线，然后再在中间线两侧共同开发。另外，日本外务省还经过研究认为在共同开发以前，首先要与中国围绕大陆架开发权问题进行谈判。中国当然认为大陆架就是大陆的自然延伸，中国拥有开发权，而且钓鱼岛在大陆架上。日本则主张两国应该在大陆架的中间线划分开发权，日本还主张应该先划分大陆架的开发界线，然后再决定共同开发的区域。

当时，日本外务省还决定共同开发并不仅仅局限于钓鱼岛附近，而且还要与中国讨论共同开发东海海底资源的问题。如果日本主张的中间线原则被中国承认的话，他们就提出在中间线两侧选择同样面积的开发区域，开采出的石油由两国平分。日方认为资金和技术可以由日方提供，条件是日本可以相对多获得一些石油。日本认为对于在中间线中国一侧开采的方式，被称为渤海方式，日本可以参与开发；而对于中间线日本一侧，日本认为没有必要共同开发，因为日本自己拥有足够的资金和技术，不需要中国参与。

1982 年 9 月 26 日，铃木善幸首相访华，双方就两国开发渤海、黄海、南海和三江平原问题达成协议。1990 年 10 月 27 日，外交部副部长齐怀远向日本驻华大使桥本恕提议：钓鱼岛主权问题可以先搁置起来，该岛周围海域的资源可以两国共同开发，周围海域的渔

① 《朝日新闻》1979 年 8 月 7 日。

业资源可以开放。[1] 但是，由于双方分歧比较大，关于共同开发钓鱼岛周围海域的谈判没有达成协议。

二、 日本改变策略主张先划界

《联合国海洋法公约》于1982年签字，并从1994年开始生效，这部海洋法被称为人类海洋的“宪法”。中国于1996年5月15日批准，日本于1996年6月批准。公约提出了专属经济区与大陆架的概念，但是并没有明显对平衡原则或中间线原则给以确定，所以，中日两国还是无法引以为据。尤其是日本，自该公约生效之后便不像以前那样积极借“共同开发”谈判获得有利地位，因为这个公约规定的划界原则是模糊的，并未对日本造成不利。所以日本没有必要利用共同开发获得有利于自己的开采权，便开始主张先划界后开发。但是，尽管双方签署了渔业协定，“划界”磋商却漫长而艰难，至今毫无结果。日本改变策略主张：共同开发的前提是“划界”，而且日本凭借自己拥有的资金与科技优势，要求先与中国划分东海，然后，共同开发中间线附近划定的“共同开发区域”的资源，这个区域当然在中国一侧。

首先，日本同意与中国签订渔业协定。渔业问题相对来说比较容易达成协议，所以，两国关于东海的问题的谈判选择了渔业问题作突破口。中日两国批准《联合国海洋法公约》后，便从1996年12月起开启了首轮磋商，就海洋法、渔业等问题展开正式磋商。在1997年2月的第2轮磋商中，双方同意搁置划界问题并于同年11月签署渔业协定。渔业协定的签订对于双方通过谈判解决争端树立了一个模式。

当时，考虑到进入90年代以来，中国的渔业竞争力已经超过日

---

① 《朝日新闻》1990年10月28日。

本，所以，日方谈判代表薮中三十二力争确保日方能够获得较大范围的排他性捕鱼水域，而中方则主张排他性水域尽量缩小，留出更大的公共捕鱼空间。当时日本主张的是96海里排他性水域，中国则提出把排他性水域限制在12海里。可见，谈判从一开始双方的主张就出现很大的差距。后来，中方代表对薮中三十二说：我们可以做一下让步，为了表示对薮中先生的敬意，就以您的名字为准，把排他性水域定位三十二吧。薮中听后马上说：您还不知道吧，我已经改名叫薮中六十四了。[①] 虽然这是玩笑，双方最后选择了三十二与六十四之间的数字四十八作为妥协案，把排他性水域定位四十八海里。中日渔业谈判的过程是一个从十二与九十六的差距，到三十二与六十四，最后缩小到四十八的互相让步过程。

其次，日本主张按“中间线”原则划界。从1998年8月起，中日双方推迟了“共同开发”谈判，开始就专属经济区和大陆架划界问题举行磋商。该磋商是指中国和日本依据《联合国海洋法公约》就东海海上专属经济区和大陆架等划界问题举行的谈判。日方主张按照所谓“中间线”划界，钓鱼岛是中间线南端的测定基点。中方则主张本国大陆架延伸至冲绳海槽，拥有这一海域的海洋权益。双方的主张针锋相对，谈判无法取得一致，而且磋商期间中日围绕科考问题却摩擦不断。

1999年5月30日，中国科考船在钓鱼岛附近21公里处航行被日本海上保安厅发现，次日，科考船退至钓鱼岛专属经济区内活动。据日本海上保安厅称，中国科考船在钓鱼岛专属经济区内的考察，1999年上半年已经发生了13次，进入领海这次是当年的首次。[②] 对此，7月9日，中国外长唐家璇与日本外相高村正彦会谈，高村就中国科考船多次进入钓鱼岛领海和专属经济区以及中国海军的军事演

---

① 薮中三十二：《国家の運命》，新潮社2010年，145—146页。
② 《朝日新闻》1999年6月1日。

习表示遗憾。对此，唐家璇说：中日之间并没有划定过东海的界限和专属经济区的界限，日方所说的界限只不过是日方单方面的界限，演习和调查是正常的活动。[①]

2000 年 8 月 28 日，日本外相河野洋平访问北京，与中国外长唐家璇会谈。河野提议中国的科考船在专属经济区内的考察应该事前通报日本，唐家璇表示可以考虑建立事前通报制度。但是由于双方没有划定专属经济区的界限，所以进入哪些领域需要通报无法决定。[②] 2000 年 9 月 6 日，两国同意就事前通报制度进行磋商，2001 年 2 月 9 日，中日两国达成协议，两国在近海从事科考活动，应该至少在两个月之前通报对方。[③] 后来，因为摩擦不断发生，最后谈判被迫中断，两国之间的“划界磋商”也毫无进展，中国主张大陆架原则，日本坚持中间线原则，双方无法取得共识，谈判于 2003 年 12 月举行了第 8 次会议之后而中断。

三、 日本阻挠中国开采东海油气田及立场

日本拒绝共同开发转而主张东海的“划界磋商”，实际上是为了阻挠中国单方面开采东海的油气资源。然而，众所周知，划界问题是个难以达成协议的问题，日本的目的就在于拖延谈判，让中国推迟和停止已经进行的开采行动。

（一）日本阻挠中国开采“春晓”油气田

“划界磋商”的中断与春晓油气田的开发有直接关系，但是该事件却成了重启“共同开发”谈判的契机。2004 年 6 月 9 日，日本发现中国正在距离冲绳西北 400 千米，日本主张的中间线中国一侧 5 千米处的春晓油田准备开采天然气。日本指责中国于 2003 年 8 月已

① 《朝日新闻》1999 年 7 月 10 日。
② 《朝日新闻》2000 年 8 月 29 日。
③ 《朝日新闻》2001 年 2 月 9 日。

经开始建设春晓油气田，而且有欧美资本在其中，并且已经接近完成和开始打井，日本已经不可能参与其中。虽然中日之间尚未就东海开发权划定界限，而且春晓油气田在中间线的中国一侧，但是，日本认为《联合国海洋法公约》规定，“应该尽最大努力不危害和不妨害相关国家最终达成最终协议”，所以日本认为中国有可能违反《联合国海洋法公约》的这个规定。2004 年 6 月 18 日，日本外相川口顺子说：日本将向中国要求提供有关开采的资料。

根据日本的独自调查，他们认为“春晓”和“断桥”都接近他们提出的所谓中间线，所以有可能损害日本一侧的海底资源，他们还认为“天外天”与“龙井”也有连接日本一侧海底资源的可能。因此，日本通过外交途径要求中国立即停止在这一海域的开发作业，并要求中方向日本提供海底地下结构的资料数据。6 月 21 日，川口在青岛会见李肇星，她表示中国的开采行为有可能侵犯日本的主权，即中国可能损害日本一侧海底的资源。她希望中方能够向日方提供相关资料。

2014 年 6 月 24 日，经济产业大臣中川乘飞机视察东海中间线时发现中间线中国一侧 9 公里处还有一个正在开始兴建的油井。之后，中川立即指示经济产业省对日本一侧的专属经济区海底油气田进行调查，并讨论开采的可能性。日本的目的是借此向中国施加压力，要中国提供开采资料，并没有真正开发的计划。日本怀疑中国的油井有可能延伸到日本一侧，如果那样，日本将向中国要求相应的资源补偿。日本的调查行动从 7 月 7 日开始实施，他们从挪威包了一条调查船，采用空气压缩气枪向海底发射，然后观察反射信息的三维方法探测海底的具体情况。他们调查的位置是中间线的日本一侧的北纬 28°—30°的海域，计划在 10 月份查清海底是否存在石油和天然气。这次调查总费用是 30 亿日元。以前在 20 世纪 80 至 90 年代日本也进行过两次调查，当时没有得到有价值的资料。这一次的调查精确度比前两次要高。因为日本是在中国主张的大陆架进行调查，所以，时任外交部副部长王毅向日本驻华大使阿南惟茂提出了抗议。

2014 年 8 月 28 日，中国开始铺设春晓油田与大陆之间 47 千米的海底管道，春晓油田距离日本主张的中间线 5 千米处，2005 年 5 月完成建设，并开始投产。对此日本官房长官细田博之表示了担忧，并再次要求中国提供有关数据，但是遭到中国拒绝。

2004 年 10 月 21 日，日本得到了关于中国海洋石油总公司在日本主张的中间线附近已经建立了十几个油田的情报，至少有 4 个是在所谓中日界限的日本一侧。由于日本要求中方提供数据的无理要求遭到中方的拒绝，所以，2005 年 3 月，日本政府决定批准石油公司“帝国石油”等 5 个公司开采东海油气田。这 5 个公司曾经在 20 世纪 70 年代申请开采东海的石油资源，但是日本政府当时考虑到中日两国尚未就东海开发权划定界限，所以没有批转它们的申请，但是，给予它们一旦开采条件成熟具有“优先权”。此次日本政府打算批准这几个公司开采是作为对中国开采的反制措施而提出的。其实，“帝国石油”并不想在纷争区域进行开采，它们也没有具体开采计划。日本经产省也没有具体开采计划，他们只不过是作为一种外交手段向中国施加压力而已。2005 年 7 月 14 日，日本经产省批准了“帝国石油”在东海的开采权，开采位置共计三处，约 400 平方千米范围。都在中国的“春晓”和“断桥”附近。但是“帝国石油”与日本经产省对于实际开采都持慎重态度。

对于日本批准“帝国石油”在东海的石油开采准备，中国政府认为是对中国主权的侵犯，于是向日方提出了强烈的抗议，并于 2005 年 9 月和 11 月在所谓中间线中国一侧的“天外天”和“春晓”开始生产。日本也采取措施宣示主权，急忙给中国的 5 个油气田进行了命名：春晓为“白桦”、断桥为“楠”（kusinoki）、冷泉为“桔梗”（kikiyo）、天外天为“樫”、龙井为“翌檜”（asinara），规定这些名称在日本政府的文件中使用。

（二）日本坚持“三位一体”立场

“划界磋商”由于“春晓”油气田问题而中断，后来双方搁置了“划界”问题，重启了“共同开发”东海油气田的谈判。这样，搁置争议的原则也就被实际运用到东海开发合作上。在东海问题上的搁置争议，其目的是共同开发，意思是搁置主权争议，暂不对划界问题进行谈判，而只在资源开发问题上寻求合作。自从2004年10月起，中日双方就开始围绕东海油气田开发问题进行了谈判，该谈判是司局长级别的，最终促成了2008年“6·18共识”的达成。

2004年10月25日，中日围绕东海油气田问题的司局长会谈开始，这是继钓鱼岛附近海域共同开发谈判终端之后，两国之间首次就东海资源开发进行谈判。如上所述，日本认为中国的“春晓”等油气田有可能损害日本主张的专属经济区海底资源，这个主张也被称为“吸管理论”，所以，日方要求中方提供相关资料。日本还主张关于海域纠纷应该按照国际惯例的“等距离原则”来划分，其实就是中间线的另一种说法。结果，由于双方分歧太大，导致关于东海油气田共同开发问题的首次会谈无果而终。

2005年2月23日，日本外务省亚太局局长佐佐江贤一郎正式通告中国驻日本大使馆公使程永华，日本调查的中间线报告证实中国开采的油气田在海底储藏层中有可能扩展到日本一侧，他要求中国停止开采，并且再次要求中国提供相关资料。显然这是日本利用“吸管理论”阻止中国开采东海资源，对此，程永华表示，中国不承认日本提出的所谓中间线，而日本的调查本身损害了中国的利益。[①]

2005年5月30日，中日第二次关于东海油气田问题司局长会谈在北京开始。日本的基本要求是中国停止开采活动并向日本提供相关数据，否则将很难进入共同开发程序。中国的基本态度是要求日本停止批准“帝国石油”等公司开采东海油气田的程序。会谈仍然

① 《朝日新闻》2005年2月24日。

不能达成共识。2005 年 9 月 9 日，日本海上自卫队 P3C 侦察机发现中国海军导弹驱逐舰，护卫舰 5 艘在春晓油气田附近通过，5 艘军舰包括一艘苏制驱逐舰（7940 吨）、两艘导弹护卫舰（1720 吨）、一艘海上补给舰和一艘情报搜集舰。9 月 18 日，又有 5 艘军舰从上海军港出发到达“春晓”油气田附近，这次还有侦察机在油气田飞行。日本认为这是因为“春晓”油气田即将投产，中国海军在警告日本。

2005 年 10 月 1 日，第三次中日两国围绕东海油气田问题司局长会谈再开，这次日方首次提出了在中间线中国一侧的油田共同开发的提案。2006 年安倍上台以后中日关系“解冻”，经过 2007 年双方领导人互访，双方确认就东海问题达成协议，并就把东海建成和平之海达成共识。中国虽然拒绝停止开发并拒绝提供相关数据，但是指出共同开发协议达成之后，可以讨论提供数据问题。但是，日方表示在中国停止开发，并提供相关资料的前提下，可以考虑共同开发“春晓”“断桥”和“天外天”。关于共同开发的位置问题，中国的态度是在中间线日本一侧，此意见早在 5 月的第二次司局长会谈中就已经向日本表示过了。[①] 中国对日方提出的前提条件给予了驳斥，认为中国是在自己一侧开发，与日本没关系。

其实，在东海油气田共同开发问题上，日本经产省与外务省也是有分歧的，经产省比较强硬，更多的是考虑经济利益，而外务省则更多考虑中日关系。经产省的提案概括起来说就是“停止开发、提供资料和共同开发”三位一体，在他们看来，如果中国不停止正在进行的开发和拒绝提供相关资料的话，日本就不同意共同开发。而日本外务省则比较主张向前看，认为可以优先考虑共同开发，而经产省则担心如果先就共同开发达成协议，中国会拖延时间，自己开发已经投产的油气田。外务省之所以认为可以优先谈共同开发，是因为他们担心，如果共同开发迟迟不能谈判的话，那么有可能在

① 《朝日新闻》2005 年 10 月 1 日。

下次会谈之前，中国的“春晓”油气田可能已经投产，到时中国会拒绝日本的共同开发案，所以，外务省并不主张拘泥于“三位一体”。这样，由于内部的意见分歧和中日之间的观点相差很大，谈判并无进展。

四、“撞船事件”中断“6·18 共识”进程

日本经济产业省的“三位一体”立场，阻碍了共同开发谈判，直到2007 年福田首相上台，日本的态度才有所松动，2008 年6 月18 日，两国发表了《中日关于东海问题的原则国内共识》（简称“6·18 共识”）。

（一）“6·18 共识”的主要内容

“6·18 共识”的主要内容包括：在东海北部水域两国共同开发油气田，协议表明的“共同开发区”由 7 个坐标点连成，位于北纬 30°、东经 126°附近，面积在 2600 平方千米左右，具体地点由两国商议；南部中国已经开采的“春晓”油气田根据中国国内法中国同意由日本企业参加开发；“龙井”以南的中间线附近的海域两国共同开发。4 个油气田都在中间线附近，其中“春晓”在中国一侧，所以由中国企业出资，出资额留待以后解决，中国预计将占 50% 以上；“龙井”原则上等分，双方对半。关于“天外天”和“断桥”，之所以没有达成协议，是因为中国方面不同意共同开发，但双方商定留待继续协商。

这次协议是 2004 年 10 月以来中日两国关于油气田问题达成的首次事务级别协议，意味着中日双方东海油气田开发谈判有了突破性成果。作为中日在东海共同开发的第一步，双方协商出了一块“共同开发区”；日本法人参加春晓油气田开发也达成了谅解。日方认为，这个协议“虽然不影响中日双方各自关于划界的立场，但是，

基本上是在注意到中间线的存在的基础上达成的内容”。[①] 就日本方面看，他们的解释是日本一贯主张的中间线得到默认。所以，日本外务省前亚大局长薮中三十二后来表示：“我不能说是对于什么来说（日本的主张得到了贯彻），但是对比一下日本多年的主张，这次协议对日本来说是一个极其重要的协议。”[②]

日方有人认为中国政府实际上还是默认了“中间线”的存在，这也是日本最想达到的目的。事实上，在这个协议中，双方都避免了涉及海域归属和中间线问题，是“搁置争议、共同开发”的具体化。另外，在中国外交部和日本外务省各自网站发表的示意图上也都没有标出专属经济区的中间线或冲绳海槽。

（二）日方阻碍中方开采

“6·18共识”是福田内阁时期日本外相高村正彦与中国外长杨洁篪之间达成的。双方发表的内容基本一样，但是关于“春晓”油气田的开发，由于中国已经着手开发，双方对“协议”的解释产生了分歧。本来，协议达成以后双方还打算把它进一步以条约的形式固定下来，但是由于福田下台，特别是由于“撞船事件”的发生，此事便被搁置下来。

“春晓”油气田作为中国在东海海域的资源开发项目，该项目是包括“断桥”“残雪”和“天外天”等油气田项目中第一个开发的油气田。“春晓”油气田位于浙江省宁波市东南方350千米的东海大陆架盆地西湖凹陷之南部，总面积约2.2万平方千米，已探明天然气储量达540亿立方米。该项目是由中国海洋石油总公司、中国石油化工集团公司、英荷壳牌（shell）所属的美国派克顿东方公司、美国优尼科（unico）东海公司等共同投资90亿人民币开发的，该项目于2005年6月正式投产，2007年起以年产25亿立方米的天然

① 薮中三十二：《国家的命运》，新潮社，2010年，第148页。
② 薮中三十二：《国家的命运》，新潮社，2010年，第149页。

气，经由海底输气管道向中国上海、浙江等地区供气。

中国外交部于2008年6月17日作了关于此次协议不代表中国改变了关于专属经济区划界的一贯主张的说明，还特别强调“春晓”油气田的权利属于中国所有，中国承认日本参加开发对中国也有利。6月24日，中国外长杨洁篪发表谈话：“春晓”油气田主权属于中国，日本企业可以根据中国的法律参加开发，中国企业是主导，不是共同开发而是合作开发。中国今后也不承认日本主张的“中间线”，中国主张以大陆架为基准划界。划界问题应该通过双方协议解决。此次的协议只是过渡和暂时的，不影响中国的主权与管辖权。

其实，“春晓”油气田已经开始生产，且在日方所谓“中间线”中方一侧。之前，中国政府多次重申，“春晓”油气田拒绝与日本合作，但“6·18共识”却放弃初衷，“欢迎日本参加开发”。但是，有一点是清楚的，“春晓”油气田并不在共同开发的范围内，只是日本企业可以参加的形式参与开发，这反映了中国的合作立场。如上所述，中国根本就没有承认日本主张的中间线，也不同意在中间线的中国一侧联合开发，而是坚决主张在日本一侧开发的，但是此次中国最终同意了在中国一侧开发，说明了中国对改善中日关系的诚意。

但是，双方在该问题上的理解还是发生了分歧。日本外务省的网站只简单表示为“关于共同开发的协议”和“关于白桦油气田的开发协议”（日语：「共同開発についての合意」と「白樺ガス田開発についての了解」），日本外务省的发表给人一种两国达成了一个包括“春晓”油气田在内的共同开发协议。但是，中国外交部网站的公布内容却是以“关于日本法人根据中国法律参加春晓油气田开发的协议”（日语是「日本の企業が中国の法律に従って春暁ガス田の開発に参加することに関する了解」），显然，中国已经开发的“春晓”油气田并不在共同开发的范围之内。日方是在故意模糊这个问题，目的在于阻止中方开发东海油气田，以免由于中方单方面的

开发，损害了日本在这一海域的利益。后来的事实也证明了日本的真实目的在于阻止中方开发，而不在于共同开发。

比如，2009 年 1 月 4 日，日本《产经新闻》等各大媒体报道，中国违反协议，开采“天外天”油气资源，说中方违反协议单方面实施开采，而中方则认为有关油气田的开发活动是行使中方固有的主权权利。中国外交部说：“天外天是在中国海域，有权进行作业。”这说明中日两国在东海海域的权利主张依然存在严重分歧。2010 年 1 月 17 日，日本外相冈田克也就中国开发“春晓”油气田问题向杨洁篪提出抗议。18 日，外交部新闻发言人马朝旭说：不存在与日本之间共同开发“春晓”油气田的协议。关于“春晓”油气田，日本可以根据中国法律出资参加开发合作，这与共同开发有本质上的不同。

（三）日本在钓鱼岛问题上操作失误葬送了“共同开发”

“6·18 共识”不包括钓鱼岛，所以，日方试图把对钓鱼岛的控制坐实，逼迫中国默认这一事实，日本控制钓鱼岛，然后与中国在东海其他区域共同开发。2010 年 9 月，发生了“撞船事件”，给日本实施这一意图创造了机会，日本抓捕了中国船长，并打算对其进行长期羁押。为此，中国进行了反制，在反制措施中有一项就是暂停东海油气田开发谈判协议。也就是说，中日关于东海油气田的共同开发协议，最后因为“撞船事件”无果而终，“6·18 共识”的中断，意味着中日两国在东海“共同开发”方面合作的挫折，也是日本试图得寸进尺的失败，更是日本对华政策的失败。

本来，“6·18 共识”的达成，是中日两国走出“东海之困”的重要一步，它的意义并不仅仅在于两国共享资源，而是本着和平、发展、合作、共赢的原则，谋求东海稳定，谋求两国关系稳步发展，进而谋求东亚和平稳定的重要环节。其中渗透的是两国以大局为重，寻求和解的努力，而这种努力自从邦交正常化谈判时就开始了。1972 年的邦交正常化是在“不提”钓鱼岛问题的前提下实现的，这个模式被1978年的中日和平友好条约谈判所沿用，中日两国在搁置争议的共识下，签订了《和平友好条约》。之后的过程中，虽然发生过一些偶发事件，但是，两国都没有试图改变现状。“6·18共识”是双方在“搁置争议、共同开发”思考基础上努力相向而行的一个里程碑式的尝试。虽然“6·18共识”在中日之间还存在解释的分歧，协议的内容部分也存在值得商榷之处，实际上两国国内也都有异议，这意味着它有待于进一步完善和补充，其意义在两国为解决问题进行的探索，而不是全盘否定。因为该共识是实践“搁置争议、共同开发”构想的一次突破性进展，即使目前有困难，但仍然具有开拓性和方向性意义。而对日本来说，由于中国的合作诚意，日本获得了参与“春晓”油气田的开发权，并有可能实现在中间线附近开辟共同开发区域的目的。然而，日本民主党政权鼠目寸光，在撞船事件上惹怒中国，妄图借机宣誓对钓鱼岛的主权，所以，葬送了一个千载难逢的两国进行实质性合作的机会。

“撞船事件”的处理不当与日本民主党政权的政策操作有密切关系。日本民主党政权在鸠山下台之后所采取的强硬态度有两个背景：一是该党没有真正理解中日两国之间“搁置争议”的默契，所以触及了中国的底线；二是美国重返亚太战略，给民主党内鹰派一种错觉，认为中国或许可以在钓鱼岛问题上向日本让步，于是，日方想得寸进尺获得好处，为其在国内政治上加分。正是由于这两个原因，钓鱼岛问题终于发展到了今天这种恶性竞争状态。

日本至少应该从以下四个方面进行反思：一是要承认搁置争议的共识；二是要有双赢的观念；三是要有和平的愿望；四是要排除第三国的介入。日本也许没有认识到如果没有一个长远的大局观念，那么，即使达成协议也会随时被破坏。其实，搁置争议也不过是解决问题的第一步，如果不愿意与对方共享资源，获得双赢，那么也不会实现共同开发。特别是如果对对方国家怀有敌意，以对方国家的威胁为思考问题的前提，于是引入域外大国，幻想筹划出对自己有利的结果，不但不能找到现实主义的解决办法，就连搁置争议的默契也会遭到破坏，后果只能是对立、紧张、双输和受制于人，搬起石头砸自己的脚。

总之，日本对东海的战略思考，具有自私自利、得寸进尺和缺乏大局视野的特点。东海要想变成和平之海，关键在于中日之间建立互信，承认搁置争议，实现共同开发和自主处理双边关系问题。为此，必须开阔眼界，顾全大局，克服狭隘的民族主义，考虑双方的根本利益，而不是一味要求对方停止开采，提出无理要求，甚至强化在这一海域的军事存在，强化同盟关系，进行无休止的所谓“夺岛演习”，使事态达到不可管控的局面。

第二节 日本的南海战略

近年南海问题逐渐突出，日本这个南海域外国家，对南海问题表现了异常的兴趣。日本学者认为，中国要想成为地区大国和全球大国，第一步必须具有控制西太平洋和南海的海军力量。[①] 日本军事分析家认为，中国要想在军事上与美国抗衡，必须具有对美国航母的打击力，这样做未必一定与美国海军的航母数量一样多，但是必须具有攻击美国航母的带常规弹头的反舰弹道导弹。所以必须开发和配备射程覆盖亚太地区的中程弹道导弹 DF－21，中国虽然已经部署了大陆间战略导弹（ICBM）DF－31，但是还有必要进一步加强。特别是地面部署的战略核导弹不能避开卫星侦察，所以必须部署潜艇发射的弹道导弹（SLBN），因此必须发展核潜艇（SSBN），南海是潜艇活动的最佳场所。南海内部较大的岛屿只有海南岛，其余都

---

① 《产经新闻》2014 年 9 月 10 日。

是包括珊瑚礁在内的小岛，南海诸岛包括南沙群岛、中沙群岛、西沙群岛和东沙群岛。南海的小岛屿总共大约有200多个，主要集中在南沙群岛，群岛分散在大约810千米到900千米的范围内，最大的岛是太平岛，该岛长1.3千米，高出水面最高处为3.8米。日本从中国《国防白皮书》中获知，中国的军事战略重点已经放在南海，所以，中国在南海确保军事据点是保持对美国军事优势的基础，因为，尽管中国对美国的舰船和潜艇保持应对能力，但是，中国的战斗机连续飞行能力只有2—3小时，因此，在南海急需加油站和起降机场，这就是南海问题被炒作起来的基本背景。

一、 日本介入南海的基本战略思考

日本不是南海域内国家，但却十分关注南海的局势，甚至跃跃欲试要参与南海事务。日本异常关注和积极介入南海事务与其海洋战略的走向有密切关系。本来日本在二战后一直采取低调的防卫政策，对海洋的关心也只是局限于领海和专属经济区的权利维护。但是，伴随着国力的不断上升，日本开始有人提出加强防卫力量，维护海洋安全的问题。特别是冷战结束以后，美国开始要求日本承担更大的安全责任，于是，给了日本扩大海上力量，介入国际争端，增加国际影响力，最后成为正常国家的历史机遇，南海是其扩展影响，维护所为利益的重要海域。

首先，日本对南海的关心是在其海上战略逐渐形成的背景下明显化的。1991年发生海湾战争，这对日本的海洋政策影响很大，因为日本在美国要求下对这场战争提供了130亿美元的财政支持，相当于日本人每人1万日元，但是，美国等参战国却讽刺日本是“只出钱不出汗”的国家。在这种背景下，日本通过了《联合国维持和平法案》（PKO法案）。1993年，美国发现朝鲜正在研发核武器，为了应对日本周边发生的不测事态，日本制定了《周边事态法》，规定了日本应该对美国参加的战争给予后方支援。《周边事态法》的制定，使日本明确了在台湾海峡和朝鲜半岛的防御责任，突破了战后一贯坚持的专守防御政策，迈出了向海外实行军事干预的第一步。另外，2001 年“9・11”事件发生之后，日本开始制定特别措施法，支持美国的反恐战争，并决定向印度洋派遣海上自卫队，为美国军舰补充油料，还在伊拉克进行复兴支援活动。到此，日本自卫队在海外军事活动的范围扩展到印度洋，意味着从日本到印度洋的必经之路南海必然成为日本的关注海域，他们认为如果中国掌握了南海制海权，对日本也是个威胁。

在这种军事战略思考的背景之下，日本开始指责中国在南海的“扩张”活动。2015 年版的防卫白皮书，直言不讳地批评中国的南海政策，指出：“中国以强硬态度急速并且大规模地进行填海造岛，引起了国际社会的警惕。”在这份白皮书的概要里，日本还批评中国采取高压政策，为了单方面利益，表现了决不妥协的态度，说中国今后政策的方向性令人十分担忧。防卫白皮书还呼吁说：“对于中国急速的南海进出，机场跑道和港湾建设，国际社会必须提高警惕。”防卫白皮书还指出了中国试图与俄罗斯合作的政策倾向，说很有可能在南海形成中俄对日美的对抗图。日本媒体还耸人听闻地指出：如果局势不缓和而任其恶化下去，南海有可能成为第三次世界大战的舞台。[①]

为了未雨绸缪，在国内法律上消除对外干涉的障碍，日本还配合美国的政策，解禁集体自卫权，修改防卫合作指针，制定安保相关法案。安保相关法案的关键在于允许有限度地行使集体自卫权。日本内阁官房长官菅义伟说：日本是从积极和平主义的立场维护地区和平与稳定。这样，日本在积极和平主义的幌子下，使自己的海

---

① 南シナ海問題に日米が介入、領有権争いが激化＝韓国ネット「米国は韓国を捨て、日本を選んだ」，http：//www. recordchina. co. jp/a108961. html。

洋政策趋于明朗化，自卫队出兵海外，包括介入南海争端也就基本上没有了法律障碍。

其次，日本关心南海事务，也与东海局势有密切关系。日本认为介入南海事务是缓解东海局势的有效手段，迫使中国在南海和东海两面“作战”，这在战略上对日本十分有利。自从中国对钓鱼岛海域实行常态化巡航，特别是中国宣布划设东海防空识别区之后，2014 年日本自卫队紧急升空次数的 810 次中，有 415 次是针对中国的，日本在东海感到了压力。2014 年 5 月和 6 月，中国军机也与日本自卫队军机险些发生碰撞，因此日本希望介入南海事务，在南海向中国施压，减轻其在东海所受的战略压力。当然，南海问题与东海局势也有密切关系，对于南海问题，日本《产经新闻》发表社论指出：南海的现状预示了日本尖阁诸岛（钓鱼岛）的未来，必须提高警惕。他们认为钓鱼岛位于驻有很多美军基地的冲绳本岛和中国海军必须经过的宫谷海峡附近，战略地位十分重要。中国追求阻止美军行动的“拒止（A2・AD）”战略，钓鱼岛会成为最好的军事据点。日本认为中国有可能在钓鱼岛也推行南海模式，修建军事设施，如果真是这样，日本的安全将受到严重威胁，所以，必须考虑缓解压力的方向，于是，他们选择了南海。

最后，南海作为战略通道的意义也引起日本的高度重视。日本不是南海沿岸国，在南海不存在主权要求，但是，对日本来说，南海是世界上屈指可数的重要海上通道。众所周知，日本的石油几乎 100% 是靠进口的，其中 80% 以上是从中东进口，运输必然经过南海，另外，日本的对外贸易也大部分经过南海与东南亚、南亚、中东、欧洲和非洲连接，南海的稳定必然影响日本的经济利益，进而影响日本的战略利益，所以日本媒体甚至说，如果称南海是日本的核心利益也不为过，主张日本应该积极介入南海问题。当然，现在日本跟美国一样都不是南海沿岸国家，所以只能跟美国一样强调南海的航行自由与安全，“航行与安全”或者“航行自由”的背后是有着深刻的战略思考的。

所以日本认为南海的和平与稳定与日本的生存休戚相关。日本认为中国的“海洋进出”是为了获得资源，日本自然关心运输资源和食品的海上通道安全。最近日本制定的安保相关法案，就是指在东海或者南海等海域发生武装冲突的情况下，如果日本放弃不管，就有可能使日本受到进攻，所以，安保法案一改过去的“周边事态”把这种情况认定为“重要影响事态”，以便在这种事态发生后，日本可以突破原来的周边范围限制，对处理争端的国家提供燃料等后方支援活动。安保法案还规定：如果与日本有密切关系的国家受到武力攻击，这种攻击会威胁到日本的生存，就可以认定为“生存危机事态”，这种情况日本自卫队可以根据集体自卫权行使武力。日本可以在重要海峡排除水雷，还可以防护有避难日本人乘坐的美国船舶。[①]

二、 日本要配合美国的“亚太再平衡”战略

在美国的“亚太再平衡”战略中，对南海的控制具有重要战略意义。南海是连接东亚各国与中东之间的海上通道，美国在中东的军事行动，依赖于西太平洋最大的军事基地冲绳的战略支撑，南海是美国军事战略上的必经之路，其他如关岛、塞班和夏威夷等重要基地派往中东也必须经过南海，所以，南海出现安全危机不但将影响亚洲乃至世界经济稳定，对于美国的军事战略也关系重大，因此美国对这一海域极其重视，近年来逐渐加强了对这一海域的侦察活动，防止和遏制中国在南海的势力“扩张”。

南海连接着太平洋和印度洋，这关乎美国的海洋战略，乃至其世界战略，对美国来说，就是其核心利益。美国迫切希望中国把南

① 《读卖新闻》2015年5月27日。

海从“中国梦”中排除出去，美国认为，“中国梦”一定是损害美国利益的，不用说中国在日益接近俄罗斯，亚投行也是与美国的金融秩序进行对抗，特别是最近在南海的陆域吹填活动引起了美国的高度关注。如果中国控制了南海，使其成为自己的“内海”，美国梦就难实现了。美国对中国在南海的活动十分关注，担心中国掌控南海的制海权和制空权。2014 年 8 月 19 日，美国 P－8 反潜侦察机进入中国专属经济区，中国空军的 J－11 对之进行了接近抗议。美国海军第 7 舰队巡逻侦察部队司令官麦克·帕克透露，为提高在亚洲海域的侦察能力，美海军已于 2013 年在位于日本冲绳的嘉手纳基地部署了 6 架最先进的 P－8 巡逻机，美军在日本部署的巡逻机数量较 3 年前增加了 25%，几乎每天都可在中国南海等区域实施巡航和“监控”。

日本军事分析家认为，中国的核潜艇基地在海南岛，正在加强该基地的建设，这是美国 P－8 不断对中国进行侦察的原因。美国已经明确表态，希望中国停止在南沙群岛“填海造岛”和建立军事基地，如果中国不让步势必有理由想象两国要发生军事冲突。2015 年 4 月，美国国防部长卡特对日本记者说：中国在南海的造岛行为违反了对东南亚各国的承诺，加剧了紧张局势，使通过外交途径解决问题的可能性减少了。日本媒体指出，美国非常担心中国划设南海防空识别区。①

美国在遏制中国的“扩张”行为时，深感有必要把日本也拉进来。2015 年 1 月，美国第 7 舰队司令罗伯特·托马斯曾向路透社表示，美国将会欢迎日本把空中巡逻范围扩展至南中国海，以抗衡该地区不断增加的推进北京领土主张的中国船只。据日本 NHK 电视台 4 月 27 日报道，负责监视巡逻亚洲海域的麦克·帕克，在接受日本 NHK 电视台采访时表示了对中国在南海海域的活动表示担忧，称

① 《读卖新闻》2015 年 4 月 8 日。

“这样单方面的行动会引起地域混乱”。与此同时，他还表示，希望日本自卫队未来也能对中国南海展开巡航和“监视”活动。2015 年 6 月 14 日报道日媒称，统管驻日美军和太平洋舰队的美军太平洋司令哈里·哈里斯 12 日在东京的美国大使馆会见日本媒体记者，称中国建设人工岛导致紧张局势加剧的南海“是公海，不是领海”，并表示“欢迎”海上自卫队参与南海巡逻。

为了让日本发挥有效作用，美国对日本解禁集体自卫权十分期待。对于当时日本国会正在审议的包括解禁集体自卫权在内的安保相关法案，哈里斯表示他强烈希望得到通过，同时还高度评价了日本配合《日美防卫合作指针》的具体落实、在亚洲安保领域作出积极贡献的态度。哈里斯还在日本首相官邸与安倍晋三举行了会谈，安倍对于日本配合美国的亚太在平衡战略表示了积极的态度，他说：“希望进一步加强地区和平与稳定，以更加巩固同盟关系。”对此，哈里斯回应说：“日美之间有很多共同问题。我们将紧密合作。”哈里斯是 2015 年 5 月就任美军太平洋司令的日裔美国人，安倍向他表示祝贺，说：“了解日本的人士出任对本地区和平与安全负有责任的重要职务令人鼓舞。”太平洋司令负责统辖驻日美军、驻韩美军及太平洋舰队等多支部队，在美国的亚太再平衡战略中发挥着重要作用。

现在，日本和美国正在紧密合作，商讨两国共同应对南海局势的政策。日本时事通信社，2015 年 5 月 19 日报道，日美两国已经开始就日本海上自卫队与美军在南海进行共同巡逻问题进行商讨。但是，也分析到：如果这种合作真正实行的话，势必刺激中国并引起中国的激烈反应，所以，日本政府对这件事表现得非常慎重，截止 2016 年，日本尚未明确表示在南海巡逻的时间表，甚至连是否一定去南海巡逻也未做明确表态。但对于美国的亚太再平衡政策，安倍多次表示要“紧密合作”，日本定会以某种方式介入南海。

其实，对于美国的要求，2015 年 10 月，日本防卫大臣中谷元说：“南海形势对我国的安全保障影响越来越大，如何应对是今后认真讨论的课题。”至今为止，日本已经向菲律宾和越南提供了巡逻船和人才培养支持。这些无疑是提高这些国家在南海警戒监视能力的措施，对于形成保卫中国的态势具有重要意义。①

三、 日本介入南海的主要方式是拉拢主要沿岸国家

日本介入南海的主要方式是暂时不直接参与冲突，而是加强与南海沿岸国之间的军事政治合作，推波助澜，支持与中国有争端的国家对抗中国，向这些国家出售武器，培训人才，通过这些手段牵制中国，在南海逐渐获得政治和军事优势。

（一）支持菲律宾与中国对抗

确切的巡航至今尚未开始，但是与美国的“密切合作”却已经开始了，比如，在支持菲律宾问题上，日本表现得非常积极。南海通过台湾岛、菲律宾群岛、加里曼丹岛与太平洋分开，巴士海峡等少数海峡是连接南海与太平洋的通道。南海东部比较深，直到吕宋岛附近西北部的马尼拉海沟。菲律宾正好处在南海与西太平洋之间，位于南海的中间位置，地缘政治意义十分明显，美国曾经在这里拥有克拉克空军基地和苏比克海军基地。美国怂恿菲律宾向中国挑衅，加剧中菲领土争端，目的在于制造“中国威胁论”，为其军事力重返菲律宾制造借口。日本出于与美国的同盟利益需要，也出于自身战略考量，积极介入南海问题，其战略抓手也是菲律宾。

日本在南海争端中虽然尚未直接采取单独针对中国的行动，但是已经毫不掩饰地站在美国和菲律宾一边指责中国。日本认为，在日本与东盟国家的合作中，目前应该进一步加强与菲律宾的关系，因为菲律宾对于美国的盟国日本也有较大期待，菲律宾正谋求加强

① 中国包囲網へ…日本、米・東南アジア各国と協力，http：//www.yomiuri.co.jp/politics/20151027 - OYT1T50131.html？ from = yartcl_ outbrain1。

与美国和日本的合作。2014 年 6 月 4 日，菲律宾总统阿基诺三世与日本达成了两国共同举行军事训练的协议。阿基诺表示了如果菲律宾的安全受到威胁，美日一定站在菲律宾一边，可见，他不仅把希望寄托在美国身上，也寄托在日本身上。

日本当然要考虑，如何应对南海的危机，如何回应菲律宾的期待。不过，与日澳、日韩和日印关系比较，日菲关系相对薄弱，这是双方打算进一步加强合作关系的背景。菲律宾运输通信部已经与日本造船公司“日本海洋联合”签订了制造 10 艘多目的用途船舶的合同。该公司也是今年交付使用的日本最大级别水面舰艇“出云”号的建造者。日本提供给菲律宾的多用途船舶可以用于海上搜救、渔业检查和海上巡逻。“日本海洋联合”此次中标额是 127.9 亿日元，其中包含提供修理零部件和工具、船员培训、海上运输和海上保险。

2015 年 5 月，日本海上自卫队与菲律宾海军在南海地区举行联合军事演习。之后又在靠近南沙群岛的巴拉望岛海域举行联合海上演习。演习中菲律宾派出“拉蒙·阿尔卡拉斯”号巡逻舰，日本海上自卫队的两艘驱逐舰“春雨”号和“天雾”号参加演习。“春雨”号驱逐舰是与其金刚级防空驱逐舰相搭配的日本第三代防空、反潜相结合的驱逐舰。“天雾”号属于白根级驱逐舰，能够搭载多架直升机，排水量达 8700 多吨。

日本除了派遣先进的战舰参加演习，还派遣先进的反潜侦察机 P-3C 参加。日本派出 P-3C 反潜侦察机千里迢迢来南海参加军演，是 2015 年这次日菲军演的一个重大突破。日本来南海进行军演是其南下战略的体现，日本那霸机场距离南海 2000 多千米，而 P-3C 的飞行半径仅 3800 多千米，若按惯例从那霸机场起飞，到达南海后，P-3C 能够执行巡航的时间非常有限。因此日本必须找一个平台，也就是菲律宾，以菲律宾为跳板，日本的南下战略就向南延伸了 1000 多千米，使其未来在南海地区的巡逻进一步加强。

日菲密集军演体现了双方相互走近的意愿已经十分迫切。日方的阵容体现着美国目前赋予日本的使命：在南海地区搜索中国潜艇。如今，美日菲三国之间的“三角链”关系已经形成。2015 年 6 月 4 日，安倍在东京接待了菲律宾总统阿基诺，承诺向菲律宾提供雷达技术和 P－3C 侦察机，阿基诺表示支持日本修改防卫政策。日本则承诺支出 3000 亿日元援助菲律宾修建马尼拉通勤地铁项目。[①] 日本今后还打算发挥政府开发援助（ODA）的作用，向菲律宾海岸警备队提供 10 艘多目的巡逻船。另外，现在菲律宾正在试图加强自己的海上安全应对能力，必须加强守卫海洋权益的必要装备，为此预算大约需要 236 亿日元，对此，日本积极支持，答应其中的 198 亿日元由日本国际合作机构（JICA）承担。

（二）积极拉拢中南半岛特别是越南加入反华阵营

日本不是南海争端当事国，但是极力拉拢中南半岛国家显然是为了牵制中国。越南与中国也存在海洋争端，日本对此十分关注，试图把越南也拉入遏制中国的阵营之中。日本认为，越南虽然是共产党国家，但是比日本更加警惕中国的支配，所以必然会谋求与日本和美国的步调一致。越南也谋求参加 TPP，具有与日美经济合作的主观愿望。因此，日本相信日美与越南的战略合作必然对中国造成政治压力，日本与越南、泰国和缅甸等湄公河五国举行了“日本·湄公河首脑会议”，联合声明写进了“注意到南海形势”的内容。

安倍对到访的越南总理阮晋勇说，日本与越南对中国在南海的造岛行动共同表示担忧，还表示两国将在维护海洋秩序方面进行合作。安倍还与参加东南亚湄公河沿岸五国首脑分别进行会谈，特别是在与越南总理的会谈中，他说：在亚太地区安全保障环境日趋严峻的背景下，应该加强日本与越南之间的合作。

---

① 《读卖新闻》2015 年 6 月 5 日。

2015年5月14日，日本海上保安厅与越南海岸守备队在越南中部海域举行了联合军事训练。期间，参加亚丁湾护航的日本海上自卫队P－3C巡逻机在返回日本途中也在越南降落，越南对之进行了物资补给，机组人员在越南休整期间也与越南军事相关人员进行了交流。日本媒体认为这是针对中国的行动，目的在于牵制中国。

除了越南，日本对于中南半岛的其他国家也不断进行拉拢。柬埔寨、缅甸和老挝不是南海争端国，在南海没有利益诉求，并不关心南海争端，虽然这些国家与中国关系密切，经济上依赖中国，但是日本并不放松拉拢这些国家。除了加紧改善与印度洋沿岸国缅甸的关系之外，日本还向柬埔寨和老挝提供援助，促进日本与这两个国家之间的关系。比如，在参加东南亚湄公河沿岸五国首脑会议时，在与柬埔寨总理洪森的会谈中，安倍和洪森回顾了日本自卫队参加的第一个联合国维和活动对象国就是柬埔寨，日本希望在联合国维和方面发挥更大的作用。安倍在与老挝总理会谈时说，日本承诺拆除越南战争期间部署在老挝的未爆炸炮弹，并向老挝提供8亿日元的援助。

（三）重视与印度尼西亚的关系

在南海的沿岸国家中，除了菲律宾和中南半岛的主要国家越南之外，南海的西南部是马来西亚、新加坡和印度尼西亚，马来西亚东部有着广阔的大陆架，平均水深200米，马来西亚、新加坡和印度尼西亚都是南海重要国家，各国都在加强自己的防御能力，印度尼西亚从韩国进口3艘潜艇，新加坡也计划增加潜艇，特别是新加坡早就允许美国海空军进驻樟宜机场，扼守马六甲海峡。

目前日本虽然尚未透露具体的介入南海计划，自卫队并无明确表态是否介入南海争端，但是他们认为日本自卫队应该与主张航行自由的美国保持步调一致。[①] 其实，在如何与美国保持步调一致方

---

① 『朝日新聞』2011年7月8日。

面，日本早已确定了政策的基本方向。在此种考量中，日本首先要思考的就是如何得到该地区争端当事国的支持，日本试图在一旦争端发生，发挥作用防止事态扩大，要与东南亚地区国家合作。2011年6月，日美外长和防长参加的“2+2”会议，就决定了为维持航行自由和海洋的安全，认为日美澳、日美韩、日美印和日美东盟等多边合作应该加强，日美澳在南海的共同军事训练也是其中的一环。

印度尼西亚是东南亚第一大国，日本的东盟外交一向把与印度尼西亚的关系放在首位。日本介入南海问题，必须重视与印度尼西亚的合作关系，因为印度尼西亚虽然不是南海问题的当事国，但是，1990年主办了“南海争端管理框架会议”，参与了南海问题的管理。所以日本也要模仿印度尼西亚介入南海问题，与印度尼西亚合作并分享介入经验。其实日本已经与印度尼西亚在马六甲海峡管理方面早有合作，2015年6月，日本与印度尼西亚就外交、国防和经济合作决定每年举行部长级会议，特别是就航行自由和打击海盗等海上安全问题进行合作。

另外，日本还认为印度尼西亚是日本与东盟国家合作的关键。南海问题主要是中国与东盟有关国家之间的争端，日本要想介入南海问题，必须与东盟国家进行合作。印度尼西亚是东南亚最大的国家，是东盟的主要国家，也是东盟的盟主，有政治影响力。东盟首脑会议的主席国依次是柬埔寨、文莱、缅甸、老挝和马来西亚，作为东盟支柱国家的印度尼西亚，也是东盟政治与经济安全共同体的提案国家，也一直在摸索维持东南亚安全的路径，比如，印度尼西亚曾介入柬埔寨与泰国的领土争端，对于南海争端也试图发挥主导作用。[①] 所以日本认为与印度尼西亚的合作至关重要。日本防卫省官员称：占东盟人口四成的东南亚大国印度尼西亚，介入南海争端是

---

① “Marty wants progress on S. China Sea disputes at ASEAN meetings,” *Jakarta Post*, July 18, 2011.

及其重要的。[1]

日本对印度尼西亚政策主打的是两国都是亚洲代表性海洋国家，应该强化彼此间的伙伴关系。2015 年 3 月 23 日，日本与印度尼西亚达成综合合作协议，决定建立“日本·印度尼西亚海洋论坛”，还决定举行外交和国防“2 +2”会谈，两国在共同发表的联合声明中强调了海洋国家和民主国家的共同点。印度尼西亚是横跨印度洋和太平洋的东西 5000 千米的多岛之国，是海洋国家，安倍讲：开放的海洋对地区的发展及其重要，他表示支持印度尼西亚提出的“海洋国家构想”。两国在声明中还表示应该保证海空航行飞行自由，以国际法为基础解决争端。

不过，对于遏制中国的问题，两国之间还是有差别，日本虽然试图利用印度尼西亚遏制中国，至少拉印度尼西亚站在中国的对立面，希望东盟的领导能够以法制为基础，积极介入和发挥更大作用。但是，印度尼西亚在经济上对中国依赖很大，所以日本与印度尼西亚之间的安全合作是有限的。印度尼西亚则只表示希望各方克制自己，为和解做贡献，并不想选边站队。[2] 尽管如此，日本还是把印度尼西亚看成东盟的盟主，决定向它提供最先进的防卫装备，旨在利用这个国家牵制中国在南海的活动，所以日本决定向印度尼西亚出口海上自卫队的 US2 海上搜救艇。

2016 年 4 月 12 日，日本海上自卫队邀请 18 个国家的青年军官登上日本军舰参加有关海洋安全的讨论会，参加者包括菲律宾、越南、韩国等国的大尉级别军官，他们参观完在印尼举行的多国军事训练后，乘日本“伊势”号护卫舰到菲律宾苏比克湾，途中举行了以海洋法制和海洋安全问题的讨论。[3]

---

① 《读卖新闻》2015 年 3 月 24 日。

② 《读卖新闻》2015 年 3 月 24 日。

③ 海自艦に18カ国の士官が乗船、インドネシアからフィリピンへ，http：//headlines. yahoo. co. jp/hl？ a = 20160412 – 00000056 – reut – asia。

四、 利用欧洲的影响力

日本在南海问题上，除了紧密配合美国的政策，拉拢南海沿岸国家以外，还试图拉拢欧洲，利用欧洲的影响力，在“中国威胁论”的共识下，向中国施加政治压力。2015 年 6 月 7 日，安倍在出席七国集团首脑会议时对法国总统奥朗德说：两国应该共同对中国填海造岛表示关心。[①] 在此次七国集团首脑会议中，日本倡议会议发表首脑联合宣言，表示对中国的海洋进出和东海、南海的现状改变的担心。虽然这次会议的联合宣言没有直接提中国，但是提了反对单方面改变现状，就是指中国在东海和南海的行动。

实际上，在七国集团首脑会议上，只是安倍一个人滔滔不绝地就所谓中国的海洋进出问题进行发言，他主导了会议的话题。欧洲国家本来就在这个问题上受俄罗斯进攻乌克兰的影响，反对使用武力改变现状，所以，当会议主席德国总理默克尔要求安倍就该问题发言时，还加了一句说：“关于这个问题，我想大家不会反对安倍的意见吧。”不过，欧洲显然首先是对俄罗斯怀有不满，日本利用了欧洲国家的这一情绪，看出了在海洋问题上欧洲与日本的一致之处。[②] 试图营造出一种对日本有利的国际舆论环境。

日本通过西方七国集团首脑会议提出南海问题，试图利用七国集团平台塞入东海和南海问题，制造舆论向中国施加压力，反映了日本在东海、南海与中国的争端受到压力背景下，寻求欧洲国家支持的政治考量。2016 年 4 月 11 日，G7 外长会议在日本召开，安倍又成功促成这次会议发表声明对东海和南海局势表示担忧。[③]

---

① 《读卖新闻》2015 年 6 月 8 日。

② 《读卖新闻》2015 年 6 月 9 日。

③ 「G7の将来に役立たず」＝外相会合声明に不快感—中国、http：//headlines. yahoo. co. jp/hl? a＝20160411－00000107－jij－cn。

关于南海问题，2015 年 9 月 26 日，日本外务省官员说：日本与美国一直步调是一致的。关于习近平告诉奥巴马南海的岛屿是中国固有领土的立场，日本认为中国的态度十分强硬，日本政府还一直主张应该促请中国在海洋问题上遵守国际法秩序。[①] 不过到目前为止，日本尚未明确表示是否直接派遣军舰介入南海事务，它只是表示要在战略上与美国保持一致，在外交上则限于支持或拉拢南海沿岸国家，包括参加相关军事演习。看来，日本在一定程度上还是把南海问题当做一个外交筹码，以图在战略上压制中国，或者迫使中国在其他问题上让步，特别是在东海问题上让步。当然，日本在南海问题上会介入多深，还要看中日关系能否缓和，特别是看美国是否有决心在南海与中国对抗到底，并拖日本下水。总之南海的问题，相比东海的问题，更多地表现了日美关系和中日关系的博弈。

第三节　日本的印度洋战略

日本在印度洋有重要利益，日本的海上交通运输必须经过印度洋，所以日本多年来一直关注印度洋的安全保障。印度洋曾经是殖民帝国的活动舞台，二战后，美国重点在太平洋，相对来说印度洋是冷战时代的“真空地带”，苏联曾有进入印度洋的意图，但是伴随其在阿富汗的失败，已经对此断绝念想。日本在战前也有过控制印度洋的打算，但是遭遇了英美的遏制。战后日本虽然意识到印度洋在其海上运输方面的战略价值，但是直到美国明确提出“亚太再平衡”战略之后，才开始构筑自己的印度洋战略。日本的这个战略就

① 对中国、米と連携強化 = 海洋秩序の維持働き掛け - 日本政府，http：//www. jiji. com/jc/zc？k = 201509/2015092600316。

是遏制中国的所谓“海洋进出”，依靠美国、利用印度和拉拢海洋沿岸国家来遏制中国的影响，确保其海上生命线的安全。

一、 印度洋的战略意义

日本对印度洋的战略意义是十分清楚的，早就在印度洋相关海域进行维持和平活动和护航行动，这种活动表面看来是配合美国或者参加联合国的维和行动，实际上与日本的战略利益有密切关系。印度洋位于亚洲、大洋洲、非洲和南极洲之间，是继太平洋和大西洋之后的世界第三大洋。印度洋的主要属海和海湾包括红海、阿拉伯海、亚丁湾、波斯湾、阿曼湾、孟加拉湾、安达曼海、莫桑比克海峡等，都是重要的海上交通要道。阿拉伯海为印度洋的一部分，位于亚洲南部阿拉伯半岛和印度半岛之间，是世界上重要的大海之一，它的西北部是波斯湾和阿曼湾，北部是伊朗和巴基斯坦，西部延阿拉伯半岛至亚丁湾经过曼德海峡进入红海，东部是印度。印度洋北部主要岛屿有索科特拉岛、库里亚穆利亚群岛和拉克代夫岛。沿岸的重要港口有孟买、卡拉奇、亚丁和吉布提，在建的重要港口瓜德尔港完工之后将成为又一重要港口。

从战略角度思考问题，日本也十分重视与印度洋国家之间的关系。印度洋北部的主要沿岸国家为伊朗、巴基斯坦、印度、孟加拉和缅甸，西部沿岸是阿拉伯半岛和非洲，东部为澳大利亚、印度尼西亚和泰国克拉地峡部份，南部是南极洲，中间的主要岛屿国家包括：马达加斯加、毛里求斯、科摩罗、塞舌尔、斯里兰卡、马尔代夫及英属印度洋领地查格斯群岛等。

印度洋是联系亚洲、非洲和大洋洲之间的交通要道，日本的国家利益与这个洋上的运输有密切关系。从印度洋往西北通过曼德海峡、红海、苏伊士运河、地中海和直布罗陀海峡到达大西洋和西欧；向西南经好望角进入大西洋，通向欧美沿海各地；向东北经马六甲海峡和龙目海峡进入南海、东亚各国和太平洋。另外，印度洋沿岸是世界资源的一个重要出口地，沿岸各国出口的石油、矿砂、橡胶、棉花、粮食和进口的水泥、机械产品和化工产品等大宗货物都需要依靠廉价的海洋运输，再加上大量的过境运输，使印度洋有较大的运输量，拥有世界1/6的货物吞吐量和近1/10的货物周转量，日本在其中占有很大的份额。

印度洋的航运业虽不如大西洋和太平洋发达，但由于中东地区盛产的石油通过印度洋航线源源不断向外输出，因而印度洋航线在世界上占有重要的地位。印度洋上运输石油的航线有两条：一条是出波斯湾向西，绕过南非的好望角或者通过红海、苏伊士运河，到欧洲和美国，这是世界上最重要的石油运输线。另一条是出波斯湾向东，穿过马六甲海峡或龙目海峡到日本和东亚其他国家，这一条对日本的经济有重要意义。

霍尔木兹海峡在印度洋航线上占有重要地位，波斯湾地区出口石油总量的90%从此海峡运出，因而霍尔木兹海峡被称为“石油海峡”，也是与日本利益直接相关的重要海域。苏伊士运河经马六甲海峡的航线，是印度洋东西之间的一条最重要的航道，运输量巨大，它将西欧、地中海沿岸各国的经济与远东及北美洲西海岸各国的经济紧密地联系起来。霍尔木兹海峡自古以来就是东西方国家间文化、经济与贸易交往的枢纽，16世纪以来，霍尔木兹海峡为列强必争之地。作为世界最繁忙的水道，霍尔木兹海峡又被称为世界重要的咽喉，具有十分重要的经济和战略地位，是海湾地区石油运往世界各地的唯一海上通道，日本最近解禁集体自卫权，其战略考虑之一就是照准其在霍尔木兹海峡的石油运输利益。

海湾的石油绝大部分通过霍尔木兹海峡运往西欧、澳大利亚、日本和美国等地，每天数以百万桶计的石油都要通过这条水道运往世界各地，霍尔木兹海峡承担着全球近40%的石油出口供应，平均每5分钟就有一艘油轮进出海峡，比如，作为世界最大的液化天然气出口国，卡塔尔每年需要通过霍尔木兹海峡向亚洲和欧洲等国出口3100万吨液化天然气。产油国除了伊拉克和伊朗之外还有科威特、卡塔尔、阿联酋、巴林和沙特阿拉伯，他们承担着西方国家60%的石油供应，如果被切断，将是对西方经济的致命打击，因而被西方国家称为“海上生命线”，当然也是日本的生命线。

日本在亚丁湾护航有其战略思考，亚丁湾是印度洋通向地中海、大西洋航线的重要燃料补给地和贸易中转地，扼守着地中海东南出口和整个中东地区，具有重要的战略地位，是出入苏伊士运河的咽喉，日本对欧洲的贸易也必须经过亚丁湾。它由非洲的突出部分和阿拉伯的东南角造成，这一带的两边差不多是平行的直到曼德海峡为止。亚丁湾是位于也门和索马里之间的一片阿拉伯海水域。亚丁湾北面是阿拉伯半岛，南面是非洲之角，西部渐窄，形成塔朱拉湾。亚丁湾通过曼德海峡与北方的红海相连接，是传播来往地中海与印度洋的必经之路，也是波斯湾石油输往欧洲和北美的重要水路。当然，由于这里海盗猖獗，也被称为“海盗巷”。所以，日本和联合国其他国家一样也派遣海军舰艇参加这一海域的护航。

从亚丁湾通过曼德海峡进入红海，曼德海峡和马六甲海峡分别是印度洋东西两个进出另外两个大洋的狭窄要道。曼德海峡是连接印度洋出入大西洋和欧洲的最近通道，马六甲海峡是连接印度洋进出南海到东北亚和太平洋的重要通道。日本对于马六甲海峡的航运安全十分关注，已经与沿岸国家合作成立了海峡管理机构。

孟加拉湾位于印度以东，中南半岛以西，北面是缅甸和孟加拉。安达曼—尼科巴群岛把孟加拉湾与安达曼海分开。湾内主要港口有印度的加尔各答、金奈、本地治里（Pondicherry）、孟加拉国的吉大港、缅甸的仰光、毛淡棉、泰国的普吉、马来西亚的槟榔屿、印度尼西亚的班达亚齐、斯里兰卡的贾夫纳等。日本近年来越来越重视与缅甸的关系，加强与斯里兰卡和马尔代夫的关系，中日两国在与这些国家的关系方面呈现了竞争态势，因为这些国家都是印度洋上具有重要战略意义的国家。

二、 印度洋上海权争夺的历史回顾

历史上早在日本人还未认识印度洋之前，印度人就通过印度洋的阿拉伯海与阿拉伯人进行交往，控制了印度洋上的海权。最老的航行主要是沿着海岸，公元45 年，季风的发现，使人们敢于在阿拉伯海上航行，希巴勒斯顺着季节风驾船从亚丁直接到达印度，这应该是人类历史上首个大航海，比哥伦布早了1400 年，这是历史上红海与印度之间航行的最早记录。阿拉伯海成了印度与西方交流的纽带。印度人最早到亚丁湾入口处的索科特拉岛，印度人还最早到过红海。印度与埃及的关系十分密切。印度人在阿拉伯海上的贸易中留下了明显的痕迹。直到13 世纪中叶，印度洋中的印度海域都控制在印度人手里。朱罗（Chola）王国的海军灭亡之后，印度洋上的贸易完全转到了阿拉伯人手里。

哥伦布发现美洲的时间是1492 年，这时日本还处于战国时代，还不知道欧洲的大航海时代已经开始，尽管大约100 年后织田信长有过先征服中国再征服印度的野心，但是他终归没有机会实施这一战略，他的继承人丰臣秀吉也不过进攻了一下朝鲜半岛便浅尝辄止，丰臣秀吉的继承人则开始了长达250 多年的锁国时代。从地理大发现角度看，哥伦布比葡萄牙人绕过好望角到达印度的时间要早，但是由于西班牙人专心于殖民美洲大陆，印度洋的海权在大航海时代是由葡萄牙人掌握的。当葡萄牙掌握印度洋海权，在印度建立殖民据点，控制印度与欧洲之间的贸易经过近一百年之后，荷兰的海运开始发展，荷兰后来要与印度做生意，1592 年，他们决定成立一个公司。1595 年他们首次派舰队远航东方，发现印度洋上重要的战略据点都有葡萄牙人重兵把守，荷兰人要想与葡萄牙人争夺海权还不是时候。他们先在印度洋之外的爪哇岛巴达维亚（雅加达）建立基地从长计议。1641 年他们占领马六甲，动摇了葡萄牙帝国的一大支柱，然后又占领了斯里兰卡，这里成了荷兰人进攻葡萄牙人的最有利位置。1650 年，荷兰人控制了好望角，为其船舶获得了一个停靠地，并把交通线延伸至中国和日本，1624 年荷兰占领台湾西南部赤坎城，并迅速建立起拥有 800 艘战舰和船队。1654 年荷兰攻下科伦坡。荷兰在印度洋东部最重要的战略通道上获得了有利位置，之后荷兰人开始在阿拉伯海频繁骚扰葡萄牙人，最后，葡萄牙在印度西海岸的据点都落入荷兰之手。这时的葡萄牙政府已经无法维持帝国的事业，葡萄牙首先从国内衰落，很快就无法维系其在大西洋上的权威，更无力顾及在印度洋的防御，1660 年以后，葡萄牙人的海权从印度洋上消失。

葡萄牙海权退出历史舞台之后，代之而起的虽然是荷兰，但是与荷兰的崛起几乎同时，英国的实力也在上升，荷兰从崛起开始就面临着英国的挑战。英国的海权是在逐步发展中确立起来的。英国最后成功地重复了葡萄牙在印度洋的海权态势，它占领了斯里兰卡，接收了荷兰人控制的好望角，还占领了印度洋西南部的毛里求斯。之后，英国又从法国夺取的苏门答腊换得了马六甲。1824 年，英国把新加坡弄到手，并把它建成一个现代化城市，也为英国在印度洋的霸权奠定了一块基石。英国最终成为独一无二的海洋强国是 1805 年与法兰西联合舰队经过特拉法尔加海战之后，英国国力威震世界，哪里有英国炮舰，那里的和平就可以得到维持，英国的政策就可以得到贯彻，美国的白宫就是在 1814 年被英国突击队放火烧掉的。英国海军的支持，使南美洲获得独立，中国沿海甚至内河都有英国军舰，印度洋显然成了英国的内湖。

三、 日本曾试图掌握印度洋的海权

日本以明治维新为背景，特别是在 20 世纪上半期成为了海权国家，并对印度洋的制海权产生兴趣。印度洋的海权到了 19 世纪末发生了新的变化，美国在 1898 年击败西班牙之后，有条不紊地向太平洋迈进。在美国海权扩大之前，日本也早在 1895 年打败了中国，开始在太平洋谋求霸权。美日两国的崛起，颠覆了欧洲三百年的一句名言："得大西洋者必得印度洋。"日美两国争夺的舞台是太平洋，但是日本的视野同时也瞄准了印度洋，这便使日本与英国产生了对立，从而也给日英同盟蒙上了阴影。

两次世界大战期间，美国主导召开华盛顿会议，英日同盟解体，英国在新加坡建立海军基地，遭到日本的反对，日本说《华盛顿条约》规定美英日都不在太平洋建立新的海军基地，英国人说新加坡不属于太平洋。于是，新加坡成了东方的直布罗陀，雄踞印度洋的入口。英国的海上威力人人皆知，因此其他国家也不敢再向印度洋染指。当时英国还在印度建立了皇家印度海军。

日本曾经想称霸亚洲，为实现所谓"大东亚共荣圈"发动侵略战争，其实日本对印度洋也有非分之想，二战期间，日本就迅速攻占了新加坡，驱逐了英国军事力量。然后日本又以槟榔屿、安达曼群岛和缅甸沿岸为据点控制过孟加拉湾，日本支持印度国民军反对英国统治者，是为了使其"大东亚共荣圈"有个安全的西部边界。当然，日本并不仅仅满足于这一点，它还想继续向西挺进，进入印度洋。这一企图事实上在二战爆发前，从日本当时有意开凿克拉地峡上可以清楚看出。对于日本的这项开凿计划，1934 年还控制着新加坡的英国政府专门召开内阁会议讨论这件事，因为日本如果开凿克拉地峡，势必关系到英国在新加坡的优势地位。

后来，二战的战火烧到了太平洋，日本占领海南岛，与泰国建立密切关系，意大利出兵地中海和红海，英国担心的印度洋安全受到了现实的威胁。日本舰队很快攻占苏门答腊、新几内亚、马来半岛、马六甲海峡，与新加坡隔海相望。最后，日本是通过陆路打下新加坡的，到此，日本通往印度洋的东大门被打开，英国的内湖被撕开了一个口子，日本控制了新加坡，也就控制了马六甲海峡，可以顺利进入印度洋，也就无需开凿克拉地峡了。

1942 年 4 月，日本海军到达过孟加拉湾，后来由于美国舰队的到来，才迫使日本舰队撤离印度洋。由于英美的军事存在，日本的铁蹄最终没有使斯里兰卡落入其控制之下。日本最终没有掌握孟加拉湾的制海权，但是日本潜水艇却出没阿拉伯海，击沉过许多英国商船。二战期间，英国迅速占领了法属岛屿马达加斯加及其重要的海军基地第亚哥苏勒士，这才保障了印度洋上的海上交通线畅通。二战期间的历史事实证明：太平洋的制海权影响了印度洋的制海权。

二战后印度洋的海权出现了新变化。英国从印度洋逐渐撤退，印度洋沿岸最大的国家印度独立成为一个国际政治的主体，并具有成为海权国家的潜力。相比于印度，在印度洋其他新兴国家中，巴基斯坦和缅甸虽然也有这种潜力，但事实上始终不能成为一个有影响的国家。印度洋以外的国家，日本和苏联也有这样的潜力，但是在战后相当长的时间里，这些国家并未成为可以到印度洋上行使权力的海权国家。其实，二战后只有美国继承了英国的衣钵成了这一海洋的唯一主宰，美国在冷战的背景下与苏联对抗，在阿拉伯、中东、巴林和霍尔木兹海峡，还在地中海驻有舰队，控制着印度洋西边的大门，亦即大西洋进入印度洋的出入口。到了冷战期间，能够与美国一争高低的只有苏联，苏联的海洋政策一如历史上沙俄的政策一样，就是寻找一个自由出入大洋的出海口。苏联曾在中东与美国争夺，尤其是在 1979 年 12 月出兵阿富汗，这次行动表明了苏联的战略目的显然是印度洋。不过，这次苏联没有得逞，出兵阿富汗作战十年，最后以失败告终，苏联的南下战略受挫，打开通往印度洋的战略只好作罢。出兵阿富汗的失败，给苏联的梦想画上了句号。后来美国在印度洋中部的迭戈加西亚建立了海空军基地，目的当然是控制印度洋的制海权。日本因为二战的结果，暂时没有恢复对印度洋海权的野心。

四、 日本的印度洋战略

战后日本在印度洋的利益在于其石油等资源以及贸易运输方面。日本目前虽然石油消费量在中国之后，但日本石油是全部依赖进口的，而且分布非常单一，中东占90%。这就意味着一旦霍尔木兹海峡或者马六甲海峡关闭，至少对日本的影响将远远超过中国。所以，就算美国真的对马六甲海峡控制，也不可能只是针对中国。这种情况万一真的出现，多半是由于中国与美国发生了全面、重大的危机或者冲突。如果出现这种前景，那对于日本来说什么都不安全了，不仅仅是石油运输，所以日本必须考虑其在印度洋的利益所在。

战后一段时期，日本由于战败而被排除在世界海军大国行列之外，但是，日本经济恢复之后，特别是冷战结束之后，便抓住美国需要它给予军事合作的机会，在印度洋小试牛刀，把自卫队派往印度洋扫雷和为美军提供油料。尤其是在亚丁湾打击海盗问题上，日本反应迅速，不但派出了自卫队参加护航，而且在亚丁湾的吉布提设立了一个永久的军事补给据点。在吉布提设立补给点，此举极具战略意义，原因在于，日本作为岛国其资源主要通过印度洋航道运输，所以，日本的利益所在必然在印度洋，南海还在其次。长期来看，日本不会对印度洋的控制权视而不见，这决定了日本要不了多久就会再次成为一个海洋强国。

对于日本来说，南海的安全还只是整个穿过印度洋通道的海上运输线的一段而已。日本认为如果中国掌握了印度洋的霸权，日本的经济和安全保障将受到深刻影响。日本媒体认为，中国提出的“21世纪海上丝绸之路”构想有控制南海“离岛”的意图，而南海岛屿的主权之争，处于印度洋通道的重要“路段”，成为中国“丝路”构想战略的障碍。[①] 由此可见，日本虽然是美国的盟国，处在美国的战略庇护之下，但在印度洋北部通道上也担心中国逐渐崛起，如果中国控制了印度洋的海权，便会掐断日本的生命线。

所以，日本配合美国遏制中国也有保护自己的海上生命线的考量。为了遏制中国，日本开始鼓吹中国威胁论，并使印度相信这一点，以便拉印制华。日本认为中国正在包围印度，因为中国正在缅甸、孟加拉、斯里兰卡和巴基斯坦建造港湾和物流据点，这些据点连接起来就像一条包围印度的“珍珠链”。日本把“珍珠链”看成是中国在南亚的战略，认为中国在印度洋北部的港湾建设，必定用于军事目的。所以，日本试图使印度人相信，中国的海上战略，势必影响印度洋的海上通道安全，对此，日本和美国不会坐视不管。

另外，为了应对中国的所谓“珍珠链”战略，日本提出了“钻石菱形构想”，这个战略构想的内容是建立一个由日本、夏威夷、澳大利亚和印度构成的战略菱形，目的在于牵制中国在东海、南海和印度洋的影响力，确保日美在印度洋的海上通道安全。比如，2014年9月，安倍晋三对印度、孟加拉和斯里兰卡的访问就在于拉拢这些国家遏制中国的“珍珠链”战略。然而，当中国提出“一带一路”构想之后，《日本经济新闻》分析说，为了打破日美对中国印度洋战略的牵制，中国提出了“21世纪海上丝绸之路”构想，试图通过与东南亚国家之间的经济合作，稀释军事目的。[②]

安倍对印度、孟加拉和斯里兰卡进行访问，目的确实在于给中国的“珍珠链”上打进楔子。[③] 安倍在2014年的访问中承诺了向孟加拉提供6000亿日元基础设施建设援助，对斯里兰卡提供巡逻艇。2014年9月7日，安倍晋三访问斯里兰卡，在科伦坡举行经济人士会议，安倍明确提到中国的“珍珠链”战略，说它威胁印度洋的海

---

① 《产经新闻》2014年9月19日。

② 《日本经济新闻》2014年9月15日。

③ 《朝日新闻》2014年8月31日。

上通道安全。斯里兰卡是参加亚丁湾护航的日本海上自卫队舰艇的停靠港，日本政府高官认为：为了排除在印度洋沿岸国修建港口的中国的影响力，必须扯下这条“珍珠链”。[①]

日本认为斯里兰卡是与日本有相同价值观的海洋国家，两国发表了有关海洋安全保障的联合声明。日本从中东经过油轮每年 3000 艘，因此对印度洋通道十分重视。安倍在访问斯里兰卡时，为了增强斯里兰卡海岸守备队的实力，日本不但决定无偿向斯里兰卡提供巡逻船，还决定海上自卫队与斯里兰卡海军进行联合训练。因为斯里兰卡的安全关系到日本从中东到日本的海上通道的安全，日本还向斯里兰看提供了 137 亿日元贷款，用于安装地面数字电视天线。三菱商事等日本企业决定援助斯里兰卡建设一座 60 万千瓦的火力发电站，日本凭借其清洁煤炭技术及支援了被援助国的电力开发，同时又为保护环境作出了贡献。在中国援助斯里兰卡建设港湾的背景下，日本也提供援助，增加日本在这个国家的影响力。

日本的对外经济活动采取“中国 +1”方式，目的在于避开在中国的风险，孟加拉国也是重要国家。2014 年日本承诺向孟加拉国提供 6000 亿日元援助。其中包括援建火力发电站，城市高铁等项目，现在已经有 180 个公司在孟加拉国投资。孟加拉国位于印度和缅甸之间，有 1.6 亿人口，是个巨大市场，在中国积极向孟加拉国投资的背景下，日本政府也增加了对该国的援助。当然，孟加拉国也表示支持日本成为联合国安理会非常任理事国竞选。2014 年安倍这次对斯里兰卡和孟加拉国进行了访问，反映了日本对印度洋战略的重视。孟加拉国是所谓“珍珠链”上的重要国家，斯里兰卡是连接马六甲海峡至中东的中转站，两个国家都是北印度洋上的重要国家，日本答应向这两个国家提供援助，清楚地反映了日本在印度洋企图牵制中国的战略意图。

---

① 《产经新闻》2014 年 9 月 8 日。

当然，日本的印度洋战略也面临着考验。实际上日本的印度洋战略并不能顺利展开，印度一贯奉行独立自主外交政策，不会跟着日本的战略指挥棒转，斯里兰卡和孟加拉国都接受中国的巨额援助，中国还在斯里兰卡修建港口，在孟加拉东部扩建了吉大港。日本只能在与中国的平衡中发展与这两个国家的关系，日本要完全把他们从中国拉过去是不可能的。《朝日新闻》也承认这是日本南亚政策的痛苦现实。

特别是斯里兰卡虽然长期以来接受日本的援助，日本曾经是斯里兰卡最大的援助国，但是2009年后中国超过日本成了该国最大的援助国。另外，斯里兰卡虽然与印度和日美两国都有密切的经济关系，但是2009年之前的内战中曾经出现侵犯人权问题，受到西方包括日本的批评，特别是与欧美之间的关系恶化。1983年至2009年斯里兰卡政府军与泰米尔组织之间的内战中，欧美批判政府军在进攻中伤及了多数平民，西方停止了对斯里兰卡的援助，日本也不能过多与斯里兰卡接触。于是，斯里兰卡一直更多地运用中国资金，这便强化了该国与中国的关系。中国在科伦坡海岸建设港口新城，汉班托特港每天有200艘船停靠，是重要的海上通道，从2010年开始中国援助建设港口，成为船舶加油港，是个名副其实的“海上加油站”。

近年来中国在南亚的影响力不断上升，2014年9月，习近平访问了印度、斯里兰卡和马尔代夫，确认了我国援助斯里兰卡和马尔代夫的港口和基础设施建设项目。对于习近平访问马尔代夫，日本媒体认为，中国对人口仅有30万的小国马尔代夫如此重视，原因是马尔代夫位于中国从中东和非洲不经过马六甲海峡和南海运输资源的海上通道上，战略地位十分重要。特别是日本媒体注意到马尔代夫距离美军在印度洋中心位置的海空军基地迭戈加西亚岛非常近。说中国人占去马尔代夫旅游客总数的三分之一，中国企业在马尔代夫建设了很多住宅区“中国城”。

在习近平访问之前，安倍也对斯里兰卡进行了访问，目的在于与中国展开竞争，两国确认了保护从中东到日本的海上通道安全的合作，面对中国对印度洋岛国的援助增加，日本也不甘落后，进行人才培养和基础援助。但是，习近平对斯里兰卡和马尔代夫的访问，很大程度上稀释了日本对中国的牵制，因为斯里兰卡和马尔代夫，都表示参加“21 世纪海上丝绸之路”建设，愿意与中国进行合作。另外，在印度洋的西北岸部分，中国的优势明显高于日本，中国在巴基斯坦也修建了瓜德尔港，日本认为中国在历史上印度的后院扩大着影响力。

总之，在印度洋，日本根本无力单独维护其利益，只能依靠美国，利用印度和拉拢沿岸国家。然而，对于日本来说，控制印度洋的目的是难以达到的，因为印度洋主要国家印度是独立自主的，其他沿岸国是首鼠两端的，只有美国是积极的但是美国又处于力不从心状态。既然美国并非绝对有能力控制印度洋北部通道，那么，一旦美国不能取得完全控制权，马六甲海峡关闭，至少对日本的影响将远远超过中国。特别是万一真的出现紧急情况，由于中国与美国发生了全面、重大的危机冲突，马六甲海峡的通行障碍就不单纯是针对中国的，如果出现这种前景，那什么都不安全了，这不仅仅是石油运输的问题。所以，日本在印度的海上通道安全方面，在某种意义上说与中国有着共同的关心，中日之间的稳定和互相保证安全才是最可靠的，中日两国都对印度洋北部通道安全给以关心，两国也有必要各自发展与印度的关系，中日印三国共同维护印度洋北部通道的安全，比域外大国拉一派打一派，在危险中维护海上通道的安全更加可靠。

第四节　日本拓展外大陆架的战略

日本不仅企图在东海拓展海域空间，而且试图在公海，特别是在外大陆架制度上试图进一步拓展管辖海域范围，寻求海底资源和管辖空间的最大化，确保所谓的资源能源供应和安全保障空间。日本向大陆架界限委员会提交的外大陆架划界申请案就是重要的手段之一。即日本政府接受综合海洋政策本部的建议，于2008年11月12日根据《公约》第76条第8款的规定向大陆架界限委员会提交了日本外大陆架划界申请案。[①] 而日本为提交划界案化了五年时间以调查大陆架情况，并提前完成了预定的目标。[②] 为此，有必要研究日本外大陆架划界申请案内涵及其影响。而在此之前首先应简要阐释外大陆架制度的主要内容。

一、 外大陆架制度概要

众所周知，《公约》的重大成果之一为创设了200海里以外的大陆架制度（简称外大陆架制度），同时按照《公约》第76条，建立了审议200海里以外大陆架界限的机构——大陆架界限委员会。[③] 大陆架界限委员会自1997年成立以来，已举行了23届会议，并为推进200海里以外大陆架界限的实施做了一些基础性的工作，主要为制定和修订《大陆架界限委员会议事规则》，制定《大陆架界限委

---

① 关于日本向大陆架界限委员会提交的日本外大陆架划界申请案内容，See http：//www. un. org. Dept/los/clcs_ new/submission_ files/jpn08/jpn_ execsummary. pdf，2009年4月12日访问。大陆架界限委员会职能主要为审查沿海国为200海里以外大陆架的界限所提出的各种资料，并按照《公约》第76条和1980年8月29日第三次联合国海洋法会议通过的最后文件附件二（《关于使用一种特定方法划定大陆边外缘的谅解声明》）提出建议，并经相关沿海国之请求，在编制上述资料时，提供科学和技术咨询意见。沿海国在大陆架界限委员会所提出之建议基础上所划定的大陆架外部界限具有确定性和拘束力。参见《公约》附件二（《大陆架界限委员会》）第3条第款、《公约》第76条第8款。

② 当然，如果把海上保安厅自1983年以来实施的大陆架调查工作也计算在内，则远远不止5年，为25年。可见，日本对大陆架调查工作的重视。

③ 例如，《公约》附件二（大陆架界限委员会）第1条规定，按照第76条的规定，应依本附件以下各条成立一个200海里以外大陆架界限委员会。附件二第2条第1款规定，本委员会应由21名委员组成，委员应是地质学、地球物理学或水文学方面的专家，由本公约缔约国从其国民中选出，选举时应妥为顾及确保公平地区代表制的必要，委员应以个人身份任职。

员会科学和技术准则》（简称《科技准则》）、《大陆架界限委员会内部行为守则》、《审议提交大陆架界限委员会的划界案的工作方式》等文件，从而为国际社会提交大陆架外部界限划界申请案提供了基础和保障。当然，该委员会最重要的工作是审议沿海国大陆架外部界限划界主张案。自 2001 年 12 月 20 日俄罗斯向大陆架界限委员会提交首份大陆架外部界限划界主张案以来，国际社会开始了 200 海里以外大陆架界限相关制度进程，至 2009 年 5 月 13 日，已有 50 个大陆架外部界限主张案提交大陆架界限委员会。

在此应指出的是，所谓的 200 海里以外的大陆架，是指从测算领海宽度的基线量起超过 200 海里或 200 海里以外的部分，且其外部界限不应超过从测算领海宽度的基线量起 350 海里，或不应超过连接 2500 米深度各点的 2500 米等深线 100 海里。① 所谓的 200 海里以外大陆架外部界限制度，是指国家划定 200 海里大陆架外部界限应遵行的规范与程序方面的内容。换言之，大陆架制度包含了 200 海里以内的大陆架和 200 海里以外的大陆架。

二、 日本外大陆架划界申请案内涵及其影响

（一）主要内容

第一，申请范围。日本大陆架外部界限主张案涉及本州南部和东南七个海域，即九州—帕劳国间的海岭南部海域、南硫黄岛海域、南鸟岛海域、茂木海山海域、小笠原海台海域、冲大东海岭南方海域、四国盆地海域。

第二，与美国的争端问题。包含在日本大陆架外部界限主张案中的大陆架与他国间不存在争端，但美国如主张大陆架外部界限时，则在以母岛和南鸟岛为基点的海域、以及以南硫黄岛为基点的海域，

① 参见《公约》第 76 条第 4、5 款和第 8 款。

存在潜在的重复区域，将是两国协商的对象；当然，日本向大陆架界限委员会提交大陆架外部界限主张案，以及大陆架界限委员会对主张案的审查和建议，并不影响日美间200海里以外大陆架的界限或划界问题。因为，美国政府向日本政府做出了以下说明，即大陆架界限委员会对日本大陆架外部界限主张案的审查和建议，美国不提出异议，也不影响两国间的划界。①

第三，与帕劳国的争端问题。在以冲之鸟礁为基点的海域，如果帕劳国主张大陆架外部界限，则可能存在潜在的重复区域，将是两国应协商的对象。但日本向外大陆架界限委员会提交的大陆架外部主张，以及大陆架界限委员会对日本大陆架外部界限主张案的审查和建议，并不影响两国之间200海里以外的大陆架的划界问题。因为，帕劳国政府已向日本政府表示，大陆架界限委员会对日本大陆架外部界限主张案进行的审查和建议不提出异议，也不影响两国之间的划界问题。

日本为能在2009年前向大陆架界限委员会提交大陆架外部界限主张案，主要采取了以下措施。

一是构筑组织机构与制定基本方针。即日本为向大陆架界限委员会提交大陆架外部界限主张案，在内阁设置了由政府主要部门参加的“与大陆架调查、海洋资源有关的相关省厅联络会议”，并于2004年8月6日制定了《大陆架界限基本方针》，以此基本方针为基础，在内阁官房长官的综合协调和在相关省厅机构的合作下，实施了大陆架调查工作。

二是调查活动分工合作。由于大陆架及其外部界限的调查活动有多种，所以根据相关机构的职能作了分工。海上保安厅调查精密

① 针对日本的大陆架外部界限主张案，美国于2008年12月22日向联合国秘书长提交了照会申明，其内容与上相同。即美国与日本关于大陆架的潜在冲突不反对大陆架界限委员会对其的审议和作出相关建议。

海底地形和勘探地壳构造；[①] 文部科学省勘探地壳构造，具体由“海洋研究开发机构”实施；[②] 经济产业省负责提取基底岩石，具体由“石油、天然气与金属矿物资源机构”[③] 和“产业技术综合研究所”实施。[④]

三是决定提交大陆架外部界限主张案。于2007年7月20日施行的《海洋基本法》第19条规定，为开发、利用和保全大陆架和专属经济区，政府需采取必要的措施。同时，根据《海洋基本法》日本内阁于2008年3月18日通过的《海洋基本计划》，也要求政府对大陆架问题采取计划和综合的政策或措施，并作为海洋政策之一加

---

① 日本海上保安厅根据《海上保安厅法》（1948年4月27日制定，1948年5月1日起施行，于2001年11月2日进行了最后一次修改）第1条的规定，于1948年5月1日创设。例如，《海上保安厅法》第1条规定，为保护海上人员生命和财产，以及预防、搜查和镇压违法人员，设置国土交通大臣管理的外部机构——海上保安厅。关于海上保安厅的组织机构，《海上保安厅法》第10条规定，海上保安厅由海上保安厅的长官管辖，其接受国土交通大臣的指挥与监督，并统一管理海上保安厅业务，指挥监督其职员。根据《海上保安厅法》第2条的规定，海上保安厅的任务为：厉行海上法令，海难救助，防止海洋污染，搜查和逮捕海上犯人，规制海上船舶交通，管理水路、与航标有关的事务，以及其他确保海上安全和附属事务，以确保海上安全和治安。参见海上保安厅政策评价宣传室编：《海上保安厅》（内部资料），2006年4月。

② 关于“海洋研究开发机构”（Japan Agency for Marine-Earth Science and Technology，JAMSTEC），其是以和平和福祉的理念为基础，通过综合合作实施与开发海洋基础研究、学术研究等业务，提升海洋科学技术水准、促进学术研究发展为目的，于2004年4月1日起由原来的“海洋科学技术中心”（1971年10月设立）改称为“独立行政法人：海洋研究开发机构”。参见http：//www. jamstec. jp/j/about/index. html，http：//www. jamstec. jp/j/about/outline/index. html，2009年1月31日访问。

③ 关于“石油、天然气与金属矿物资源机构”（Japan Oil，Gas and Metals National Corporation），成立于2004年2月29日，为独立行政法人。其目的：为勘探石油、可燃性天然气及金属矿物提供必要资金，为促进和致力于提供稳定而低价石油、可燃性天然气和金属矿物资源的开发所需必要业务予以支持，为预防因金属矿物等造成的矿害提供资金贷款和其他业务，为保护国民的健康和保全生活环境及健康发展金属矿物等作出贡献。参见http：//www. jogmec. go. jp/about_jogmec/organization/index. html，2009年1月31日访问。“石油、天然气与金属矿物资源机构”的最新调查活动为，为调查海洋环境基础，受海洋研究开发机构委托，利用海洋研究开发机构的海洋调查船“kairei”和无人调查机“kaikou 7000”，于2009年1月7日从横滨新港出发，对伊豆、小笠原及冲绳海域的海底热水矿床周遍的海底环境进行了调查，预计需要20天时间。参见http：//www. jogmec. go. jp/index. html，2009年1月31日访问。

④ 关于“产业技术综合研究所”（National Institute of Advanced Industrial Science and Technology）负责的基盘岩石调查，是指从日本周边海域的约200多个预定的挖掘点中采取岩石试验材料，判定其是否构成日本列岛的基底岩石种类及其边缘物，从而为扩展外大陆架的可能性提供地质学根据为目标。参见http：//www. unit. aist. go. jp/igg/csj-pj/index. html，2009年1月31日访问。

以强调。另外，“与大陆架调查、海洋资源有关的省厅联络会议”机构职权也随着《海洋基本法》的施行，转移至根据《海洋基本法》设立的综合海洋政策本部下属的由各省厅局长级人员组成的机构。① 为此，以麻生太郎内阁总理大臣为本部长的综合海洋政策本部于2008 年 10 月 31 日召开会议，决定向大陆架界限委员会提交日本大陆架外部界限主张案，主张的总面积约 74 万平方千米，相当于日本国土面积的约 2 倍。② 日本政府接受了综合海洋政策本部的决定后，通过联合国秘书长向大陆架界限委员会提交了日本大陆架外部界限主张案。

（二）重要特点

日本为提交大陆架外部界限主张案，必须对大陆架（200 海里内、外的大陆架）进行调查活动，为此，日本采取了严密的措施和对策，其特点主要体现在以下几个方面：

1. 组织机构的严密性和涉及机构的全面性。为推进大陆架调查工作，提交大陆架外部界限主张案，日本不仅设置了专司大陆架调查的联络会议，还在该联络会议下设立了大陆架调查工作组，并在其下设立了海域调查委员会、向联合国提交主张案起草委员会和国际环境培育委员会（2004 年 12 月 27 日），层层推进，步步深入，组织体系可谓严密、细致和周全。

---

① 例如，（日本）《海洋基本法》第 29 条规定，为集中而综合地推进海洋政策的实施，在内阁设置综合海洋政策本部。关于综合海洋政策本部的职责，《海洋基本法》第 30 条规定，推进海洋基本计划方案的制定和实施；根据海洋基本计划，统一调整相关行政机构实施的政策；此外，策划、起草和综合调整海洋方面的重要政策。另外，根据《海洋基本法》第 31—34 条的规定，综合海洋政策本部由本部部长（内阁总理大臣）、副部长（由内阁官房长官、海洋政策大臣担任）以及其他成员（由政府所有国务大臣担任）组成。参见金永明著：《东海问题解决路径研究》，法律出版社 2008 年版，第 223—231 页。

② 综合海洋政策本部成立以来，已召开四次（2007 年 7 月 31 日，2007 年 11 月 9 日，2007 年 3 月 18 日和 2008 年 10 月 31 日）会议，在第四次会议上，麻生太郎首相指出，鉴于大陆架的重要性，经过大家的五年努力，终于完成了向联合国提交膨大资料的任务，但最终获得联合国的通过，还需要数年时间，希望大家继续紧密合作，为取得好的结果而作出最大的努力。参见 http：//www. kantei. go. jp/kaiyou/kaisai. html，2009 年 1 月 31 日访问。

日本“与大陆架调查、海洋资源有关的相关省厅联络会议”于2004年8月4日设立，2006年12月22日对其一部分作了修改。[①]其主要内容为：

（1）设立宗旨。根据《公约》，为确实推进大陆架调查、为对200海里以外大陆架和专属经济区的划定所需采取的必要措施，以及对海洋资源的政策措施，通过相关省厅机构的紧密合作，在内阁设置“与大陆架调查、海洋资源有关的相关省厅联络会议”。

（2）联络会议构成与职权。上述联络会议由以下12个部门的人员组成，但议长认为必要时可增加组员。12个部门的人员为：内阁官房副长官（议长，负责事务）、内阁官房副长官辅助（副议长，负责外政），成员为内阁官房副长官辅助（负责内政）、内阁官房内阁审议官、外务省综合外交政策局局长、文部科学省研究开发局局长、水产厅长官、资源能源厅长官、国土交通省综合政策局局长、海上保安厅长官、环境省地球环境局局长和防卫省运用企划局局长。联络会议设干事，干事是相关行政机构的职员，并应是议长指定的上述机构的官员；议长认为必要时可要求有识人士、组员以外的相关行政机构的职员及其他相关者出席会议；为顺利运作联络会议，设置工作组，其由相关府、省职员组成；联络会议的后勤工作由外务省、国土交通省、资源能源厅等相关行政机构协助，在内阁官房处理该工作；未定事项、与联络会议运作有关事项及其他必要事项

---

① “与大陆架调查、海洋资源有关的相关省厅联络会议”自成立以来已举行了六次会议和一次干事会会议。其分别为：第一次2004年8月6日，讨论了日本水域的海洋法问题与管理现状，制定大陆架界限基本方针，日本水域的资源和勘探现状。第二次2004年12月27日，讨论了日本海洋巡防问题与管理现状，调整大陆架调查体制和预算，东海海底物探问题。第三次2005年3月24日，讨论外大陆架申请的调查状况，再次讨论日本海洋巡防问题和东海海底物探问题。第四次2005年9月5日，讨论了大陆架调查现状和2006年度预算概要，在海洋问题上与邻国的关系和现状，东海海底物探和试开采权许可问题。第五次2006年3月23日，再次讨论外大陆架调查状况、与邻国在海洋问题上的关系和现状。第六次2007年6月13日，再次讨论外大陆架调查状况，部分修改“大陆架界限基本方针”。干事会于2004年9月27日举行。参见 http：//www.cas.go.jp/seisaku/tairikudana/kaisai.html，2009年1月31日访问。

由议长决定。

（3）干事会。联络会议的干事会由以下9名干事组成：内阁官房内阁参事官、外务省综合外交政策局总务课长、文部科学省研究开发局海洋地球课长、水产厅资源管理部管理课长、资源能源厅资源与燃料部政策课长、国土交通省综合政策局环境与海洋课长、海上保安厅总务政务课长、环境省地球环境局环境保全对策课长和防卫省防卫政策局调查课长。[①]

联络会议下的大陆架调查工作组有以下人员组成。议长由内阁官房副长官辅助担任，负责外政，组员为：内阁官房副长官（负责内政）、内阁官房内阁审议官、外务省经济局局长、文部科学省研究开发局局长、水产厅次长、资源能源厅次长、国土交通省综合政策局局长、海上保安厅次长、环境省地球环境局局长和防卫省运用企划局局长。在工作组中设立干事，干事为相关行政机构的职员，并由议长指定的官员担任。工作组的后勤事务由国土交通省协助，在内阁官房处理。未定事项、工作组运作的相关事项和其他必要事项，由议长决定。如果联络会议废止，则在联络会议上决定的事项由工作组承担。另外，工作组干事会由以下人员组成，内阁官房内阁参事官、外务省经济局海洋室长、文部科学省研究开发局海洋地球课课长、水产厅资源管理部管理课课长、国土交通省综合政策局环境与海洋课课长、海上保安厅海洋情报部海洋调查课课长、环境省地球环境局环境保全对策课课长和防卫省防卫局调查课课长，共由9个部门的9名人员组成。[②]

大陆架调查工作组下的海域调查委员会负责制作调查实施计划、调整船舶调查日程。该委员会由以下机构人员组成：内阁官房大陆架调查对策室内阁参事官、文部科学省研究开发局海洋地球课课长、

① 参见 http：//www. cas. go. jp/jp/seisaku/tairikudana/renrakukaigi. html，2009年1月31日访问。

② 参见 http：//www. cas. go. jp/seisaku/tairikudana/wg. html，2009年1月31日访问。

经济产业省资源能源厅资源与燃料部矿物资源课课长、国土交通省海上保安厅海洋情报部海洋调查课课长。海域调查委员会认为必要时，可指名让实施大陆架调查机构的相关承担者出席会议。同时，海域调查委员会可指名让评估、建言调查大陆架的委员担任顾问。海域调查委员会的后勤事务得由海上保安厅、文部科学省和经济产业省协助，在内阁官房处理。①

大陆架调查工作组下的向联合国提交主张案起草委员会任务主要是，根据调查大陆架的成果，起草和汇总向大陆架界限委员会提交的有关大陆架的地形和地质等方面的大陆架界限的情报。该委员会由以下人员构成：内阁官房大陆架调查对策室内阁参事官、外务省经济局经济安全保障课课长、文部科学省研究开发局海洋地球课课长、经济产业省资源能源厅资源与燃料部矿物资源课课长和国土交通省海上保安厅海洋情报部海洋调查课课长。该委员会下还设立了向联合国提交外大陆架界限的起草小组，组员由委员会指名组成，起草小组组长应经常出席委员会会议，并负责委员会报告起草小组的工作进程。具体实施大陆架调查活动机构（独立行政法人海洋研究开发机构，独立行政法人石油、天然气和金属矿物资源机构，独立行政法人产业技术综合研究所及国土交通省海上保安厅）的承担者应经常出席委员会会议。委员会可指名让评估、建言大陆架调查活动的委员担任顾问。委员会的后勤工作得由外务省、文部科学省、经济产业省、海上保安厅协助，并在内阁官房处理。②

国际环境培育委员会。为收集联合国和其他国家主张大陆架外部界限的情报、培育联合国的审查对日本产生好的结果为目的的国际环境，并进一步调整相关政策和措施，在大陆架调查工作组下设立国际环境培育委员会。该委员会由以下人员组成：内阁官房大陆

① 参见 http：//www. cas. go. jp/seisaku/tairikutana/kaiiki. html，2009 年 1 月 31 日访问。

② 参见 http：//www. cas. go. jp/seisaku/tairikutana/seisakuiinkai. html，2009 年 1 月 31 日访问。

架调查对策室内阁参事官、外务省经济局经济安全保障课课长、文部科学省研究开发局海洋地球课课长、经济产业省资源能源厅资源与燃料部矿物资源课课长、国土交通省海上保安厅海洋情报部海洋调查课课长。该委员会可让对大陆架调查评估和建言的委员作为顾问。国际环境培育委员会的后勤事务得由外务省协助，在内阁官房处理。

最后应补充指出的是，实际上在设立“与大陆架调查、海洋资源有关的相关省厅联络会议”前，日本已于1980年设立了“海洋开发相关省厅联络会议”，并对其进行了六次部分修改。[①] 同时，为确实而有效地推进大陆架调查工作，于2002年6月7日在内阁设置了“大陆架调查相关省厅联络会议”，以期相关省厅联合实施。[②] 2003年6月在“大陆架调查相关省厅联络会议”下设置了从专业角度出发对大陆架调查内容予以评估与建言为目的，由海洋科学和国际法专家组成的“大陆架调查评估与建言会议”。2003年12月在内阁官房设置了对大陆架调查政策和措施予以统一而进行必要调整为目的的“大陆架调查对策室”。此后，于2006年8月将“大陆架调查相关省厅联络会议”改组为由内阁官房副长官任议长的“与大陆架调查、海洋资源有关的相关省厅联络会议”，并制定了《大陆架界限基本方针》。[③] 另外，随着《海洋基本法》的施行，“与大陆架调查、

① 关于“海洋开发相关省厅联络会议”的内容，即为推进综合实施海洋开发的政策和措施，寻求相关行政机构之间事务的紧密联络，在内阁设立“海洋开发相关省厅联络会议”。该联络会议由以下人员组成，但议长认为必要时，组员可增加。其构成为：内阁官房副长官（议长，负责事务），内阁官房副长官辅助（副议长）和文部科学省研究开发局局长（副议长），总务省情报通信政策局局长，外务省经济局局长，农林水产省水产厅次长，经济产业省资源能源厅次长，国土交通省综合政策局局长和环境省地球环境局局长。联络会议设置干事，干事为行政机构的职员，由议长指定的官员担任。联络会议的后勤工作得由相关省厅协助，在内阁官房和文部科学省研究开发局处理。未定事项、联络会议运作事项和其他必要事项由议长决定。参见 http://www.cas.go.jp/seisaku/kaiyou/konkyo.html，2009年1月31日访问。

② 参见海上保安厅编：《海上保安厅年度报告》（2008年），茑有印刷株式会社2008年版，第15页。

③ 参见海上保安厅编：《海上保安厅年度报告》（2006年），国立印刷局2006年版，第42页。

海洋资源有关的相关省厅联络会议”的职权由内阁总理大臣为本部长的综合海洋政策本部承担。

综上可以看出，为应对大陆架调查活动，日本设置了综合而全面的组织机构，并不断地加以补充扩展，通过全面协作以切实有效地为提交大陆架外部界限主张案作准备，同时，由于谋划早，提前实现了提交大陆架外部界限主张案的预定计划。

2. 大陆架调查政策方针内容具体与各项任务分工明确。针对大陆架问题，日本以《大陆架界限今后的基本观点》（2003 年 8 月制定）为基础，“与大陆架调查、海洋资源有关的相关省厅联络会议”于 2004 年 8 月 6 日制定了规定今后大陆架调查的方针和日程等为内容的《大陆架界限基本方针》（2007 年 6 月 17 日部分修改）。即自 2004 年 4 月起，在相关省厅的合作下，日本政府全力推进大陆架调查工作，计划于 2009 年 5 月前向大陆架界限委员会提交大陆架外部界限情报。

《大陆架界限基本方针》的内容，主要为：

（1）关于大陆架主张的意义。如果日本的大陆架外部界限主张案能获得大陆架界限委员会的认可，则日本可对该大陆架进行勘探，并能确保对该大陆架的自然资源的开发行使主权权利。

（2）日本调查大陆架的动向和国际经验及相关措施。海上保安厅自 1983 年以来就把调查大陆架作为水路测量的一个环节予以实施，调查结果表明，日本可能存在的新大陆架海域面积约为国土面积的 1.7 倍。当然，活用大陆架的调查活动文部科学省和经济产业省也在实施。对于实际审查大陆架外部界限情报的方针，大陆架界限委员会已于 1999 年 5 月制定了《科技准则》。此后，2001 年 12 月俄罗斯首次向大陆架界限委员会提交了大陆架外部界限主张案，审查结果，大陆架界限委员会提出了内容不认可的建议，其理由为，不充足地具备让大陆架界限委员会进行审查所需的客观、高度科学的详细数据。为此，为今后有效推进日本大陆架调查工作，2003 年

6月决定设立由海洋科学、国际法学者组成的“大陆架调查评估与建言会议”，以对大陆架的调查内容提出建议。另外，2003年12月在内阁官房设立了统一政府相关政策和进行必要综合调整的“大陆架调查对策室”。具体的大陆架调查进程为：根据“大陆架调查评估与建言会议”的建议，自2004年4月起，在相关省厅的协助下，政府全力开始第一阶段的调查工作，同时，进一步探讨调查内容、有效的调查体制、缩减成本方面的对策措施，2004年7月15日，“大陆架调查评估与建言会议”认为，大陆架调查活动的调查方式和调查量完全满足大陆架界限委员会的审查水准。2007年5月24日，“大陆架调查评估与建言会议”根据最新科学认识提出了必须对第一阶段调查结果进行进一步调查的建议。

（3）大陆架具体实施方针。根据《公约》关于200海里以外大陆架的相关规定，在内阁官房大陆架调查对策室的综合调整下，相关省厅按以下方针采取措施。一是实施海域调查活动。根据“大陆架调查评估与建议会议”的建议，2004年第一阶段的调查结果和联合国的相关情报，并根据调查计划，由以下机构分担实施2005年以后的第二阶段调查活动。具体为：海上保安厅实施精密海底地形调查和地壳构造勘探活动，文部科学省实施地壳构造勘探活动，经济产业省实施基底岩石采样活动，其他省厅尽可能合作提供情报及船舶等方面的设备。实际调查时，应最大限度地活用已实施的调查结果、必须共享海底地形方面的已存数据、相关省厅应与拥有该数据的海上保安厅进行紧密合作并实施调查活动，同时，在实务者会议上也应共享情报、调整调查日程。另外，为有效起草大陆架外部界限情报，应构筑统一收集、整理、保管及提供必要调查成果的体制。二是起草和汇总大陆架外部界限情报。在内阁官房“大陆架调查对策室”的综合协调下，外务省、文部科学省、经济产业省和海上保安厅应合作，从2004年4月起应迅速开始起草大陆架外部界限的情报，尽早探讨包括海洋科学和国际法专家学者参与的汇总大陆架外部界限情报的组织体制。三是向大陆架界限委员会提交大陆架外部界限的情报和收集联合国等机构的情报。由外务省向大陆架界限委员会提交情报，以外务省为中心收集联合国等机构的情报，通过注意大陆架界限委员会有关审查标准等方面的审议讨论情况，通过强化与联合国和其他主张国的关联情报收集工作，努力让大陆架界限委员会对日本的审查取得好的结果。

（4）今后的调查日程。日本向大陆架界限委员会提交大陆架外部界限情报应以以下日程为目标：2005 年 4 月，开始第二阶段的调查工作；2007 年 6 月选举大陆架界限委员会的委员；2008 年 6 月，完成海域调查工作；2008 年 12 月，结束大陆架外部界限情报的汇总工作；2009 年 1 月，履行国内相关程序和向大陆架界限委员会提交大陆架外部界限主张案；2009 年 5 月为向大陆架界限委员会提交大陆架外部界限主张案的截止期。①

上述政策的出台与实施，有力地支撑了日本大陆架调查活动的完成。

3. 强有力的经费保障。上已言及，日本由三大行政机构相关部门分工实施大陆架外部界限调查活动，下面以海上保安厅为例，予以说明。

众所周知，沿海国向大陆架界限委员会提交的大陆架外部界限主张案，根据《科技准则》的建议，包括深海测量与测地学资料、地球物理与地质学资料、数位与非数位资料、资料说明清单，且提出的资料应能说明沿海国采用之方法与结果数据资料，以证明其所提出之外部界限的定点确实合法。另外，沿海国还应及时答复大陆架界限委员会包括审议大陆架外部界限主张案成立的小组委员会提

① 参见 http：//www. cas. go. jp/seisaku/tairikudana/kettei. html，2009 年 1 月 31 日访问。

出的有关划界的问题，以便大陆架界限委员会审议和作出建议。[①] 鉴于提交大陆架外部界限主张案数据的重要性，以及调查大陆架活动的困难性，海上保安厅虽然自1983年以来开始实施大陆架调查活动，存在许多前期成果和丰富的经验，但其在组织机构上的重视，国家在财政上的大力支持，确保了其调查工作的加速实施和完成。例如，海上保安厅为有效实施向联合国提交大陆架外部界限的情报，新设了大陆架情报管理官，以期对大陆架外部界限调查成果实施统一收集、管理、保管及提供情报的工作，构筑了完善的组织体制。[②] 在财政支持上，海上保安厅2005年度关于调查大陆架界限的经费为66.86亿日元。[③] 海上保安厅2006年度关于调查大陆架界限的经费为67.35亿日元。[④] 海上保安厅2007年关于调查大陆架界限的经费为66.87亿日元。[⑤] 海上保安厅2008年关于调查大陆架界限的经费为3.07亿日元。[⑥] 相关财政支持了海上保安厅2007年对南鸟岛周边海域和大东岛周边海域及离其陆岸起很遥远的海域进行精密海底地形调查和地壳构造勘探的调查工作。另外，海上保安厅通过精密海底地形和地壳构造勘探方法利用测量船（例如，“昭洋”、“拓洋”号）调查大陆架的过程中，也发现了许多新的海山，即在父岛和南鸟岛之间海域发现了七个海山，并取得了相关科学数据，从而进一

---

① 大陆架界限委员会在第五届会议上，即1999年5月13日以协商一致通过了《大陆架界限委员会科学和技术准则》（简称《科技准则》）。《科技准则》的通过，为各沿海国提出大陆架外部界限主张案提供了基础，也实质性地推进了200海里以外的大陆架制度的申请工作。

② 参见海上保安厅编：《海上保安厅年度报告》（2005年），国立印刷局2005年版，第40页。

③ 参见海上保安厅编：《海上保安厅年度报告》（2005年），国立印刷局2005年版，第40页。

④ 参见海上保安厅编：《海上保安厅年度报告》（2006年），国立印刷局2006年版，第56页。

⑤ 参见海上保安厅编：《海上保安厅年度报告》（2007年），国立印刷局2007年版，第43页。

⑥ 参见海上保安厅编：《海上保安厅年度报告》（2008年），茑有印刷株式会社2008年版，第86、46页。

步扩张了日本主张的所谓的大陆架外部界限主张面积。[①]

可见，日本通过构建完善的组织体制包括制定政策方针等措施、任务分工和合作，以及在财政上的大力支持，完成了大陆架外部界限调查工作，致使大陆架外部界限主张案得以提前提交。日本的大陆架外部界限主张案如果获得通过，尤其在冲之鸟礁附近海域将对我国在远海的航行和调查测量工作及国家安全等带来不利的影响，值得关注。

4. 存在的问题。众所周知，200 海里以外的大陆架制度是《公约》的新制度，其主要内容规定在《公约》第 76 条、第 83 条和附件二（大陆架界限委员会），同时，《公约》设立了审议大陆架外部界限的专职机构——大陆架界限委员会。其职能主要为审查沿海国为 200 海里以外大陆架的界限所提出的各种资料，并按照《公约》第 76 条和 1980 年 8 月 29 日第三次联合国海洋法会议通过的最后文件附件二（《关于使用一种特定方法划定大陆边外缘的谅解声明》）提出建议，并经相关沿海国之请求，在编制上述资料时，提供科学和技术咨询意见。沿海国在大陆架界限委员会所提出的建议基础上所划定的大陆架外部界限具有确定性和拘束力。上已言及，迄今，大陆架界限委员会已接收了 50 个大陆架外部界限主张案，审议的工作量相当大。可以预见，沿海国将在以下方面关注大陆架界限委员会的审查工作：一是审议国家主张案的效率问题；二是国家主张案涉及的秘密保守问题；三是资助发展中国家提交主张案的有关问题；四是关注核可国家主张案的建议内容包括标准问题。

在日本的大陆架外部界限主张案中突出的问题是，其将冲之鸟礁作为岛屿处理，并以此为基点主张大陆架（包括 200 海里以外的大陆架）。实际上，冲之鸟礁不是《公约》第 121 条规定的岛屿，只

---

① 参见海上保安厅编：《海上保安厅年度报告》（2007 年），国立印刷局 2007 年版，第 32—33 页。

是岩礁，根本无法主张大陆架。

“冲之鸟”位于我国台湾岛以东、硫球群岛以南海域，具体位置为北纬20°25′，东经136°5′。它实际上是一块珊瑚岩礁，在退潮时东西长4.5千米，南北宽1.7千米，周长约11千米，高潮时整个礁基本上都被淹没在海水中，只有“北小岛”和“东小岛”有两块小的礁石露出水面约50厘米。[①] 同时，由于冲之鸟礁周围拥有丰富的渔业资源和海底丰富的锰结核资源，所以日本试图以“冲之鸟”为领海基点，扩大海洋范围，为此，日本出巨资加固，即在两块礁石四周构筑了一个直径为50米的圆形钢筋水泥防护设施，并建了一个离海面约7米的海上观测平台，以避免其消失于水下。[②] 可谓“用心良苦”。日本提交的大陆架外部界限主张案就包含了以“冲之鸟”为基点的大陆架外部界限范围。

冲之鸟礁虽远离我国海岸，但对我国的影响很大。由于日本的无理先占成了它以此主张200海里专属经济区和大陆架的基点，这不仅严重影响各国在该公海海域的航行自由和海洋科学研究，侵害周边国家的海洋利益；而且在军事上对我国进出太平洋海域构成严重威胁，必须引起高度重视。

鉴于上述考量，我国常驻联合国代表团于2009年2月6日向联合国秘书长提交了针对日本大陆架外部界限主张案的立场声明。主要内容如下：“中国政府认真研究了日本划界案的执行摘要，尤其注意到该划界案以‘冲之鸟礁’为基点划出的200海里大陆架范围，以及以“冲之鸟岛”为基点延伸的SKB、MIT和KPR三处200海里以外大陆架。应当注意，所谓的“冲之鸟礁”实际上是《公约》第

---

① 参见高之国：“关于苏岩礁和‘冲之鸟’礁的思虑和建议”，载高之国等主编：《国际海洋法发展趋势研究》，海洋出版社，2007年版，第3—4页。参见藤田久一、坂元茂树：“论领土与领海的概念”，载（日）《世界》第756期（2006年9月）。参见海洋政策研究财团编：《海洋白皮书：日本的动向，世界的动向》（2006），2006年3月，第59—60页。

② 参见高之国：“关于苏岩礁和‘冲之鸟’礁的思虑和建议”，载高之国等主编：《国际海洋法发展趋势研究》，海洋出版社，2007年版，第3—5页。

121条第3款所指的岩礁。因此中国政府提请大陆架界限委员会委员、《公约》缔约国和联合国会员国注意，日本将冲之鸟礁列入其划界案中是不符合《公约》的。《公约》第121条第3款规定，‘不能维持人类居住或其本身的经济生活的岩礁，不应有专属经济区和大陆架。’现有的科学资料充分表明，冲之鸟礁依其自然状况，显然是不能维持人类居住或其本身的经济生活的岩礁，不应有专属经济区和大陆架，更不具备扩展200海里以外大陆架的权利。鉴于冲之鸟礁不具备拥有任何范围大陆架的权利基础，日本划界案中以冲之鸟礁为基点划出的200海里以内及以外的部分均超出了《公约》有关委员会作出建议的授权。中国政府谨要求委员会不对上述部分采取任何行动。中国常驻联合国代表团请秘书长将上述立场周知委员会全体委员、《公约》全体缔约国和联合国全体会员国。”

另外，韩国常驻联合国代表团于2009年2月27日也向联合国秘书长提交了针对“冲之鸟礁”与中国政府内容相同的照会申明。

可见，日本大陆架外部界限主张案中以“冲之鸟礁”为基点主张的大陆架和大陆架外部界限是不符合《公约》关于岛屿的相关规定的，大陆架界限委员会也无权对此发表建议。[①] 为此，大陆架界限委员会未对日本与冲之鸟有关的外大陆架界限提出建议（2012年4月19日）。[②]

总之，国际社会以《公约》为基础的200海里以外的大陆架圈地运动已经产生，为此，我国应积极研究大陆架外部界限制度，以维护我国海洋权益。

我国虽然是一个海洋大国，但我国的200海里以外的大陆架范围极其有限。具体来说，在东海和南海可能存在属于我国的200海

---

① 例如，《公约》第121条第1款规定，岛屿是四面环水并在高潮时高于水面的自然形成的陆地区域。

② 参见金永明：《论海洋法的发展与挑战——纪念联合国成立70周年》，《南洋问题研究》2015年第3期，第7页。

里以外的大陆架。为此，我国必须积极应对。依据《公约》的相关规定，我国政府于 2009 年 5 月 11 日向大陆架界限委员会提交了“中国关于确定 200 海里以外大陆架外部界限的初步信息”，并于 2012 年 12 月 14 日提交了“东海部分大陆架外部界限划界案”，以履行作为成员国的《公约》义务并确保我国在东海的海洋权益。

三、 日本对待冲之鸟礁的政策和措施

鉴于日本外大陆架划界申请案中冲之鸟礁的地位与作用存在问题，并影响我国在相关海域的测量活动、航海安全问题，所以，有必要分析日本对待冲之鸟礁的政策和措施。

冲之鸟礁位于日本的最南端，尽管其面积极小，但处于重要的位置，特别是日本试图以其为基点设定专属经济区和大陆架，所以，日本认为，研究其维持再生、利用计划及其法律地位等问题极为重要。

（一）冲之鸟礁的地位

第一，冲之鸟礁的历史沿革。据说冲之鸟礁最初是由 1543 年的西班牙船舶发现的，当时取名为 Abre Ojos（意为挣开眼睛看），但其是否指冲之鸟礁并不明确。其最初标记在海图上也是由西班牙船舶于 1565 年发现的，当时的名称为 Parece vela（扬帆）。现在的冲之鸟礁又被称为 Douglas reef（道格拉斯礁），它是由英国的船舶于 1789 年确认其存在而命名的。

冲之鸟礁与日本的关系最初始于 1922 年由测量舰“满州”号对其的深度进行简单测量。1929 年日本首次在海图上标记冲之鸟礁的名称。1931 年正式划入日本领土，7 月 6 日根据内务省告示第 163 号归属当时的东京府小笠原支厅管辖。于 1933 年起为建造灯塔开始对其地形、地质进行综合调查，灯塔的建设工程持续到 1941 年，后因太平洋战争的爆发，建设工作在加固根基时中断。战争结束后的

1953 年根据《旧金山和约》包括冲之鸟礁在内的小笠原诸岛被美国托管，1968 年再返还给日本。此后，日本于 1977 年制定了《渔业水域暂定措施法》，引入了 200 海里渔业水域，此时，在冲之鸟礁也以低潮线为基线设定了渔业水域（面积约 40 万平方千米）。1996 年以日本批准《公约》为契机，施行了《专属经济区和大陆架法》，设定了 200 海里的专属经济区。

第二，冲之鸟礁的自然状况。冲之鸟礁位于北纬 20°25′，东经 136°5′，其附近海域位于北赤道海流的流经路线，表层海水的温度高，即使在最低温度的 3 月平均也为约 25 度，在最高温度的 8 月为约 30 度，说明具有台风多发的热带区域的特征。尽管在九州和帕老海岭有多数海山相连，但露出海面的只有冲之鸟。在陆地区域中其离最近的大东岛为 670 千米、硫黄岛 720 千米，离东京都 1700 千米。在低潮时只看到东西 4.5 千米、南北 1.7 千米、周长约 11 千米成等边三角形的茄子型的桌礁上露出的北小岛和东小岛，日本认为其是日本的领土。即日本将其行政归属于东京都，并赋予北小岛和东小岛住所名称（邮编：100—2100，东京都小笠原村冲之鸟礁 1 号和 2 号地），同时，尽管它们是无人礁，日本政府于 2005 年 5 月 1 日发表了在冲之鸟礁的户籍人数为 122 人的消息。

此外，桌礁的外围部分礁岭很多，低潮时完全露出；在桌礁的中央有礁池，深度为 5 米。

其地理、地形和气象条件影响生物的分布。由于从陆域分离的成分、营养盐的供应少，所以，海域的生产力就低。由于是孤礁，小生命加入的频度就低，所以，生物多样性低。特别是如珊瑚那样的幼小生命需经过在海底着落再成长的生物，由于海象条件严峻，幼小生命着落海底困难、即使着落海底也难以成长，所以，在调查中只发现了 79 种珊瑚，明显少于在冲绳、八重山、小笠原等地的珊瑚种类。即使在热带区域的砂浜能存活的有空虫，由于很难在海底扎根，所以数量很少。

（二）冲之鸟礁需要解决的问题

考虑到冲之鸟礁的重要性、地理和地质环境的严峻性，所以，日本认为必须面临和处理以下问题，并采取措施。

第一，因“侵蚀或倒毁”“淹没”引发的冲之鸟礁的消失问题。对于侵蚀或倒毁，可采取配置消波围栏、在外周用水泥处理，以及设置钛防护网等即可，迄今已花费了285亿日元。

第二，对于礁的沉降和海平面上升引发的淹没问题，迄今仍没有采取有效的措施。由于冲之鸟礁与九州—帕劳海岭的沉降在以100年1厘米的速度下降；同时，预计随地球的温暖化在21世纪海平面将上升10—90厘米，所以鉴于冲之鸟礁的二个“岛”在高潮时只露出水面约50厘米的现状，应及时考虑处理措施。

第三，根据国际法思考冲之鸟礁的法律地位问题。例如，中国虽承认其为日本的领土，但提出其不满足设定专属经济区的要件的观点，所以，应考虑其他国家应对同类问题的实践，并进行比较，找到解决问题的方法。

第四，应深入考虑冲之鸟礁及以其为基点确定的专属经济区的利用方法。例如，利用海洋温度差发电的问题，附近的渔业资源和矿物资源的开发利用问题等。

鉴于上述要素和问题，日本海洋政策研究财团自2004年9月起开始关注冲之鸟礁问题，并开始考虑相关计划。2004年10月成立了“冲之鸟礁研究会”，开始探讨冲之鸟礁的淹没问题。冲之鸟礁研究会由委员9名、观察员9名组成。其事务局设在海洋政策研究财团内，由6名成员组成。2005年4月该研究会发表了《冲之鸟礁再生计划》。

《冲之鸟礁再生计划》指出，迄今，日本在保全北小岛和东小岛方面已采取了相应的措施，但在因海平面上升引发冲之鸟礁的淹没问题上还未采取措施，所以，提出了以冲之鸟礁为基础构筑洲岛的建议，具体任务自2005年年中起由国土交通省和水产厅及东京都实施相关措施。为此，该计划受到了广泛关注。

冲之鸟礁研究会的目标是冲之鸟礁的再生，其是指在冲之鸟的桌礁内用珊瑚的残片和有空虫壳“自然”地形成洲岛。为此，要改善珊瑚和有孔虫的生育环境、生产更多的“材料”，同时，必须摸索有效堆积这些材料的方法。而提供这些具体的实施计划，则是该研究会的目标。另一方面，必须检查所提供的技术或方法是否被国际社会所接受，所以，这种计划必须尽力兼顾国际法的观点。为此，海洋政策研究财团计划从2006年起用三年时间，重点探讨管理冲之鸟及其周边海域的技术和法律问题，并考虑其他国家的管理实践，对冲之鸟礁的再生及其管理问题进行研究。

（三）日本对待冲之鸟礁的具体措施

2008年3月，日本海洋政策研究财团发表了题为《冲之鸟维持再生的调查研究》报告书。为此，有必要阐述三个部门（国土交通省、水产厅和东京都）的调查内容和结果。

1. 国土交通省的调查内容和结果。上已言及，所谓的北小岛和东小岛频临因波浪等的影响而消失的危机，为此，1987年10月根据海岸法将两小岛指定为海岸保全区域，11月起由当时的建设省开始直接管辖工事。至1993年花了6年时间为防止两小岛的侵蚀和倒毁，实施了名为恢复灾害的工事。工事总共投资285亿日元，包括在两小岛（和人工观测所基础）的周围配置铁制的消除波浪的围栏、在外周浇注水泥。又在1998年至1999年花了约8亿日元在东小岛的上部设置了钛制防护网。

现在，冲之鸟礁属于根据1999年修改的海岸法及其施行令受国土交通省的直接管辖区域，管理费由国家全额支出。目前，国土交通省为维持和保全冲之鸟礁的主管机关。

国土交通省在冲之鸟礁方面的工作主要为两个方面：一是构筑和完善冲之鸟礁的保全工事；二是为构筑保全工事所需的对冲之鸟礁的内部和周边自然条件的调查工作。

自1987年起，国土交通省在保全冲之鸟礁的工事方面的工作，主要为：

1987年—1989年	保全北小岛和东小岛的工事
1990年—1993年	观测所基础工事
1998年	在东小岛设置钛制网
2004年	在观测设施上设置电视相机
2005年	在包围北小岛混凝土的护岸上装表示住所的指示牌；设置利用卫星线路的24小时监视雷达观测系统
2007年	开始运用“冲之鸟礁灯台”（在北小岛设置钛制网）

如上所示，在保全工事中，存在与护岸有关的工事（保全北小岛和东小岛）和利用冲之鸟礁的独特地理条件建设设施的工事两种。可以预见，日本今后不仅会继续在防止冲之鸟礁的淹没问题上加固护岸，而且为有利于日本的利益进行持续的开发利用活动，例如，利用冲之鸟礁周边无陆地的地理条件进行气象、海象观测和开发渔场等活动。

对冲之鸟礁周边自然条件的调查活动。为了能对冲之鸟礁实施开发，把握其海域的自然条件是必须的。例如，为认识和理解在冲之鸟礁内的砂物碎片的搬运量，不仅要观测流量，还要为获取更精密海底地形情报而进行高精度的数据实验。所以，国土交通省对在冲之鸟礁内的自然条件进行了各种调查活动，以制定持久的保全对策、保全海岸和环境的合理方法。至2005年7月，国土交通省在冲之鸟礁内及其周边调查自然条件的内容包括地形和地质、气象、海象、漂砂、水质、珊瑚、海底生物、鱼类藻类及其他生物等调查活动。

尽管国土交通省除构筑保全工事外，还对自然条件中的多数项目进行了观测、调查，但为长期把握气象、海象的变动情况，必须继续进行相关的调查和观测活动。

2. 水产厅的调查内容和结果。水产厅渔港和渔场整备部制定了在2006—2008年实施《生育环境条件严峻下的增养殖技术开发调查计划》。该调查活动具体由财团法人水产土木建设技术中心实施，一般在一年中听取探讨委员会2—3次的意见和建议后推进。探讨委员会由委员5人、观察员涉及7个部门约16人，事务局设在财团法人水产土木建设技术中心，成员6名。根据探讨委员会于2006年4月2日发表的相关资料，实施调查活动的目的为，在大型珊瑚群体减少的冲之鸟礁开发生育环境条件严峻下的增养殖技术，寻求恢复和创造自然环境的同时，通过应用该技术维持处于水没危机的岛屿国的水产动植物的生态系统和保全其国土。具体的技术性目的为：一是把握冲之鸟礁的环境条件（包括调查以往文献、珊瑚生育条件和环境条件）；二是开发种苗生产技术（包括现场实验、在陆地设施进行增殖的实验和开发增殖礁）；三是开发符合本地的选定技术（珊瑚的分布和成长速度、附着生育时的动态、流况特性），以最终制定珊瑚增殖方法手册为目标。在2007年的探讨委员会的中期报告中，对于制定珊瑚增殖方法手册的背景和目的阐述如下：开发珊瑚增殖的技术不限于冲之鸟礁，对于冲绳的珊瑚礁及处于水没危机的珊瑚礁海域的岛屿国来说，在保全国土和保全生态系统上也能适用，也是很重要的，所以，不仅要整理国内外有关增殖技术的情报，而且要把握国外在这方面的状况，以达到广泛应用的目的。具体的调查内容与效果为：

在把握冲之鸟礁的环境条件方面的调查活动。通过对既往文献的调查和2次的现场调查，基本明确了冲之鸟礁的珊瑚优种、分布区域、产卵时期等的生物学方面的信息。同时测定了诸如水质、水温、礁内礁外流况的环境条件，明确了产卵时期的流向是向西的，同样受到潮汐的控制。为此，明确了幼小生命的附着生存的环境条件，今后的课题是必须把握左右自幼小生命附着生存后的成长的环境条件。

在开发种苗生产技术方面的调查活动。通过试验，已经让冲之鸟礁内的珊瑚在船上产卵、受精及着床，以及在陆地设施上长期间地饲养获得了成功。通过试验，明确了其生育最适合的光量、水温等方面的基本数据，今后的课题是应明确藻类的繁殖情况和诊治病情等问题。同时，试验对象也应超越冲之鸟礁以外的珊瑚种类。

在开发适合地方选定技术方面的调查活动。通过对珊瑚分布的调查活动，大致明确了与珊瑚礁的繁殖方向和水位有关的倾向。如果继续对其进行研究，则可以选定适合珊瑚礁增养殖的好地方。同时，通过设置实验礁，应进一步探讨与易让珊瑚礁繁殖场所有关的技术。

总之，迄今实施的环境调查活动是精密调查冲之鸟礁的再生不可缺少的基础信息，这种调查活动今后仍将继续。探讨委员会将调查的结果向外界公开、通过相关学会发布报告内容等方法，让外界能容易地了解情况，这对于制定利用和活用冲之鸟礁整体计划无疑是很有帮助的。

另外，有关珊瑚增殖方法手册，应将保全岛屿国的国土也纳入视野，广泛地收集国外相关情报，以从国际性的观点出发统一解决问题。当然，不限于公布调查的结果，也应设法将迄今致力于增进珊瑚增殖的技术过程、岛屿法律地位问题和保全岛屿国的国土为内容的管理岛屿的想法，也让外界知悉。

3. 东京都的调查内容和结果。为保护冲之鸟礁，东京都的工作主要包括以下两个方面：一是推进活用冲之鸟礁项目（2006—2008年）。为提升冲之鸟礁的魅力和价值，并促进其利用为目的，东京都在冲之鸟礁设置了浮鱼礁及其在周边海域进行了调查和监视活动。例如，2006 年人工制造出鲣鱼、金枪鱼渔场，在冲之鸟礁的周边 5—10 千米的范围内设置了水深为 1550 至 2800 米的三维大水深中层鱼礁，同时，于 2007 年 2 月制造了新“兴洋”号，以负责自小笠原到冲之鸟礁海域的渔业调查指导工作，并期望它能调查和监视冲之鸟礁周边海域和海山的渔业资源活动。此后，在2007年，为检查鱼礁的效果，于2007年4月、6月和10月进行了渔业捕获量调查活动，取得了一定的效果，特别是在2007年6月的调查活动中，捕获了多数的黄肌金枪鱼。二是制作冲之鸟礁影象资料（2006—2007年)。以前水产厅渔港部长坂静溢郎夫妇的捐款（1亿日元）为基础，开始制作冲之鸟礁影象资料。自2006年起设立了专门委员会，在2007年制作了为让东京都的住民和国民增进对冲之鸟礁的理解为目的的影象资料。[①] 具体分为：主题各异的DVD6卷（每卷30分钟)；[②] 记录片（奇迹之岛：冲之鸟岛)；普及性的DVD4卷（每卷10分钟)；电影（100分钟）和照片（2万张)。这些影象资料均配置在东京都民信息室、东京都图书馆、东京都内公立图书馆，可以自由阅览。同时，普及性的DVD内容分为一般住民用的（冲之鸟礁的概要与可能性)、旅游用的（欢迎来到最南端的岛屿)、教育用的（冲之鸟岛的秘密）及教育机构用的（在冲之鸟岛生活的生物）四种，可见，其目的性是很明确的，反映了制作者的态度与立场。

从东京都在冲之鸟礁的两种应对措施，包括推进活用冲之鸟礁的项目目的是利用其周边海域，与国土交通省和水产厅的做法不同，具有独特性。特别是，其着眼于提升冲之鸟礁品牌，关注其独特的经济活动，这与海洋政策研究财团研究的部分内容相关联。

另一方面，东京都通过制作冲之鸟礁的影象资料，让住民广泛地知悉冲之鸟礁的存在。无疑主题各异的DVD、记录片、普及性的

---

① 专门委员会由大学教授（东京海洋大学的石丸隆教授、冈本峰雄副教授，鸟取环境大学的加加美康彦副教授）和水产厅渔场整备部的大限笃，以及东京都的相关人员组成。参见海洋政策研究财团编：《为维持和再生冲之鸟岛的调研报告书》(2007年)，2008年3月，第17页。

② 主题各异6卷DVD的名称分别为：第一卷：冲之鸟岛概要（在日美安全保障条约上对日本的安全是不可缺少的)；第二卷：保全冲之鸟岛（古人们的梦和辛苦的积累)；第三卷：东京都的措施（现地视察、渔业支援、浮鱼礁和调查活动等)；第四卷：周边海域的生物资源（冲之鸟岛——海洋的摇篮)；第五卷：冲之鸟岛的新举措（设置灯台和珊瑚增养殖)；第六卷：珊瑚礁内的生物（以珊瑚礁为中心的生态系统)。参见海洋政策研究财团编：《为维持和再生冲之鸟岛的调研报告书》(2007年)，2008年3月，第16—17页。

DVD，以及电影和照片任一资料，对于东京都住民和国民增进对冲之鸟礁的理解有一定的作用，同时，研讨会、演讲会或品尝冲之鸟的渔类等活动，也进一步提升了普及效果。

尽管日本在对待冲之鸟礁的问题上采取了一系列的政策和措施，但日本不能回避冲之鸟的资格问题，即冲之鸟是礁还是岛的问题。

（四）从国际法审视冲之鸟的资格问题

与冲之鸟有关的国际法问题包括以下两个方面：第一，冲之鸟是否为《公约》第121条第3款所指的没有专属经济区和大陆架的“岩礁”？第二，针对冲之鸟的防护工事是否违反《公约》第121条第1款所指的“自然形成的陆地区域”的规定？

上述两个问题，涉及《公约》第121条的解释问题。总的来说，国际社会对于该条款的解释存在不同的学说和国家实践，目前还未形成通说，有待于众多的国家实践和国际判例依据显现的标准或者通过制定新的条约明确其解释。[①]

从日本政府于2008年11月向大陆架界限委员会提交的包含以冲之鸟为基点主张外大陆架的情形看，日本政府的立场是将《联合国海洋法公约》第121条的第1款和第3款内容分开处理和认识的，这显然违反从文本解释得出的观点和制定岛屿制度的原意，并严重违反公平，损害公海自由。

一些国家一直在打岛屿的主意。因为，一块岩石或小礁如能成为岛屿，就能以其为基点主张专属经济区和大陆架，使国家的海域范围大幅度地扩大，从而可获得更多的海洋利益。因此，岩石或小礁的法律地位问题，即符合什么样的条件才能成为国际社会认可的岛屿，就成为可以获得相应的专属经济区和大陆架的关键。

国际社会针对岛屿制度的讨论，始于1930年在海牙召开的国际

① 关于岛屿与岩礁的法律地位内容，参见金永明：《岛屿与岩礁的法律要件论析——以冲之鸟问题为研究视角》，《政治与法律》2010年第12期。

法典编纂会议上。在其关于领海的报告书中指出，所有的岛屿拥有自己的领海。此报告中所谓的岛屿是指，四面环水并在高潮时持续或永久地高于水面的陆地区域。然后，在这次会议上并未缔结相关的协定或公约。

此后，国际法委员会在准备 1958 年第一次联合国海洋法会议关于岛屿制度的草案第 10 条中规定了上述岛屿的定义："岛屿是指，四面环水并在高潮时通常情况下永久地高于水面的陆地区域。"《领海与毗连区公约》第 10 条第 1 款规定，岛屿是四面环水并在高潮时高于水面的自然形成的陆地；第 2 款规定，岛屿的领海按照本条约各条款的规定测算。而对岛屿制度的上述条款的修改主要是考虑了美国的立场。

美国认为，首先，岛屿必须是自然形成的陆地，而上述草案中包含了人工形成的陆地，担心相关国家通过不当手段导致以人工形成的陆地主张领海，致使领海扩张、进而损害公海自由。其次，美国认为，上述草案中的"通常情况下"与"永久"互相矛盾，而在国家实践中并没有确立因异常或季节性的潮流活动影响岛屿地位的具体活动，所以，美国坚持必须消除该要件。

同时，《领海与毗连区公约》中关于岛屿制度的规定也被吸收到了《联合国海洋法公约》（简称《公约》）关于岛屿制度的规定内。

在 1967 年成立的联合国特设委员会（1968 年改为常设的"和平利用国家管辖范围以外海床洋底委员会"）以及第三次联合国海洋法会议（1973—1982 年）上，关于岛屿制度的内容也存在争议。对其的争议主要分为以下两种观点：

其一，主张应根据一定的标准将岛屿分类，并赋予各类岛屿不同的法律地位，所谓的分类处理派。这派理由为，让人类不能居住、不能经济生活的小岛取得其周围 200 海里的专属经济区等广大的海域，将严重影响海洋自由使用、限制以人类共同继承财产为基础的国际海底区域的范围，所以，一些国家主张，应按照岛屿的形状、大小、人口的多少等各种标准将它们分为岛屿和岩石（或岩礁）。

其二，主张对岛屿不设具体标准，赋予所有的岛屿统一的地位，所谓的统一处理派。

后经审议和协调，结果在第三次联合国海洋法会议上通过的《公约》关于岛屿的定义中（第121条）达成了妥协。

关于岛屿制度的《公约》第121条第1款规定，岛屿是四面环水并在高潮时高于水面的自然形成的陆地区域；第2款规定，除第3款另有规定外，岛屿的领海、毗连区、专属经济区和大陆架应按照本公约适用于其他陆地领土的规定加以确定；第3款规定，不能维持人类居住或其本身的经济生活的岩礁，不应有专属经济区或大陆架。

从上述内容可以看出，国际社会间接地采纳了统一处理派的观点，但并不完全，因为存在《公约》第121条第3款的内容。

综上可以看出，第121条的第1—3款都是关于岛屿制度的规定，所以，第3款中的岩礁也应是第1款中的岛屿的一种，即第3款中的岩礁被认为是岛屿的特别形态，这种观点多被学界认可。换言之，《公约》第121条整体是关于岛屿制度的规定，第3款的岩礁只是例外的岛屿，而被称为岩礁，所以，第3款的岩礁也应符合第1款规定的要件。

当然，上述对《公约》第121条的文本解释，也存在不同的意见。例如，日本政府代表于1999年4月16日举行的众议院建设委员会上在回答关于冲之鸟岛礁的问题时指出，冲之鸟满足《公约》第121条第1款岛屿的条件，它是岛屿不是岩礁，同时指出，第121条第3款不是关于岛屿的规定，而是关于岩礁的规定，况且《公约》也没有关于岩礁的定义，即使从国家实践来看，根据此条也不能成为特定地形不能拥有专属经济区和大陆架的依据。日本政府现在仍持上述观点。可见，日本政府的立场是将《公约》第121条的第1款和第3款内容分开处理和认识的，这显然违反上述从文本解释得出的观点和制定岛屿制度的原意，并严重违反公平，损害公海自由。

最后特别应强调的是，《公约》虽没有规定关于岩礁的直接定义，相关的国家实践也并未确定和形成统一的标准，但不能否定的是，对《公约》第121条的解释应从严，否则第3款就不能发挥限制第2款的作用，相应地增设第3款的意义就不存在了。①

上已言及，大陆架界限委员会委员是以个人身份参加的，按照大陆架界限委员会处理国家外大陆架划界申请案的工作程序，《大陆架界限委员会》第5条规定，委员会应成立由7名委员组成的小组委员会以审议国家外大陆架划界申请案，小组委员会委员应以平衡方式予以任命，同时考虑到沿海国提出的每一划界案的具体因素；为已提出划界案的沿海国国民的委员会委员，或曾提供关于划界的科学和技术咨询意见以协助该国的委员会委员，不得成为处理该案的小组委员会委员，但应有权以委员身份参与委员会处理该案的程序；向委员会提出划界案的沿海国可派代表参与有关的程序，但无表决权。《大陆架界限委员会》第6条规定，小组委员会应将建议提交委员会，但小组委员会的建议应由委员会以出席并参加表决的委员2/3多数核准；委员会的建议应以书面递交提出划界案的沿海国和联合国秘书长。所以，鉴于中国和韩国政府已向联合国秘书长提交了关于“冲之鸟岛”的书面反对声明，委员会包括小组委员会并未就冲之鸟礁相关内容进行讨论，并作审议。

① 参见金永明：《冲之鸟是岛屿还是岩礁》，载《东方早报》2010年7月13日，第A13版。

第四章　日本与邻国的争议岛屿战略

在日本的海洋战略中，岛屿的战略不容忽视，因为岛屿是海洋控制的战略依托，也是海洋权益维护的法律基准，所以，岛屿在海洋战略中不容忽视。日本政府2008年3月实施的《海洋基本计划》作为《海洋基本法》的具体实施方针，其中指出："我国的海域中广泛分散的离岛是设定广大的管辖海域的重要根据。"认为岛屿，特别是离岛是国土的根基，必须加强管理和开发。日本政府内阁官房综合海洋政策本部把离岛的治理和开发，离岛住民生活的稳定等问题作为重要离岛政策的重要任务。其中包括离岛航路和空路的基础建设和自然环境的保护等。离岛战略中包含西南诸岛，也包括冲之鸟礁，特别是包括以钓鱼岛防卫为目标的夺岛战略。另外，还包括日本与邻国之间的岛屿争端，主要是与中国之间的钓鱼岛问题，与俄罗斯之间的南千岛问题，与韩国之间的独岛问题。

第一节　离岛战略

日本的离岛战略包括离岛的经济开发和离岛的安全保障两个方面，开发问题提出得比较早，是一个延续多年的问题，相对于本岛的经济发展，离岛的经济远远落后的现象，早就引起了日本人的注意，近年更是加大了开发的力度。安全问题与两件事有关：一是伴随《联合国海洋法公约》的通过引发的专属经济区和大陆架经利益问题，离岛在这个问题上具有重要意义，因为远离本土的那些离岛是专属经济区和大陆架划分的基点；二是近年伴随中国的崛起，特别是中日之间岛屿争端引起的离岛安全保障问题，日本开始从对华安全战略角度考虑离岛的安全问题。本节的重点在于从安全角度分析日本的离岛战略。

一、 离岛防卫问题

日本总共由6852个岛屿构成，其中除了本州、四国、九州、北海道和冲绳本岛5个大岛之外，其他都被称为离岛，共计6847个。其中有人岛418个，无人岛6429个。在418个有人岛中，被官方列为开发对象的305个，其中被《离岛振兴法》指定为开发对象的截止2015年7月13日是260个，面积约5000平方千米，涉及人口38万。离岛防卫问题包括《离岛振兴法》的制定与贯彻和“西普连”的设立及其夺岛演习。

（一）《离岛振兴法》

关于《离岛振兴法》，这是一部20世纪50年代就已经形成并逐渐完善的法律。当时日本各地方政府开始重视对离岛的管理与开发，并于1952年制定了“离岛航路整备法”，然后政府开始提供资金维护和改善离岛的航路。1953年，在拥有离岛的地方政府长崎县、东京都、新泻县、岛根县和鹿儿岛县的要求下，日本首次制定了《离岛振兴法》，该法最后一次修改是2012年。现在日本这部法律的意义在于确保日本专属经济区和大陆架的经济与安全，有效利用海洋资源，包括离岛的港湾建设，道路和机场建设，经济发展。其中在专属经济区与大陆架经济利益保护方面，日本特别重视远离日本的冲之鸟礁、南鸟岛和大东诸岛的作用，日本对这些岛屿的建设倾注了大量的人力和物力。

（二）“西普连”与离岛安全保障

关于日本的离岛战略，最近几年由于日本与邻国之间的岛屿争端，离岛的安全战略被提到议事日程。2010 年的防卫计划大纲把日本的防卫重点由本土和北海道转移向西南方向，比如，陆上自卫队的战车配置从本州重点改为九州和冲绳，而且鉴于海战的可能性将逐渐大于陆战可能性的判断，日本自卫队的战车数量也逐渐削减，目的在于适应将来在西南方向离岛的海上作战。这种变化反映了日本一改冷战时期的本土防卫，而把战略重心转向针对中国的倾向，他们认为对日本的威胁已经从俄罗斯转移为中国，中国准备占领钓鱼岛，并不断增加海军实力，所以国防不仅是陆上自卫队负担，而且更要与海空军配合。

不过，现在日本的自卫队因为被宪法限制，执行专守防卫政策，没有海军陆战队，所以日本离岛的防御力量是薄弱的。就目前自卫队的实力，即使有能力控制制海权和制空权，但由于离岛太多，有效防卫也是不可能的。所以，在必要的重点岛屿配属监视力量是必不可少的，因为他们只能做好一旦哪个岛屿被占领之后再把它夺回来的准备。日本传统上没有强行登陆的经验，战前的日本海军虽然也有过登陆部队，这就是当时的广岛第 5 师团，它被指定为登陆部队，但这支部队是在没有敌人防守的海岸进行偷袭登陆的部队。现在的陆上自卫队没有配备登陆舰，只有运输舰，因为之前没有考虑过强行登陆。

最近由于近海形势的变化，日本开始关注离岛的安全保障，还开始了从海上秘密运送侦察部队的训练，特别是还组建了离岛防卫专业部队“陆上自卫队西部方面普通科连队”（简称“西普连”）。“西普连”组建于 2012 年，是专门应对离岛紧急情况，也就是为夺岛而建立的。目前“西普连”有队员 700 人，平均年龄 30 岁，是一支精锐部队。2015 年 7 月，“西普连”在长崎佐世保的相浦驻地的登陆训练被曝光，这次训练是假想离岛被占领之后的夺岛作战。不过目前“西普连”还没有从海上向岛屿登陆的水陆两栖作战训练经验，连装备都是进口的，比如，登陆用橡皮艇与美国海军陆战队一样采用的是法国制造，可容纳 8 人，即使被子弹打穿也不会漏气，但队员没有实战经验，必须自己摸索作战套路，并向美国海军陆战队学习。“西普连”组建以来已经与美国海军陆战队进行了多次共同训练，还进口美国的装备，比如将配备垂直起降的鱼鹰运输机。这支部队将是 2018 年组建的日本“水陆机动团”的核心队员，这个机动团将由 3000 人构成，现在，“西普连”是每年训练两次，2015 年举行了第 5 次，参加者大多数是志愿队员，他们全都佩戴着“水陆两用徽章”。

二、 西南诸岛的安全问题

日本众多离岛中最具战略意义的是所谓“西南诸岛”，因此所谓离岛防卫问题也就是“西南诸岛”的安全保障问题。“西南诸岛”指的是从鹿儿岛南段到台湾之间的岛链，包括属于鹿儿岛县的萨南诸岛和属于冲绳县的琉球诸岛，萨南诸岛包括三部分：大隅诸岛、吐噶喇列岛和奄美群岛。琉球诸岛包括两部分：冲绳诸岛和先岛诸岛，冲绳诸岛有冲绳岛、久米岛、庆良间列岛，先岛诸岛有宫古岛列岛、八重山列岛和所谓“尖阁列岛”。另外，这一岛链的太平洋一侧的大东诸岛也属于西南诸岛范围。西南诸岛具有极其重要的战略意义，所谓离岛的安全问题其实主要是指西南诸岛的安全问题。

（一）西南诸岛的战略意义

西南诸岛中最大的岛屿是冲绳本岛，大约 1200 平方千米，距离钓鱼岛最近的石垣岛大约 222 平方千米，距离中国台湾最近的与那国岛大约29平方千米，距离冲绳岛大约300千米的宫古岛大约158平方千米。

西南诸岛作为一条战略岛链是日本阻遏中国海上力量进出太平洋的门户，因此战略意义非常重要，自然成了日本离岛防卫的重点。正是从这个意义上，2010年日本政府制定的防卫计划大纲中也提到了防卫的重点在西南诸岛，2015年日本政府最新公布的离岛开发对象中包括了“西南诸岛”，这意味着西南诸岛在经济开发与安全保障两方面都有重要意义。

“西南诸岛”这一说法最早出现在海上保安厅的前身日本海军水路部在1887年的文件中，1888年该部出版的海图“石垣泊地日本南西诸岛石垣岛”中首次使用。[①] 但是这一用法除了“水路部”之外，没有其他部门使用过，就连美国占领重生之后，也没使用过，只是在《旧金山和约》中使用过。

日本对“西南诸岛”的防卫要比同是争端问题的独岛（日本称“竹岛”）复杂得多。日本军方认为一旦有机会，竹岛只需半天就可拿下来，一旦控制起来，韩国的劣等海军是没办法夺回去的。但是“西南诸岛”，比如，钓鱼岛情况就复杂了，虽然现在日本海上自卫队的反潜侦察机、潜水艇、航空自卫队的熟练飞行员可以构成抑制力，但是，不断改变的中日，甚至中美军力对比还是令日美日益不安，他们担心失去东海的制海权和制空权，到时候处于危险境地的恐怕还不只是一个钓鱼岛，整个西南诸岛，至少八重山诸岛若被中国控制，中国进出太平洋的通道就畅通无阻了。

（二）夺岛演习与“西南诸岛”的安全

中国海空军实力的增强，促使日本不得不重视岛屿的全保障问题。从2000年到2010年，中国的攻击型潜艇5艘增加到31艘，新型驱逐舰也有大幅增加。中华神盾也就是052D型/旅洋III型驱逐舰

① 『石垣泊地日本・南西諸島・石垣島』

已经与日本实力相当。在这种实力对比发生变化的背景之下，中国从2008年开始就突破第一岛链进出太平洋。2013年7月，中国海军还通过了宗谷海峡，并绕日本一周从宫古列岛的国际海峡回国。这一年中国还划设了东海防空识别圈。

最让日本担心的是日本列岛处于中国弹道导弹与巡航导弹的射程之内，这种导弹战力是对美遏制力的主要手段，一旦台湾有事就会发挥作用，牵制美国的行动，它会使美军的基地使用出现困难。大规模的常规军事冲突如果发生，中国当然要攻击日本和美国的海空军基地，其中嘉手纳、岩国、佐世保、横须贺等军事基地将是中国导弹攻击的首要目标，结果就是美军失去在西太平洋的军事据点，也就失去了攻击中国大陆的可能。

日本的反潜能力堪称是世界第二，它们不是在冲绳的那霸基地，但是它们无法摆脱中国的导弹攻击。准航母“日向”号和“出云”号对反潜能力是个补充，但是这种高造价的舰船也会成为中国导弹的靶子，是中国对舰弹道导弹的极好目标。在中日之间的军事竞争中，时间对中国有利。

为了确保“西南诸岛”的安全，日美设想离岛被占，然后连续不断地进行夺岛演习。所谓夺岛演习是以敌国占领离岛，日本自卫队与美国海军陆战队一起夺岛为假设前提的。

2014年年底两国举行了一次规模比较大的夺岛演习，这一次有3万自卫队员参加，出动30艘舰船和260架飞机，美国则有1万人参加。演习在鹿儿岛县奄美大岛附近的无人岛江仁屋离岛举行，对此，日本媒体说：这次演习本来是要在冲绳举行的，但是由于怕刺激中国，后来取消了。但是防卫省官员说：演习地点变更是由于演习设定了新环境，为了让自卫队适应不同的环境。① 其实，不管适应

① 日米が中国にらみ、4万人規模の離島奪還訓練を実施へ，http：//news.tv—asahi.co.jp/news_ international/articles/000069220.html。

什么环境，目的都在于防卫西南诸岛，演习针对的对象都是中国。这次演习之外，美国还向日本提供了拦截导弹用雷达，这种雷达可以发现4000千米之外的弹道导弹，并且可以判断弹头的真伪，这种雷达对朝鲜、中国和俄罗斯都可以使用。

夺岛的首要目标是钓鱼岛，日本担心中国会动手占领该岛，特别是担心中国派民兵或者武装渔民占领，所以把这种情况设定为“灰色地带”，必要时可以实行他们的“防卫出动”，以自卫队进行夺岛。但是，他们也知道，夺取钓鱼岛谈何容易，如果不配合强有力的针对中国大陆沿海的攻击，特别是没有美军的支援根本不可能。也就是说，岛上没有防御，很容易被突袭占领，而被占领之后，中国军队会对之进行导弹防御，在这种情况下，日本的夺岛部队会面临中国的导弹攻击，夺岛是非常困难的，必须增大军事力和进行军事整编。

2015年5月14日，日本内阁做出了一个“关于离岛不法登陆事案的政府应对决定”的文件。规定一旦发生有外国武装集团不法登陆，由内阁调查室迅速向国安会和国家安全保障局报告，并由首相牵头设立对策本部，下达海上警备出动或者治安出动命令。[①]

随后，2015年8月23日，日本陆上自卫队在静冈县东富士演习场进行了大规模的实单设计训练“总火力演习”。这次训练是以钓鱼岛等离岛被占领为假想的，2300人参加，还动用了战车和装甲车80辆及直升飞机和侦察机。训练的内容包括了部队投送，驻日美军的鱼鹰运输机从上空飞来参与了训练，因为日本自卫队已经决定引入这种飞机，所以被要求参加了这次训练。

2016年2月，在安保法案实施之前，以夺岛为目标的日美共同训练再次实行，而且日本陆上自卫队参加了有鱼鹰运输机参加的登

---

① 離島等に対する武装集団による不法上陸等事案に対する政府の対処について，http://www.cas.go.jp/jp/gaiyou/jimu/pdf/huhoujourikutaisho.pdf#search=%27%E9%9B%A2%E5%B3%B6%E5%AE%89%E5%85%A8%27

陆作战训练。这次陆上自卫队有300人参加，陆上自卫队西部方面总监部青木伸一陆将说："安保法案就要付诸实施，所以有必要加强与美军之间平时的紧密合作。"①

（三）夺岛的意义

自卫队的离岛防卫战略，并不是防止离岛被占领，而是被占领后再夺回。那么为什么不是在离岛部署自卫队进行防御，防止岛屿被占领，而是"任"其被占领后在夺回呢？

这是因为日本有太多离岛需要防卫，对每个离岛都部署防卫部队是不可能的，所以不得不进行夺岛作战。特别是钓鱼岛，由于中日双方存在政治默契，都不在岛上部署军事力量，所以，只能设想对方突然袭击占领该岛后，再夺回来。当然，离岛防卫的最初阶段应该是在敌国舰队集结时，迅速掌握制海权和制空权，然后，等接到防卫出动命令后，采取夺岛作战。日本不能先动手阻止外国占领部队，这倒不是因为日本不可以行使自卫权或者宪法上不允许日本发动先手攻击，更主要的是日本自卫队的投送能力比较低（所以他们现在想改变这种状况，引进美国的鱼鹰运输机），另外，日本也没有地对地长距离导弹。

一般来说离岛上很少有遮蔽物，也没有修筑战壕的土壤，特别是没有适合机动作战的空间，防守很难，但是进攻却很容易。英国与阿根廷争夺马尔维纳斯岛时就是这样，登陆后的部队无法在有限的岛上部署，所以，在制海权和制空权的优势下，英国夺回了这个岛。日本设想夺岛，而不是在岛上防御，道理也在这里。这是不是意味着，日本的离岛被占领后就很容易被夺回来呢？这要看夺岛部队的作战水平，特别是武器装备。虽然要塞化在现代已经没有意义，在离岛更是如此，因为只要进行海上封锁就可以了，但是，必须具

---

① 「離島奪還せよ」日米が合同訓練　安保法制施行控え，http：//news.tvasahi.co.jp/news_international/articles/000069220.html

有强大的制海权和制空权，保证有效阻止占领者的各种补给。如果是夺岛，没有巡航导弹的话，日本只是派轰炸机去轰炸，也会被岛上的导弹击沉。

可见，即使日本的夺岛作战设想的是钓鱼岛，背后需要的是强大的海空军实力保障制海权和制空权，否则，占领者会利用制海权和制空权的有利形势，在岛上部署军队和武器，并提供补给，日本要想夺回该岛是不可能的。

三、 夺岛与两栖作战

夺岛是针对离岛的，而离岛中最受重视的是钓鱼岛，因为它是中日领土争端的焦点，但是，日本自卫队近年来大幅度增强的原因却不仅仅在钓鱼岛，而在整个亚太地区中美之间的战略博弈。夺岛的深层含义在于离岛防卫，但是背后却隐藏着钓鱼岛所在的西南诸岛，这一岛链才是中日、中美争端的中心所在。

（一）夺岛的深层含义

其实，从军事观点看，日本进行离岛防卫确实是困难的，因为离岛的兵力部署非常难，攻击方可以选择进攻地点，防守方却没有选择的自由。陆战可以形成内线防御，而对离岛来说这是不可能的，所以，日本只好准备夺岛作战。然而，夺岛作战需要的是与登陆有关的装备，比如，夺岛必须具有空中优势，日本可以使用的战斗机是F—2，它可以对海上的登陆部队实行空中打击，同时要动用护卫舰队、潜艇和空军对海上的登陆部队进行全面攻击。还要由第一空挺团向岛上投送少量陆战部队，对岛上进行侦查，最后，在确保桥头堡的条件下，派部队登陆，与海空军联合消灭占领离岛的敌国军队。现在日本陆上自卫队的装备重视机动力，就是配合这种作战的需要。

不过，按照日本自卫队目前的装备，其实是远远超过夺岛需要的。日本列装的“出云”号，可以起落 F—35B，实际上是一艘轻型航母。它与 2 艘“日向”型护卫舰加起来日本就有 4 艘轻型航母，另外，“秋月”型范用护卫舰被称为小型宙斯盾舰，加上“爱宕”型宙斯盾舰两艘，日本就共有 8 艘。日本到 2019 年将有 4 艘轻型航母，2 艘大型补给舰，3 艘强行登陆舰，8 艘宙斯盾巡洋舰、4 艘宙斯盾驱逐舰，16 艘高性能导弹护卫舰。日本防卫计划大纲决定要把潜艇从现在的 16 艘增加到 22 艘，这可以强化水下力量，冷战时期日本的潜艇曾经在日本列岛的重要战略通道（choke point）有效地把苏联海军封锁在日本海之内，对美国的远东海洋战略发挥了重要作用。目前，中国的反潜能力还劣于日本，尽管中国的潜艇战力优越于日本，但日本打击力仍是世界第二位，日本的军力对于夺岛防卫来说是“过剩”力量，那么，日本自卫队到底是为什么存在？

钓鱼岛固然是中日之间的争端焦点，但是钓鱼岛除了作为专属经济区和大陆架划分基点这一经济意义之外，日本军事专家对于中国为什么要获得该岛的军事意义一直迷惑不解，他们不明白中国为什么要占领狭小的不适合人居住，更不适合做军事基地的钓鱼岛。日本有人分析认为：中国有可能意图使美国在西太平洋的军事存在缩小，为此，必须提高现阶段与美国的核威慑力与美国谈判，目前中国的车载式固体燃料洲际导弹尚不足以覆盖美国全土，因此有必要使其搭载战略核武器的潜艇到东太平洋自由活动，对此，西南诸岛构成了最大的障碍，日本的自卫队对中国海军潜艇的侦查能力是对中国的威胁。所以，中国为了实现上述战略目的，必须要扩大自己控制的海空领域，把对东海的控制从中间线扩展到冲绳海漕。[①] 这样，日本要防卫的也就不一定是一个钓鱼岛问题了。

从围堵中国的角度看，在地理位置上日本占据了天然优势，西

---

① 中国はアメリカの軍事的プレゼンスを西太平洋において低減させることを最大の目的とし、中国は明確にこの海域の制空権・制海権を取りに来た，http：//blog. goo. ne. jp/2005tora/e/a121425c8b1e1c85231dd0e1662981b0

南诸岛隔断了黄海、东海与太平洋的通道。中国如果要对美国造成威胁，首先必须通过这条岛链的封锁。特别是琉球列岛是在拒止中国进入的范围，战略位置使日本具有了优势。中国被封堵在这条岛链之内，就会给美国前来增援创造时间。所以，日本必须构建日本版的“拒止作战”（Anti-Access）能力，防止或者封堵中国进出第一岛链。日本配备 A—2AD（anti-access and area-denial），即反介入与拒止部队在这一岛链，就是对中国进出太平洋的遏制，日本是中国进出太平洋的“看门狗”。日本发挥这样的作用也是日美同盟的重要意义所在。另外，必要时日本还可以发挥其水雷威力阻止中国进出第一岛链。日本如果在主要海峡布雷，将给中国造成很大麻烦。中国必须提高对水雷作战能力。一旦发生战争，中国必须将其排雷部队和护卫舰队派往数百公里外的范围执行排雷任务，而完成这个任务，如果不在东海全域掌握制空权和制海权，排雷不可能有效果。

（二）“水陆两栖作战”与西南诸岛

从这个意义上看，日本参加“护身军刀 2015”演习并不单纯是为了所谓夺岛演习，其实日本防卫当局一直在努力补充日本自卫队的水陆两用能力，日本政府已经对大隅级运输舰进行了改版，使其能够适应水陆两栖作战。这里，需要引进一个概念：“水陆两栖作战”，日本参加“护身军刀 2015”演习的目的也是强化其“水陆两栖作战”能力。只不过日本媒体没有把“水陆两栖作战”和“强行登陆作战”分清楚，媒体把前者当成了后者，即，把两栖作战当成了夺岛作战，进行大肆炒作。水陆两栖作战具体可以分为：强行登陆战、袭击战、撤退战、撤收战、示威战和支援战等不同的种类，二战中的硫磺岛作战和诺曼底登陆都是敌方已经在海岸等待的强行登陆战，显然不是夺岛那么单纯的事情。

21 世纪的今天，由于武器的进步，虽然攻击登陆前线基地海面上的登陆舰和从登陆舰到达海岸线的登陆艇及水陆两用坦克、直升飞机、鱼鹰战机等武器装备都已经非常发达，但是同时，魔高一尺道高一丈，应对这些武器的各种导弹也获得了飞跃的发展，强行登陆只有在岛上或者陆地部队战斗力非常弱的情况下才有可能实施。日本媒体想象的以“占领钓鱼岛的人民解放军”为对手，对之实施强行登陆是不现实的，中国不可能去占领钓鱼岛，然后花大精力去守住它，其实，现在，日本也不做这种事情。钓鱼岛防卫问题是如何在掌握制海权和制空权的前提下进行有效控制，未必是派部队登岛，参加美澳演习的日本自卫队进行的是橡皮艇登陆作战和支援作战训练，把它报道成“夺岛训练”是不对的，它的意义根本不在于夺取某个岛屿。

其实，日本防卫当局也常把水陆两栖作战和强行登陆作战混为一谈，把前者说成“夺岛”。然而，防卫省的军事专家这样说，是故意混淆这两者的区别，目的在于贯彻日本的专守防卫原则，是想让人知道日本自卫队拥有水陆两栖作战能力是为了“夺回”被“人民解放军占领的钓鱼岛”或者其他离岛，是执行专守防卫任务。

鉴于上述分析，也就不难理解日本为什么也在认真考虑从海岸尽可能远的地方阻止敌人接近的“拒止作战”问题。所谓“拒止作战”包括接近阻止和领域拒绝，接近阻止是禁止敌方突破中国的防卫线接近海岸，领域拒绝是拒绝敌方在中国防卫线的中国一侧哪怕是暂时的自由行动。中国军队为了提高拒止作战能力加强了海军和空军的战斗力，配备了大量长距离导弹，包括对舰弹道导弹、对舰巡航导弹。日本军事专家认为日本如果真的要防守离岛的话，也要仿照解放军的接近阻止能力。比如，首先要在从九州岛和与那国岛之间的第一岛链的尽量中国一侧设立防卫线，拒绝中国进入这条线的日本一侧。这就是维持领域拒绝。可见，所谓夺岛作战或者夺岛演习、夺岛训练的背后实际上是水陆两栖作战，其目的是拒绝中国对具有战略意义的离岛进行攻击和占领，这才是日本离岛战略的根本之处。

第二节　钓鱼岛问题

近来，中日两国之间围绕东海问题的争论又起，例如，日本外务省网站于2015年7月22日发布了中国东海油气平台的位置、图片等信息，鼓吹“中国海洋威胁论”，并要求中方停止在日方单方面主张的“中间线”中方一侧海域的开发活动。[①] 对此，中国外交部于2015年7月24日发表了“中国东海油气开发活动正当合法”的政策性立场。[②]

实际上，东海问题的核心为钓鱼岛主权争议问题，双方立场严重对立且不可调和。中国政府针对钓鱼岛问题的代表性立场为，外交部发言人洪磊于2013年11月4日谈及的内容：钓鱼岛是中国的固有领土，第二次世界大战结束时的有关国际文件已在法律上确认钓鱼岛应归还中国；上世纪70年代初，美日私相授受钓鱼岛是非法和无效的，并不能改变钓鱼岛主权属于中国的事实；当前的钓鱼岛紧张事态，是由日方一手造成的，是日方企图改变现状，而不是中方。日本认为，从历史和国际法看，尖阁诸岛明确是日本固有领土，并不存在与尖阁诸岛有关应解决的领土问题，日本为保全领土将毅

---

① 日本外务省发布中国东海油气平台的位置、图片等信息内容，参见 http：//www. mofa. go. jp/mofaj/files/00091720. pdf and http：//www. mofa. go. jp/mofaj/files/000091722. pdf，2015年7月23日访问。

② 《中国东海油气开发活动正当合法》内容，参见 http：//www. fmprc. gov. cn/mfa_ chn/wjbxw_ 602253/t1283725. shtml，2015年7月29日访问。

然和冷静地应对，通过遵守国际法，确保区域的和平与安定。①

即使中日两国于2014年11月7日就处理和改善中日关系达成四点原则共识后，日本政府依然坚持从前的政策和立场，即钓鱼岛是日本的领土，两国不存在主权争议。② 钓鱼岛的安全保障问题是日本海洋战略重要内容之一，因此有必要对该问题上日方的基本战略思考做必要的分析。

一、 钓鱼岛问题难解的要因

一般认为，东海问题争议主要包括岛屿主权归属争议、资源开发争议、海域划界争议和海空安全争议。在这些争议问题中，核心是岛屿主权归属争议，即钓鱼岛及其附属岛屿主权归属争议，其他争议问题由此引发或与其关联。现今的重点是管控东海海空安全，即构筑和实施东海海空安全的管理制度，以实现两国政府和平友好发展意愿，这是两国政府无法在钓鱼岛问题上达成妥协的过渡时期的安全措施。

而在中日关于钓鱼岛及其附属岛屿（以下简称钓鱼岛列屿或钓

---

① 日本针对钓鱼岛问题的基本立场，参见日本外务省文件：《尖阁诸岛：不依力量而基于法律支配寻求和平之海》（2014年3月），See http：//www. mofa. go. jp/mofaj/area/senkaku/index. html，2014年5月10日访问。关于“固有领土”内容，参见金永明：《论日本的所谓“固有领土”之含义》，《东方早报》2014年2月18日，第A11版。“固有领土”含义，是指历史上未有任何国家对其提出任何异议的领土，即历史性权原；如果中日双方均依据历史主张权原，则必须精查各方的历史。参见［日］芹田健太郎：《领土争端的法律与政治——宪法第9条及争端的和平解决》，《法律时报》第84卷第13号（2012年12月），第4页。

② 例如，在日本第187次临时国会的众议院会议上，日本外务大臣岸田文雄于2014年11月21日在回答下世代党议员西野弘一关于尖阁诸岛的领有权问题的第71号提问时答辩指出，日本依然坚持从前的立场，即中日两国不存在需要讨论解决钓鱼岛的主权争议问题。See http：//www. shugiin. go. jp/internet/itdb_ shitsumon. nsf/shitsumon/187071. htm，2014年11月25日访问。针对日本政府就钓鱼岛问题通过的上述答辩书，中国外交部发言人洪磊指出，钓鱼岛及其附属岛屿自古以来是中国的固有领土，中方对其拥有无可争辩的主权；中国政府维护国家领土主权的决心和意志坚定不移；我们要求日方停止一切损害中国领土主权的行为；……我们敦促日方信守承诺，拿出诚意，以实际行动维护和落实中日四点原则共识，妥善处理当前两国关系面临的突出问题，为推动两国关系改善发展作出努力。参见 http：//www. fmprc. gov. cn/mfa_ chn/fyrbt_ 602243/t1213754. shtml，2014年12月17日访问。

鱼岛列岛）的主权归属争议中，关键问题主要体现在：中日两国之间是否存在争议，是否存在“搁置争议”的共识，以及对国际法制度或国际秩序的理解和认识上的分歧等方面。

（一）日本否认钓鱼岛存在争议

日本在钓鱼岛问题上的基本态度是否认两国之间存在岛屿争议。其实，对于是否存在钓鱼岛列屿争议的问题，从国际实践看，并不是单方面的判断可以决定的，而需要从事实和法律立场予以阐释。诚然在国际法文件中，没有明确定义国际争议或国际争端的概念，但从国际法院多次引用常设国际法院在 1924 年 8 月 30 日审理马弗提斯和耶路撒冷工程特许案（Mavromamat Palestine Concessions）的判决内容可以看出，所谓的争端是指两个当事人（或国家）之间在法律或事实论点上的不一致（desaccord），在法律主张或利害上的冲突（constradiction）及对立（opposition）。[①] 换言之，国际争议或国际争端是针对特定主题，二者间互相对抗的主张出现明显化的状况。正如国际法院在此后多次提及的那样，（国际）争议是由客观事实确定的，不依赖于当事者是否承认。[②] 对照此判决内容，结合中日两国针对钓鱼岛问题的立场与态度，中日两国在钓鱼岛问题上是存在争议的。[③]

---

① See *PCIJ*, Series A, No. 2, p. 11. 例如，国际法院关于印度领域通行权案的本案判决，see *ICJ Reports*, 1960, p. 34. 国际法院关于萨尔瓦多和洪都拉斯之间的陆地、岛屿和海上边界争端案判决，see *ICJ Reports*, 1992, p. 555, para. 326.

② 参见［日］杉原高岭著：《国际法讲义》，有斐阁 2008 年版，第 544 页。

③ 中国政府针对钓鱼岛问题的立场与态度文件，主要为：《中华人民共和国外交部声明》（1971 年 12 月 30 日，2012 年 9 月 10 日）；以及《钓鱼岛是中国的固有领土白皮书》（2012 年 9 月）。以上资料，参见国家海洋信息中心编：《钓鱼岛——中国的固有领土》，海洋出版社，2012 年版，第 25—30 页；中华人民共和国国务院新闻办公室：《钓鱼岛是中国的固有领土》，人民出版社，2012 年版，第 1—16 页。日本政府（外务省）针对钓鱼岛（“尖阁诸岛”）问题的立场性文件，主要为：《日本关于尖阁诸岛领有权问题的基本见解》（1972 年 3 月 8 日）；《日本针对尖阁诸岛的“三个真实”》（2012 年 10 月 4 日），《日本尖阁诸岛宣传资料》（2013 年 10 月）。以上资料，参见［日］浦野起央等编：《钓鱼台群岛（尖阁诸岛）问题研究资料汇编》，（香港）励志出版社、（东京）刀水书房 2001 年版，第 272—273 页；［日］冈田充著：《尖阁诸岛问题：领土民族主义的魔力》，苍苍社 2012 年版，第 225—226 页；以及 http://www.mofa.go.jp/mofaj/area/senkaku/pdfs/senkaku_flyer.pdf，2013 年 10 月 30 日访问。

从日本政府针对钓鱼岛问题的文件内容可以看出，其基本立场为，钓鱼岛为日本固有领土，这在历史和国际法上均没有怀疑，即使现今其仍被日本有效地支配，所以，对于钓鱼岛问题，不存在应解决领有权的问题。[①] 即否认中日两国针对钓鱼岛问题存在争议。甚至日本外务省官员指出，如果中方认为存在争议，则中方可向国际法院提起诉讼。因为日本已于1958年9月作出了无保留地选择国际法院管辖权的声明，又于2007年7月9日就接受国际法院管辖的选择性声明作出了保留，所以一旦中方提交诉讼，则日本必须接受其管辖（应诉），从而事实上承认在两国之间存在钓鱼岛争议的情形。[②] 为此，在日方坚持强调不存在争议的情形下，中方需考虑是否主动提起诉讼的问题，并对国际司法解决方法作出评估，关键应做好法律诉讼或仲裁裁决的精细准备。

在日本学者中，也出现了日本主动提起司法诉讼或仲裁的观点，即由国际法院或仲裁法庭裁定或判决是否存在争议的问题，以确保东海海空安全，避免因中国的"强力行为"或"危险行动"，在东海海空引发的安全事故和冲突事件。如果日本主动提起诉讼，则中国就面临是否应诉的问题。这对于中国一直坚持和主张以政治方法或外交方法优先解决与其他国家之间的领土争议问题的政策面临重大挑战。因为，中国不仅未就《国际法院规约》第36条第2款的管

---

① 在日本，支持日本政府针对钓鱼岛问题见解的代表性学者系列新论文，主要为：尾崎重义：《尖阁诸岛与日本的领有权》（绪论、（1）、（2）、（3），载《岛屿研究期刊》创刊号（2012年6月），第8—17页；《岛屿研究期刊》第2卷第1期（2012年10月），第8—27页；《岛屿研究期刊》第2卷第2期（2013年4月），第6—33页；尾崎重义：《尖阁诸岛的法律地位——编入日本领土的经纬与法律权原》（上）、（中）、（下）之一，载《岛屿研究期刊》第3卷第2期（2014年4月），第6—27页；《岛屿研究期刊》第4卷第1期（2014年11月），第6—27页；《岛屿研究期刊》第4卷第2期（2015年3月），第6—24页。

② 日本为避免突然受诉，于2007年7月修改了原来的声明并作出了保留，即对于其他国家作出接受国际法院管辖的声明，并在未满12个月向国际法院提起的争端，日本不应诉。参见［日］芹田健太郎：《领土争端的法律与政治——宪法第9条及争端的和平解决》，《法律时报》第84卷第13号（2012年12月），第3页；［日］田中则夫、药师寺公夫、坂元茂树编：《基本条约集》（2014），东信堂2014年版，第1189页。

辖权作出选择性声明;[①] 同时，中国已依据《联合国海洋法公约》（以下简称《公约》）第298条的规定，于2006年8月25日向联合国秘书长提交书面声明，指出，对于《公约》第298条第1款第(a)、(b) 和 (c) 项所述的任何争端（即涉及海洋划界、领土、军事活动等争端），中国政府不接受《公约》第15部分第2节规定的任何国际司法或仲裁管辖。换言之，中国对于涉及国家重大利益的海洋争端，排除了适用国际司法或仲裁解决的可能性，坚持有关国家通过协商谈判解决的立场。也就是说，如果中国不撤回上述书面声明或不同意接受规定的程序，包括两国无法缔结协议提交国际司法或仲裁，则国际司法或仲裁机构就无法管辖此类争端。[②] 那么，在中国不主动起诉的情形下，就只留下中国是否接受日本单独提起的争端并接受“应诉管辖”（forum prorogatum）的问题了。

所谓的“应诉管辖”，是指相关方即无义务管辖权的一方，在对方是否同意接受国际法院管辖权毫不知情的情形下，向国际法院提起的诉讼，在此后的过程中，根据对方的明示或默示的意思表示接受法院管辖权，而赋予法院对该事件的管辖权并正式开始诉讼的状况。尽管通过应诉管辖的方法，国际法院可开始诉讼程序，但此方法并未在《国际法院规约》中作出明确的规定，只是从常设国际法院作出裁判后以惯例方式逐渐加以认可的，也得到了国际法院的案例确认。例如，国际法院于1948年3月25日对科孚海峡案作出的先决性抗辩判决就属于应诉管辖。即针对英国一方向国际法院提出的请求，阿尔巴尼亚在送交法院书记官的信中指出，尽管英国一方提起的诉讼并不合适，但为使自己国家表示对“国家间友好合作及

---

① 《国际法院规约》第36条第2款规定，本规约各当事国得随时声明关于具有下列性质之一切法律争端，对于接受同样义务之任何其他国家，承认法院之管辖为当然而具有强制性，不须另订特别协定：（一）条约之解释；（二）国际法之任何问题；（三）任何事实之存在，如经确定即属违反国际义务者；（四）因违反国际义务而应予赔偿之性质及其范围。

② 《公约》第298条第2款规定，根据第1款作出声明的缔约国，可随时撤回声明，或同意将该声明所排除的争端提交本公约规定的任何程序。

和平解决争端各原则”的热情和诚意，并不错失机会，国家有在法院出庭的意思，从而接受了国际法院的管辖权。[①]

虽然应诉管辖在国际法院存在提起诉讼增加的趋势，但由于一方是在对方是否承诺管辖毫不知情的情形下向国际法院提起的诉讼，所以有容易利用这种方法提起诉讼的可能性（即政治利用可能性）。同时，如果事先知道对方不会应诉而提起诉讼时，也存在国际上宣传对方不诚意解决争端的意图而被利用的可能性。所以，在1978年修改《国际法院规约》时，增加了严格限制应诉管辖的新条款。例如，《国际法院规约》第38条第2款规定，请求书应尽可能地指明据认法院有管辖权的理由，并应说明诉讼请求的确切性质以及诉讼请求所依据的事实和理由的简明陈述；第5款规定，当请求国提出以被告国尚未表示的同意为法院管辖的根据，请求书应转交该被告国，但该请求书不应登入总目录，也不应在程序中采取行动，除非并直到被告国同意法院对该案的管辖权。

（二）日本否认中日存在“搁置争议”的共识

对于“搁置争议”的说法，日方是明确否认的。其实，这一说法虽然未在《中日联合声明》（1972年9月29日）、《中日和平友好条约》（1978年8月12日签署，1978年10月23日生效）等文件中显现，但1978年10月25日邓小平副总理在日本记者俱乐部上的回答，表明两国在实现中日邦交正常化、中日和平友好条约的谈判中，存在约定不涉及钓鱼岛问题的事实。[②] 邓小平副总理指出：“这个问题暂时搁置，放它十年也没有关系；我们这代人智慧不足，这个问题一谈，不会有结果；下一代一定比我们更聪明，相信其时一定能

---

① 参见［日］田佃茂二郎著：《国际法新讲》（下册），东信堂1995年版，第151—152页。

② 关于邓小平副总理在日本记者俱乐部上的发言内容，参见《邓小平与外国首脑及记者会谈录》编辑组：《邓小平与外国首脑及记者会谈录》，台海出版社，2011年版，第315—320页。

找到双方均能接受的好方法。”[①] 换言之，中日两国领导人同意就钓鱼岛问题予以“搁置”。否则的话，针对邓小平副总理在日本记者俱乐部上的回答内容，日本政府和人民可作出不同的回答，而他们并未发表不同的意见，也没有提出反对的意见，这表明对于“搁置争议”日本政府是默认的。此后，日本政府也是以此“搁置争议”的原则和精神处理钓鱼岛问题的，具体表现为“不登岛、不调查及不开发、不处罚”，从而维持了钓鱼岛问题的基本稳定。

应该注意的是，由于邓小平副总理在日本记者俱乐部上的回答，是在1978年10月23日中日两国互换《中日和平友好条约》批准文后举行的，所以针对钓鱼岛问题的回答内容，具有补充《中日和平友好条约》内容原则性、抽象性的缺陷，具有解释性的作用和效果，即针对钓鱼岛问题的回答内容，也具有一定的效力。因为《维也纳条约法公约》第32条第2款规定，对于条约的解释，条约之准备工作及缔约之情况，也可作为解释条约之补充资料。

《中日渔业协定》（1997年11月11日签署，2000年6月1日生效）第1条规定，此协议适用海域是指中日两国的专属经济区；但两国的专属经济区界限至今未确定。其第2—3条规定，各国基于相互利益，根据此协定及自国的相关法令，可许可他方缔约国的国民及渔船在自国的专属经济区内作业，并发给许可证，也可征收合适的费用。同时，在作业时应遵守对方国家确定的渔业量及作业条件，而在决定作业条件时应尊重中日渔业共同委员会的协议内容。但此渔业协定只适用于北纬27度线以北的海域，位于钓鱼岛的北纬27度线以南海域不是该渔业协定适用的海域，所以，在此协定未规范的海域，仍适用如在公海那样的在自国登记的船舶由自国管理的“船旗国管辖”的原则。[②] 从上述《中日渔业协定》的规定可以看

① 参见日本记者俱乐部编：《面向未来友好关系》（1978年10月25日），第7页，http://www.jnpc.or.jp/files/opdf/117.pdf，2014年8月12日访问。

② 参见［日］丰下楢彦著：《何谓“尖阁问题”》，岩波书店2012年版，第177—178页。

出，日本政府是同意将钓鱼岛周边海域作为争议海域处理的，承认两国对钓鱼岛周边海域存在争议，这些内容无疑是以两国存在“搁置争议”共识为基础的产物。

针对“搁置争议”共识是否存在的问题，日本坚持认为中方有这样的提议，但并未得到日本的同意或许可，只停留于听过（出席邓小平、园田会谈时日本外务省原中国课课长田岛高志的证言），即其是中方的单方面的行为，而不是双方的行为，所以对日方无拘束力。[①] 特别是日本外务省官员指出，在所有《日本外交文书》中没有这些内容的记录。所以，自始至终不存在“搁置争议”的共识。而日本在 1972 年、1978 年后，采取了尽可能地平稳而慎重地管理钓鱼岛的方针，包括限制建造建筑物及人员上岛，目的是为了避免与中国发生摩擦，这是从发展中日友好关系的大局出发予以考虑并决策的。尤其是 1976 年，1996 年建立灯塔时日方的反驳，均否定了“搁置争议”共识的存在。[②]

此外，自 1972 年 9 月中日两国发表《中日联合声明》，并依据《中日联合声明》在缔结和平友好条约的谈判过程中，日本众议院议员佐佐木（良）委员于 1975 年 10 月 22 日在国会众议院预算委员会提问关于钓鱼岛问题时指出，“对于钓鱼岛问题，尽管在条约中并未言及，但达成了进行搁置的默契”对此向外务省予以确认。为此，宫泽国务大臣指出：“所谓的搁置这种形式在中日的条约谈判过程中并不存在这种事实。”1988 年 11 月 8 日，齐藤外务省条约局局长在众议院外交委员会上，回答“对于钓鱼岛问题，存在什么样的合意，或在什么样的状态下双方有认识”时指出，“尽管中国有争取并阐述了搁置的想法，但对日本来说，钓鱼岛被我国实际控制，是日本领

① 参见［日］田岛高志：《尖阁问题“中方不想谈，而日方只限于听过”——邓小平和园田会谈同席者的证言》，《外交》第 18 卷（2013 年 3 月），第 77 页。

② 参见［日］田岛高志：《尖阁问题“中方不想谈，而日方只限于听过”——邓小平和园田会谈同席者的证言》，《外交》第 18 卷（2013 年 3 月），第 78 页。

土的一部分，所以，完全不考虑搁置之事，因此，搁置之事在中日间完全不存在合意。”① 也即日本政府极力否定中日两国之间存在“搁置争议”的共识。

而依据中国前驻日大使陈健先生在上海交通大学出席会议（2013 年 11 月 3 日）时提供的资料，当时田中首相针对周恩来总理的谈话表示：“好，不需要再谈了，以后再说。”② 即当时的日本首相田中是作出回答的，与邓小平副总理和园田外相的谈话内容是不一样的。换言之，日方是同意“搁置争议”的，也即存在“搁置争议”的共识的。所以，所谓《日本外交文书》中无这些记录内容，是由于日本删除了与“搁置争议”谈话有关的内容，致使在《日本外交文书》中没有了在中日邦交正常化、中日和平友好条约谈判过程中与“搁置争议”有关的记录。③ 为此，中国外交部应就此内容予以明确，包括适时公布外交部相关档案，以证视听。

可见，日本政府违背历史事实，在钓鱼岛问题上否定争议、否定“搁置争议”的共识，是中日两国长期以来无法得到实质性进展或合理解决钓鱼岛问题的关键因素。

---

① 参见［日］芹田健太郎：《尖阁》，载国际法案例研究会编：《领土》，庆应通讯 1991 年版，第 161 页，第 163—164 页。

② 中国前驻日大使陈健先生展示的资料内容全文如下：1972 年 9 月 27 日，周恩来总理同日本首相田中角荣就中日邦交正常化问题举行会谈时，田中首相提出：“借这个机会我想问一下贵方对‘尖阁列岛’的态度。”周总理表示：“这个问题我这次不想谈，现在谈没有好处。”田中首相表示：“既然我到了北京，这问题一点也不提一下，回去后会遇到一些困难，现在我提一下就可以向他们交代了。”周总理表示：“对。就因为在那里海底发现了石油，台湾把它大做文章，现在美国也要做文章，把这个问题搞得很大。”田中首相表示：“好，不需要再谈了，以后再说。”周总理表示：“以后再说。这次我们把能解决的大的基本问题，比如两国关系正常化的问题先解决，不是别的问题不大，但目前急迫的是两国关系正常化问题。有些问题要等待时间的转移来谈。”田中首相表示：“一旦能实现邦交正常化，我相信其它问题是能解决的。”以上内容，也可参见国纪平：《钓鱼岛是中国领土铁证如山》，《人民日报》2012 年 10 月 12 日，http：//www. politics. people. com. cn/n/2012/2012/c1001 - 19239223. html，2012 年 10 月 14 日访问。

③ 参见［日］矢吹晋著：《尖阁问题的核心——日中关系会如何》，花伝社 2013 年版，第 32—42 页。

二、钓鱼岛主权的国际法分析

如上所述，中日两国针对钓鱼岛问题的分歧，还体现在对国际法制度或国际秩序的理解和认识上，所以有必要分析与钓鱼岛问题有关的国际法，特别是与其有关的条约法内容，也有必要系统地阐述日本针对钓鱼岛问题的立场和主张。

（一）日本针对钓鱼岛问题的基本立场

日本认为，在第二次世界大战后，日本的领土是依据1952年4月28日生效的《旧金山和约》以法律的形式确定的。尖阁诸岛依据《旧金山和约》第3条作为日本西南诸岛的一部分置于美国的施政下，并包含在1972年5月生效的美日关于琉球诸岛和大东诸岛协定（《归还冲绳协定》）返还给日本施政权的区域内。尖阁诸岛在历史上一贯构成日本领土——西南诸岛的一部分。尖阁诸岛是在1885年以后，经过多次或再三调查慎重确认其没有清朝统治的痕迹后，于1895年编入日本领土的。此后，根据日本政府的许可予以移民并在岛上经营鲣鱼生产的事业。而日本于1895年1月将其编入日本的领土，在国际法上属于正当地取得领土权的方式（所谓的无主地先占）。此后，于1968年预测在尖阁诸岛周边海域可能埋藏石油资源后，至1971年中国政府和台湾当局在主张领有权以前，日本以外的任何国家和地区均没有主张领土权，并提出异议。①

（二）批驳日本针对钓鱼岛问题的错误立场

针对日本政府关于钓鱼岛列岛领有权的所谓上述主张，有以下国际法问题需要澄清。

1. 在1895年以前，钓鱼岛等岛屿不是无主地。从《日本关于尖阁诸岛领有权问题的基本见解》（1972年3月8日）可以看出，

---

① http：//www.mofa.go.jp/mofaj/area/senkaku/index.html，2013年6月9日访问。

日本自1885年起，开始图谋侵占钓鱼岛等岛屿。其过程如下：1885年日本内务卿山县有朋密令冲绳县县令西村舍三勘查钓鱼台列屿，以设立“国标”。1885年9月22日西村以密函回报称：此等岛屿系经中国命名，且使用多年，载之史册，如在勘查后即树立“国标”，恐未妥善，建议暂缓。山县有朋并不死心，再次征询外务卿井上馨之意见。1885年10月20日，井上馨在答复山县有朋的极密函件“亲展第38号”中，亦指出“清国对各岛已有命名”，且当时中国报纸报道（即1885年9月6日上海《申报》标题为“台湾警信”的报道）指出：“近有日本人悬日旗于其上，大有占据之势，促请清政府注意。”此时，日本明治政府因自忖力量不足，又察“近时清国报纸等揭载我国政府欲占据台湾近旁清国所属岛屿的传闻”，乃未敢妄动，决定“当以俟诸他日为宜”，且为免“招致清国猜疑”，要求勘查之事“均不必在官报及报纸刊登”。为此，日本内务、外务两卿联合在1885年12月5日下达指示，要求冲绳县暂勿设立“国标”。同时，对当时福冈人古贺辰四郎开发钓鱼岛的申请，亦予驳回。[①] 可见，在1885年时，日本知悉钓鱼岛等岛屿根本不是无主地，已为中国命名和使用且载入史册，根本不是所谓的无清朝统治的痕迹，其确为属于中国的领土。1894年7月，中日甲午战争爆发，至10月底中方海、陆军皆已战败。此时，日本内阁鉴于甲午战争胜利在望，乃以“今昔情况已殊”为由，于1895年1月14日秘密核准冲绳县于钓鱼岛设立“国标”。日本对钓鱼岛等岛屿的窃占，至此“完成”。

此外，即使依据所谓的“无主地”先占原则取得对钓鱼岛列岛的主权，但至1969年5月5日，日本政府没有在钓鱼岛列岛建立任

① 参见台湾“外交部”：《钓鱼台列屿之主权声明》（2011年5月27日）。此外，对于《日本关于尖阁诸岛领有权的基本见解》内谎称的所谓“再三对钓鱼岛等岛屿的实地调查”反驳内容，参见金永明：《再驳“日本关于钓鱼岛等岛屿领有权的基本见解”的错误性》，《东方法学》2012年第5期，第54—61页。

何具有管辖痕迹或领土意思的标志，也就不符合国际法意义上的先占原则。[1] 那么，为何日本在此时突然设置了“标桩”？主要原因之一为，在发表《埃默里报告》之前的调查成员新野弘于 1967 年 9 月在日本的《科学与技术》的刊物上，独自发表了一篇专论，强调钓鱼岛列屿周边海域有蕴藏大量石油的可能，并向日本政府建言献策，要在联合国亚洲及远东经济委员会（ECAFE）公布中国黄海、东海及南海勘测报告之前，抢先向钓鱼岛列屿海域派出勘测队，以期获得更加准确的资料。受此“建言”影响，日本政府不仅实施了两次勘测活动，也加快了设置“标桩”的步伐。[2] 主要原因之二为，日本也认为钓鱼岛列屿是台湾的属岛，既然台湾已通过《马关条约》割让给了日本，所以无须再设置“标桩”了，从而“延缓”了设置“标桩”的进程。

2. 自 1885 年以来，日本并未对钓鱼岛等岛屿进行过多次调查。证据之一：1892 年 1 月 27 日冲绳县知事丸冈莞尔致函海军大臣桦山资纪，鉴于钓鱼岛列屿为“踏查不充分”之岛屿，要求海军派遣“海门舰”前往钓鱼岛列屿实地调查，然后海军省以“季节险恶”为由，未予派遣。证据之二：1894 年 3 月 12 日，冲绳县知事奈良原繁致函内务省谓：“自明治 18 年（1885 年），由本县属警部派出的调查以来，期间未再进行实地调查，故难有确实事项回报”。而此一文件为 1894 年 8 月 1 日中日甲午战争爆发前的最后一份官方文件，不但直接反驳日本政府所称对所谓尖阁诸岛进行过多次或再三彻底调查的说法，也说明明治政府当年确实是借甲午战争的胜利而窃占钓鱼岛等岛屿的。[3]

---

① 为显示日本对钓鱼岛等岛屿的行政管辖，1969 年 5 月 5 日日本石垣市在各岛设置了钢筋水泥制的标识或标记。参见郑海麟著：《钓鱼岛列岛之历史与法理研究》（增订本），中华书局 2007 年版，第 117 页。

② 参见吴天颖著：《甲午战前钓鱼列屿归属考》（增订版），中国民主法制出版社，2013 年版，第 6—9 页。

③ 参见台湾“外交部”：《钓鱼台列屿之主权声明》（2011 年 5 月 27 日），第 7 页。

实际上，日本用“出云丸”对钓鱼岛的所谓现场调查活动，只有一次，即1885年10月30日的上午10点到下午2点，前后最多也只有6个小时，根本不存在所谓的“多次调查”的说法。[①]

3. 所谓的依据许可对钓鱼岛实施“有效统治”，也属无效。日本辩称对钓鱼岛列屿进行了所谓的“有效统治”，包括政府批准民间人士在岛上进行开发活动。由于钓鱼岛列屿是中国的领土，并不是无主地，也违反无主地先占的要件，尤其是日本政府秘密通过的内阁决议，不仅无国际法效力，也无国内法效力。因为，在日本秘密将钓鱼岛及其部分附属岛屿编入所谓的日本领土的内阁决议（秘别133号），直到1952年日本外务省编辑出版的《日本外交文书》中才显现，而在此之前国际社会包括中国无法知晓。[②] 所以，严重地违反了国家取得领土的基本要件：向国际社会予以公示，因此其不具有国际法的效力，是一种违法的行为。[③] 同时，从《冲绳县之郡编制的敕令》（第13号）内容可以看出，在冲绳县的五郡中根本没有钓鱼岛等岛屿的内容。此外，根据明治宪法规定，内阁只是天皇的辅助机构，日本的法令只有以天皇的名义发布才算有效，而从日本针对其他领土（例如，硫磺岛（iwojima）、南鸟岛（minamitorishima）等无人岛）编入日本领土均予以公示的实况来看，日本将钓鱼岛等岛屿纳入日本领土的手续与其他领土编入手续明显不同，即《冲绳

① 参见［日］村田忠禧著：《日中领土问题的起源——公文书表明的不切实际的事实》，花伝社2013年版，第220—221页。

② 日本内阁决议（1895年1月14日）附件内容：对于内务大臣建议的位于冲绳县八重山群岛之西北称为久场岛、鱼钓岛之无人岛，近年有人试图从事渔业等，故须加以取缔之。对此，应按照该县知事呈报批准该岛归由冲绳县所辖，准其修建界桩。此事应如建议顺利通过。参见［日］浦野起央等编：《钓鱼台群岛（尖阁诸岛）问题研究资料汇编》，励志出版社、刀水书房2001年版，第167—170页。

③ 要使对无主地的先占有效，需具备以下两个要件：第一，想先占无主地的国家需要有将此土地作为自己领土的意思，并通过一定的方式予以表示；第二，国家必须对该土地实施有效占有。参见［日］田佃茂二郎著：《国际法新讲》（上），东信堂1994年版，第191—192页。

县之郡编制的敕令》未通过天皇敕令发布，所以毫无国内法的效力。[①] 为此，日本是借甲午战争胜利之际窃占中国领土——钓鱼岛列屿，一点也不脱离事实。所以即使采取了所谓的有效统治，也属无效，因为不法行为不产生权利。[②] 换言之，自1895年至1945年日本统治台湾期间，钓鱼岛列屿既为台湾属岛，故俱为日本领土。日本人使用该岛自无他人抗议，古贺辰四郎父子的开发行为即为一例。[③]

4. 日本声称在20世纪70年代前没有任何国家对钓鱼岛提出主权主张，不符合事实。1946年6月22日，美国主导下的盟军总司令部划定的日本渔区图，将中国钓鱼岛渔区划入日本渔区，遭到中国政府的反对，但盟军却知错不改，向中国和其他盟国解释说，“日本粮荒急迫，应增加渔产，俾谋救急”。希望盟国谅解。[④] 可见，盟军明知钓鱼岛不是日本的领土，且中国明确反对，却仍将钓鱼岛海域划入日本渔区，理由是出于对日本粮荒的救济。此外，1950年和1953年，美国琉球当局将托管范围包括钓鱼岛列屿的“依据”并非认为其是日本的领土，而是按照1944年的日本陆军地图地名索引确定的。[⑤] 所以，根本不符合日本声称的在1970年代无任何国家提出对钓鱼岛列屿拥有主权的事实。

至于1920年，当时的中华民国驻长崎领事在救出遇难中国渔民的感谢状中，载有“日本帝国冲绳县八重山郡尖阁列岛（即钓鱼岛

---

① 关于硫磺岛编入东京府（1891年）、南鸟岛编入东京府（1898年）内容，参见［日］百濑孝著：《史料考证：日本的领土》，河出书房新社2010年8月版，第61—65页，第87—89页。

② 关于“不法行为不产生权利”内容，参见王可菊：《不法行为不产生权利》，《太平洋学报》2013年第7期，第91—93页。

③ 日本窃占钓鱼台列屿后，即许可其国民在岛上开发。自1897年起，古贺辰四郎及古贺善次父子先后曾在钓鱼台上从事羽毛及鸟粪收集、标本制作、鲣鱼罐头工厂经营及农耕。前后二阶段，共历时二、三十年，终因成本过高及太平洋战争爆发而终止。参见台湾“外交部”：《钓鱼台列屿之主权声明》（2011年5月27日），第2、7页。

④ 参见胡德坤、韩永利：《旧金山和约与日本领土处置问题》，《现代国际关系》2012年第11期，第11页。

⑤ 参见胡德坤、韩永利：《旧金山和约与日本领土处置问题》，《现代国际关系》2012年第11期，第11页。

列屿）”的字样。这也无日本拥有钓鱼岛列屿领土主权的效果。因为如上所述，自 1895 年至 1945 年日本统治台湾期间，钓鱼岛既为台湾属岛，故俱为日本领土。日本人使用该岛自无他人抗议，古贺辰四郎父子的开发行为即为一例。此可解释民国九年（1920 年）中国驻长崎总领事馆冯冕何以在一份感谢状中承认“尖阁列岛”为日本领土，因为当时确实如此。[①]

另外，对于日本声称的在 1953 年 1 月 8 日《人民日报》的记事中，写有琉球诸岛由包括钓鱼岛列屿在内的七组岛屿组成的记载，也无效力。经查原文，《琉球群岛人民反对美国占领的斗争》是一篇编译文章。因为该文没有作者，只注明“资料”字样，且“尖阁诸岛”纯属日语写法，文中的冲绳地区“嘉手纳”被按日语翻译成“卡台那”（译音），所以是一篇辅助阅读的资料。这显然不能成为代表中国政府或《人民日报》报社的立场。更为重要的是，此文对“琉球群岛”的定义范围也存在错误。因为依据《旧金山和约》，大隅诸岛不在琉球群岛之内，也不在美军占领的范围内，根本不存在“反对美军占领的斗争”事实。换言之，《人民日报》的文章只是资料性质的参考文献，且属于日本本土鹿儿岛的大隅诸岛也不在琉球群岛范围之内，其存在定义范围之错误，所以其无法代表中国政府的立场。

此外，至于 1960 年在中国发行的中国世界地图集中，把钓鱼岛列屿作为冲绳岛屿处理的辩称，也无作用。因为当时中国无单独测绘出版地图的能力和水平，此地图或是沿用日本占据台湾时期的地图，或是直接参看了日本的地图，证据之一为中国后来正式测绘的地图所使用的岛屿名称也有变化，例如，将土噶喇诸岛称为土噶喇

① 参见台湾“外交部”：《钓鱼台列屿之主权声明》（2011 年 5 月 27 日），第 7 页。另外，以“中华民国驻长崎领事冯冕”名义分别给予日本地方官员和各位救助者的感谢状共有 7 份，其原件现存于冲绳县石垣市立八重山博物馆。参见朱建荣：《辨析日本关于钓鱼岛主权主张的结构性缺陷》，《日本学刊》2013 年第 1 期，第 29 页。

列岛。[1] 所以，这种地图充其量只能反映日本统治台湾期间把钓鱼岛划归琉球管辖的历史侧面，不足以证明历史的全貌，更不能以此作为辩明领土主权归属的依据。

事实上，日本是于 1968 年预测在钓鱼岛列屿周边海域埋藏丰富石油资源后，才开始加紧活动的。主要表现在：1969 年 6 月、1970 年 4 月，日本政府组织东海大学科研人员对钓鱼岛列屿周边海域实施了 2 次勘测调查活动，调查认为在钓鱼岛列屿附近海域缊藏丰富的石油资源；[2] 1969 年后，琉球政府船只开始驱赶台湾渔民在钓鱼岛列屿周边海域的捕鱼活动。[3] 目的是使驻琉美军与琉球政府共同派人前往钓鱼岛列屿周边海域调查石油矿藏；[4] 1969 年 5 月，琉球政府石垣市官员在钓鱼岛列岛的五个岛上设置了显示“行政管辖”的“标设”；[5] 1970 年 9 月 1 日，琉球政府立法院通过了《关于尖阁列岛的领土权》的决议，指出“尖阁列岛”在行政上属于冲绳石垣市；[6] 1974 年 1 月，日韩签署所谓的共同开发大陆架协定等。这些事实充分反驳了日本认为中国是在 20 世纪 70 年代预测在东海海底蕴藏丰富石油资源后，才开始主张或强化对钓鱼岛列屿的主权要求及管理措施的谬论。

5. 日本主张依据所谓的条约取得对钓鱼岛的“主权”，违反国际法。即日本认为，钓鱼岛列屿的“主权”是依据《旧金山和约》《归还冲绳协定》取得的，而不是依据《马关条约》割让的领土。

---

① 针对日本辩称的《人民日报》文章、有关地图内容分析及其作用，参见朱建荣：《辨析日本关于钓鱼岛主权主张的结构性缺陷》，《日本学刊》2013 年第 1 期，第 32—34 页。

② 国家海洋局海洋发展战略研究所编：《钓鱼岛问题纪事》，1996 年，第 15—16 页。

③ 参见丘宏达：《中国对于钓鱼台列屿主权的论据分析》，《明报月刊》第 78 期（1972 年 6 月），第 59 页；台湾“外交部”：《钓鱼台列屿之主权声明》（2011 年 5 月 27 日），第 7—8 页。

④ 参见朱建荣：《辨析日本关于钓鱼岛主权主张的结构性缺陷》，《日本学刊》2013 年第 1 期，第 30 页。

⑤ 参见［日］浦野起央著：《尖阁诸岛·琉球·中国——日中国际关系史》，三和书籍 2005 年版，第 154 页。

⑥ 参见［日］浦野起央等编：《钓鱼台群岛（尖阁诸岛）问题研究资料汇编》，励志出版社、刀水书房 2001 年版，第 192—198 页。

尽管《马关条约》第2条未提及钓鱼岛列屿，但并不能推出其为琉球西南诸岛一部分的结论。因为台湾全岛及所有附属各岛屿所涵盖的其他许多岛屿都没有在《马关条约》第2条中提及，如接近台湾本岛的兰屿、琉球屿、花瓶屿、彭佳屿等。

1951年9月8日，美日等国在旧金山签署的《旧金山和约》第3条规定的美国行政权管辖下的琉球列岛及其领海范围，并无涉及钓鱼岛列屿或日本所称的“尖阁群岛”、“尖头群岛”。[①] 而日本政府对《旧金山和约》第3条的地域范围解释时，明确指出“历史上的北纬29度以南的西南群岛（或西南诸岛），大体是指旧琉球王朝的势力所及范围”。此解释表明，《旧金山和约》规定交由美国托管的范围，不含钓鱼岛列屿，因为钓鱼岛列屿并非“旧琉球王朝的势力所及范围”。[②] 所谓的钓鱼岛列屿为琉球西南诸岛的一部分，只是错误地反映了日本在割让台湾后重新将钓鱼岛列屿划归冲绳管辖的“事实”，未能体现历史的真实面貌。

同时，钓鱼岛列屿由于台湾渔民经常出没作业的关系，习惯上将该列岛视为台湾附属岛屿，这是一种历史的自然形成。对于这种地理概念的历史形成，中日的文献资料均有反映。例如，明朝嘉庆帝派遣的“宣谕日本国”的特使郑舜功所撰《日本一鉴》（1564年）便记有：“钓鱼屿，小东小屿也”（小东即台湾），即钓鱼屿被视为台湾附属小屿的；明治28年（1895年）日本海军省所撰《日清战史稿本》之《别记·台湾匪贼征讨》记载的尖阁岛位置，是在“台湾淡水港北方约90海里（小基隆之海面）”，也把钓鱼岛列屿视

① 《旧金山和约》第3条规定，日本对于美国向联合国所作任何将北纬29度以南之西南诸岛（包括琉球群岛及大东群岛）、孀妇岩以南之南方诸岛（包括小笠原群岛、西之岛及硫磺列岛）及冲之鸟岛与南鸟岛，置于托管之下，而以美国为其唯一管理当局之建议，将予同意。在提出此项建议并就此项建议采取确定性之行动以前，美国有权对此等岛屿之领土暨其居民，包括此等岛屿之领水，行使一切行政、立法及管辖之权力……

② 参见郑海麟：《日本声称拥有钓鱼岛领土主权的论据辨析》，《太平洋学报》2011年第7期，第94页。

为台湾附属岛屿的。

其实，日本人要到1885年前后才通过西洋人的海图（主要是英国《海军水路志》）注意到钓鱼岛列屿的存在。而英国海军是通过闽台人获悉钓鱼岛列屿的命名，日本人则是通过英国人才注意到钓鱼岛列屿的存在。1900年，日本才给钓鱼岛列屿起名为尖阁列岛。此外，在1895年6月2日，中日政府代表签署《有关接管台湾的公文》谈判时，日本代表水野弁理公使认为，有关台湾附属岛屿已有公认的海图及地图。此谈话表明，日本政府承认台湾附属岛屿已有公认的海图及地图，因而不需要在接管台湾的公文中列出钓鱼岛列屿，所以，日本政府实际上承认钓鱼岛列屿是台湾附属岛屿，因为钓鱼岛列屿在公认的海图及地图上早已表明它属于中国台湾。①

（三）钓鱼岛主权问题与国际法制度

日方主张它占有钓鱼岛是根据《旧金山和约》和美国返还冲绳的协议，是符合国际法的，但是，1945年日本战败投降后，根据《开罗宣言》《波茨坦公告》及《日本投降文书》等文件的规定，钓鱼岛本应作为台湾的附属岛屿归还中国。然而，钓鱼岛至今仍被日本非法侵占，造成中国在法律上收回钓鱼岛列屿而未能在事实上收回的局面。② 因此，日方所谓的占有钓鱼岛列屿是非法的，换言之，钓鱼岛问题非主权之争，而是管辖权或行政权之争。

值得注意的是，《开罗宣言》对领土内容的规定采用了不穷尽列举的方式，意在强调日本以任何方式窃取于中国的一切领土，不论是通过《马关条约》正式割让的台湾、澎湖，还是日本通过傀儡政府而实际占据的东北四省，或是以其他方式窃取的中国领土，均应

---

① 参见李国强：《钓鱼岛主权若干问题辨析》，《太平洋学报》2013年第7期，第2—3页；［日］芹田健太郎：《尖阁》，载国际法案例研究会编：《领土》，庆应通讯1991年版，第155—156页；滨川今日子：《围绕领有尖阁诸岛的论点——以日中两国的见解为中心》，《调查与情报》第565期（2007年2月28日），第7页。

② 参见王可菊：《不法行为不产生权利》，《太平洋学报》2013年第7期，第95页。

归还中国。即便日方辩称钓鱼岛列屿没有作为台湾附属岛屿在《马关条约》中一并割让给日本，也不能否认该等岛屿是日本利用甲午战争或在甲午战争期间从中国“窃取”的领土，因而是必须归还中国的。[①]

但美国基于冷战及地缘战略考虑，根据1951年签订的《旧金山和约》管理琉球，并依据1953年12月25日生效的有关奄美大诸岛的《日美行政协定》，认为有必要重新指定琉球列岛美国民政府及琉球政府按照民政府布告、条令及指令所规定的地理境界，所以，美国民政府于1953年12月25日发布了《琉球列岛的地理境界》（第27号），将钓鱼岛列屿单方面地划入琉球群岛的经纬线内，并于1972年将钓鱼岛列屿连同琉球群岛一并“交还”日本。[②] 美日私相授受中国钓鱼岛领土的做法，导致现今钓鱼岛列屿被日本非法实际控制的局面，从而衍生出长达40余年的中日钓鱼岛列屿领土主权之争。

在此，美国依据《归还冲绳协定》“归还”琉球群岛及钓鱼岛行政权之举，不仅未取得第二次世界大战盟国的同意，而且也违反《旧金山和约》要求将琉球纳入联合国托管制度的目的。即美国出于自身战略利益考虑，没有将托管琉球的建议提交联合国审议，所以使得“从敌国分离的潜在的托管领土——琉球”，始终没有受到联合国托管制度的约束，进而违反《旧金山和约》拟将琉球提交联合国托管的出发点和归宿。[③]

---

① 国纪平：《钓鱼岛是中国领土铁证如山》，参见 http：//politics. people. com. cn/2012/1012/c1001－19239223. html，2012年10月14日访问。

② 关于美国单方面划定琉球地理境界并依据“群岛基线”划定琉球群岛经纬线范围内容，参见郑海麟：《日本声称拥有钓鱼岛领土主权的论据辨析》，《太平洋学报》2011年第7期，第94—96页。

③ 对于《旧金山和约》第3条的含义是指，日本同意，琉球作为普通托管领土或战略托管领土，经过联合国大会或者安理会批准并置于联合国托管理事会、大会以及安理会的监督之下后，由美国作为唯一管理当局；而在此托管程序开始或完成之前，琉球暂由美国“施政”。换言之，一旦琉球完成联合国托管的程序，则正式成为托管领土，而在此之前，则是由美国临时施政的“潜在的托管领土”。参见罗欢欣：《论琉球在国际法上的地位》，《国际法研究》2014年第1期，第21—22页。

1943 年 10 月，中美英苏发表了《四国关于普遍安全的宣言》。其宣布，四大国决心在打败敌人及处理敌人投降方面，采取共同行动。可以看出，盟国一致原则和不单独媾和为反法西斯四大国之间的庄重约定，各国必须遵守。所以，于 1951 年 9 月 8 日在没有中国参加、苏联没有签字，美日等国签署的《旧金山和约》突破了盟国的共同决定，改变了盟国对日本领土的许多规定，在国际法上无效。[①] 中国政府周恩来总理兼外长代表政府郑重声明，指出《旧金山和约》没有中华人民共和国参加的对日单独和约，不仅不是全面的和约，而且完全不是真正的和约；中国政府认为是非法的、无效的，因而是绝对不能承认的。[②]

中国政府的上述立场和观点得到国际法的支持。例如，《维也纳条约法公约》第 34 条规定，条约非经第三国同意，不为该国创设义务或权利；第 35 条规定，如条约当事国有意以条约之一项义务之方法，且该项义务经一第三国以书面明示接受，则该第三国即因此项规定而负有义务。上述条款内容，体现了国家主权平等原则和“协议不损害第三国及不得益第三国”的原则。所以对于《旧金山和约》，由于中国政府没有参加，并作出了反对的声明，因此与中国有关的内容，对中国政府无拘束力。

在此特别应该指出的是，所谓的日本对钓鱼岛的主权，尤其是二战后对于日本的领土范围，日本试图割裂与重要的国际法文件之间的关系。即日本主张依据《旧金山和约》《归还冲绳协定》确定日本的领土范围，这就是所谓的对国际秩序或国际制度的认识差异，明显是日本的诡辩。

对于日本的领土范围，中美英政府首脑于 1943 年 12 月 1 日公

---

① 胡德坤、韩永利：《旧金山和约与日本领土处置问题》，《现代国际关系》2012 年第 11 期，第 8—10 页。

② 《周恩来外长关于美国及其仆从国家签订旧金山和约的声明》，载田桓主编：《战后中日关系文献集（1945—1970）》，中国社会科学出版社，2002 年版，第 103—104 页。

布的《开罗宣言》指出，我三大盟国此次进行战争之目的，在于制止及惩罚日本之侵略，三国决不为自己图利，并无拓展领土之意思；三国之宗旨，在剥夺日本从1914年第一次世界大战开始在太平洋上所夺得或占领之一切岛屿；在使日本所窃取于中国之领土，例如，东北四省、台湾、澎湖列岛等，归还中华民国；其他日本以武力或贪欲所攫取之土地，亦务将日本驱逐出境。①

《波茨坦公告》第8条规定，开罗宣言之条件，必将实施；而日本之主权，必将限于本州、北海道、九州、四国及吾人所决定其他小岛之内。②

由于《日本投降文书》内的《向同盟国投降文书》（1945年9月2日）规定，日本接受美中英政府首脑于1945年7月26日在波茨坦所发表，其后又经苏联所加入之公告列举之条款；日本担任忠实执行波茨坦宣言之各项条款。③ 同时，《中日政府联合声明》（1972年9月29日）第3条规定，中华人民共和国政府重申：台湾是中华人民共和国领土不可分割的一部分；日本国政府充分理解和尊重中国政府的这一立场，并坚持波茨坦公告第8条的立场。④ 所有这些国际法文件对日本有拘束力。

依据这些条约文件内容，日本应放弃或归还的岛屿及领土，主要包括以下三个方面：第一，日本应归还“一战”后夺得的太平洋上的一切岛屿，其是指西太平洋群岛的岛屿，主要为加罗林群岛、北马里亚纳群岛、马绍尔群岛；第二，日本应归还窃取于中国的领

---

① 《开罗宣言》内容，参见丘宏达编辑，陈纯一助编：《现代国际法参考文件》，（台湾）三民书局2002年版，第926—928页。

② 《波茨坦公告》内容，参见丘宏达编辑，陈纯一助编：《现代国际法参考文件》，（台湾）三民书局2002年版，第928—929页。

③ 《日本投降文书》内的《向同盟国投降文件》内容，参见丘宏达编辑，陈纯一助编：《现代国际法参考文件》，（台湾）三民书局2002年版，第930—932页。

④ 参见《当前中日关系和形势教育活页文选》，红旗出版社，2005年版，第77—78页。

土；第三，日本应放弃以武力或贪欲所攫取之土地。[①]

总之，依据国际法文件，特别是《开罗宣言》《波茨坦公告》《日本投降文书》及《中日政府联合声明》等文件的原则和精神，钓鱼岛列屿属于中国应收复的领土，毫无疑义。因为这些条约属于最高层级的立法性或造法性条约，起引导及决定性的作用，特别是当低级层次的立法性条约、合同性或契约性条约（例如，《旧金山和约》、《归还冲绳协定》）与其发生冲突时，它们具有优先适用的性质和功能。同时，日本的领土限于四地及同盟国决定之小岛内。在这"小岛"内，自然不包括琉球。因为，第一，琉球群岛包含大小岛屿150多个，其中最大的岛屿冲绳有1200余万平方千米，人口100多万，是除日本四地（本州、北海道、九州、四国）以外的第五大岛屿，很难被看作"小岛"；第二，在美国占领日本与琉球期间，对于日本与琉球的方式截然不同，采取了"分离式处理"的方式，对日本的政策也都"不包含琉球"。[②]

1946年1月29日，同盟国最高司令官总司令部（General Headquarters of Supreme Commander for Allied Power，SCAP）向日本政府发出题为《某些边远区域从日本的统治和行政中分离的备忘录》（Memorandum for Imperial Japanese Government on Governmental and Administrative Separation of Certain Outlying Areas from Japan）的"第677号指令"规定了日本领土的范围：日本由四个本岛和约1000个较小的邻接岛屿所组成，包括对马岛及北纬30度以北的琉球（西南）岛屿。同时，上述备忘录指出，"即日起日本帝国政府对日本以外的区域或此区域内的任何政府官员、职员或个人，停止实施一切政府的、行政的权力或权力意图"，琉球被视作日本以外区域。这种

① 参见管建强：《国际法视角下的中日钓鱼岛领土主权纷争》，《中国社会科学》2012年第12期，第132页。

② 参见张亚中：《两岸共同维护钓鱼岛主权：国际政治的观点》，《台海研究》2013年第1期，第36—37页。

“分离式处理”方式意味着与盟军最高司令官总司令部间接管理下的日本不同，琉球被留在了美军的直接统治之下。

由于美国只是占领琉球，而且没有将琉球纳入主权的意愿，其他战胜同盟国也从来没有表达获得琉球主权的意愿。因此，琉球在战时占领期间的地位是：既不属于日本，也不属于美国，而是在国际共管下的一种地位未定的领土。更值得注意的是，美国从未真正地遵行国际共管制度规定。因为，美国在 1952 年 2 月 10 日将在北纬 29 度以北的吐噶喇群岛岛屿“返还”给了日本，违反了“第 677 号指令”规定的以北纬 30 度为界的内容。在 1952 年 4 月 28 日生效的《旧金山和约》中又认为日本的“剩余主权”可以包括在北纬 29 度以南，即南琉球群岛，美国在此区域行使的是“行政管理权”。1953 年 12 月 25 日，美国将此区域中的奄美群岛行政权交还日本。1968 年 6 月 26 日，美军将小笠原诸岛的行政权交还日本。1972 年 5 月 15 日美国又依据《归还冲绳协议》，将北纬 29 度以南的南琉球群岛，包括钓鱼岛列屿一并交还日本。[①] 美国这种单方面变更范围及“交还”领土的行为，自然没有得到同盟国的同意，因而其是非法、无效的。

此后，同盟国未曾协商讨论决定日本的领土范围，包括琉球群岛的地位问题。鉴于钓鱼岛主权问题危及或影响东亚区域及世界的和平与安全，联合国安理会有责任讨论此问题，或其可向国际法院申请咨询意见，以重申或再次确定日本领土之范围，切实保卫“二战”之胜利成果，并遵循国际制度安排，维护国际秩序。[②]

---

① 参见张亚中：《两岸共同维护钓鱼岛主权：国际政治的观点》，《台海研究》2013 年第 1 期，第 37—38 页。

② 例如，《联合国宪章》第 39 条、第 96 条第 1 款；《国际法院规约》第 65 条第 1 款。

三、“国有化”之后的日本钓鱼岛政策

2010 年 9 月 7 日，钓鱼岛周边海域发生渔船撞击事件，日方抓捕了中国渔船船长，引起两国争端升级，日本钓鱼岛政策发生变化，公开挑战长年事实上形成的“搁置争议”的现状，也停滞了两国政府间关于东海问题原则共识的谈判磋商进程。此后，日本政府于 2012 年 9 月 10 日确立“购岛”方针（所谓的“平稳及安定地维护和管理”钓鱼岛及其部分附属岛屿），9 月 11 日签署“购买”合同，并于 9 月 12 日完成所谓的“土地所有者”登记手续“收场”。日本政府所谓“国有化”钓鱼岛、北小岛和南小岛的行为，无视中国政府的多次强烈抗议和严正警告，无视中日关系大局，不仅严重侵犯中国的主权和领土完整，也破坏纪念中日邦交正常化 40 周年的氛围，严重损害中日关系的发展进程。[①]

自日本政府“国有化”钓鱼岛行为后，中国出台了一系列的反制措施，尤其在法律上特别明显。主要为：2012 年 9 月 10 日，中国政府就钓鱼岛等岛屿的领海基线发表了声明，公布了钓鱼岛等岛屿作为基点的经纬度坐标，从而确立和明确了钓鱼岛等岛屿以直线基线为基础的领海制度及其他海域管辖范围。[②] 9 月 12 日，国家海洋局公布了领海基点保护范围选划及保护办法。9 月 13 日，中国常驻

---

① 例如，2012 年 9 月 11—12 日，中国外交部亚洲司长罗照辉大使在北京应约与来华的日本外务省杉山晋辅就当前中日关系举行磋商。罗照辉全面阐述了中方在钓鱼岛问题上的严正立场，强调中国政府和人民维护领土主权的决心和意志坚定不移，要求日方立即撤消所谓“购岛”的错误决定。罗照辉强调，中方决不承认日方对钓鱼岛的非法侵占和所谓“实际控制”，决不容忍日方对钓鱼岛采取任何单方面行动。日方必须立即纠正错误，回到双方达成的共识和谅解上来，回到对话谈判解决争议的轨道上来。参见《中方再次要求日方撤消“购岛”决定》，http：//www. fmprc. gov. cn/mfa _ chn/ziliao _ 611306/zt _ 611380/dnzt _ 611382/diaoyudao _ 611400/t968814. shtml，2014 年 12 月 17 日访问。

② 中国关于钓鱼岛及其附属岛屿领海基线的声明内容，参见 http：//www. gov. cn/jrzg/2012 - 09/10/content_ 2221140. htm，2012 年 9 月 11 日访问。

联合国代表李保东大使向联合国秘书长提交了中国钓鱼岛等岛屿领海基点基线坐标表和海域的文件。此外，国家海洋局、民政部受权于2012年9月21日公布了中国钓鱼岛海域部分地理实体标准名称，从而完善了中国针对钓鱼岛等岛屿的领海制度及一切法定手续。2012年12月14日，中国政府向联合国秘书长提交了“东海部分大陆架外部界限划界案”。[①] 这是中国于2012年3月3日，经国务院批准，授权国家海洋局、民政部公布钓鱼岛及其部分附属岛屿名称以来的后续措施；[②] 也是依据中国的海洋法（主要包括《中国政府关于领海的声明》，中国的《领海及毗连区法》，中国的《海岛保护法》等），以及《公约》作出的决定，目的是完善中国的海洋法制度尤其是领海制度，捍卫中国的领土主权和海洋权益；[③] 也为我国对钓鱼岛周边海域实施常态化的巡航提供了法律基础和保障。

日本态度日趋强硬，导致钓鱼岛问题陷入对抗局面。尽管中国基本完善了钓鱼岛周边海域的领海制度，并实施了常态化的巡航管理制度，但在中日双方并未解决钓鱼岛问题争议且互不妥让的情形下，两国执法机构的船只碰撞和摩擦事件发生的概率在明显地上升。同时，为强化对钓鱼岛周边海域的管理，日本不仅修改了《海上保安厅法》和《在领海等区域内有关外国船舶航行法》，赋予了海上保安厅执法人员对“登岛”人员、在钓鱼岛周边海域活动的外国船只和船员的警察权，即强化了所谓的“应对措施”；也制订了新的《海洋基本计划》（2013—2017），整备了新的安保政策和措施，重点强化了对西南诸岛的“管理”。在这种情形下，中国仅公布钓鱼岛

---

① See http：//www. un. org/depts/los/clcs_ new/commission_ documents. htm，2014年12月27日访问。

② 国家海洋局、民政部受权公布我国钓鱼岛及其部分附属岛屿名称内容，参见 http：//www. soa. gov. cn/soa/news/important-news/webinfo/2012/03/1330304734962136. html，2012年3月4日访问。

③ 例如，《公约》第16条规定，沿海国应将标注测算领海宽度基线或界限等的海图或地理坐标妥为公布，并应将各该海图和坐标表的一份副本交存联合国秘书长；第319条第1款规定，联合国秘书长应为本公约及其修正案的保管者。

列屿的领海基线显然是不够的，还需完善周边海域的执法制度，包括外国船只在钓鱼岛周边海域的航行制度，中国管辖海域巡航执法制度等，重点应明确我国海洋管理机构的职权和惩罚措施，以处置执法过程中的违法活动或行为。

日本政府不肯使钓鱼岛问题回到“搁置争议”的原点，导致中方反制措施升级。即为应对包括钓鱼岛周边海域在内的东海空域飞行安全、避免诸如日本舰机再次擅自闯入中国按国际规则指定的军事演习海域和空域那样的事件，作为应急和反制措施，中国国防部依据国际惯例和国内法于2013年11月23日宣布了《中国关于划设东海防空识别区的声明》，并发布了《中国东海防空识别区航空器识别规则公告》，以进一步管控东海空域秩序和航行安全。[①] 但由于中国东海防空识别区与日本公布的防空识别区（1969年4月29日公布，1972年5月10日和1973年6月30日修改）大面积重叠，使两国的飞机尤其是军机在重叠区发生冲突事故的可能性明显增加，特别在他方飞机不遵守中国东海防空识别区航空器识别规则的情况下，进一步完善执法制度包括制定中国东海防空识别区航空器识别规则实施细则，应对具有不同性质的空域实施区别的管理制度，确保东海防空识别区的正常运作和合理管理，就显得特别重要。

在钓鱼岛局势持续僵持的背景下，2014年11月7日，中日双方经过磋商，发表了《中日处理和改善两国关系的四点原则共识》。不可否认的是，尽管两国政府代表达成了上述共识，但日本政府对钓鱼岛问题的基本立场仍未改变，尤其是要让其承认中国常态化巡航钓鱼岛周边海域的新现实，仍然有一定难度。相反，日本正积极与

---

① 关于中国政府关于划设东海防空识别区的声明内容，参见 http://www.gov.cn/jrzg/2013-11/23/content_2533099.htm，2013年11月25日访问。关于中国东海防空识别区航空器识别规则公告内容，参见 http://www.gov.cn/jrzg/2013-11/23/content_25333101.htm，2013年11月25日访问。关于设立防空识别区的渊源、依据和国家实践等内容，参见李居迁：《防空识别区：剩余权利原则对天空自由的限制》，《中国法学》2014年第2期，第5—19页；刘伟民：《论防空识别区与国际法》，《国际法研究》2014年第3期，第5—15页。

美国加强美日同盟，包括举行夺岛演习和训练，应对可能发生的所谓“灰色地带事态”事件，还试图干涉中国与东盟国家之间在南海问题上的争议，试图通过“三海联动”（包括东海、南海和台海）向中国施加压力，逼迫中国在钓鱼岛问题上作出让步，进而坐实日本对钓鱼岛所谓的“完全管辖”。

第三节　南千岛问题

俄罗斯是日本周边领土面积最大的国家，日俄之间的互相不信任，源于20世纪的两次战争，一次发生在1905年，一次发生在1945年，战争给双方国民在感情上埋下了怨恨的种子。双方对立的焦点是南千岛的归属问题，由于这个问题的存在，两国甚至连最基本的和平条约和经济合作都难以达成，这成了日俄关系的瓶颈，也成了日本展开大国外交的障碍。本节的主要内容是在分析日俄两国之间南千岛问题的来龙去脉的基础上，观察岛屿争端对日俄政治关系的影响，即，该问题对日俄和平条约的阻碍作用及对日俄两国之间的经济合作的影响进行分析。另外，也从日本的海洋战略角度审视日俄领土问题。战后日本外交的展开过程实际上是一个摆脱战后体制以恢复其大国地位的过程，具体地说，实现大国化和开展大国外交是战后日本对外政策的中心任务，进入21世纪之后，日本逐渐具体地把这种大国政策与其海洋战略联系起来，日俄之间的岛屿争端，也成了日本外交必须处理的海洋问题。若日本不与它的周边最大的国家俄罗斯之间解决岛屿争端，不仅不能获得俄罗斯远东地区的石油资源，实现石油进口多元化，而且还给21世纪日本设定的海洋大国目标投下了驱之不散的阴影。本节主要内容包括三部分：岛屿争端是日俄关系的核心问题；两国为解决南千岛问题进行的外交博弈；两国在处理南千岛问题和经济合作问题时面临的两难困境。

一、 岛屿争端是日俄关系的核心问题

岛屿争端主要是指南千岛问题，它是日俄关系的核心问题，也是日本对俄“捆绑”政策的关键因素。若要分析日俄关系难以取得进展的根本原因，就要了解日本对俄政策的矛盾所在，必须先从领土问题，即南千岛问题入手才能理出清晰的思路。那么，南千岛问题是如何起源，又是何时和怎样被提起的呢？

（一）南千岛问题的起源

南千岛包括日本北海道北部与千岛群岛相连的择捉岛和依次向南分布的国后岛、色丹岛和齿舞岛。在日俄关系史上，这些岛屿的归属问题一开始就不是单独存在的，它是与两国力量消长以及与之相应的领土野心有密切关系的。

1. “得抚划界”与萨哈林岛“混住”。在日俄两国之间，历史上本来没有明确的划界，到了1855年，幕府时期的日本与沙俄政府签订了《通好条约》，首次将两国国境划在得抚岛和择捉岛之间，这意味着俄国承认择捉岛及其以南的国后、色丹和齿舞四岛是日本的领土。该条约还规定萨哈林岛（即库页岛，日本名叫“桦太岛”）为两国“混住地”。这是两国历史上的首次划界，但萨哈林岛的混住协议，等于没有划界，这便意味着当时两国把这个问题留给了后人去解决。

2. 萨哈林岛与千岛群岛的交换。20年后，即1875年，日本的明治政府与沙俄政府签订了《千岛群岛与萨哈林岛交换条约》，日本放弃对有“混住权”的萨哈林岛的领土主张，条件是以得抚岛以北的俄属千岛群岛作为补偿，这样，在北海道以北的北方四岛的基础上，沙俄又承认了包括得抚岛在内的千岛群岛也是日本的领土，同时日本则承认了萨哈林岛全部归属沙俄。这次谈判与20年前的谈判

都是两国在平等的条件下以和平的方式解决问题的。

3. 权力政治与领土问题。19 世纪的这两次领土安排只给日俄两国带来 30 年的和平，1905 年的日俄战争以后，日本通过《朴茨茅斯和约》取得了萨哈林岛南部，使俄国蒙受了耻辱。但是 40 年后，1945 年，苏联出兵远东，作为对日俄战争的报复，苏联红军不但占领了萨哈林岛南部，而且占领了本来已经让给日本的千岛群岛，尤其是苏联对千岛群岛南部的“南千岛”的占领，深深地刺伤了日本人的自尊心，日本人不认为“南千岛”属于千岛群岛。

苏联是想通过报复性占领，一雪 40 年前日俄战争之耻，但同时也造成了日本人对苏联挥之不去的怨恨，因为日本不但失去了 1905 年“合法”得来的萨哈林岛南部，而且还失去了 1875 年通过交换得来的千岛群岛。最让日本人不能接受的是早在 1855 年的条约就规定属于日本的南千岛，即日本人称之为“北方四岛”的部分也被占去。这便是日俄两国关于领土问题恩怨的根源。

4.《旧金山和约》与领土安排。战后的日本毕竟是战败国，所以它不得不在《旧金山和约》中正式承认接受二战后的领土现实，即放弃千岛群岛和萨哈林岛。但是，关于南千岛的处理，《旧金山和约》的规定并不十分清楚，因为没有明确说明它是否包括在千岛群岛之内。其实，日本对于千岛群岛和萨哈林岛在心理上一直是“藕断丝连”和难以割舍的，他们并不认为《旧金山和约》是关于领土问题的最终协议，现在日本仍然有很多人主张千岛群岛、萨哈林岛的归属未定。如，1965 年，日本自民党议员佐藤孝行就说过“我党的见解是，千岛、萨哈林不是我国已经放弃的领土，这些领土的归属应该等国际会议解决，召开这样的国际会议时，我国有权对这些领土提出返还要求”。①

当然，佐藤孝行的言论，还不能代表日本政府的正式态度，因

① ［日］《产经新闻》，2007 年 1 月 9 日。

为日本政府还不能公开挑战《旧金山和约》的安排，所以现在日俄之间的领土争端主要是围绕《旧金山和约》的模糊“地段”“南千岛”，即日本称之为“北方四岛”的部分展开的。

（二）南千岛问题与日苏复交谈判

1. 问题的焦点。《旧金山和约》第二条规定：日本放弃千岛群岛的一切权利和请求权。这一条其实是《雅尔塔协定》关于千岛群岛条款的追认。佐藤议员虽然说日本不承认《旧金山和约》关于萨哈林岛和千岛群岛归属苏联的规定，但是根据《旧金山和约》日本已经无权对千岛群岛和萨哈林岛提任何要求了，日本有空可钻的只有南千岛。战后日本首次提起南千岛问题是1955年1月的日苏谈判开始之际，日本突然提出要求，说国后岛和择捉岛不属于千岛群岛，应该与色丹、齿舞一起归还日本。也就是说日本认为《旧金山和约》中所提的“千岛群岛”这个概念是指北千岛，即得抚岛以北的岛屿，它不包括北方四岛（俄方称之为“南千岛”），日本认为苏联应该归还这四个岛，日方认定这四个岛不包括在《旧金山和约》规定的日本应放弃的千岛群岛和萨哈林岛之内。

但是，早在旧金山会议和日本国会批准《旧金山和约》时，日本政府都认为千岛群岛包括国后岛和择捉岛，日本的态度是违反禁止反言原则的。[①] 所以，对于日本的主张，苏联是绝对不接受的，他们认为所谓“千岛群岛”是包括北千岛和南千岛在内的，日本既然承诺放弃千岛群岛，那就意味着放弃了南北千岛，所以苏联认为自己对南千岛的占领是合法的。苏联虽然没参加旧金山会议，但是他们认为千岛群岛包括南千岛和萨哈林岛都是自己的领土，是早已解决的问题，所以拒绝与日本就领土问题进行任何讨论。

---

① 歴代自民党政権の日ロ領土交渉方針の根本的再検討を歴代自民党政権の日ロ領土交渉方針の根本的再検討を，http：//www.jcp.or.jp/seisaku/2010/20101109_ryoudo_shii_seifu.html。

2. 二岛返还论。日本在两国恢复外交关系的谈判中提出领土问题，标志着这个问题一开始就与政治捆绑在了一起。从此，南千岛问题便成了战后日苏两国领土争端的焦点问题。但是在1956年的日苏谈判过程中，日苏双方都面临着一些必须解决的现实问题，促使他们的领导人必须灵活处理这个问题。

对于苏联来说，因为没有参加旧金山对日媾和会议，所以它需要尽早与日本缔结和平条约，稳定远东安全，改善在远东与美国的冷战态势，既推行它的和平共处外交政策，也为在欧洲与西方竞争解除后顾之忧。

基于这样的战略考虑，当时的苏联答应日本首相鸠山一郎可以遣返战俘和支持日本加入联合国，甚至还答应归还北方四岛中的色丹、齿舞二岛，当然，条件是归还的时间必须定在日苏和平条约缔结和美国归还冲绳、小笠原岛之后。苏联之所以同意归还两岛还因为他们想以这两个岛为诱饵打消日本进一步的领土要求，所以，苏联提出和平条约应作为两国解决边界问题的最终文件，希望日本从此不再提出任何领土要求。

日本本来是主张四岛全部返还的，但是他们当时需要尽快让扣留在西伯利亚的30万日本战俘回到日本，特别是他们还需要苏联的支持加入联合国，所以，鸠山一郎准备在领土问题上做一些让步，同意先获得其中的两个岛屿。当时他还秘密委托日本社会党委员长铃木茂三郎给予间接支持，以弱化日本国内的反对鸠山这样做的声浪，他对铃木说："领土在多年以后也不会消失，但是滞留者的生命是有限的。"也就是说，鸠山默认了苏联提议的"二岛返还论"，于是两国签订了1956年的《日苏联合声明》。

《日苏联合声明》的主要内容是：日本同意归还二岛，两国应该签订和平条约，签约之际实施二岛归还程序。

二、　领土问题与和平条约问题的捆绑

然而，日俄之间至今尚未签订一个全面的和平条约，尽管双方都有这个愿望，“二岛返还论”也为此提供了可能性，但是，结果并没有得到贯彻执行，事实上，现在领土问题仍然是日俄和平条约的障碍。尽管在以后的谈判中，领上问题也伴随着围绕日俄两国的国际形势的变化和两国的外交战略的变化而有所改变，但是，日本始终不能在对俄关系上超出双边分歧，不能在大国外交的框架下使两国关系更上一个层次。

（一）“日进俄守”阶段

虽然1956年日苏两国恢复了外交关系，日本也要回了扣留在西伯利亚的战俘，还实现了加入了联合国的愿望，但实际上，在领土问题上，日本一开始就不想造成以二岛的返还来结束领土争端的既成事实。其实，鸠山在“二岛返还”问题上的让步，一开始就是缓兵之计。后来的事实证明，日本政府最终放弃了接受二岛的政策，因为他们宁可等待时机一起要回四岛，也不愿接受“二岛返还论”。这样，因为领土问题的悬而未决，导致日苏和平条约至今难以缔结。

本来，因为日本的“反悔”，即，他们放弃“二岛返还论”而要求返还四岛的态度，致使苏联拒绝承认两国之间存在领土问题，导致了和平条约的缔结问题始终难以提到议事日程。但是，后来冷战的现实给了日本两次机会，又让这个问题变成了两国间的焦点。这两次机会：一次是1972年的中美和解；另一次是1991年的冷战终结。

中美和解以后，伴随中、美、苏三角关系的形成和中、美、日反霸态势出现，历史给了日本一个解决领土问题的机会，因为苏联反对中日之间就反霸问题达成协议，这便给日本在与苏联的谈判中增加了砝码。1973年，田中角荣首相访苏，他充分利用了当时的国

际形势，迫使苏联同意两国之间存在着领土问题，并同意把领土问题作为日苏和平条约谈判的内容，这对日本来说，是个不小的胜利。

冷战结束和苏联解体以后，俄罗斯陷入政治经济困境，历史再次给了日本一个机会。1993 年，日本首相细川护熙与俄罗斯总统叶利钦发表《东京宣言》，进一步明确了日俄间的领土问题是指“北方四岛”，即南千岛，1997 年，日俄双方还约定过在 2000 年以前缔结和平条约；1998 年桥本龙太郎提议在得抚岛和择捉岛之间划界（即前面提到的 1855 年的界限），虽然没有得到落实，但是，领土问题的存在，已经是日俄双方的共识，问题在于如何解决。也就是说，经过日本的不懈努力，本来对苏联来说不存在的领土问题，现在逐渐变成了一个必须由双方解决的政治问题，日本对俄外交取得了进展。

然而，这个从“无”到“有”的问题，虽然意味着日本在争取领土主权方面有所进展，但并不意味着苏联和后来的俄罗斯真的愿意把南千岛还给日本。而日本则没有很好地利用“日进俄守”的两次机会作出必要的让步，而是一味企图获得四岛，所以该问题至今没有任何实质进展，和平条约问题也就无从说起。

（二）“俄进日守”阶段

如果说在中美和解和冷战结束初期，是苏联（后来是俄罗斯）曾经急于缔结和平条约以改善其国际环境的话，那么，如今却是试图与俄罗斯展开大国外交的日本对缔结和平条约表现了更浓厚的兴趣，也就是说，现在轮到日本调整其对俄政策了，因为，现在对于日本来说，俄罗斯的战略价值增大，日本不得不在领土问题上做有限让步。

首先，俄罗斯是 21 世纪日本大国外交的重要环节。现在，日本的对外战略无不是以中国的崛起和威胁为背景的，面对中国的崛起，俄罗斯也进入了日本试图争取合作的对象。2003 年小泉纯一郎访俄以后，双方签署了《日俄发展行动计划》，规定两国要加强经贸合作和政治对话。决定主要解决政治问题、缔结和平条约、发展经贸关系等六个主要领域的问题。安倍第一次上台后，除了提出构建中日战略互惠关系和与印度搞价值观外交之外，就是重视与俄罗斯的关系了，他在《致美丽日本》一书中也提到了他的对俄战略。

按照安倍的“自由与繁荣之弧”的设计，俄罗斯与中国本来是被这个弧所包围的国家，而根据他改善对华战略结构的构想，不但“日美澳印”同盟，而且与“准民主主义”国家俄罗斯签订和平条约也是极其重要的。[①] 也就是说，同俄罗斯改善关系也是牵制中国的一系列步骤中的重要一环。安倍在就任演说中已经把俄罗斯称为日本“最重要的邻国”。

2006 年 11 月，安倍与普京在河内会晤时商定 12 月举行日俄第一副外长级战略对话，后来，在俄罗斯要求下，战略对话推迟到了 2007 年 1 月底进行，议程包括讨论领土问题。参加战略对话的日方代表是曾经安排安倍访问韩国和中国的外务事务次官谷内正太郎，深受安倍信任的谷内从幕后走到了前台，意味着安倍对发展与俄罗斯关系的强烈愿望，显示安倍已经开始考虑如何在对俄外交方面取得突破，为一直处于胶着状态的两国关系打开突破口，以找到解决领土问题的途径。

日本当时的外相高村正彦就日俄在领土问题上的共识发表过评论，他说“不能只是表示继续谈判就可以了，还要为和平条约的缔结进行有进展的谈判”和提高日俄关系的新层次，不能让两国关系停滞下来。[②] 福田康夫上台以后也对普京说：“为了推进两国关系在更高层次发展，有必要使领土谈判取得进展。”[③]

---

① ［日］安倍晋三：《建设美好国家》，文春新书，2006 年 7 月。

② 外务大臣在“平成 20 年北方领土返还要求全国大会”上的致辞，日本外务省网站：http：//www. mofa. go. jp/mofaj/press/enzetsu/20/ekmr_ 0207. html。

③ ［日］读卖新闻网站：“日俄首脑北方领土谈判的协议”，http：//headlines. yahoo. co. jp/hl？ a = 20080426 - 00000061 - yom - pol。

其次，“领土分割论”的出笼。既然日本要在对俄关系上有所进展，那么，它就必须在领土问题上有所让步。鉴于因为领土问题的障碍而难以有所进展的日俄关系，在日本不但学者中，就连政治家中也有人主张先要回两岛然后再争取要回另外两岛，在这种背景下，日本开始出现了领土分割的构想。

实际上，早在2005年，日本北海道大学就有教授提出过分割案的建议，内容是将四岛中最大的择捉岛的一部分（这个岛的面积占争议领土面积的60%）和其余三个岛交给日本；[①] 另外，国会议员河野太郎也在2006年10月访问莫斯科时提出过“面积等分论”。

在这样的背景下，2006年12月，当时的日本外相麻生太郎在日本国会的外交事务委员会上提出了“领土分割案”。分割案的意义在于它比“二岛返还论”的十分之一面积多到了二分之一。麻生说：应该从实际出发与俄罗斯谈判领土问题，他说：“如果不考虑岛屿的面积，只提两个、三个、四个岛是没有任何意义的。如果北方领土一分为二，那么我们将获得约25%的择捉岛和其他三个岛”。按照麻生的意思，两国的边界线应该穿过择捉岛，这个岛的三分之二将属于日本。

麻生的提议意味着日本要放弃坚持了几十年的“四岛返还”论的强硬立场，所以立刻引起日本国内强烈的震动，《产经新闻》立刻对麻生提案提出了质疑。最后，外务省连忙出来解释，称麻生提案并不代表日本政府的看法。不管麻生是否代表日本政府的看法，由“大嘴”麻生出来放话，显然是个“试探气球”，它反映了安倍内阁希望在北方领土问题上取得进展，为他的外交成绩加分的意向。

然而，俄罗斯和日本一样都是对领土非常执着的国家，况且日本的分割案是在“俄进日守”的阶段提出的，即不是俄罗斯更加希

① ［日］《月刊正论专栏》2007年3月：http：//www.eis-world.com/template/eiscolum/seiron/070227.html。

望改善两国关系，而是在日本更加希望改善与俄罗斯的关系，所以，俄罗斯对这个提案不予理睬也是可想而知的。

经过一段时间艰辛的努力，俄罗斯在普京政权的苦心经营下，已经摆脱冷战后的政治经济困境，对日态度又逐渐变得强硬起来，俄罗斯已经不可能在领土问题上对日本让步了。现在，虽然俄罗斯面临欧美的制裁，但是关于领土问题，俄罗斯的基本态度是：这一问题的基本前提是第二次世界大战的结果，是不可动摇的，日俄两国应该在正视这个基本前提的基础上发展各方面关系，增加互信，最后找到双方都能接受的办法。

即使是在安倍第一次执政时期，对于麻生的提案，俄罗斯也认为这只不过是要求归还四岛的翻版，不值得回应。俄罗斯方面再次强调，第二次世界大战的结果是基础，整个世界的政治版图就是根据这一基础建立的。日本和德国是无条件投降的，所以日本不应该提出任何领土要求，俄罗斯充其量只能做到“二岛返还”。

2008 年 11 月，俄罗斯总统梅德韦杰夫在新加坡与鸠山由纪夫会见时，提出“独创的解决”提案，主要内容就是：先归还两岛，其他两岛两国共同开发。日方认为这不过是俄方的一个积极信号，但是应该超出“两岛返还论”，才有解决问题的希望。

看来，日本要实现其 21 世纪大国战略，必须要解决与俄罗斯的关系正常化，为此，和平条约的缔结是必不可少的，但是领土问题不解决，和平条约是难以缔结的，这就是日本对俄政策的矛盾所在。

三、 领土问题与经济合作捆绑

日本与俄罗斯之间似乎总有一天要建立起大规模的经济关系，因为它们的经济是互补的，但是目前条件尚未成熟。领土问题不仅阻碍了两国和平条约的缔结，同时也阻碍了两国之间的经济合作，尤其是日方不仅把领土问题与和平条约捆绑，而且还把这个问题与资源开发进行了捆绑，从而“作茧自缚”阻碍了日本大国外交的推行，这是日本对俄政策的一个矛盾。

（一）日俄经济合作的互补性

西伯利亚地区是世界上为数不多的尚未开垦的处女地，这里资源丰富，种类齐全，其中石油储量仅次于中东地区占世界第二位。特别是东西伯利亚，与已经开发多年的西西伯利亚相比，几乎可以说是完全未开垦之地，所以，这里的开发前景极具魅力。但是，由于这个地区天气寒冷又与西部发达地区相隔甚远，再加上开发费用较高，所以一直让人望而却步，其资源也就不得不沉睡至今。

冷战结束后，俄罗斯一度推行亲西方政策，但是后来它们发现自己并没有获得西方的信任，现在，采取了兼顾东西方的“两头”政策。在“东向政策”影响下，俄罗斯便自然想到尽早开发东部，尤其是东西伯利亚。对于俄罗斯来说，如果东西伯利亚得到开发，将成为继西西伯利亚之后的又一大资源供给地，它对俄罗斯经济的可持续发展有重要的战略意义。

然而，俄罗斯苦于资金和技术的不足，开发一直没有付诸实施。因此，俄罗斯的“东向政策”意味着它必须加强与东北亚国家的关系，而在东北亚国家中，日本有比较先进的技术和充足的资金，是一个比较成熟的经济大国。对于西伯利亚的开发，俄罗斯是期待日本资本进入的，俄罗斯对引进日本的资金、技术和人才非常感兴趣，尤其是在俄罗斯经济困难时期，日本的经济实力和开发意欲必然引起俄罗斯的极大兴趣。

日本对西伯利亚开发也表现了极大的兴趣。日本在俄罗斯的主要经济利益也恰好是想获得那里的石油和天然气，对日本来说，对东西伯利亚开发投入资金和技术，开发和利用西伯利亚的这些资源，特别是石油和天然气，将对日本能源进口的多元化有所促进，使日本在能源方面过分依赖中东的局面得以改善。而俄罗斯的石油出口到日本，反过来对日本进一步投资开发西伯利亚并参与那里的实业项目也有推动作用。另外，日本除了可以通过技术转让换取能源之外，还可以在石油和天然气开发项目中与俄罗斯建立伙伴关系。

可以说在日俄经济关系中能源合作是重中之重，比如，在上述思路的指导之下，日本曾打算斥资 70 亿美元，积极推进安加尔斯科至纳霍德卡港约 3800 公里的输油管线项目，如果这个项目得以实现，俄罗斯将向日本提供它所需要的 15% 的石油，这将大大缓解日本的能源问题，同时也为俄罗斯带来滚滚财源。

可见，日俄在能源经济方面的互补性是双方合作的基础。2005 年 11 月，普京访日时，双方签订文件，确定了在能源领域长期合作的基本方向，合作的领域当然包括自然资源的勘探和开发，特别是石油和天然气。2006 年 7 月，麻生太郎访问莫斯科参加八国外长会议，与俄外长拉夫罗夫单独举行了会谈，内容当然涉及两国的能源合作。

（二）政经分离与政经不可分

本来日俄两国在能源问题上的互相需求和互补态势，会使双方的合作一拍即合，但是，领土问题的存在使得两国难以在开发问题上取得任何进展。原因在于日方采取“政经不可分”政策，不但把这个问题与日俄和平条约问题捆绑在一起，而且还把它与西伯利亚开发问题捆绑在一起，即，不解决南千岛问题就不能谈开发问题。这便使双方无法达成共识，开发也就无法取得实质性进展，能源合作也就至今迟迟不能付诸实施。

其实，日方的“政经不可分”政策只有在俄罗斯急于缔结和平条约和开发西伯利亚时才能奏效，当俄罗斯不急于缔结和平条约和开发西伯利亚时便不能奏效。如上所述，根据国际形势和日俄关系的力量消长，俄罗斯是时而承认有领土问题，时而又认为无领土问题。具体地说就是当俄罗斯面临政治经济困难时，它便在领土问题上做一定的让步以换取日本的投资，从而使双边关系得到发展，稳固东方。但是，如果俄罗斯解决了政治经济问题，不急于发展与日本的关系时，俄方也就不急于开发东西伯利亚了，这时，它甚至否认有领土问题的存在。

与日本的“政经不可分”政策相对立的是俄罗斯在领土问题上一贯坚持“政经分离”原则，即领土问题与资源开发问题应该脱钩，俄罗斯在寻求一种既不归还领土，但又能对日本资本有吸引力的办法，最终达到自己的目的。

俄罗斯的“政经分离”原则在他们政治经济都比较顺利的时候会表现得愈加明显。比如，进入 21 世纪以来，石油价格不断上升，普京政权利用能源武器发展实力，使俄罗斯经济得到很大恢复，开始重振大国雄风，在经济上已经不再对日本有太多期待，于是，它在领土问题上开始变得强硬起来。近年来，俄罗斯在南千岛修建了机场、加强海上巡逻等措施，事实上强化了对这些岛屿的控制，俄罗斯已经很难在这个问题上对日本作出让步了。

2002 年下半年，日本为争取把西伯利亚石油管道修到太平洋沿岸，而不是只修到中国一个买家那里，与俄罗斯进行了频繁的高层互访。当时俄罗斯也灵活运用“政经分离”政策，希望通过政经互动，尽快签署和平条约，实现日俄关系的突破，但是终因日本坚持“政经不可分”原则，在领土问题上不能接受俄方坚持的“二岛返还案”，日俄石油管线谈判不了了之，最后，俄罗斯决定先开通直接通往中国的管线。

日俄两国在岛屿争端问题上的互不相让是“影响两国政治经济关系的瓶颈”。[①] 目前在亚太地区“只有远东的俄罗斯和北朝鲜不能与日本展开活跃的经济接触”，[②] 日朝关系自不必说，日俄之间的贸易现在也不过 100 亿美元左右，只相当于中日贸易的三十分之一，可以说，日俄关系的停滞不前是日本推行大国外交的一个障碍。

---

① 杨莉：《俄罗斯与东北亚》，《国际问题研究》2005 年第 1 期。

② Nobuaki Tanaka JAPAN's POLICY TOWARD RUSSIA.

笔者认为，日俄关系迟迟不能“正常化”，与双方都是对领土特别“执着”的国家有密切关系，就日本方面来说，他们坚持“政经不可分”的捆绑政策，是阻碍和平条约和经济交流的主要原因。日本政府之所以不能搁置领土争论，而坚持这种不现实的“鱼与熊掌兼得”的方针，还因为南千岛问题已经成为日本国民难以扭转的情结，由此形成的根深蒂固的反俄感情，在日本早已不可逆转。

根据一般的调查，在日本大约有 70% 的人不相信俄罗斯，原因就是因为他们认为领土问题没有解决。日本人的反俄感情从 2002 年发生的“铃木宗男事件”也可以略见一斑，日本亲俄的国会议员铃木宗男因为金钱丑闻而被逮捕，日本舆论在炒作这件事时立刻把他与俄罗斯的关系曝光，他在改善对俄关系中所做的努力也成了日本国民不满的理由。

在俄罗斯，虽然没有那么多人对日本怀有坏印象，但是在涉及领土的问题上，俄罗斯人是决不含糊的，他们对领土的“执着”丝毫不亚于日本。比如，自 1994 年以来，为了捍卫领土主权，俄罗斯海岸警备队共截获日本越界捕捞渔船 30 多艘，扣留渔民 200 多人，其中有 7 人被俄方鸣枪示警时击伤。2006 年 7 月，一艘日本渔船在北方领土的贝壳岛附近海域遭到俄罗斯边境警备队警备艇的枪击，造成一名日本船员死亡，三人被捕。这件事曾经激起了日本人又一波反俄情绪，但是面对日本提出的道歉要求，俄罗斯认为在本国领海内实施的正当防卫行动，不需要道歉，他们还建议日本人忘掉北方四岛。2015 年，俄罗斯面临着西方的制裁，但是在领土问题上并未表现出妥协的姿态，这让日本非常失望，因为这一次日本也不得不紧跟西方对俄罗斯进行制裁。7 月 17 日，俄罗斯逮捕了进入南千岛专属经济区捕鱼的日本渔民，两国关系再次进入紧张状态。近年来，梅德韦杰夫和普京都对南千岛进行了视察，2015 年 7 月 18 日，俄罗斯卫生部长也对色丹岛进行了视查，向日本发出了强硬的信号。

可以说，“世界上没有领土问题是可以简单被解决的”[1]，特别是对两个对领土有着特别的“执着之心”的国家来说，尤其如此。就现阶段来说，日本本以为俄罗斯受到西方制裁，两国关系进入“日进俄守”状态，但是由于日本不得不紧跟美国，所以，无法利用这个时机改善对俄关系。总之，在俄罗斯不肯让步的条件下，日本如果不在领土问题上采取灵活态度，放弃“政经不可分”政策，那么，两国关系更上一个层次是极其困难的，日本希望改善对俄关系以完成其大国外交政策的目的也难以达到。

2016 年 4 月 13 日，俄罗斯外长拉夫罗夫说：“北方四岛都可以成为谈判对象，四岛的归属完全明确化是我们的目的。”但是他还说：“和平条约的问题与领土的问题不要搅在一起”，意在让试图把领土问题作为缔结和平条约的条件的日本方面死了这份心。[2]

第四节　独岛（竹岛）问题

日本与邻国岛屿争端的另一个焦点是“独岛”问题。“独岛”是韩国和朝鲜的称呼，日本则称“竹岛”，日本、韩国和朝鲜三国以外的国家也有称“Liancourt Rocks”的。“独岛”位于日本海西南部，主要由两块岩石构成，一块叫女岛（也叫“东岛”），一块叫男岛（也叫“西岛”），周围还有大小 37 块礁岩，总面积是 0.21 平方千米。“独岛”距离日本的隐岐岛 157 公里，距离韩国的郁陵岛 87 公里。岛上缺少淡水，不适合人类居住，但是，韩国于 1953 年开始向该岛派驻武装警察常驻，并把独岛划归庆尚北道郁陵郡郁陵邑独

① Nobuaki Tanaka JAPAN's POLICY TOWARD RUSSIA.

② ロシア外相、北方領土「4 島すべてが交渉対象になる」，2001 年声明拒否せず，http：//www. sankei. com/world/news/160413/wor1604130001 – n1. html

岛里，日本认为这是韩国的“非法占据”，并把该岛划归岛根县隐岐郡隐岐岛町。日韩两国关于独岛领土归属的争论焦点有以下四点：第一，谁最早发现，并进行了有效统治；第二，1905 年，日本内阁决定的有效性；第三，战后盟军司令部关于独岛处分的解释；第四，1952 年，李承晚命令占领独岛的法律性质。

一、 韩国主张的原始权利

领土主权的原始权利主要从历史事实中去寻找。所谓的“Liancourt Rocks”，是 1849 年法国捕鱼船发现该岛后的称呼。韩国把该岛屿称“独岛”，据说是因为韩语的方言中“独”是“石”的意思，因为这个岛是由石头构成的。韩国认为独岛在古代也被称为“于山岛”和“石岛”。韩国主张独岛自古以来就是韩国领土，是古代的于山国。韩国 1900 年把该岛称作“石岛”，并划归郁陵郡管辖。韩国认为 1905 年明治政府关于占有独岛的内阁决定是日本发动侵略战争的开始，是无效的，认为两国之间不存在领土问题，也没有必要通过司法程序解决。

韩国提出的历史根据比较早，他们认为根据 1145 年编纂的《三国史记》中记载，公元 512 年，于山国属于新罗。后来文献中的于山岛是于山国的一部分，也就是说，独岛早在公元 512 年后就是韩国领土，这是韩国主张的最早历史根据。另外，韩国还提出 1454 年编纂的《世宗实录》中也有关于“于山、武陵二岛在蔚珍县正东海中，二岛之间相隔不远，天气晴朗时可以望见，新罗时称于山国”的记载。武陵就是郁陵，根据这份资料记载的内容，也就是说天气好的时候可以从郁陵岛（武陵）看见独岛（于山岛）。

韩国还提出 1667 年，日本的松江藩士撰写的《隐州视听合记》中，有这样的记载：“这二岛（郁陵岛和竹岛）是无人之地，高丽看见的好像是从云州看隐州。是日本西北之地，到这个州为止。”

“这个州”是指日本的稳州（隐岐），是日本界限，这说明日本人早就承认了这时独岛和郁陵岛是朝鲜领地。当时日本把独岛称为松岛，是朝鲜的领地。

另外，根据1728年编纂的《肃宗实录》记载，1696年，朝鲜的安龙福在郁陵岛遭遇日本人，安龙福向日本人抗议，说“松岛是子山岛，是我国的土地”。子山岛就是于山岛，也就是独岛。因为在安龙福向日本人抗议的三年前，已经从德川幕府获得了承认于山岛是朝鲜领土的契约。通过安龙福1696年的抗议，可知当时发生了德川幕府与朝鲜之间围绕郁陵岛和于山岛的归属的争端。后来日本的鸟取藩对幕府说，竹岛（当时叫郁陵岛）和松岛（当时指独岛）不是自藩的领地。幕府在与朝鲜的交涉中，放弃了郁陵岛，所以，韩国方面当然认为幕府也放弃了郁陵岛的附属岛屿松岛（现在的独岛）。

1770年编纂的《东国文献备考》中说：“郁陵（当时叫竹岛）和于山都是于山国之地，于山就是倭国所谓的松岛”，这里的于山就是独岛，当时日本称之为松岛，是朝鲜的领地。1808年的《万机要览》和1908年的《增补文献备考》也有同样的记载。另外，1785年成稿的林子平著《三国通览舆地路程全图》上有竹嶋（郁陵岛）和附属岛屿于山岛（独岛），颜色与朝鲜一样。这个地图也是日本围绕小笠原诸岛归属与美国谈判时，幕府向美国出示的证据，也是幕府承认独岛是朝鲜领土的证据。[①]

二、 日本主张的原始权利

日方认为“竹岛”的称呼在古代是指现在的郁陵岛，因为郁陵岛产竹子，而现在的竹岛（独岛），日本古代则称“松岛”。后来，

---

① 参照林子平著：《三国通覧図説》。

郁陵岛被称为松岛，原来的“松岛”成了现在的竹岛（独岛）。也就是说，日本一般认为，在古代“松岛”这一称呼是指现在的竹岛，当然，韩国不认可这种说法，说古代的“松岛”未必一定是现在的竹岛。

日本根据《三国史记》的记载，找到了关于于山国的郁陵岛的内容，但是没有记载周围的岛，只有“别名是郁陵岛”的内容，所以，日本认为“郁陵岛”的本名可能是于山岛。这与韩方的解释完全不同，韩方不认为于山是郁陵岛。

《太宗实录》的太宗17年（1417年）一条里，最初出现于山岛的名称，是按抚使金麟雨从于山返回时，带回了竹子、水牛皮和芋头，还带回了3名住民，说这里有15户，男女共86人居住。日方认为独岛不适合居住，所以，这份史料里说的于山不可能是独岛，也就不可能证明独岛自古属于韩国。原文是：“于山武陵二岛在县正东海中二岛相去不远风日清明则可望见新罗时称于山国一云郁陵岛地方百里。”从“一云郁陵岛”处，可知当时“于山武陵二岛”是指郁陵岛。

日本还根据1530年，朝鲜发行的《八道总图》中对于山岛的描述，说它在郁陵岛以西与郁陵岛同样大小，实际上并不存在这样一个与郁陵岛同样大小的岛，所以，日本学者由此断定这里的描述是一个不存在的岛屿。日本根据之后的地图也描述了实际上不存在的岛，说明朝鲜政府根本就没有实际掌握于山岛的情况，无法证明独岛属于韩国。

日本还指出，《隐州视听合记》中“向西北走两日一夜，有松岛，再走一日路程有竹岛（郁陵岛），俗称矶竹岛，多竹子和鱼。此二岛为无人岛”，清楚地认识到现在的竹岛。但是日方指出：该文件的50年前，幕府许可后从伯耆国米子去郁陵岛打鱼和采集，文中的“这个州”可能是指郁陵岛，即使“这个州”是指隐岐，也只是指可以居住的地方隐岐而已，没有朝鲜人到达松岛（现在的独岛）的任何证据。

日本认为：17 世纪末，朝鲜民间人安龙福的行动不代表国家认识，他的活动也不代表国家。日本还认为朝鲜渔夫安龙福是偷渡郁陵岛和日本的罪犯，《肃宗实录》记载的安龙福询问记录有许多与事实不相符，追赶日本人从松岛到日本不过是为了逃脱罪名的伪证。安龙福说日本人称松岛为于山岛，但他并不知道于山岛的位置。特别是德川将军也不可能给一介渔夫关于放弃竹岛（现在的郁陵岛）和松岛的契约。

日方学者认为，在日本与朝鲜之间围绕郁陵岛的外交交涉中，松岛的名称没有出现过，从朝鲜的地图看，朝鲜政府完全不知道有松岛。另外，之后的竹岛事件中，幕府的首席老中滨田藩主松平周防守康任认为“竹岛是日出之土地难以认定，但是松岛可以”，还在判决中有“以来松岛为名到达竹岛”的话，也就是说，称竹岛被禁止，但是称松岛是可以的。还有，1820 年，滨田藩的儒学者中川显允编纂的石见外记中有高田屋嘉兵卫的北前船使用竹岛和松岛之间航路的内容，说明幕府在竹岛争端中特别把松岛包括在内是不可能的。

18 世纪以后，朝鲜史书记载松岛是于山岛，但是日本指出也有史料表示于山岛指另外的岛屿竹屿岛。即使地图有记载表示主权，也不过是观念上的领有意识，没有记录反映朝鲜有人到岛屿实地访问。比如，日本认为《东国文献备考》的“郁陵和于山都是于山国之地，于山就是倭国所谓的松岛”一句是安龙福的证言引用，从当时朝鲜的地图看朝鲜政府把竹屿误认为是日本人说的松岛。所以，不能证明于山岛，即独岛属于韩国。

日本的《三国通览舆地路程全图》描述的竹岛（郁陵岛）的东北方向有南北向较长的附属小岛，岛的大小和形状，位置关系上，可以断定是现在的竹屿，这幅地图并未描述现在的竹岛。另外，幕府利用这幅地图与美国谈判争夺小笠原岛，只有报纸上的连载小说才会有，根本不是事实。当时，已经有了比这更为精确的标有正确的经纬度的地图《改正日本舆地路程图》，其中，竹岛（现在的郁陵岛）、松岛（现在的竹岛）都有表示。进入18世纪后，从朝鲜和韩国的古地图中的于山看，全部与郁陵岛附近的竹屿相似。所以，于山岛不是现在的竹岛（独岛）。

日本还认为，1899年（光武3年）朝鲜的历史学家兼书法家玄菜（1886—1925年）编纂的地理书《大韩地志》中有采用经纬度的相当正确的“大韩全图”。这幅地图中，郁陵岛与于山的名字并列。因为有于山岛，所以，于山是指郁陵岛及周围的所有岛屿，或者可以推测从于山的文字的位置看，是现在的郁陵岛附属的竹屿。另外，大韩帝国的领域岛到东经130度35分为止，不包括现在的竹岛，大韩帝国不包括竹岛。这幅《大韩地志》因为在大韩帝国的学校也被使用，是具有十分可信度的地图。

日本学者还指出，1900年大韩帝国敕令说石岛（独岛）是郁陵岛管辖范围，对此，日方认为石岛不是竹岛（独岛）（韩国认定“石岛”是独岛）。所以，竹岛（独岛）没有足够证据成为韩国的领土，那么，竹岛（独岛）是无主地。另外，关于韩国主张的日本在日俄战争中掠夺了竹岛（独岛），日方认为，韩国若不能证明竹岛（独岛）是韩国的领土，“掠夺”的说法就不成立。

三、　两国对有效统治的理解

关于领土主权的法律根据包括：让渡、买卖、交换、割让和先占等理论。“帕尔马斯”争端常设仲裁法庭的判例中说：国家权能的平稳持续表示是领土获得的条件，虽然韩国事实上控制着独岛，但是日本认为韩国对竹岛（独岛）的占领不满足国际法判例关于“平稳”的条件。国际法上把“发现”看成是领土主权争端中的未成熟的权利来源，“inchoate title”（未完成权利），要想使其成为领有权，还需要“合理的期间”进行“有效统治”来完成这种权利。[①] 如果是无人或者不适合居住的岛，只要有一点“有效统治”的证据就可以。[②] 这种证明，是指课税和审判记录等行政、司法和立法权限行使的无异议的直接证据，不承认不明了的间接推定。关于他国提出抗议等使争端明显化（“关键日期”）之后的法律立场改善活动不能成为领有权的根据。[③]

日韩关于独岛的争端，还涉及谁最早实行了有效统治的问题。对于韩国来说，“麦克阿瑟线”把独岛划在日本施政范围之外，这成了韩国占领独岛的法律根据。《旧金山和约》生效之前的 1952 年 1 月 18 日，李承晚宣布独岛属于韩国，并划设“李承晚线”，把独岛包括在韩国一侧。对此，28 日，日本政府声明，抗议韩国在公海划设领域线，不承认把竹岛（独岛）包括在韩国一侧的事实。对于日本的抗议，韩国于 2 月 12 日提出反对日本的抗议。1953 年 4 月 20 日，韩国“独岛义勇守备队”进驻竹岛，另外，韩国军队还在独岛附近巡逻。

1962 年 10 月，在东京，韩国中央情报部长金钟泌与日本外相大平正芳会谈，拒绝了日方提出的通过国际法院解决提案，提出可以把竹岛炸掉。之后他访问美国，被问到竹岛做什么用？他说可以收集鸟粪，还说他提议炸掉竹岛。[④] 后来，在韩国有人质问金钟泌，他解释说，意思是宁可炸掉也不会交给日本。2010 年，他对媒体说：即使国际法院判给日本，宁可炸掉也不交给日本。

日本否认韩国在历史上发现和拥有独岛的事实，目的在于把独岛看成无主地。日本主张的历史权利来源是江户时代就把竹岛（独

---

① The Island of Palmas Case The Hague，4 April 1928.

② Legal Status of Eastern Greenland，PCIJ，April 5th，1933.

③ 皆川洸「竹島紛争と国際判例」『国際法研究』有斐閣，1985 年，第 212—221 页。

④ 米国務省外交文書集「東北アジア1961—1963」収録関連会談記録，日本時事通信 1996 年 12 月 28 日。『中央日報』1996 年 12 月 29 日。

岛）看作日本的领土，证明日本存在原始权利。但是，历史原始权利还需要转换成近代国际法权利，于是日本认为竹岛（独岛）在江户时代就有日本人利用，当时称“松岛”，是无主之地。1905 年 1 月，明治政府通过内阁决定把它划归岛根县隐岐岛司管辖。日本认为 1905 年的这个内阁决定，就是国家权能表示的证据，是“国家权能的平稳持续表示”，这是近代国际法上的权能。

《旧金山和约》于 1952 年 4 月 28 日生效后，“麦克阿瑟线”和“李承晚线”被废除。1952 年 7 月 26 日，《日美安保条约》已经生效，日本将竹岛（独岛）提供给美国作为军事训练之用。日本认为，竹岛（独岛）已经是岛根县稳地郡五个村的一部分，“麦克阿瑟线”并不是联合国关于国境线的意思表示，而且已经被废除，所以没有任何意义。

1965 年《日韩基本条约》签订之后，废除了“李承晚线”，关于独岛问题，韩国由于急于缔结条约，在“争端处理事项”中，双方签署的“关于和平处理争端的换文”规定：两国政府除另有规定之外，争端首先通过外交途径解决，如果不能解决，根据两国政府的协议手续，谋求调停解决。但是，韩国仍然占据着独岛，并且不同意与日本协商。日本认为韩国之后的处理办法是违反这一换文精神的。

日本每年向韩国提出抗议，指出韩国占据竹岛（独岛）是非法的，主张通过司法程序解决该问题，但是遭到韩国拒绝，韩国方面认为独岛不是争端之地，两国之间没有领土问题。所以不承认两国应该适用这个换文的规定，韩国认为“关于和平处理争端的换文”不适用独岛问题，所以，也不存在交给国际法院调停的问题。因此 1965 年之后，日本也就没有向韩国提出交由国际法院判决。

四、 两国的捕鱼权之争

独岛本身不过是几块石头，没有什么经济价值，但是以它为基点可以划设专属经济区，其渔业资源和海底资源十分可观，日本与韩国争夺这个无人岛的实质部分也就在这里。当然，目前尚未发现专属经济区内有石油和海底资源的报告，所以，目前的两国之间的争端只是渔业权利的争夺。关于渔业资源，1952 年，日本水产厅曾发表“李承晚线”内的渔业价值是 130 亿日元，1974 年岛根县渔业联合会的估算是每年捕鱼价值约 76 亿日元，2010 年韩国的推算是 8600 亿日元。[①]

日本认为，“李承晚划线”是为了获得捕鱼权，认为这个行为即使在当时也是违反国际法的。1945 年《杜鲁门宣言》中宣称“水域应该经过协商的规则进行管理”，以后，阿根廷、秘鲁等南美国家单方面划设了独占的捕鱼区，引起了国际争端。英国不承认超过 3 海里的专属管辖区，所以，1948 年向智利和秘鲁提出抗议，法国与 1951 年向墨西哥和秘鲁提出抗议，认为不能单方面扩张公海主权，损害其他国家权利。1952 年，英、美联合向智利、厄瓜多尔和秘鲁提出抗议。但是，有关国家并不听从这些抗议，1954 年秘鲁抓捕了巴拿马籍船只，1955 年，厄瓜多尔向美国渔船开枪。

1953 年 1 月 12 日，进入“李承晚线”内捕鱼的日本渔船遭到韩国政府的抓捕，2 月 4 日，韩国击毙日本“第一大邦丸”船长，日本政府发表声明表示抗议。日本还提出 1951 年国际法委员会草案规定：任何场合不得在任何水域排除其他国民的渔业活动，即不承认独占的权利。还说，管辖权是关税和卫生管理，不是沿岸国的渔

---

① “独島の経済価値、年間で11 兆 5842 億ウォン”．聯合ニュース．（2010 年 1 月 25 日）2010 年 1 月 26 日閲覧。

业独占权。[①] 日本认为韩国占领竹岛（独岛）的行为是违法的，并对韩国抓捕日本渔船的违法行为进行了批判。比如，他们认为，韩国抓捕日本渔船的法律根据渔业资源保护法尚未实施，所以，无论是从国际法还是国内法上看，韩国的抓捕行为都是违法的。

1965 年缔结的日韩渔业协定把独岛问题搁置了起来。1996 年两国都批准了《联合国海洋法公约》，并签订了新的渔业协定，设定了以中间线为基准的暂定水域，在这一水域，两国有条件承认捕鱼权，日本做了让步。但是后来韩国渔船独占了渔场，日本渔船无法捕鱼作业，不仅如此，韩国渔船还进入日本的专属经济区捕鱼。

日韩关系也许在一定的内外关系背景之下有所改善，但是岛屿主权之争得不到妥善解决，两国关系要想根本好转是非常困难的，因为这个问题涉及到两国之间争夺海洋利益的问题。2015 年 6 月 29 日，韩国外交部长尹炳世说日韩关系改善的关键点在于慰安妇问题、日本的世界遗产的登录问题和安倍晋三战后 70 年讲话问题。[②] 但是，对于他的谈话，韩国网民批评说，独岛怎么办？韩国国民认为日韩关系改善的重要点是独岛问题，也就是日本必须对独岛的主权死了这份心。有人认为，韩国人即使可以在其他问题上让步也不会在这个问题上做任何让步。然而，也正是在这个问题上日本人也绝对不会死心。

2015 年 5 月 30 日，日本防卫大臣中谷元与韩国国防部长在新加坡香格里拉会议期间举行了会谈，这是时隔四年举行的首次会谈，日韩之间自从 2011 年 1 月召开的防长会谈以来一直没有见面，韩国因为日方的历史认识问题始终拒绝与日本防长见面。这次显然是受

① 鄭 & 古田 2006 年，第 202 页；『日韓漁業対策運動史』日韓漁業協議会，1968 年。

② 韓国外交部長官「日韓関係改善のポイントは慰安婦・世界遺産登録・安倍談話」= 韓国ネット「国民の考えは違う！」「慰安婦問題よりも関係改善が大事」。

到了美国的压力，两国防长才坐到了一起。[①] 中谷元对美国促进与韩国防长之间的会谈表示感谢。他自称是他向美国防长卡特表示要见韩国防长，卡特向韩方转达了这个意思，于是实现了日韩防长会谈。[②] 韩国政府解释说美国虽然表示日韩之间应该在防卫领域实现合作正常化，表明了美国对日韩关系的关心，但是并不意味着美国主张一定要实现日韩防长会谈。

韩国国民对韩国政府受美国操纵有所不满，认为韩国就像美国的殖民地，日韩对话不是不可以，但是韩国不是机器人，对日交涉要有自己的独自性，否则，就是国民的耻辱。日本说是托美国的福才实现了两国防长会谈，这说明韩国政府很无能，优秀的将军不战就向对方屈服，韩国完全被日本玩弄了。当然也有人认为韩国还是得学学日本，加强与美国的合作关系，不能在中国与美国之间摇摆不定。日美韩关系非常重要，日美澳关系已经强化，韩国再拖下去会被美国抛弃。但是韩国不能完全割断与日美两国之间的关系，今后也必须在合作的道路走下去。[③]

---

① 4年ぶりに日韓防衛相会談が開催、背景には米国の圧力が? =韓国ネット「韓国は米国の操り人形」「なんで日本との対話を拒む?」。

② 4年ぶりに日韓防衛相会談が開催、背景には米国の圧力が? =韓国ネット「韓国は米国の操り人形」「なんで日本との対話を拒む?」。

③ 4年ぶりに日韓防衛相会談が開催、背景には米国の圧力が? =韓国ネット「韓国は米国の操り人形」「なんで日本との対話を拒む?」。

第五章　日本的海洋外交与安全战略

日本海洋战略的基本内容包括重视海上通道安全的维护，防范中国向海洋的“进出”，保卫离岛的安全，与海洋国家结盟，建立一个以西太平洋和南太平洋为主要范围的价值观和海洋国家联盟，对抗大陆国家中国的崛起。为了实施这个战略，在外交战略方面，日本首当其冲要强化日美同盟，深化这个海洋国家同盟，强化和深化的一个重要表现是落实所谓“日美印澳”四国的安全对话，目的是建立一个亚洲版的“小北约”，为此，安倍内阁还提出了由日本、美国夏威夷、澳大利亚和印度构成的“战略菱形”，实际上是日美印澳安全对话的翻版或者具体化。对于澳大利亚，日本的目的是配合美国的战略把它拉入美日亚太战略的框架之内，对于印度则加强全方位合作，把这个所谓亚洲最大的民主国家拉入日美澳安全框架之内，完成对中国的战略包围。对于印度，日本不遗余力地进行拉拢，还编造所谓中国包围印度的“珍珠链”战略，为此，日本跟随美国把缅甸视作扯断“珍珠链”的关键步骤，加紧拉拢缅甸，遏制所谓中国在印度洋的“扩张”，配合其印度洋战略和美国的所谓“印太战略”。

第一节 日本海洋战略中的日美同盟

从海洋战略的角度看日美同盟，会发现这个同盟设想的主要威胁都来自海上。所谓日本在同盟中的作用，也主要是指在假想海上“有事”时的作用。再进一步说，具体到所谓日本岛屿的防卫、同盟的深化等问题，无不意味着日美两国在亚太地区的战略部署都是针对所谓中国的海洋“扩张”。为此，在日美同盟的框架下，日本增强了海上实力，解禁了集体自卫权，修改了日美防卫合作指针，通过了安保关联法案。由此，形成和明确了日本的海洋战略，实现了深化日美同盟关系的战略目标。

一、 自卫权与海上力量的恢复

美国通过太平洋战争打败日本之后，对日本实施了占领，并解除了日本的武装，特别是消灭了大日本帝国的海军。美国战后初期的对日政策是使日本非军事化，结果导致了战败之后失去武装力量的日本反而在一段时期内以和平宪法为根据不想增加武装力量，而是要在安全上寻求美国的保护，自己集中精力发展经济。在这种背景之下，战后日本的再军备（重新武装）其实是在美国要求之下经历了一个较长的过程才实现的。战前的日本是海陆并重，战后的再军备则重点放在海空军的建设上，自卫队放弃了保持强大陆上战争能力的企图。战后日本恢复军事力量，建立自卫队的法律根据是自卫权，自卫队是在海上力量恢复的基础上建立的。

（一）美国改变对日非军事化政策

日本的自卫队，经历了一个由“无”到有的过程。1945 年 9 月

22日发表的《关于日本投降后美国初期的对日方针》中说：美国对日终极目的是“为了不使日本再次成为美国或者世界和平的威胁”。[①] 为此，美国认为“必须完全解除日本的武装，实行非军事化，坚决禁止军国主义及反映侵略精神的制度”。[②] 1945年10月16日，麦克阿瑟宣称：日本如果要求生存的话，除了和平的道路之外别无他选。[③] 非军事化的法律保证是和平宪法，所以，1946年2月3日，麦克阿瑟指示占领军民政局局长惠特尼准备起草宪法，11月3日，和平宪法公布，1947年5月3日正式实施，日本宪法的核心内容是第九条的“非战条款”。

根据宪法规定，日本不但不可以拥有军队，而且也不拥有交战权，这个交战权通常被解释为自卫权。关于宪法第九条，根据吉田内阁的国务大臣金森德太郎的答辩，可以看出当时的日本官方是这样解释的：第九条第一款包括了不能发动自卫战争的内容，而第二款则规定了不管是否自卫战争，不准拥有战力，也不承认交战权。这样的话，即使出于自卫的目的也不承认交战权，也就不可能发生真正意义上的战争。第二款的意思就是日本不能进行自卫战争。[④]

战后日本武装力量的恢复，与朝鲜战争的爆发有密切关系。既然连自卫战争也不能进行，那么，日本在安全上也就不得不依靠美国的保护，但是1950年6月朝鲜战争爆发之后，美国也需要日本分担防卫责任。7月8日，麦克阿瑟写信给吉田茂，指示他在警察的编制之外组建了一支75000人的治安警察部队——警察预备队。尽管

---

① ［日］“关于日本投降后美国初期的对日方针”，载末川博・家永三郎监修《現代日本史資料日米安保条約体制史［一］》，东京：三省堂，1970年版，第492页。

② ［日］“关于日本投降后美国初期的对日方针”，载末川博・家永三郎监修《現代日本史資料日米安保条約体制史［一］》，东京：三省堂，1970年版，第494页。

③ ［日］“日本軍復員完了に関するマッカーサー元帥声明”（1945年10月16日），载末川博・家永三郎监修《現代日本史資料日米安保条約体制史［一］》，东京：三省堂，1970年版，第568页。

④ ［日］“贵族院宪法改正特别委员会记录”（1946年9月13日），载末川博・家永三郎监修《現代日本史資料日米安保条約体制史［二］》，东京：三省堂，1970年版，第348页。

如此，还是不能达到自卫的要求，1951 年 10 月 18 日，吉田茂曾经说过："日本现在没有防卫力，处于真空状态，只好选择集团防卫的方法，这就是政府缔结安保条约的原因。"[①] 1951 年 9 月，对日媾和之后，美国需要继续保持在日本的军事存在，维持其在亚太地区的军事优势，同时战后日本也因非军事化无力自保，因此需要美国的保护，这是《日美安保条约》签订的基本理由。

《日美安保条约》是集体安全保障思考的产物，日本对这个安保体系的责任，一般理解为向美国提供军事基地，主要是海空军基地。但是美国越来越不满足于日本只提供基地的理解，还希望日本提供其他军事协助，这意味着美国改变了要日本非军事化的初衷。于是在美国的要求下，日本不得不同意增加军备，1952 年，警察预备队增加到 11 万人，并改为保安队。1953 年 1 月，美国助理国务卿艾利逊对日本外务省官员讲，美国不会永远呆在日本，日本应该加速建设防卫军。[②] 1953 年 10 月，美国要求日本至少组建必要最小限度军事力量是十个师，约 32 万人，对此日本答应只能在 1957 年以前组建 18 万人的部队，这与美国要求的人数相差甚远，对此杜勒斯非常不满意。[③]

（二）自卫队是日美合作的产物

自卫队的成立为日本重建海上力量奠定了基础，也为自卫权的提出提供了根据。吉田茂首次在日美安保体制的框架下，提出了日本自卫的问题，1954 年 5 月 20 日，吉田茂解释说："日本放弃了以武力作为解决国际争端的手段，但是紧急情况下可以考虑相当的手段，这是自卫权范围内的事情。我所讲的外交手段是指日美安全保障条约中的国家防卫力，根据安保条约行使武力并不是宪法禁止的。

---

① ［日］"集団防衛体制の必要性"，载末川博・家永三郎监修《現代日本史資料日米安保条約体制史［二］》，东京：三省堂，1970 年版，第 111 页。

② 豊下樽彦《安保条約の論理》，柏書房，1999 年，第 112 页。

③ 《朝日新闻》1985 年 5 月 23 日。

最近设立的安保队扩充就是在安保条约范围内进行的，不是立即以武装力量进行防卫。这就是外交手段。”[①] 吉田到这时开始承认日本在紧急情况下拥有自卫权，只不过他还是把自卫权与《日美安保条约》范围联系起来进行解释，认为它是该条约范围内的事情。1954年7月1日，日本颁布《自卫队法》，除了保安队改成陆上自卫队外，还新设了负责领空警卫的航空自卫队和海上自卫队。其中，海上自卫队是战前的日本海军的残余部队经过改组，由海上保安厅和海上警备队演化而来的，实际上成员都是战前大日本帝国海军的遗产。

日本趁美国要日本承担更多防卫责任的机会，开始寻求日本在日美安保关系中的对等地位。1955年8月30日，重光葵外相与杜勒斯会谈，他向美方提出了修改《日美安保条约》的要求，他说：安保条约缔结时，日本没有武装力量，所以不可能与美国签订“相互”的安保条约，但是，现在两国缔结“双务性”新条约的条件已经具备了。对于重光葵的要求，杜勒斯回答说：新条约签订的时期还早，安保条约不是永久性的，但是要等日本自己拥有了自卫的意思之后再考虑。这一天会到来，但是现在还不是时候。对于杜勒斯明确的拒绝，重光葵不死心，他说：日本国民要一个与美台、美菲条约一样的平等条约，现在日本已经拥有了自卫力。[②] 自卫力和自卫意思问题的提出，说明日美双方都有突破宪法第九条的意思，只是美国还不打算修改《日美安保条约》而已，不想与日本平起平坐。

岸信介曾经说：在国际法上个别和集体自卫权是有的，因为日本加入联合国后作为独立的主权国家，当然拥有这两项权利。但是他又说：根据宪法规定日本不能向海外派兵，从广泛的意义上，向

---

① 吉田茂在众议院内阁委员或上的答辩（1954年5月20日），末川博、家永三郎监修，吉原公一郎、久保绫三编：《日本现代史资料—日本安保条约体制史（2）》，三省堂［东京］，1970年，第189页。

② ［日］「重光、『对等』に執念」，载《朝日新闻》，2001年7月16日。

美国提供基地和经济援助也属于集体自卫权的范围的话，宪法是允许的。[①] 可见，岸信介也无法改变宪法规定的事实，因为向海外派兵明显是违反宪法精神的，宪法规定日本放弃战争的内容，而向海外派兵的目的是参加战争行为，所以是违反宪法的。但是，岸信介把集体自卫权与《日美安保条约》联系起来解释，以日本根据条约已经向美国提供了军事基地和经济贡献作为在军事领域支援美国行使《日美安保条约》规定的集体自卫权的合法根据。

日本不能突破宪法的限制为美国承担更多的防卫责任，这件事一直让美国不满，大平内阁为了应对美国批评日本在安保上“搭便车”，提出了“综合安全保障”构想，认为日本虽然不能修改宪法，跟西欧一样提供军事贡献，但是可以在经济技术方面做贡献。后来美国利用日本的“综合安全保障”构想，默认了日本的经济贡献，同意日本向美国输出和投资，然后用贸易赚得的钱购买美国国债，形成了一个巨大的资金环流。

为了应对美国关于日本承担防卫责任的要求，日本开始有人探索在自卫权的框架内配合美国。1981 年 6 月，防卫厅局长丸山昂曾说过：“我国可以根据个别自卫权采取防卫行动，行动的结果可以保卫美国的舰船，当然出现这种情况的可能性非常小。”[②] 可见，当时已经有人认为自卫权本身可以包括在军事领域使用武力支援美国。1982 年 9 月 5 日，已升任防卫事务次官的丸山昂说：“作为个人意见，我认为日本周边一千海里以内的海上通道遭到攻击都被认为是对日本的侵略。日本可以行使个别自卫权与美国合作，这不违反宪法禁止的集体自卫权。”对此，防卫厅长官伊藤宗一郎也说：“日本受到侵略，出于自卫的必要（包括保卫美国舰船）采取行动，不属于宪法禁止的集体自卫权。”可以看出，当时的日本官员认为日本发

① “日米安保体制に関する政策見解”，末川博、家永三郎监修，吉原公一郎、久保绫三编：《日本现代史资料—日本安保条约体制史（4）》，三省堂，1970 年，第 553 页。

② “「集団的自衛権に該当せぬ」防衛長官が発言”，《朝日新闻》，1982 年 9 月 5 日。

动自卫权保护美国的舰船，是履行《日美安保条约》的义务，这便为后来日本有限解禁集体自卫权埋下了伏笔。

二、 日本的集体自卫权与海洋战略

日本的海上自卫队配合美国的海洋战略，在海外发挥更大的作用，面临着另一个法律问题，集体自卫权问题。集体自卫权问题是在冷战结束之后突出出来的，海外派兵问题、岛屿防卫问题、日本对美国军舰的防卫问题等都与海洋战略密切相关。美国要求日本与美军并肩作战，发挥更大的军事作用，就要求日本必须解禁集体自卫权，而日本则愿意借力发力，加大其海军力量的国际影响力。因此这个问题是日本制定海洋战略的重要抓手，也是日本作为海洋国家在海洋同盟日美关系中发挥作用的重要基础。

（一）日本解禁集体自卫权的背景

随着冷战的终结，美国充当了世界警察的角色，美军开始逐步整编，其特点是分散兵力配置，美国不仅要求日本承担日本本国的防卫责任，还要进一步配合美国在世界各地区的军事行动，比如，派遣联合国维和部队（PKO），就是把日本的海上自卫队派出去。对此，1991 年 3 月 4 日，当时的日本防卫省防卫事务次官依田智治说："关于 PKO 问题，在宪法允许的范围内应该积极进行国际合作，自卫队如果能够发挥作用，当然要积极参加。"① 但是，当时日本所说的积极合作是在宪法范围内的合作，是只出汗不出血的国际合作，这不能让美国满意，所以，日本被美国要求派兵参加联合国维和活动，这是集体自卫权问题被提起的基本背景。

还有一个背景是冷战结束初期，日本有人不看好日美同盟。冷战终结之后，美国希望日本承担更多的防卫责任，但是日本却有人

---

① 「PKO 協力に積極姿勢示す」，《朝日新闻》，1991 年 3 月 5 日。

对日美同盟提出异议。在冷战阶段，“轻武装”的日本当然需要美国的保护，而美国更需要日本这个在亚洲的重要伙伴，但是，冷战体制解体之后，日本开始有人问美国为什么还留在亚洲？为什么还留在日本？出现了所谓日美同盟的“漂流”现象，于是，日本出现了修正冷战时期防卫政策的动向。特别是 1994 年 2 月，反自民党的细川内阁设立了“防卫问题恳谈会”，会议主席樋口广太郎等人整理出一份报告，虽然强调日美关系仍然很重要，但是怀疑日美同盟作用的含义还是比较明显的。对此，1996 年 4 月，克林顿访问日本，与重新执政的自民党内阁谈判，并与首相桥本龙太郎签署了“面向 21 世纪的同盟”宣言，其中提出了日美安保再定义问题。当时日美双方还确定日美安全保障合作是“维护东亚太平洋地区繁荣与稳定的基础”，强调美国在该地区有必要驻留 10 万人的兵力，另外，双方还修改了“日美防卫合作指针”，日美同盟又被赋予了新的意义，日美同盟的重要性被突出出来，结束了“漂流”状态。既然是面向 21 世纪，是维护东亚和太平洋地区的繁荣与稳定，那么日本发挥更多军事作用也就是理所当然的了，对日本来说解禁集体自卫权也就势在必行了。

（二）日本的集体自卫权与美国

直接提出并强调集体自卫权概念的是美国。美国 2000 年 10 月和 2007 年 3 月两次发表《阿米蒂奇报告》促进了日本对集体自卫权的讨论。该报告提出日本禁止行使集体自卫权，制约了日美同盟的合作，还说美国能否在亚洲立足的关键是维护日美同盟，但是由于日本对于全球事务的兴趣不大，日美同盟合作受到了约束，这种约束限制了两国之间的联合能力。具体包括，美国需要一个在安全受到影响时能拥有较大自由参与能力的同盟，美国需要一个如果形势需要就可以派兵的具有较大灵活性的安全伙伴。报告还指出，日本正在围绕自我约束展开讨论，报告认为这种讨论与日本渴望成为联合国安理会常任理事国一事紧密相关，如果日本成为安理会常任理事国，日本就可以参加一个决策机构，而这个决策机构负责迫使其他国家遵守自己的决定，有时包括使用武力的决定。

《阿米蒂奇报告》中的这些观点为日本讨论解禁集体自卫权问题做了强烈的注脚。尤其是报告毫不掩饰地宣称：日本国内就宪法问题进行的辩论令人鼓舞，希望日本提高自己的能力，旨在既可以拿出软实力又可以拿出硬实力。从地理位置上讲，亚太地区绝大部分是大洋、海和具有战略意义的海峡。它是一个海军的舞台，这就要求美国必须继续进行军事采购，同时采取与海军舞台相符的恰当的军事战略。日本必须独自作出非常具体的决定，但是，作为对于美日伙伴关系寄予希望的同盟伙伴，美国对日本如何处理这些问题有着强烈的兴趣。

集体自卫权问题是日本在军事上配合美国的重要手段。美国国防部高级官员认为日本装备的导弹不能只用于自卫，美国更关心日本能否击落通过其领空的打向美国的导弹。然而，这涉及日本集体自卫权的解禁问题，所以，美国人说：日本有必要修改关于行使集体自卫权的限制。日本的领海之外受到攻击，美国当然会应对，但是美军受到攻击时日本却不能应对，这不是对等的同盟关系。①

2011 年 11 月，美国发表了新的国防战略，计划大幅削减陆上军力，并在亚太地区增加军事投入。2012 年 2 月 7 日，美国国务院发言人纽兰说：关岛是美国亚太战略上的要冲，② 这次调整的一个重大动作是将驻扎在冲绳的美军海军陆战队转移到关岛，并提高美军的机动打击能力。美国将其部队撤离第一岛链，为的是避免受到中国导弹的直接打击，而牵制中国的任务将落到日本身上，这便是日本扩充海军力量的千载难逢的机会。奥巴马说：“在历史性战略转换

① ［美］ケビンメア「沖縄基地の県外移設はありえない」，《Voice》，November，2011，第 72 页。

② ［日］「米、中国軍拡に備え」，《产经新闻》，2012 年 2 月 9 日。

中，同盟国日本将在安全保障领域发挥重要作用。”① 美国认为日本应该加强应对中国海军的能力，装备新式战斗机，有必要把防卫的重点放在西南诸岛。美国的调整当然也有避免由于日本与邻国的冲突而把自己卷入进去的思考，美国打算与中日冲突拉开一定距离，保持某种自由空间。

美国一直公开表示支持日本解禁集体自卫权。2014 年 2 月 5 日，美国副国务卿拉塞尔表示：集体自卫权是多年来确立的原则，美国接受日本国民代表的决定。同时他认为奥巴马政权下，日美同盟有较大的进展，坚信两国关系会朝良好方向发展。② 2014 年 4 月 6 日，美国国务卿哈格尔进一步表示美国支持日本修改宪法以解禁集体自卫权。③ 2014 年 7 月 1 日，安倍内阁终于作出解禁集体自卫权决定，美国对此表示了欢迎的态度。

（三）日本借力发力

对于美国让日本修改集体自卫权解释的要求，态度最为积极的是安倍内阁。《阿米蒂奇报告》发表之后不到一个月，安倍内阁就成立了“安全保障的法律基础再构建恳谈会”，正式讨论解禁集体自卫权的可能性。④ 2008 年 6 月该恳谈会曾提出建议，为了行使集体自卫权，政府应该修改对宪法的解释。

西南诸岛防卫问题成了日本应对美国责任分担要求的试金石，也是日本借力发力扩充海上力量的一个契机。日本防卫省干部的基本观点是：驻扎在冲绳的美国海军陆战队将搬迁到关岛，美军这种从日本的收缩行为，对于日本来说势必使日本感到其周边出现空虚，

① ［日］「同盟国日本の役割割増」，《読売新聞》，2011 年 11 月 18 日。

② “「集団的自衛権」歓迎の意向　米ラッセル国務次官補”，http：//news. tv-asahi. co. jp/news_ international/articles/000020906. html.

③ 「集団的自衛権：米国防長官、容認を支持　防衛相会談で明言」，http：//mainichi. jp/select/news/20140407k0000m010037000c. html.

④ 两份《阿米蒂奇报告》分别于 2000 年 10 月 12 日和 2007 年 2 月 17 日由美国乔治敦大学战略与国际问题研究中心发表，作者是美国前国务卿理查德．阿米蒂奇和前助理国防部长约瑟夫·奈等人。

日本会利用这个机会扩充军备，推进自主防卫力，从中得到战略益处，所以他们主张应该协助美国的军事调整。日本有人认为他们应该增加西南诸岛的防御，因为这些岛屿正好处于中美两国军事对立的线上，日本提高单独保卫这些岛屿的能力，将是最好的对美合作。[①] 2010年底，民主党内阁制订了新版防卫计划大纲，首次提出了重视西南诸岛的机动战略，也是这种思考的结果。

当然，日本并无单独防卫西南诸岛的自信，所以它要求美国承诺履行安保条约第五条适用钓鱼岛，并以此为条件答应美国解禁集体自卫权。安倍说："应该对宪法进行积极的解释"，因为日本海上自卫队已经在印度洋为美国海军提供油料补充，陆上自卫队在伊拉克萨马沃地区有600多人支援战争，航空自卫队从科威特到伊拉克帮助运输物资，这在十年前是不可想象的。他认为"这里需要再向前跨进一步，议论集体自卫权问题"，[②] 因为日本的安全由日美同盟来负责，但是，日本不能行使集体自卫权，这是不自然的。日本有些人认为，集体自卫权是海洋国家日本和平与繁荣的保障。日本的贸易99%依赖海上运输，海上防卫对于日本来说十分重要。但是这种防卫一个国家单独不能完成，必须与美国一起完成，所以，必须解禁集体自卫权。日本盘算的是一旦解禁集体自卫权，在公海上与美国军舰同行的日本舰船，在美国军舰受到攻击时就可以反击，对于射向美国的导弹，日本也可以将其击落。有人主张将来还有必要讨论是否日本应该有能力对敌方基地进行先发制人的打击。

安倍还认为：集体自卫权的行使，并不是从属于美国的，而是对等的权利。日本防卫大臣中谷元曾说："所有事情都依赖美国的话日本就安全了，这种意识是错误的，考虑到美国的事情，日本应该

---

① ［日］「米軍　中国にらみ再編」，《日本经济新闻》，2012年2月9日。

② PHP研究所编：『安倍晋三対論集』，PHP研究所（东京）、2006年，第45～46页。

有自己独自的思考。”[①] 其实，安倍是想借力发力，利用美国的战略调整，实现日本自己的防卫政策转变。安倍的外交顾问谷内正太郎认为只有这样，日美同盟才能更加牢固才能增强遏制力，自卫队和美军才能不费一颗子弹。[②]

关于集体自卫权，谷内正太郎指出：“集体自卫权问题是一个国家的品格问题。朋友帮助你，你却不能帮助朋友，这是国家的耻辱。”[③] 北冈伸一认为，“日本不能行使集体自卫权，就不能与美国形成一个团队”[④]。2013 年 1 月 27 日，日美两国军方领导人在横田地下指挥所进行军事演习推演，该指挥所是“3·11”大地震后两国进行“朋友作战”时的指挥所。演习的目的是在战争发生后，保证两国部队指挥官能够顺利找到对方联系的对象。美军与日本自卫队的关系进一步加强了，日本进行弹道导弹拦截时，美国提供早期卫星侦查情报。2013 年 6 月，两国在加利福尼亚进行了实战部队夺岛演习。日本决定建立水陆两用部队，是以美国海军陆战队为模型的。

三、 日美海洋战略剑指中国

日本解禁集体自卫权是日美两国修改防卫合作指针的必要条件，日本只有解禁了集体自卫权，日美两国才能共同采取军事行动遏制中国的海洋“扩张”。在安倍内阁正式决定解禁集体自卫权之前，2013 年 1 月 18 日，日美两国外长在华盛顿进行了谈判，商讨了修改防卫合作指针的问题，认为防卫合作指针修改的最大理由是中国的

---

① アングル：軍備増強目指す安倍政権、裏に潜む日米同盟への不安，http://jp.reuters.com/article/topNews/idJPTYEA1403S20140205? feedType = RSS&feedName = topNews&pageNumber = 2 & virtualBrandChannel = 0.

② 安倍晋三：《新しい国へ》，文艺春秋（东京），2013 年，第 254 页。

③ 谷内正太郎：“集团的自自衛権　国の品格の問題”，《産経新聞》，2013 年 7 月 11 日。

④ 日本は「集団的自衛権」を行使すべきか？ ~北岡伸一（安防懇座長）VS 柳澤協二（元防衛官僚），http://blogos.com/article/74682/.

海洋“扩张”和朝鲜的核开发。2015 年 4 月 27 日，日美两国发表了最新版防卫合作指针，日本满足了美国关于日本分担防卫责任的要求，强化日美同盟，并在“指针”中加进集体自卫权的内容。

（一）日美视中国为假想敌

2015 年 4 月发表的日美防卫合作指针提到的基本国际环境是中东乱局、朝鲜局势和中国崛起，明显是以遏制中国为目标的。可以说，日美防卫合作指针最核心的目的是如何应对中国的崛起，该指针也因为这个目的把日美同盟关系提高到了一个全新的水平。“指针”符合了美国“亚太再平衡”战略，美国国防部长卡特认为：“美国将继续关注亚太地区，将继续推进有利于美国利益和价值的国际秩序。”奥巴马也直言不讳地说：在世界上增长最快的亚太地区，规则的制定者是美国，不是中国。可见，中国显然是“最强的假想敌”，这一点在新指针中得到了充分的反映。特别是中国在东海和南海的行动威胁了日美的安全和航行自由，所以两国大肆宣传航行自由，反对用武力改变现状。安倍晋三在“指针”修改后说：“在亚太地区，有朝鲜的威胁，有中国在南海和东海的活动和军事扩张。为了有效应对这些情况，我们修改了防卫合作指针。”两国的基本战略部署是先修改日美防卫合作指针，然后是日本安全保障法制的审议，以“指针”倒逼安保法制在日本国会通过，目的在于遏制所谓中国的“海洋进出”。日本防卫相中谷元说：南海问题是日美共同的关心事项，美国国务卿克里则说：“不承认大国对小国的特权。”在首脑会谈中，两国首脑强调：“航行与飞行的自由，和平解决争端。”

进一步分析防卫合作指针，还可以发现日美合作的主要领域是海洋，具体包括东海、南海和印度洋，这个问题也与中国的所谓“扩张”有密切关系。防卫合作指针的新内容是：以钓鱼岛为想定对象，加强离岛防卫合作。即，包括离岛被占领，但是还没有达到武力进攻程度的所谓“灰色地带”在内的平时合作的扩大。此次“指针”的内容里还应日本的要求，奥巴马没有提美国在钓鱼岛主权归属问题上的中立态度。对此，日本外务省官员称："此次修改的关键在于日本如何让美国明确表示承担钓鱼岛防卫责任。"尽管新指针明确了美国的作用是"支援"和"补充"，这与修改前没有大的变化，但是据防卫省官员说："这是最大的成果"，因为2015年4月28日，奥巴马在记者会见中对于日美安保条约第五条适用钓鱼岛的提问，回答说："毫无疑问。"显然，日本对此比较满意，日本媒体认为美国这样做是在表示对中国海洋"扩张"的不满和牵制。

日美新防卫合作指针的最大特点是提出"无缝合作"，包括平时的警戒监视行动，也包括离岛占领的"灰色地带"事态，还包括美国应对国际纷争时的后方支援，以及可以行使集体自卫权的"有事"事态。"指针"的一个重大特色就是提出"灰色地带"概念，日本认为这是平时与有事之间的"缝隙"。所谓"灰色地带"事态：虽然不构成自卫队的防卫出动，但是维持治安的海上保安厅和警察很难应对的"缝隙"。比如，武装集团非法登岛、外国军舰进入日本领海和日本民间船舶在公海受到攻击，对于这些事态，内阁可以通过电话协调形成内阁决议。还包括自卫队对美国舰船的防卫和在海上通道上的排雷。

另外，"指针"也被理解为可以适用于南海问题。这里涉及两国重要概念，"重要影响事态"和"存立危机事态"。美国前国家安全委员会亚洲部主任迈克尔·格林说："日美在东亚之外也应该共同作战，两国要是能够在地球规模合作的话，就会给中国一个日美关系非常牢固的印象。"南海发生美、菲与中国的冲突，日本可以根据指针提出的"重要影响事态"出动自卫队进行后方支援，还可以根据"存立危机事态"，派遣自卫队去扫雷、登船临检和船舶护卫。虽然在南海日本并未直接受到攻击，但是这属于对日本的安全造成威胁的事态，可以行使集体自卫权。其实，"指针"对这个问题有所规定，比如，日本油轮出入的霍尔木兹海峡扫雷以及运送日本人的美国军舰受到攻击就属于这种情况。目前日本自卫队大部分都部署在日本周边，是以中国和俄罗斯为假想敌进行的部署，日本尚无部队在南海，新防卫合作指针既然扩大了防卫任务，那么，防卫计划大纲也需要做相应的修改。美国承担了日本的防御，日本自卫队的作用则突破了"平时"的限制，包括了对美军在南海的行动给予合作。美军也明确提出了希望日本自卫队在南海进行警戒、监视和搜集情报。

（二）日美合作突破地理限制

"重要影响事态"的概念取代"周边事态"概念，表示日美合作指向了世界范围，对此，美国国防部高级官员称：新指针的最大成果是取消了合作的地理限制，"应该一点一点地让日美同盟成为英美同盟那样的地球规模的同盟，新防卫合作指针就是最初的一步，而且是一大步"。"指针"明确了日本的作用，要在世界范围合作，还要无缝合作，这是所谓的日美同盟的深化和强化，其中日本的作用在扩大。美军强烈希望日本自卫队在警戒监视和后方支援与美军合作，因为在美国削减国防预算的背景下，中东"伊斯兰国"猖獗，美国必须追剿，俄罗斯在乌克兰的行动必须有美国应对。"指针"提出的"存立危机事态"概念，意思是指别国军舰遭到攻击，但明显危害日本国民的生命安全，比如在霍尔木兹海峡扫雷，此项适用于集体自卫权。

另外，两国还设立了"同盟协调机制"，关于这一点，1997 年的指针规定了危机发生之后设置协调机构的内容，2011 年日本大地震后，为了共享情报、合作应对危机，两国在"朋友作战"中就提出了这个问题。这次的合作协调机构是常设的，目的在于制定共同的作战计划和共同的训练计划，还包括决定自卫队的海外行动，扩充自卫队人员和编制、装备等内容。

"指针"是日美军事合作的大框架，还要制订应对各种具体事态的预设计划，并根据这种计划进行军事训练。通过同盟的这种合作的深化，其实还可以达到一个目的，就是减轻美国的负担，作为补偿，美国要把最先进的武器部署到亚太地区，保持对相对的优势，这也是美国“再平衡”战略的需要。日美认为亚太地区权力平衡的改变，会导致亚太海洋秩序的变化，但是现在的美国已经无力单独担任世界警察的角色，除了日本，美国还要编织与韩国、东南亚、印度和澳大利亚的安保合作网。2015 年 5 月 18 日，美国国务卿克里说：“希望日韩双方就敏感的历史问题，直接对话，找到双方都接受的解决策”，意在促成日韩之间的安保合作。同日，日本与澳大利亚达成协议，双方共同开发新型潜艇，为此日本决定向澳大利亚提供最新的“苍龙型”的技术情报。另外，菲律宾打算扩建巴拉望岛上的阿义斯塔湾，以便于日美的使用，日本则有可能对这个军港的基础设施建设出资。

日美新防卫合作指针实质上是日美安保条约的修改。美国国防部长满意地说：此次防卫合作指针的修改意味着“日美同盟发生了变化”。此次的“指针”和 1997 年的“指针”有个最大的不同在于：1997 年的指针是在日本宪法和日美安保条约框架范围内进行的，此次则先对宪法进行了解释，即日本有限解禁了集体自卫权，并超出了日美安保条约的范围，事实上是修改了日美安保条约。所以，批评者认为“指针”违反了日本宪法，也违反了日本防卫政策的专守防卫原则。当然，“指针”也反映了日美关系的微妙性。日本前外务副大臣自民党的岩屋毅说：“美国是不是对日本期待过度了？”安倍虽然一再强调：日本“绝对不可能被卷入美国的战争，日本使用武力的目的在于保护日本国民，这是日美两国的共同认识”。但是就连日本防卫省官员也说：“日本自卫队到远离日本的南海进行巡逻监视活动是不现实的。”

四、 安保相关法案的修改

本来，战后日本在宪法框架内，彻底推行和平主义政策，但是允许必要最小限度的自卫权，在这种背景下，对于自卫队需要应对何种威胁，在什么范围，用什么手段采取自卫行动，日本都通过相关法案进行了严格的规定。日美防卫合作指针修改之后，倒逼日本必须使集体自卫权能够具体实施，日本必须完成国内安保法制的立法程序，即修改安保相关法案，这是自卫队行使集体自卫权的法律根据，否则，新的日美防卫合作便不能落实，集体自卫权也不能行使。

（一）安保法案的构成

安倍内阁认为日本面临的国际安全环境发生了变化，主张日本要对国际社会的和平与稳定作出积极的贡献，必须对安全保障相关法案进行修改。2015 年 5 月 15 日，安倍内阁向国会提交了安保相关法案进行审议，2015 年 7 月 16 日，日本国会众议院通过了“安保相关法案”，9 月 18 日，参议院也通过了该法案。安保法案为日美防卫合作指针的具体化奠定了基础。法案包括《和平安全法制整备法案》和《国际和平支援法案》，前者是对已经存在的 10 个法律的修改，后者是新设法律，但实际上是已经完成使命的《反恐特别措施法案（2001 年）》和《伊拉克特别措施法（2003 年）》的修改版，可以说日本此次通过的这些法律都是已有法律的修改版，其主要包括《和平安全法制整备法案》和《国际和平支援法案》两大部分，共计 11 个法律。

《和平安全法制整备法案》对 10 个安保相关法律进行了修改。其中《自卫队法》增加了平时为美军提供武力防护，提供弹药，在救援日本侨民时使用武器；《联合国维和活动合作法（PKO）》增加了现场警卫，参加非联合国指挥的活动；《周边事态法》改为《重要影响事态法》，规定日本的后方支援不限于周边事态；《船舶检查法》在重要影响事态时，进行船舶检查；《武力攻击事态对应法》规定自卫队在存立危机事态时进行防卫出动，行使集体自卫权；《美军行动相关措施法》改为《美军等行动相关措施法》，规定了武力进攻发生时，自卫队可以支援美军以外的国家，存立危机事态发生后，支援外国军队；《特定公共设施利用法》规定，地方政府管理的机场可以提供给美军以外的国家使用；《海上运输规制法》规定存立危机事态发生后，海上自卫队可以进行停船检查；《捕掳对待法》规定存立危机事态发生时适用人道捕掳；《国家安全保障会议设置法（NSC）》增加了审议存立危机事态和重要影响事态的内容。另外，还新制定了一个《国际和平支援法案》保障了自卫队可以随时向海外派遣。

（二）安保法案的核心概念

此次日本国会通过的这 11 个安保相关法案，在解禁集体自卫权和修改日美防卫合作指针的基础上，着重对几个有关海上“有事”的核心概念进行了诠释，包括“重要影响事态”“存立危机事态”和“灰色地带事态”。

首先，“重要影响事态”取代了“周边事态”。法案的具体内容大体上涉及自卫的范围、程度和关于国际贡献两大类，特别是关于自卫队必须应对的威胁是什么的问题十分敏感，按照现在的国际形势，虽然安倍内阁认为日本应该扩大自卫队的活动范围，但是范围过大会超过自卫的范围，比如，发生威胁的地点，1999 年日本制定的《周边事态法》，规定了日本领域以外的“周边”发生的事态，自卫队也可以参与。所谓“事态”是指如果放置不管会导致日本被武力攻击的事态，是发生在日本周边并且对日本的安全与和平产生重要影响的事态，也就是说威胁被限制在发生在日本周边的事态。但是，因为安倍内阁认为“周边事态”还不能确保日本的绝对安全，所以，用《重要影响事态法案》取代了《周边事态法》，其中，删除了“我国周边地区”的语句，完全取消了威胁发生的的地理限制，自卫队的行动范围也取消了。不设定地理范围，这样，理论上自卫队就可以到世界上任何地点应对威胁，“周边事态”改成了“重要影响事态”。理论上南海发生的事态也当然包括在内。

其次，“存立危机事态”构成行使“集体自卫权”的条件。本来，关于日本行使自卫权所应对的威胁曾分为：“武力攻击的事态”和“武力攻击预测事态”，但修改后的《武力攻击事态法》在已有的两个事态上又加上了“与我国有密切关系的其他国家受到武力攻击，而这种攻击使我国的存立，国民的生命、自由和追求幸福的权利受到明确的根本的威胁”，这叫“存立危机事态”。也就是说，迄今为止，所谓“针对我国的武力攻击”是自卫队必须应对的威胁，但是，安保法案修改之后，“针对别国的武力攻击”也成为自卫队应对的威胁，只不过这种威胁涉及日本的“存立”，这种“自卫”也就难免涉及集体自卫权。所以，这是此次安保法制允许行使集体自卫权的原因，或者反过来说，为了参与别国卷入的争端，必须解禁集体自卫权。

此处的问题是卷入别国的争端，已经不是“自卫”了，所以，必须追加这样的内容：“别国受到武力攻击后，威胁到我国的存立，国民生命、自由及追求幸福的权利受到明确的根本性危险”，这便是所谓“存立危机事态”。这样的话，别国所受到的武力攻击也就成了日本所受到的威胁，日本的参与也就还可以称为“自卫”行为（但实际上超出了自卫的范围，符合了集体自卫权条件）。可以说，所谓“存立危机事态”只不过是参战借口，不但是违反宪法的“集体自卫权”，而且还埋下了发动战争的根据。

“武力攻击事态法”的修改，规定尽管是对别国的武力攻击，但只要属于“存立危机事态”，自卫队就可以依法使用武力排除。这里，虽然自卫队的行动范围没有具体规定，但很明显是在受到武力攻击的国家领域之内排除所谓武力攻击。安倍在国会答辩中说自卫队不会进入别国的领域，但安保法案的内容确实可作如此解释，显然安倍是在说谎。

另外，安保相关法案还引入了一个概念：“灰色地带事态”，这个“事态”被规定为自卫队必须应对的另外的一个重要事态，它所指的是钓鱼岛等离岛受到的非法侵害。法案规定这种事态发生后，如果警察无法应对，或者外国潜艇到日本领海从事非法活动，或者日本侨民在避难过程中受到外国非法侵害等情况，必须修改自卫队法。

根据日本《朝日新闻》（2015 年 5 月 19 日）调查，有 60% 的日本人认为没有必要建立“安保法制”，所以，2015 年 9 月 25 日，安倍在国会发言说：舆论对安保法反对大大超过赞成，其实以前《日美安保条约》修改时、《PKO 法制》制定时也是这样的，所以我相信随着时间的推移，安保法制的意义会获得国民理解的。安倍还表示要尽全力改善日本与俄罗斯、中国和韩国的关系，还要在中、日、韩首脑会议时，分别与朴槿惠总统和李克强总理举行首脑会谈。[①] 安倍说的并不完全是假话，日本未必马上发动战争，也未必如媒体解释的那样立即到地球的另一端参与战争，但是毕竟现在通过日美防卫合作指针和安保相关法案的修改，日本在法律体制上大幅突破了“和平宪法”的限制，理论上参与战争行动是完全可能的，而且下一步日本还必须在新安保法案的基础上制定新版防卫计划大纲，海洋战略必定是重点内容，值得继续关注。人们有理由担心，今后一旦由于日本摆脱美国获得自主权，日本势必成为一个拥有正式军队和可以参与战争行动并可以使用武器的普通国家，到时，日本会在无法律障碍的条件下，从本岛到西南诸岛，包括钓鱼岛，到独岛、冲之鸟礁、南海、印度洋和霍尔木兹海峡的海上通道，“发挥”军事作用。基辛格曾经说过：“就像人有 DNA 一样，一个民族也有 DNA，日本只是战败过一次，不可能永远不发动战争。日本总有一天会修改宪法，改变国家体制，拥有核武器。”[②] 在此之前，日美同盟作为海洋国家同盟，是日本必然的选择，尤其是在针对中国的海洋战略

① 首相、安保法反对論を批判「1 億総活躍」担当相新設へ，http：//headlines. yahoo. co. jp/hl? a = 20150925 – 00000060 – asahi – pol。

② ［日］日高正树：「日米安保は崩壊寸前だ」，Voice December，2007。

方面，至少在相当长的一定阶段，日美两国有着共同的利益，必将制定共同的战略，因此日美同盟也是日本海洋战略的重要组成部分。

第二节　日本海洋战略中的日澳安保合作

在日本的海洋战略外交中，澳大利亚占有十分重要的位置，日本试图把澳大利亚拉进遏制中国的统一战线，组成日美澳同盟，配合美国“亚太再平衡”战略。不过，日澳两国虽然在基本战略思考方面与美国有相近之处，但是，在各自与中国的经贸关系和安全利益方面也并不完全相同，所以，两国在制定共同的海洋战略遏制中国方面，仍然存在问题，日澳旨在遏制中国的海洋战略进展不会十分顺利。

一、　日本与澳大利亚防卫合作的历程

（一）日澳防卫合作的进程

日本与澳大利亚之间的安保合作，早在 20 世 70 年代就开始了，最先提议两国进行安保合作的是澳大利亚情报局（ASIS），当时两国之间是秘密合作，只限于秘密情报的交换。安保合作范围的扩大是 20 世纪 90 年代初，1990 年 5 月，日本防卫厅长官石川要三访问澳大利亚，1992 年 9 月，澳大利亚国防部长罗伯特·雷伊访问日本，双方的合作内容限制在包括军事演习在内的海军小范围之内。1992 年至 1993 年两国在联合国柬埔寨维和活动中有所合作，1996 至 1997 年，两国的合作在军事人员互访、情报交流的扩大、联合军演和军舰互访以及海上监视等领域有所扩大。不过，尽管如此，两国之间的关系并未定位为“安全保障伙伴”。2001 年“9·11”事件以

后，两国在反恐战争中一起支援美国，合作范围进一步扩大。

2003年，两国防卫部门签署了《日本防卫厅与澳大利亚国防部关于防卫交流的备忘录》，规定了四个层次的交流：部长级、厅局级、部队之间和教育研究机构之间。2007年，两国签署了《安全保障合作联合宣言》，引起国际舆论的关注。对于日本来说，除了美国之外，这是日本首个与外国签署的安保协议，具有划时代意义。该协议把朝鲜核问题和恐怖主义定为对亚太地区及国际社会的威胁，强调了两国之间军队的交流和联合军演等实际上的合作措施。

2008年，两国将防卫交流备忘录进行了修改，增加了情报技术交流、国际和平合作以及两国在日美澳和东盟地区论坛的合作。2009年两国开始了“物品劳务相互提供协定”（ACSA）谈判，涉及两国军队在粮食和燃料互相提供方面的合作，这也是除了美国之外，日本与外国签订的首个类似协定。

2011年11月，日本首相野田佳彦在印度尼西亚与澳大利总理吉拉德就两国开始“2+2”会谈达成协议。2012年1月9日，日本与澳大利亚签署了《关于保护军事机密的情报保护协定》，标志着两国安保合作又向前推进了一步。所谓情报保护协定，就是政府间互相提供情报的管理规则，比如，任何一方从对方收到的情报不得提供给第三国。特别是接受情报的一方必须与提供情报的一方制定相同的保护规则。日本与美国、北约和法国都有情报保护协定，与澳大利亚签署是第四个这种协定。

（二）日澳防卫合作的新动向

澳大利亚周围环海，传统上重视海军力量，2015年的国防预算为268亿澳元，几乎与日本的防卫预算相同。日澳之间的安保合作，主要是海军领域的合作。2012年1月，澳大利亚开始考虑引进日本

“苍龙”级潜艇，取代国产的“柯林斯”级潜艇。[①] 2012 年 5 月，澳大利亚海军部长访问日本吴港基地，参观了“苍龙”级潜艇。2013 年 1 月，日本防卫省开始考虑向澳大利亚提供潜艇技术。[②] 澳大利亚的潜艇现在面临更新换代，许多人开始关注日本的潜艇，因为日本的潜艇与美国的作战系统具有相互兼容性，澳大利亚军事专家称：美澳之间的军事关系比日美之间还要强，陆海空军的所有方面都具有互换性，不管在南海还是在中东，都可以进行密切的合作。所以，2014 年 7 月，安倍访问澳大利亚时就与阿博特商谈了两国联合研究潜艇技术的问题，日本于 2014 年 4 月放松了“武器出口三原则”，改成了“防卫装备转移三原则”，为武器装备的出口扫清了法律障碍。

2014 年 11 月 12 日，日本首相安倍晋三在缅甸的内比都会见了阿博特，两人商讨了联合研究潜艇技术和自卫队加强与澳大利亚海军共同训练问题等。关于潜艇，澳大利亚希望日本能够向澳大利亚提供其高水平的技术，2014 年 10 月两国防长会谈时，双方就该问题达成协议。

2014 年 11 月 16 日，日美澳首脑在澳大利亚参加 G20 会议时举行了三国首脑会谈，同意在安保领域加强三国之间的合作。[③] 2015 年 7 月 5 日，日本参加了由美国与澳大利亚举行的联合军事演习——“护身军刀 2015”，演习在澳大利亚北部的达尔文港举行，包括登陆训练，由大约 3 万人参加，是美澳之间的大型军事演习，也是澳大利亚显示与美国紧密的同盟关系的重要机会，该演习每两年一次，这是第六次。日本虽然只派遣了 40 人参加，但这是日本自

---

① エヌ・エヌ・エー. ASIA 豪専門家が懸念、「日本の潜水艦は未知数」経済 2012 年 1 月 16 日。

② 朝日新聞デジタル海自の潜水艦技術、豪へ提供検討　連携強化狙い防衛省 2013 年 1 月 27 日。

③ 《读卖新闻》2014 年 11 月 13 日。

卫队首次参加这个演习。[1] 本来，澳大利亚是要利用这个演习显示美澳之间的同盟关系，对于少数日本人的参加并不感兴趣，但对日本来说这无疑是表示日本与澳大利亚准同盟关系的一种姿态，显示了日美澳军事合作的进展。[2] 由于日本自卫队的首次参加，日澳之间的安保合作也进入了新的局面，澳大利亚学者认为，日澳关系由经过美国中介的“朦胧友人”变成了共享机密的明确朋友。[3]

二、 日澳安保合作的背景

关于日澳防卫合作的背景，首先，是两国外交和安保政策的原则具有类似性，澳大利亚前总理陆克文说过：澳大利亚外交安保的三根支柱是“与美国的同盟”“参加联合国等多边机制”和“参加亚太地区综合合作”。日本的外交安保政策也与澳大利亚有类似之处，比如，日本外交蓝皮书2005年版说：日本的外交目标是“日美同盟”“国际合作”与“亚太地区的和平与繁荣”，这就说明了两国在安保领域的合作，没有政策上的障碍。

日澳两国都与美国是同盟，不得不配合美国的外交战略实施。澳大利亚在“9·11”事件之后，根据安萨斯（ANZUS）条约第四条规定，启动集体自卫权支持美国，参加反恐战争。日本在小泉政权下也积极支持美国的反恐战争，并在2001年12月，把自卫队补给舰和护卫舰派往印度洋为美国军舰补充燃料。2003年7月16日，日澳两国发表《关于在国际恐怖主义战斗中进行合作的联合声明》，两国承诺在与恐怖主义的战斗中加强合作。合作的方式包括：情报

---

① “日豪、進む「準同盟」化　自衛隊、米豪演習に初参加”，朝日新聞DIGITAL，2015年7月12日。

② 島嶼防衛の戦略は人民解放軍に学べ「島嶼奪還」ではなく「接近阻止」が大原則，JB-press，2015/7/16。

③ 《朝日新闻》2015年7月12日。

交换、运输安全、能源安全保障和网络安全，还包括海上监视活动和联合军演的增加。另外，两国还在伊拉克复兴重建方面密切合作，日本在联合国框架之外，首次向海外派遣了自卫队，澳大利亚则增派军队负责保护日本自卫队的重建活动。

日澳两国都积极参与联合国等多边平台的国际合作。2008 年，陆克文总理访问日本时提议为了彻底废除核武器，设立国际委员会，日本表示支持。两国共同发起设立了“关于不扩散核武器与核裁军国际委员会”。2010 年召开的 NPT 条约运用讨论会之前，两国一起提出了关于核裁军与核不扩散及和平利用原子能的报告书。[①] 另外，两国都密切关注亚太地区问题。早在 20 世纪 80 年代，两国就合作设立了“亚太经合组织”（APEC），1994 年在日本主导下，成立了亚太地区多边安全保障框架“东盟地区论谈”（ARF）。2003 年，在雅加达亚太安保合作会议上，日本与澳大利亚、加拿大、印度尼西亚进行了紧密合作，在反恐地区合作方面达成一致意见。

其次，在应对中国崛起方面日澳有共同思考。日澳关系归根结底是在美日和美澳同盟的框架之下展开的，所谓日澳合作实质上是日美澳合作，而日美澳合作又是日、美、印、澳四国战略对话构想的第一步，美国首先要把日美澳合作打造成其“亚太再平衡”战略的支柱，这叫做在双边军事合作的“线”性同盟基础上，形成日、美、澳三点构成的“面”上的合作。当然，日、美、印、澳对话构想最早由日本首相安倍晋三提出，目的在于牵制中国，但是，至今尚未成型。在四国之间，虽然日美之间已经是同盟，日澳之间也是同盟，但是日印之间和印澳之间不存在同盟关系，所以，日本想把这两个双边关系也提升至同盟的水平。对此，美国虽然没有高调回应，但是由当时的副总统切尼给与认可，还举行了由澳大利亚总理和印度总理参加的会谈。希拉里·克林顿出任美国国务卿期间，美

① 斎藤めぐみ：“日豪安全保障協力の進展と今後”。

国国务院政策司曾提交了一份报告，建议美国、日本、澳大利亚和印度四国加强军事合作。共和党的约翰·麦卡恩曾说："应该建立民主主义同盟"，还有人主张把亚洲民主国家纳入北大西洋公约组织。

四国战略对话的发展与中国的军队现代化互相联动，还与应对台湾海峡的偶发事态以及所谓中国在南海的势力"扩张"有密切关系。美国既然重视日美澳在安保领域的合作，为了应对中国的崛起，双边合作的同时以日美澳为轴的面上的合作也越来越受到重视。日本和澳大利亚都是美国的同盟国，中国对于澳大利亚来说虽然是其资源出口的重要国家，澳大利亚并不想过于刺激中国，但是由于中国在东海和南海，特别是向太平洋的行动，还是感觉到威胁。

美国的"亚太再平衡"战略，是以所谓中国的海洋"扩张"为背景的，日澳之间的合作也是在这种背景下达成的。尽管从 2009 年起，日本鸠山内阁开始执行脱美政策，要求美国撤出普天间，停止自卫队在印度洋的供油，日美关系恶化，但是，2012 年 9 月，野田内阁成立，起用自卫队出身的森本敏出任防卫大臣，12 月 27 日，野田内阁宣布日本缓和"武器出口三原则"。2012 年 12 月安倍重新上台，继续推行"价值观外交"和"自由与繁荣之弧"构想。2013 年 1 月，安倍对越南、泰国、印度尼西亚进行访问。外相岸田文雄访问菲律宾、新加坡、文莱和澳大利亚，修改了鸠山内阁的亲华政策。在澳大利亚，2010 年 6 月，吉拉德上台，开始与中国拉开距离，倾向美国，她主张与传统的盟国美国保持紧密关系来维持澳大利亚在这一地区的优越地位。另外，吉拉德政权还开始向印度出口核物质铀。

2012 年 1 月，日澳两国签订的安保情报协定是 2007 年 3 月安保联合宣言的延续，二战期间日本军队曾经空袭达尔文港，现在美国获许驻留在达尔文港，日美澳安保合作正在被向前推进。

从 2013 年 9 月开始，阿博特上台之后，澳大利亚就视日本为亚洲的良友，与安倍晋三结成密切关系。澳大利亚北部的重要港口城市达尔文是重要军事基地，2012 年开始允许美国海军陆战队在此驻留，并由当初的 200 人增加到 1500 人，2016 年将增加到 2500 人，显然这是针对中国的。日本的参加美澳之间的方位合作显示了日本对美国的这一只在遏制中国的战略部署的积极合作态度。美国太平洋舰队军官指出，现在为了防止世界发生不测事态，日本的部队也参加了进来，期待日本今后发挥更重要的作用。[①]

日美澳三国在反对所谓中国填海造岛问题上利益一致，美国率领日澳在该问题上向中国施加压力。在日美两国看来，中国的导弹威慑力，海空军力量的增强为中国海洋“扩张”奠定了坚实的基础。中国拒止能力（A2/AD）的加强使美国的介入越来越困难，特别是美国从菲律宾撤走海空军基地之后，南海的力量真空势必要由中国来填补。虽然 2014 年美国与菲律宾签订了事实上承认美国再度在菲律宾驻军的协定，但是，还不能阻止中国在南沙建立军事基地。日本参加美澳军事演习就是又一次向中国发出的信息。[②] 2015 年 6 月 30 日，日本防卫大臣中谷元在新加坡召开的亚洲安全会议上批评中国人工造岛。[③] 中谷元还与美国国防部长卡特和澳大利亚国防部长安德鲁斯在新加坡举行会谈后发表联合声明，“反对在东海和南海用武力改变现状”，还要求南海争端所有的当事国，停止填海活动缓和紧张局势，停止挑衅行为，还要求东盟各国和中国以国际法为基础就实效的行为规范达成协议。[④]

鉴于中国在南海的活动，澳大利亚国防部长安德鲁斯说：“美国应该与各国团结起来反击中国在南海的造岛行为”，他说澳大利亚也

---

① 《朝日新闻》2015 年 7 月 12 日。

② http://headlines.yahoo.co.jp/hl? a=20150711-00000021-rcdc-cn.

③ 南シナ海問題、米国は日豪を率いて中国に圧力かける=中国ネット「中国は国際社会で孤立した」「平和のための戦争を起こせ!」。

④ 中国の南シナ海埋め立てに、日米豪が圧力強化=韓国ネット「日本は中国に物を言える立場じゃないだろ」「韓国はまた仲間外れだ」，http://www.recordchina.co.jp/a110402.html。

十分关心航行自由的问题，所以有意参加南沙诸岛的联合军事演习。[①] 对于美国军舰进入中国海 12 海里相关海域巡逻，澳大利亚国防部表示，根据国际法所有国家在包括南海在内的海域都有航行自由和飞行自由，澳大利亚支持这种权利，澳方还表示他们的 60% 出口都要经过南海，所以南海的和平与稳定对他们非常重要。

正是在遏制中国的背景之下，日本也开始为了增强对华遏制力，加强与东南亚国家和澳大利亚的军事合作。2015 年 8 月下旬，日本防卫省官员率领三菱重工等民用企业人员访问了澳大利亚，与当地企业见面，推销日本的潜艇技术，希望能够为了应对中国的海洋“扩张”，为同是美国盟国的澳大利亚提供潜艇制造的帮助。日本安保法法案通过之后，澳大利亚也是日本自卫队的后方支援国，被认为是与美国同样的共同训练和警戒监视的防护对象，换言之，澳大利亚也是集体自卫权行使时提供保护的对象国。日本防卫大臣中谷元在国会发言说：深化日澳和日美澳合作对亚太地区的和平与稳定有重要意义，可以活用安保法制继续推进这种合作。显然，日本已经把遏制力的合作范围扩展到了日美以外，包括了澳大利亚。[②]

最后，日本参加美澳军事演习的目的是增强其海上作战的能力。对于“护身军刀 2015”联合演习，日本虽然派遣的是陆上自卫队人员，但是从“西部普通科方面联队”（西普联）抽调的一小股，然后以编入到美国海军陆战队第 31 远征队的形式参加的。众所周知，日本的“西普联”实际上就是日本的海军陆战队。在中国岛礁建设引起的紧张状态中，这次演习实际上就是日美澳军事合作的一次具体实施。澳大利亚智库学者认为，美国利用演习的机会让更多的盟国参加，形成了日本在西太平洋北部，澳大利亚在西太平洋南部发挥军事作用的战略态势。因为日美澳感到中国在南海的行动“威胁”

---

① 南シナ海問題、米国は日豪を率いて中国に圧力かける = 中国ネット「中国は国際社会で孤立した」「平和のための戦争を起こせ!」.

② “中国抑制　豪とも連携”，《读卖新闻》2015 年 9 月 22 日。

了他们的航行自由。①

总之，日本版海上拒止能力的建立是防止中国海洋“扩张”的有效办法，这是日本参加美澳“护身军刀 2015”演习的真正目的。

三、 日澳安保合作存在的问题

日美澳安保合作的一个重大动作是日本参加“护身军刀 2015”演习，日澳两国都希望借助美国的实力，顺利融入亚洲，稀释中国的作用，发挥主导作用。然而，日澳安保合作虽然有所进展，但是不能保证今后这种合作会继续下去，因为日本与澳大利亚对中国的看法还是不尽相同。两国对军事力量在国际合作中的程度也有不同的认识。特别是对于亚太各国来说，日本与澳大利亚进行安保合作的结果，必然是强化美国的同盟体系，因此，会引起有关国家的担忧。

（一）日澳两国对中国的态度不同

日本因为与中国存在海洋争端和国内资源问题，所以比较积极地充当美国“亚太再平衡”战略的马前卒，主动加强与东南亚国家和南亚国家之间的关系，并与澳大利亚强化安保关系，日美澳之间的安保合作，其战略目的就是在亚太地区结成遏制中国的战略“准同盟”，并使三国在安全领域的合作机制化和常态化。2006 年，安倍晋三第一次出任首相后，就提出了日美印澳战略对话构想，随即，麻生太郎外相提出“自由与繁荣之弧”构想，构成了日本所谓的价值观外交的基本内容，虽然没有明确提中国，但是实质是牵制中国的。然而，对于日本的积极态度，澳大利亚实际上是存在温度差的，澳大利亚认为这势必加速美国在亚太地区建立安全框架的进程，日

① 米豪の共同訓練に日本が初参加、中国の南シナ海での動きを念頭に「軍事的つながり」を強化—米メディア，http：//www. recordchina. co. jp/a109956. html。

本也能在这一地区维持主导地位，对此，澳大利亚是并不乐见的。所以，当时对于日美印澳战略对话构想，澳大利亚在陆克文执政时期就表示了反对。所以，当时美国智库学者对澳大利亚脱离四国战略对话的行为进行了批评，说澳大利亚没有跟美国商量就退出了四国战略对话。[①] 当然，事实上这个四国战略对话根本就不存在。

（二）澳大利亚比日本更重视在中国的经济利益

基于澳大利亚与中国密切的经济关系，至少澳大利亚在台湾海峡有事的应对方面不主张刺激中国，澳大利亚并非把日澳安保合作定位为牵制中国上。其实，澳大利亚国内对中美关系的不确定性有基本判断，他们唯恐损害自身的经济利益，这对他们自身的发展是不利的。日澳安保合作的背景是两国都与美国保持着同盟关系，但是，澳大利亚则认为这种合作对于亚太各国来说是担忧因素。冷战时期美国有理由牵制中国、朝鲜和苏联，但是冷战结束以后，日澳两国仍然强化与美国的同盟关系，势必增强美国在这一地区的支配能力，这其实未必有利于亚太地区的安全。特别是日美澳三国都把矛头指向中国，势必把中国推向俄罗斯，不利于澳大利亚与经济大国中国的合作。这就是为什么澳大利亚国内有反对澳大利亚与美日形成三国同盟的声音存在的原因，因为重视经济利益的人认为与美日形成三国同盟会损害自身的经济利益。2015 年 9 月上台的澳大利亚新总理特恩布尔，与前任阿博特有很大区别，尽管他在南海问题上批评中国，但是他也不赞同澳大利亚向美一边倒，而是倾向具有中立性，主张澳大利亚应该同时重视与中国和美国的关系，强调与最大的同盟国美国和最大的贸易对象国中国保持关系具有同等重要的意义。[②] 在这种背景下，阿博特政府实行的引进日本“苍龙”级潜艇计划，最后没能付诸实施。

---

① Callick, Rowan, “Rudd Revelations are Old News,” The Australian, 9 December 2010.

② 《朝日新闻》2015 年 10 月 15 日。

总之，日美澳三国都有明显的经济、安全二元化战略思考，日本国内也有这种倾向，虽然，日本有限解禁了集体自卫权，特别是日澳都参加了美国主导的 TPP 协议，但是，由于中国经济的巨大影响力，三国都在对华政策上具有安全竞争和经济合作的两重性，日美澳防卫合作问题，最后取决于中美关系的发展方向，中美作为两个巨大国家，如何通过调试建立“新型大国关系”，决定着日澳政策的成败。所以日澳短期内未必可以形成军事同盟，日美澳三国同盟也就不会成功，日本旨在遏制中国的海洋战略也就不会顺利获得进展。

第三节　日本海洋战略中的对印度政策

在日本愈加感到中国海洋战略对其造成压力的背景下，印度自然成了日本积极拉拢的重要国家和推行其海洋战略的重要棋子。近年来，印度发展迅速，已经成了继中国之后吸引国际媒体关注的最大亮点，日本的报纸和电视曾经大肆进行渲染，说印度是“起跑的巨象”“始动的巨象”和“腾飞的巨象”等等。于是，日本通过扩大对印度的 ODA 援助和经贸交流加强双边关系，开始了与印度建立战略伙伴关系来达到牵制中国之目的外交实践。

一、 日印合作的背景

印度的地理位置和美印关系的改善为日本调整对印度政策提供了条件。印度在地缘政治中的位置是日本考虑从战略角度发展两国之间关系的关键因素。印度位居连接印度洋、中东与东亚的海上交通线上，特别是作为印度洋的关键国家，印度次大陆呈倒三角形，直插北印度洋中部，把北印度洋分为东西两部分——孟加拉湾和阿拉伯海，因此印度在北印度洋海上的通道具有重要的战略意义。

日本的对印度战略也与美国改变对印态度有密切关系。苏联解体后，印度失去了依托，会有点失落感，于是美印关系便遵循权力政治的游戏规则变得日渐紧密。美国和印度之间的军事合作开始于1991年，当时美国太平洋陆军司令（Claude C. Kicklighter）提议美国和印度进行军事合作，2000年3月，克林顿对印度的访问是美国总统22年来的首次访问，被称为美国调整其南亚政策的“里程碑”，2001年，印度向美国提供军事设施打击阿富汗。2005年3月美国国务卿赖斯在访问印度时，更加明确地强调了美印战略关系的重要性。伴随着美国政策的变化，印度在冷战后的大国政治演变中逐渐从核不扩散体制的“捣蛋”国家[①]，变成了美国要极力培养的21世纪的“世界大国”。当年，美国与印度签署“美印防御框架协议”，加强了两国的军事合作和军事产业领域的合作，制定了“海洋安全保障框架”机制。

美国的政策是日本政策的“风向标”，2000年8月，森喜朗作为日本首相首次访问了印度，把两国关系定位为“21世纪全球性伙伴关系”，从而揭开了日印关系史上新的一幕。之后，两国政府开始了经常性的高级别交往。2005年4月，小泉纯一郎访印时，又强调了日印“亚洲新伙伴关系”，还发表了为加强伙伴关系的《八项行动计划》。[②]

---

① 2003年，美国驻印大使布莱克威尔（Robert Blackwill）讲话。

② 八项计划的内容如下：（1）高水平战略对话与交流的扩大；（2）构建广泛的经济关系；（3）扩大安保对话与合作；（4）科学技术合作；（5）加强文化学术和人员交流；（6）合作开启亚洲新时代的帷幕；（7）在联合国及其他国际组织的合作；（8）反恐、能源等国际问题的合作。http：//www. mofa. go. jp/mofaj/area/india/kankei. html.

二、 日印安保合作的战略意义

（一）确立日印关系的战略定位

日本把对印度的经济援助定为今后日本“外交战略的重要支柱之一”。[①] 对日本来说，从印度洋到马六甲海峡运输的原油是其进口量的80%，打击海盗行为和恐怖行动，保护海上交通线的安全就成了日印两国首脑会谈的重要内容。在2001年7月，日印双方达成了进行安全保障对话和防卫部门互相协议的意向，并同意这种对话与协议要每年举行。两国之间的安全保障对话的内容主要反映在反恐问题上，2001年12月两国就开始了这方面的合作，在当年首相小泉纯一郎与瓦杰帕伊达成的协议中，就专门涉及了这个问题。[②]

另外，两国还在政治、经济等方面也达成了一个《日印21世纪贤人委员会项目提案》，这是一个包括各个领域的非常广泛的合作提案。[③] 继前首相森喜郎访印双方建立起“全球性伙伴关系”之后，小泉纯一郎在访印时提出的“亚洲新时代中的日印伙伴关系”中包括以下的内容：对话与交流；综合经济关系的建立；安全保障对话和扩大合作；科学技术合作；文化学术交流；开创亚洲新时代方面的合作和在联合国问题上的合作等等，进一步扩大了交流的范围。

小泉时期提出的所谓“亚洲新时代中的日印伙伴关系”实际上

---

① 2005年日本对印度国别援助计划中间报告：http：//www. mofa. go. jp/mofaj/gaiko/oda/kaikaku/kondankai/senryaku/21_ shiryo/shiryo_ 1. html。

② 日本外务省《最近的印度形势与日印关系》，关于印度的重要性的认识如下：20世纪90年代以降、印度通过改革实现了经济自由化从而实现了经济的高速增长。尤其是以受过高等教育的富裕青年阶层为背景，印度的IT产业得到突飞猛进的发展。印度的经济规模已经达到世界第10位和亚洲第3位，在外交上，印度也积极地与各国发展关系，增加了在国际舞台上的发言权。另外，印度拥有连接日本与中东的漫长海上通道，从地缘政治上看也是对日本非常重要的国家。特别是印度拥有10亿人口，是世界上最大的民主主义国家，在民主主义、言论自由、市场经济和法制方面与日本有共同的价值观。http：//www. mofa. go. jp/mofaj/area/india/kankei. html.

③ 日本外务省网站“日印21世纪贤人委员会项目提案”，http：//www. mofa. go. jp/mofaj/area/india/ken_ pteian. html。

是一种日印“新伙伴关系”，包括加强两国间的合作与两国在推进亚洲地区合作及其亚洲新框架构筑方面的合作；还包括两国利用战略上的共同性，强化双方在环境、能源、军控、核不扩散和安全保障等各方面的合作。这个“新伙伴关系”的特点在于双方从战略的高度对日印“全球性伙伴关系”在亚洲范围内的作用进行了进一步阐释，认为这种伙伴关系反映了日印双方长期的政治、经济及其战略上的利益、需求、目的和关心的广泛一致。

小泉访印期间，双方还提出了关于“全球性伙伴关系”的“新战略焦点”的概念，即：日本和印度作为亚洲新时代的伙伴，拥有新的战略方向；作为亚洲负责任和拥有共同的价值观念的国家，双方应该在传统的合作基础之上，把这种关系扩大为亚洲乃至于世界性的合作关系。这一点从《八项行动计划》中就可以看出，它的第一项就是“双方应该扩大和加强已有的对话框架并开启新的高水平的战略对话”。[①] 辛格访日后，两国首脑一致认为，双方不仅应该加强经济合作，而且还要加强政治和安全保障等战略领域的合作，[②] 进一步明确了双边关系是“战略性全球伙伴关系”，可见两国在双边关系的战略意义上的考虑是一致的。

从日本外务省的公开资料来看，日本的对印政策目标，主要是要在政治、经济、安全、文化等各领域发展与印度之间广范的关系。[③] 其实，早在2005 年，日本已经把对印经济合作提升到了日本

① 日本外务省网站：“亚洲新时代中的日印伙伴关系”，http：//www. mofa. go. jp/mofaj/kaidan/s_ koi/asia_ europe_ 05/india_ partner. html

② ［日］朝日新闻网站：http：//www. asahi. com/。

③ 日本的对印度政策的内容：2005 年 4 月，小泉总理访印以后，日本在政治、安全保障、经济、文化等方面加强了合作，扩大了交流的范围。在经济方面，产、学、官共同研究会（JSG）建议举行两国经济合作协定的谈判并向两国首脑提出了报告书。另外，从亚洲的未来的观点来看，还要加强在东亚首脑会议（EAS）、海上安全保障、能源、环境等地区、国际问题上的合作。日本外务省文件：http：//www. mofa. go. jp/mofaj/area/india/kankei. html。

"外交战略不可缺少的一环"的高度。[①] 比如，根据 2005 年日本《对印度国别援助计划中间报告》的分析，日本人也认为印度将来极有可能在外交、经济和政治方面与日本、中国一起成为亚洲的"超级大国"，所以有必要加强日、印、中关系，构建面向"新亚洲"的合作关系。然而，这份报告在把日印关系放在中、日、印三国关系中考虑的同时，没有忘记强调"印度是世界最大的民主主义国家"，暗示了日印两国与中国的不同，认为日本应该支持印度迈向市场经济，使其成为亚洲地区的"建设性伙伴"。另外，这份文件还特别提到，通过经济合作建立日印安定的双边关系，支援这个仅次于中国并在今后可能成为亚洲另一个"经济增长轴"的国家，不仅是对南亚而且是对整个亚洲全体的和平与安定的贡献，认为这是日本"所希望的选择"。[②] 2006 年 8 月，日本外务省亚洲局新设了"南亚部"具体负责印巴及东南亚事务。2006 年 12 月，印度总理辛格回访日本，将两国关系提升为"战略性全球伙伴关系"。

（二）印度是"四国安保对话"的重要一环

毫无疑问，美国接近印度的一个重要目的就是牵制中国。美印之间在日美印澳四国安保对话构想之前，进行过几十次军事演习，目的显然在于遏制中国。《华盛顿邮报》在评论 2005 年 7 月的《美印联合声明》时毫不避讳地指出了这一点：美印合作是为了促进印度成为对抗中国崛起的战略环节。美国政府特别是国防部有人认为美印合作是在同盟国澳大利亚、日本的基础上，加深与中国的对手印度之间的军事合作。美国一边强化美日同盟，一边打印度牌作为它亚洲战略的重要补充。[③]

---

① 2005 年日本对印度国别援助计划中间报告，http：//www. mofa. go. jp/mofaj/gaiko/oda/kaikaku/kondankai/senryaku/21_ shiryo/shiryo_ 1. html。

② 2005 年日本对印度国别援助计划中间报告，http：//www. mofa. go. jp/mofaj/gaiko/oda/kaikaku/kondankai/senryaku/21_ shiryo/shiryo_ 1. html。

③ ［日］《世界周报》2006 年 2 月 25 日。

其实，日本所强调的日印战略关系有一个重要“侧面”值得注意，这就是两国共同牵制中国的崛起。日本一些人之所以觉得中国这个“近邻”不如印度这个“远亲”，就是因为他们认为印度是一个民主国家，日本与它有共同的价值观念，互相之间不会发生冲突，甚至可以成为战略合作的对象。例如，森喜朗访印时同瓦杰帕伊总理达成的两国共建21世纪“全球伙伴关系”的协议中就提到了日印两国在民主主义和市场经济方面的共同点。[①] 安倍与辛格会谈时也强调了这个观点，他们的逻辑是：既然双方都是“民主”的和“市场”的，那么，双方就是可以互相信赖的和可以进行战略合作的。

日本想要拉印度“入伙”，建立美、日、澳、印“四国安保对话”的构想就明显带有“亚洲北约”的性质。据日本外务省官员透露安倍晋三想借印度总理访日期间谈“四国安保对话”问题，方法是先形成一个四国“松散的结合体”。麻生太郎在河内跟赖斯说：“在亚洲太平洋地区建立日美澳印四国对话是有意义的”（日本事实上已经通过它的外交官就此问题与有关国家进行了磋商，但至少印度的反应并不太积极）。[②]

关于“四国安保对话”的战略意图，尽管安倍在接受美国CNN电视采访时辩解说，加强这个对话并不是为了“对抗中国”，但是如果我们对照他的著书《建设美好日本》的内容来印证的话，书中“联印制华”的意思早已经呼之欲出了。安倍在书里从价值观的角度论述了日印关系的必要性后说，中日两国价值取向不同，因此日本有必要与美国、印度、澳大利亚加强合作关系；他还认为如果中日两国关系在“结构性方面”没有改变的话，即使日本领导人停止参拜靖国神社，情况也不会有大的好转。而他的所谓“结构性方面”

---

① 日本外务省网站“日印21世纪贤人委员会项目提案”http：//www.mofa.go.jp/mofaj/area/india/ken_ pteian.html。

② ［日］新闻源“‘日·印·美·澳’安倍首相，印度首相来日时，让美澳参加会谈”：http：//news18.2ch.net/test/read.cgi/news5plus/1164279133/1。

的改变，意思就是指围绕中日关系的大环境的改变，具体地说就是在加强日美同盟的基础上，密切同亚洲另一个成长中心印度的关系，他认为只有这样才能增加日本对华交涉时的筹码。[①]

面对中国的海洋进出，日本认识到必须加强与对中国有警惕的国家之间的合作，所以，2012 年野田佳彦访问印度时就与印度共同设立了关于南海安全保障的局长级磋商机制，还商定两国海军扩大联合训练的规模。[②] 2012 年日印双方举行了联合军事训练，野田强调了印度是从中东运输资源的海上通道的要冲。海上通道的安全对双方的利益都是生死攸关的。[③]

对于日本来讲，日本拉拢印度遏制中国当然有其可行性，因为印度确实也对中国有戒备心理。印度之所以极力发展海上力量，除了其快速的经济发展和海上资源进口的需要之外，还有应对中国海洋战略的思考。他们认为中国在巴基斯坦的瓜德尔港、斯里兰卡的汉班托特港、孟加拉的吉大港和缅甸的几个港口建设虽然属于商业港，但是民用转军用时很简单的，可以构成一个包围印度的“珍珠链”。日本认为中国的海上力量增大，会破坏美日对中国的力量平衡，必须把印度加进来抗衡中国的力量增长。在日本看来，印度对于南海问题也是一个可期待的力量，中国目前在南海加强了力量，如果在东海有日本，印度洋有印度的话，那么在南海却没有一个较大的国家抗衡中国，所以要支援南海沿岸小国，日本认为如果中国在印度洋威胁到印度的安全，印度势必对南海插手进行牵制，因此日本加强与印度的合作具有更广泛的意义。

安倍第二次执政之后就发表了《亚洲的民主主义》一文，提出了针对中国海洋政策的“菱形战略”构想，即，把东京、夏威夷、澳大利亚和印度连接起来形成针对中国的战略包围网。日本强调中

---

① ［日］安倍晋三《安倍晋三对论集》，PHP 研究所，2006 年，第 27—29 页。

② 《朝日新闻》2012 年 1 月 14 日。

③ 《读卖新闻》2011 年 12 月 30 日。

国在印度周边的巴基斯坦、斯里兰卡和孟加拉修建港口，意图在印度洋设立据点，认为中国是在印度周边国家建设“珍珠链”战略。对于日本来说，印度洋是从中东运输原油的海上通道，为了遏制中国的海洋进出，必须加强与印度的合作。这就为日本接近印度提供了理由，日本意欲将印度拉入日本的安保战略之中。

日印两国于2014年8月发表联合声明，把两国关系定位为“特殊战略伙伴关系”，日本一般把友好国家定位为“战略伙伴关系”，这里的“特殊战略伙伴关系”，意味着日印两国升格为“准同盟关系”。[①] 2014年7月，日本与澳大利亚之间也被定位为“特殊战略伙伴关系”，到此，日本已经把澳大利亚和印度之间的关系上升到“特殊”层面，使两个双边合作达到了特殊效果，意在实现对华遏制。两国还决定建立外交与国防部长“2+2”会谈机制。2014年7月，日本还与印度和美国在冲绳近海举行了联合训练，目的在于遏制中国在印度洋的活动。印度海军希望得到日本的US2海上搜救飞行舰。安倍政权希望把日印合作关系纳入到从南海到印度洋和波斯湾的广阔海上通道的战略防御上来。日本防卫省官员称“集体自卫权的行使解禁，今后日本自卫队和印度海军可以联合进行巡逻，为此日本应该向印度出口US2飞机”。[②] 2015年10月14日，日本参加了美印两国在孟加拉湾举行的联合军事训练，这是日本第四次参加这个训练，目标不言自明。

三、 加强经济上的相互依赖

战略的合作有赖于经济合作奠定基础，本来日印两国的经济往来是比较稀薄的，但是“9·11”事件以后，美国改变了对印态度，

① 《产经新闻》2014年9月2日。
② 《朝日新闻》2014年8月31日。

再加上印度经济的高速发展，特别是印度作为新兴经济大国的崛起，其战略地位日益突出。在这种背景下，必然促使日本加大了与印度在经济方面联系的力度。

（一）日本加大对印“政府开发援助”的力度

战后日本与印度的经济联系首先是从对印援助开始的，援助的主要特点是以政府贷款，即以 ODA 为中心的。虽说从总体上看日本以前对印度关心不够，但日本的对外贷款最开始却是从印度开始的，他们对印度的 ODA 由来已久，早在 1958 年，日本最初的对外日元借款就是借给印度的。

进入 21 世纪以来，随着印度战略地位的不断提高，日本政府在小泉访印以后还把印度定为其开发援助对象国的第一位，日本的对印援助也开始逐年增加，如，2004 年度日本对印度的政府贷款额为 1366.66 亿日元，占当年日本对外贷款总额的 19.2%；到 2005 年，这个贷款的额度增加到 1554.58 亿日元，占当年日本对外贷款总额的 27.4%。到 2007 年为止，印度已经连续 3 年成为日本最大的对外援助国。

现在日本对外援助的“最高政策”是 2003 年 8 月修改过的《ODA 大纲》，2006 年 5 月，日本在这个大纲基础上，制定了对印援助新方针《对印度国别援助计划》，这个计划基本上规定了日本对印援助的政策和方向性，即：在注重经济发展的同时，也注意到了大多数贫困层的存在。援助的目标为：促进经济增长，改善贫困和环境状况，加强人才培养和交流。在这个目标下，日本着重在基础设施、贫困对策和环境保护三个方面对印度进行了重点援助。

基于上述目标，日本的对印援助资金确实主要用在了印度的基础设施建设上，如 20 世纪 80 年代中期到 2001 年的援助计划中，电力·煤气、矿产、运输三大块占了全额的 73%，其他方面包括了社会服务（上下水、卫生、旅游、城乡生活设施），农业、水利灌溉、治水、干旱等领域。2005 年 4 月，日本首相小泉纯一郎访印度时，专门乘坐了日本援建的首都新德里地铁，该项目从1996年动工，总共从日本借款1628亿日元，现在这个地铁是新德里市民重要的交通手段。再比如，在上述目标指导下，对于印度想要利用日本的ODA建立高速货物铁路及其扩大直接投资和贸易的要求，日本也是有求必应，采取了积极的姿势。

2011年野田首相访问印度，表示向印度提供45亿美元贷款，支援德里连接孟买的货物铁路建设和沿线工业团地建设。印度还有一引进日本的技术修建高铁。

另外，日本还向印度提供了无偿援助和技术合作，如，医疗保健（如，奥斯玛尼亚综合医院医疗器械配备计划、卡拉瓦蒂·萨兰国力儿童医院改善计划等）、教育（如，普奈工科大学教育器材配备计划，英迪拉·甘蒂国力公开大学教材制作中心整备计划，巴拉那斯大学医学中心器材改良计划等）和尼撒姆丁大桥建设计划、优良种子开发计划等其他方面的援助。

不过，总的来讲，根据印度的意向，无偿援助和技术合作所占比率仍然很少，如，20世纪90年代，日本对印度的资金援助中有九成是有偿的，无偿援助与技术合作只占一成。这也许反映了印度式的民族自尊心，印度在日元借款的返还方面一直做得非常好，现在的返还额已经超过了新接受的借款额，显示了印度的信用度和作为一个地区大国的成熟度。

（二）日印扩大经贸交流

日本对印度的投资起步比较晚，进入21世纪以来情况有所好转，从1991年到2005年，日本对印度的直接投资总额为32.4亿美元，排在美国、毛里求斯和英国之后，居第4位，增长率为3.5%。到2006年6月为止，进出印度的日本企业大约有350个，其中90%是大企业，80%是汽车、化工、机电等制造业。但是进入21世纪以后，日本开始认识到印度在投资和市场方面的巨大潜能。2005年4月，小泉访印以后，两国就探讨建立自由贸易区的可能性达成协议，由产、官、学联合进行研究，并于同年7月成立了一揽子协商经济关系的产官学联合研究会（JSG），开始对物资、服务业的贸易、投资以及其他领域的合作进行研究。2006年7月，该委员会双方政府提出了《日印联合研究会报告》。2014年，莫迪访问日本，安倍政府决定在今后5年之内日本对印度投资将增加一倍。还决定向印度基础设施金融公社提供500亿日元的贷款。2013年已经有1000多家企业在印度投资，2013年日本的对印度投资额是2000亿日元。

日印两国间的贸易也是进入21世纪以后才有起色的，2005年，印度对日本的出口占其出口总额的2.4%（在美国16.8%、阿联酋8.3%、中国6.6%之后排第10位）；印度对日本的进口占其进口总额的2.7%（在中国7.3%、美国6.3%、瑞士4.4%之后排第10位）[①]。到2005年，两国的贸易额约达到65.4亿美元，比前年增加22%，虽然不能与中日、中印和美印之间的贸易额相提并论，但有逐年增加的趋势。

在日印贸易中，印度主要向日本出口宝石、首饰、海产品和铁矿石等；而日本则主要向印度出口电子电器、汽车零件和运输机器等。日印贸易现在是印度方面入超，但在占服务业出口额75%的软件方面则印度是出超，当然，软件只占印度对日出口的3%。[②] 因为一直以来，日印之间的IT交易和投资扩大是受到15%以上高税率影响的，所以发展很缓慢，阻碍了两国在这个领域的合作。2006年2月24日，日印之间就《租税条约》的修改问题达成协议，把原产地国的投资所得税率一律降到10%以下，这为促进两国的投资和贸易交流提供了方便。

另外，2006年12中旬，印度总理辛格访日，两国达成协议，于2007年开始启动以“自由贸易协定”为主轴的“经济合作协定”

---

① 日本外务省网站：http：//www. mofa. go. jp/mofaj/area/india/index. html。

② 日本外务省网站：http：//www. mofa. go. jp/mofaj/area/india/index. html。

（EPA）的谈判。

四、 日印战略合作面临的困难

印度是个具有大国意识的国家，其外交战略的基本原则是不结盟，最终印度不会按照日本的战略设计，成为日本对抗中国的棋子及其海洋战略中的一个筹码。另外，日印两国在国情方面也有很大的差别，所以，前首相野田佳彦曾说："日印关系还远远没有达到理想的水平。"[①] 双方之间的分歧和差异至少表现在以下几个方面：

（一）日印战略思想的差异

日印两国在传统和民族性等方面是存在很大差异的。文化和心理方面的差异决定了两国在战略思维上必然不会合拍。日本有些人跟美国一样从地缘政治的观点，认定相邻的两个大国中国和印度的关系注定是相互对立的，[②] 据日本外务省透露，日本确实希望把"日印战略关系"提升到"日美同盟"的水平，[③] 然而，印度能否成为日美两国牵制中国的因素，则不是以日美的意志为转移的。

从战后半个世纪印度外交的轨迹来看，外交上极强的自主性决定了印度不可能成为美国的小伙伴，更别说成为日本海洋战略棋盘上的一颗棋子。这一点甚至连日本有思想的记者也看得很清楚，他们说：印度不是一个轻易按照别国的设想行事的国家，印度向来在外交方面是相当有自己的主见的，[④] 尽管冷战结束以后，印度调整了不结盟政策，有向西方靠拢的倾向，但这不等于印度会丧失外交的自主性，印度现在推行的是全方位外交政策。

---

① 《日本经济新闻》2011 年 12 月 30 日。

② ［日］《世界周报》，2006 年 4 月 11 日。

③ ［日］佐藤诚三郎"印度的可能性"：http：//www. asahi-net. or. jp/ ~ VB7Y-TD/k7/170512. htm。

④ ［日］《世界周报》，2006 年 2 月 25 日。

印度人的地缘政治观与日本人的不同。对于中国的崛起，虽然在印度还没有绝对统一的看法，[①] 但至少有印度舆论这样指出：在当今中国与美国互相成为对方最大的贸易国的时代，还用西方19世纪过时的势力均衡和地缘政治的观点考虑问题是无效的，而以这种思维方式认为印度可以成为反中国的战略同盟的想法则是愚蠢的。[②] 2007年11月，时任中国国家主席胡锦涛访问印度期间，印度总理就向胡锦涛表示，"同中国发展牢固、友好关系是印度各党派的共识。印方认为任何力量都不会阻碍印中关系深化和发展。"[③]

日本对印度感兴趣，试图在战略上充分利用，借以牵制中国，但是印度虽然有一定的防范中国意图，最终不大会卷入一种反华的结构中去，特别是不会如日本所愿，成为其海洋战略的盟国。印度不是那种简单可以改变政策，与中国断绝关系的小国，尽管印度与中国关系复杂，有战略疑惑，也有领土争端，但是中印两国都是新兴经济体，同属金砖国家，印度对上海合作组织感兴趣，要求加入。所以，日本考虑的拉印度牵制中国只能是一厢情愿。

事实上，印度更重视中印关系中经济上的利益，比如，莫迪政府对于中国主导的金砖银行态度积极，印度人任银行首任行长，印度表示积极参加中国倡议的亚洲基础设施投资银行，印度主张与中国保持良好的关系。其实安倍在日本接待完莫迪之后，中国国家主席习近平就在印度受到莫迪的接待。实际上，印度对于日印"2+2"机制，并不热心，并不打算把它升级为部长级别。背景是印度顾虑与中国的关系，除了中印两国之间有领土争端之外，中印之间的贸易额是日印之间贸易的4倍，中国是印度最大的贸易伙伴国，两国之间的贸易额在2013年已达660亿美元。其实，印度更加重视外交的平衡感。2014年9月习近平访问印度时，提出5年提供200亿美

---

① 张贵洪：《印度对中国崛起的看法和反应》，载《南亚研究》，2005年第1期。

② Hindstan Times 2005. 12. 23.

③ http://www.vyes365.com/Article/ArticleShow.asp? ArticleID=401.

元投资，2015年5月两国首脑在北京又提出增加100亿美元。

在国际体系问题上，印度也与日本看法不同。印度希望建立多极秩序而不是美国主张的一极支配，虽然印度在利害关系和价值观上与美日有相同之处，但这并不防碍它像法国那样有独立的思考。印度决不会像日本那样放弃用自己的观点和自己的利益观察世界，或跟在美国后边鹦鹉学舌般重复美国的观点。所以，美印关系至多能达到美法关系与美日关系之间的程度也就不错了，即，印度在对美关系上即使能够做到不像法国那样倔强不羁，也别指望它能像日本那样对美国言听计从。关于上述“四国安保对话”问题，辛格访日以后，日本人就感到推行全方位外交的印度，不会对日本“特别照顾”。[①] 看来，日本的“联印制华”海洋战略进展并不顺利。

（二）日印关于核问题的分歧

日印之间军事合作也不会简单实现。日本虽然放松了武器出口的门槛，缓和了“武器输出三原则”，但是日本的装备品价格昂贵，特别是在武器制造方面也没有自主性。日本虽然可以制造各种武器，但事实上都是与美国合作制造的，因此美国可以制约日本。日本虽然具有较高水平的科学技术，但是，多年来只能研发和生产有限的种类，而且他们通常价格都比较高。就算日本可以进行技术转移，恐怕主要还在民用技术方面或者军民两用方面，包括机械制造和零部件生产，而这些恐怕要受到美国的限制。比如，日本不能单独生产F-35战机，原因就在于日本没有掌握其完整的技术，必须与美国等多国进行合作研发，因此，也要受到相关国家的限制。

其实，日本的对美追随政策在印度核武器问题上表现的极为明显，这不但使日本对印度外交陷于被动，而且也让日本的无核政策不能坚持到底。日本一直自诩是世界唯一的核被爆国家，且主张

① 日本经济新闻网站：http：//www.nikkei.co.jp/news/kaigai/20061217AT2M160181612 2006.html

“无核三原则”（不制造、不拥有、不运进），同时又反对其他国家开发和制造核武器，并支持核不扩散原则。所以，当1988年5月，印度进行核试验时，日本便跟随美国对印度提出了强烈抗议，还宣布开始对印度实施制裁措施，停止了对印度的新规无偿资金合作和新规日元贷款。当时印度批评日本说“在美国核保护伞保护下的日本没资格对印度指手画脚”。[①] 从此，日印关系出现了停滞。

“9·11”事件以后，美国解除了对印度的制裁，日本政府也只好跟着美国改变对印政策。日本官房长官也发表谈话决定停止对印度的制裁措施，[②] 对于日本的转变风向，印度表示了感谢。到了2005年，美国注意到了印度的经济增长速度，于是从战略角度考虑开始接近印度，事实上承认了印度的核大国地位，并决定与印度在核技术领域进行合作。

美国在核问题上与印度的合作给日本出了难题，从同盟的角度来看，日本应该支持美国的政策，但是日本不能放弃无核政策。于是，日本对美印在原子能方面的合作采取了保留态度的，小泉访美时，布什要求他同意《美印原子能合作协议》，但是因为日本舆论一齐要求他“不要承认这个协议”，所以他没有明确表示自己的态度。

在美印核技术合作问题上的日美分歧，当然也就意味着日印两国的分歧。日本关于核问题的观点与印度的核政策是南辕北辙的，印度坚持要发展核武器，并矢志成为一个核国家，所以它至今没有加入《防止核扩散条约》（NPT），也没有在《核禁试条约》（CT-BT）上签字。早在2001年12月，印度总理访问日本时，日本就向印度提出了CTBT署名问题，但是印度没有给予理睬。反过来，印度也要求日本支持自己成为核大国，2006年年底，辛格访日时要求

① 日本外务省网站《日印共同宣言》：http：//www.mofa.go.jp/mofaj/kaidan/yojin/arc_01/india_kyodo.html。

② 日本首相官邸网站《官方长官谈话》：http：//www.kantei.go.jp/jp/tyokan/koizumi/2001/1026danwa.html。

日本理解和支持美印协议，但安倍说，要根据国际原子能机构的调查和原子能输出集团的讨论结果而定，事实上拒绝了印度的要求。[①]美国也许认为在牵制中国的意义上，印度拥有核武器未必是件坏事，但是，对于日本来说，它却不希望在自己没有核武器的情况下，为了牵制中国而要拉拢的这个南亚大国拥有核武器。

2013 年 5 月，安倍与印度总理辛格就日印原子能合作协定进行了会谈，一旦谈成，日本就可以向印度出口核技术。该谈判始于 2010 年 6 月日本民主党执政期间，福岛核电站泄露事故之后，谈判中断。印度由于发展的需要，需要增加建设核电站，急需日本的先进核电站技术。安倍的经济增长战略中，基础设施出口受到重视，如果日本的核电站器械能够出口，对日本也是有利可图的。但是前提条件是日本从 NPT 的立场看，印度必须签署全面停止核试验条约。日本国内认为与没有签署 NPT 的印度签署核电站技术协议是不可能的。印度已经冻结了核试验，民用设施也接受了国际原子能机构的检查，日本需要印度确认这些立场。日本还希望印度能够引进日本的新干线，日本还向印度提供了援助建设孟买地铁。

印度没有参加《不扩散核武器条约》，日本认为印度是个在裁军和不扩散问题上的特殊国家，印度要求日本承认核废料的自主处理，但是日本认为核废料的再处理会产生制造核武器的钚，所以日本难以满足印度的要求。

总之，印度和日本一样对外贸易主要是从海上通道实现的，其中石油和天然气的 85% 是从波斯湾进口的。如果从波斯湾运出的石油通道被切断，首当其冲是印度和日本，所以两国必须加强海洋安全保障合作，两国也已经进行了海上自卫队和印度海军的联合军事训练，以及军事交流和高级军官之间的政策对话。由于日印两国都与中国存在领土争端，所以，促使日本从地缘政治思维出发企图

---

① 日本朝日新闻网站：http：//www. asahi. com/。

“联印制华”，并从战略高度看待与印度的关系，先是把两国关系定位为“全球性伙伴关系”继而又定位为“战略性全球伙伴关系”。在经济合作方面，日本主要通过提供政府贷款在基础设施、贫困对策和环境保护三个方面对之进行了援助，并扩大了对印度的投资和贸易。但是，尽管如此，还是不能得出日印对抗中国的战略构图就可以实现了，因为，战略的思维意味着理性的思维，日印两国都有冷静的声音，比如有人说日印的战略合作“并不是说印度一定要和日本一起对抗中国，日本和印度应该与中国保持稳定的互惠关系，这对日印两国都有益”①。其实，中印日三国经济具有明显的互补性，合作空间广大，另外，三国有着共同的文明交流传统，有着共同的海上通道安全利益和经贸发展要求，如果三国齐心协力，而不是拉拢一方牵制另一方，或者联手亚洲域外国家遏制包围三国之中的任何一方，那么，日印关系的走向也不是不可调整的，但是这样的话，日本的海洋战略将需要重新调整。

第四节　日本海洋战略中的对缅甸政策

缅甸的农业是国民经济的基础，占到国民生产总值的 40.2%，但同时由于资源丰富，其西部储存着大量天然气，所以，缅甸不仅是农产品的出口国，也是潜在的资源提供国。只是由于意识形态原因，多年来受到以美国为首的西方国家制裁，缅甸经济发展才变得缓慢，成为世界上最不发达国家之一。但是，随着缅甸内外政策的调整，以美国为首的西方国家逐步解除了对其制裁，于是，各国纷纷修改对缅政策，政要们趋之若鹜，财阀们接踵而至。日本也曾追

① “インドから見た日本、アジア”、《GAIKO FORUM》，2007 年 9 月。

随美国制裁缅甸，但是，伴随美缅关系的解冻，日本又重新调整了对缅政策。对于日本来说，缅甸的重要意义，除了经济之外，从海洋战略角度看，缅甸南面孟加拉湾和印度洋，是北印度洋航道上的重要国家。同时，缅甸背靠中国云南，西接孟加拉和印度，东临中南半岛和东南亚，是中国在西南方向通过孟加拉湾走出印度洋的出海口，也是印度向东看政策联系东南亚的门户。日本历来重视与缅甸的关系，图谋缅甸的市场与资源，现在又从海洋战略角度，关注缅甸连接印度洋的战略地位，配合美国的“亚太再平衡”政策，牵制中国的海洋战略。

一、 日本重视缅甸市场

日本先是跟随美国制裁缅甸，后来又跟随美国解除制裁。日本制裁缅甸是因为缅甸的军政府上台，遭到美国的反对，所以也跟着制裁。本来，战后日本是比较早就与缅甸建立外交关系的国家，两国关系一直比较稳定，但是在缅甸与美国关系恶化之后，日本不得不调整其政策，在政治上与美国保持一致，一段时间日缅关系不得不通过“政经分离”的方式赖以维持。一旦美国改变对缅甸政策，日本立刻恢复与缅甸的经济与政治往来，最大目的是保住缅甸市场，获得缅甸的资源。

（一）日本制裁缅甸

缅甸自从1954年11月与日本签订和平条约和赔偿协定以后，就与日本保持着友好关系，吴·奈温总理深知日本有相当多的政治家是亲缅甸的，所以在他执政期间也一直推行亲日政策，这也是日本一直对缅甸持有好感的重要原因之一。但是，后来缅甸实行“军管”，日本因为必须与以美国为首的西方国家保持一致，于是不得不在政治上疏远缅甸。

缅甸的“军管”始于1988年，当时，缅甸军队在国家经历了数月的动荡之后接管了政权，同时废除了原有的宪法，宣布实行多党民主制，实际上是军人一统天下。1990 年 5 月，缅甸重新举行全国大选，昂山素季[①]领导的“民盟”（全国民主联盟）获胜，但军政府坚持先制定宪法，然后交出权力，双方出现分歧，因此，“民盟”并未即时上台执政。1993 年 1 月，军政府召开制宪国民大会，启动制宪进程，但军方与“民盟”之间的矛盾并没有因此消除。最后，随着“民盟”退出政权，国民大会被迫休会，“民盟”与“军管”当局之间的矛盾也逐步激化。2003 年 5 月 30 日，昂山素季在国内开展政治活动时，两派群众发生流血冲突，“军管”当局为维护政局稳定，拘禁了昂山素季及“民盟”其他领导人，关闭了“民盟”总部及其他分部。此举引来了美国的制裁，日本追随美国也加入制裁。

从 2003 年起，由于国际社会对缅甸的制裁，日本对缅甸的援助，最后不得不以人道主义的理由停止。特别是 2007 年 9 月，缅甸发生僧侣游行示威，缅甸政府对此实行了强制措施，其中，一名日本人在事件中死亡，两国关系急剧恶化。日本政府向缅甸政府提出了抗议，并再次要求缅甸实行民主化和改善人权状况。自那时以来，日缅之间停止了实质性来往，日缅关系进入了冷淡期。2007 年 11 月，福田康夫在新加坡与缅甸总理会谈，指出：缅甸政府应该与昂山素季进行实质性对话，并劝缅甸政府回应国际社会对民主和人权问题的关注，只有这样，日本才能向缅甸提供支援。

（二）日本的“政经分离”政策

但是日本为了维护自己在缅甸的经济利益，在“政经分离”的原则下，曾持续向缅甸提供经济援助。尤其是日本为了获得缅甸边境地区的资源和与边境地区的贸易，并不想把与缅甸的关系弄僵，

---

① 昂山素季：缅甸独立之父昂山将军之女，1988 年，缅甸发生政治动乱，昂山素季投身政治搞活动，创立“缅甸全国民主联盟”，1900 年赢得大选胜利，但之后被发动政变的军政府软禁，直到 2010 年获释。1990 年获“萨哈罗夫奖”，1991 年获“诺贝尔和平奖”。2011 年，昂山素季宣布参加 4 月 1 日举行的议会补选。

而是尽量采取与缅甸拉近的政策。从更长远的角度看，日本早就认识到缅甸廉价劳动力的价值和6000万人规模的市场，特别是日本重视其在缅甸利益方面所占的份额，也不允许日本把两国关系弄到不可挽回的地步。比如，2010年，在西方制裁缅甸期间，其他外国在缅甸的直接投资却在增长，达到199亿美元，其中，中国大陆和香港地区占139亿美元，泰国占29亿美元，韩国占26亿美元，相比之下，日本当时只占714万美元。所以，如何尽快恢复日本在缅甸经济发展中所占的份额成了日本政府的当务之急。①

正是由于这样的考虑，日本对缅甸政策的政经分离也并不是完全忽视政治关系。日本虽然在政治上基本上还是站在西方的立场之上的，但是它的思考和采取的方法与西方不同。在政经分离的大前提下，日本从一开始就不主张孤立缅甸，为此，日本在西方制裁缅甸的初期采取了相反的政策，首先承认了缅甸军政府，并且一直保持与缅甸军政府的政治接触。日本的这些政治举措基本上还是比较低调的，日本起初在与缅甸的接触中虽然也主张促进它的民主化和改善人权状况，但日本并不想采取僵硬的对缅政策。之所以如此，是因为日本主要考虑到尽管政治改革有可能推迟，但缅甸军政府有长期存在的可能，日本不想因为政治原因损害经济利益。

（三）日本的两面下注策略

另外，日本还采取了既与缅甸军政府接触，也与昂山素季等民主力量接触的政策，昂山素季1985—1986年间曾在日本京都大学南亚研究中心做访问学者，日本保持与她的接触，是因为他们认为昂山素季是亲日派，日本企图以此来努力促进缅甸政治的“军转民”过程，并通过昂山素季掌握缅甸问题的主导权。对于缅甸的人权问题和民主化问题，日本政府主张缅甸军政府和民主势力能够通过对

---

① “枝野経産相：ミャンマー進出意欲　産業界代表と訪問”，［日］每日新闻网站，2012年1月12日，http：//mainichi. jp/select/biz/news/20120113k0000m020082000c. htm。

话解决问题。日本提出的缅甸问题解决办法是建立一个包括昂山素季在内的全国所有政治势力在内的国民和解的民主政府。总之，日本政经分离的大前提下，力图维持政治关系，从而没有使两国的经济关系受到根本性破坏。

日本在外交上支持缅甸主要表现在它支持缅甸加入东盟，1997年7月，缅甸成为东盟成员国，日本政府对缅甸加入东盟给予了经济的支持。日本虽然在西方制裁之后不能与缅甸扩大经济合作，但是，双方通过东盟维持着密切联系。比如，2006年4月，缅甸成为日本支持的“日本—东盟中心”成员之后，双方通过这个中心保持着贸易、投资和观光联系，即，日本通过“日本—东盟中心”对包括缅甸在内的东盟各国给予援助，通过这个中心的多边方式，避开的尖锐的政治问题，日缅两国维持着各个领域的低调合作。2008年3月，“日本—东盟一揽子经济合作协定”签字，缅甸也于同年4月签字加入了这个协定。[①] 可见，日本在政经分离的大前提下，为了维护经济利益还是在政治与外交领域与缅甸维持了必要的关系。

（四）日本对缅政策的调整

缅甸“军管”当局并没有停止把军政府向“民管”过渡的进程。2003年8月，军政府宣布了旨在实现民族和解、推进民主进程的七点民主路线图计划，其中，包括恢复举行制宪国民大会、就新宪法草案举行全民公决、举行多党制大选、向民选政府移交国家权力等内容。2004年，中断八年的制宪国民大会复会；2007年9月，制宪国民大会完成使命；2008年5月，缅甸新宪法在全民公决中获得通过。根据新宪法，缅甸国名定为“缅甸联邦共和国”，首都为内比都，缅甸实行总统制，由议会选举产生，议会分民族院（相当于上议院）和人民院（相当于下议院）。总统为国家元首和政府首脑，

① “駐日ミャンマー連邦大使ご挨拶”，日本—东盟中心网站：http：//www. asean. or. jp/ja/asean/know/country/myanmar/greeting. html。

同时还是包括三军总司令在内的国家国防和安全委员会的主席。三军总司令为各种武装力量的最高统帅，军队将继续在国家民族政治方面发挥作用，军队在各级议会中拥有25%非经选举产生的议会代表席位。尽管军队没有完全退出政治，但这仍然是缅甸由“军管”向“民管”转移的重要一步。

2011年是缅甸发生变化的重要之年，是年3月30日，缅甸政府“军转民”进程完成，开始实行民主化，宣布特赦了包括50名“政治犯”在内的1.4万名“罪犯”。总统吴登盛在联邦议会全体会议上宣誓就任缅甸联邦共和国总统，同日，缅甸国家“和发委”（和平与发展委员会）主席丹瑞大将签署了“和发委”《2011年第5号声明》，根据这项声明，自联邦官员在联邦议会宣誓就职起撤销各级“和发委”，完成国家立法、司法和行政权力的交接。8月，吴登盛邀请反对派领袖昂山素季到首都来和他面谈，这个消息引发了国际舆论的震动，因为在过去的20多年来，昂山素季一直是被软禁起来的。缅甸新政府还解除了外国的网络在缅甸禁止传播的一些行政规定，允许外国记者在缅甸设立记者站。10月12日，缅甸又特赦了包括200名政治犯在内的6000名“罪犯”。11月4日，缅甸修改政党登记法，为反对派领袖昂山素季重返政坛扫清道路。之后，昂山素季率领的“民盟”决定进行政党登记，履行从事政治活动的手续。

缅甸的这一系列变化引起了以美国为首的西方国家的关注，特别是日本借此机会迅速调整了迄今为止跟随西方敌视缅甸的政策，不失时机地向缅甸抛出了橄榄枝，日本外相和经济产业相相继访问了缅甸，还决定邀请昂山素季访日。日本外务省从2011年12月开始讨论对缅甸恢复政府开发援助的问题，认为如果美国缓和对缅甸的制裁，日本决不要“误了公共汽车”。[1] “公共汽车”显然是指经济这班车，外务省的意图是利用援助手段发展与缅甸的密切关系。

---

① 「乗り遅れるな」日本からも続々、[日]《朝日新闻》2011年12月2日。

缅甸的人工费在东盟国家中最低，日本企业已经被中国和东盟其他国家的低成本商品所挤压，再加上日元升值，企业必须向国外转移，但是由于转移的主要对象国中国的人工费也在迅速上升，所以，日本不得不把缅甸、柬埔寨和孟加拉作为新的“候补地”，这就是所谓的“中国＋1”构想。

在这方面日本企业和政府配合得相得益彰，日本经济界的政治嗅觉更是敏感，在缅甸发生变化之后，从2011年下半年开始，日本企业开始重返缅甸，日本经济团体联合会（9月）、日本经济同友会（11月）、日本商工会所（12月）都派遣视察团前往缅甸，日本企业和各地方政府也纷纷向缅甸派遣代表团。日本贸易振兴机构在缅甸的事务所，当年曾经每周接待上百人的日本视察者。三井物产在仰光郊外建立的工业园区，从2003年美国制裁缅甸之后，再也没有人光顾，但是，2011年下半年开始各企业纷纷开始回归。2011年12月25日，日本外相玄叶光一郎访问期间表示了对这个特区建设的兴趣，还承诺在特区附近帮助缅甸修建一个机场。

玄叶光一郎访问缅甸是2002年川口顺子以来时隔9年。玄叶光一郎首先向缅方表示了日本政治态度，他说，这次访问对于日缅两国关系有重要意义，想就民主化和国民和解问题与缅甸交换意见。当然这是表面文章，实质上还是经济合作，于是，双方在援助和经济合作方面谈判并达成协议，还就促进日本企业投资和保护知识产权等问题进行投资谈判。通过投资协定对缅甸进行经济援助，日缅投资协定是有关海外投资财产的保护和增加规则的透明性的条约，日本已经与除了缅甸之外的其他东盟国家签订了这个条约。日本还承诺重开日本对缅甸的政府开发援助，众所周知，政府开发援助是附带政治条件的。在促进缅甸转变的过程中，日本认为它们能够做的首先是农业援助，法制建设，技术开发和资源开发。

2012年1月，日本国际合作机构（JICA）派遣调查团调查发电站等基础设施的建设问题。2012年1月12日，日本经济产业大臣枝野幸男率领日本经济代表团访问缅甸，代表团中包括日本经济界的最大组织经济团体联合会（“经团联”）、东芝公司、铃木公司等日本经济界巨头的代表。他们对缅甸的投资和基础设施建设等领域进行了考察。2015 年 7 月，日本决定向缅甸提供 1000 亿日元贷款，用于缅甸的基础设施，仰光环形铁路等建设。

二、配合美国的“亚太再平衡”战略

日本的对外政策是追随美国的，对缅政策也是如此，如果美国的对缅政策没有变化，日本的政策也很难有实质性的改变。日本对缅政策的调整与美国对缅政策的调整有不可分割的联系。

（一）美国对缅政策的调整

缅甸作为东南亚与南亚连接的要冲之地，地理位置十分重要，对于美国的“印太战略”也十分重要。缅甸与美国的关系可以追溯到独立之初的 1948 年，当时美国就与缅甸建立了外交关系，1955 年 2 月美国国务卿杜勒斯曾对缅甸进行过访问，1962 年，吴耐温政权虽然通过政变上台，但是由于他有反共倾向，所以还是得到了美国的支持。但是，1988 年以后，因为缅甸政府压制民主，所以美国把其驻缅甸使馆降为代办级。到了 20 世纪 90 年代以后，美国对缅甸的制裁逐渐升级，2003 年开始实行全面制裁，直到 2009 年美国才重新开始摸索与缅甸对话。

在美国“亚太再平衡”战略背景下，缅甸当局开始调整内外政策，既向反政府游击队妥协，也向民主派的昂山素季妥协，还向美国妥协，目的在于美国承认它的政府的合理性与合法性。而美国则见缝插针，没有错失良机，于 2011 年 9 月 9 月 27 日派了它的特使到缅甸去，跟缅甸的外交部长进行了会谈，并且提交了一份采购单，虽然附带种种条件，但还是释放了对缅甸的好意。美国特使访问缅甸之后，9 月 30 日，吴登盛就宣布暂停中缅合作的密松水利发电站建设，人们不能不把此理解为是向美国示好。

2011 年 11 月 30 日，美国国务卿希拉里访问了缅甸。美国对缅甸政策的改变显然是鉴于缅甸的明显变化，奥巴马政府希望通过对话进一步促进缅甸的民主进程。对于把“重返亚太”作为重要目标的奥巴马政府来说，美国增加对这个国家的影响力显然是牵制中国的一个重要环节。希拉里访问缅甸是美国亚洲战略的一环。美国向缅甸政府提出了停止镇压少数民族和全面释放政治犯的要求，还要求缅甸说明从朝鲜引进核技术的问题。而缅甸接近美国的目的当然是要求美国尽快解除制裁，但是，对于缅甸的这一要求，美国表示仍然要继续观察，不会马上解除制裁。希拉里说：重要的是应该释放所有政治犯，今后也不制造一个“政治犯”。美国还要求缅甸承诺断绝与朝鲜的军事合作关系，尊重联合国防止核扩散机制。缅甸基本上按照美国的要求做了，并分批释放了大批“政治犯”，在此前提下，美国也宣布了把两国关系恢复为大使级。

中国当然要防止缅甸完全转向西方，就在美国国务卿访问缅甸之后，2011 年 12 月 19 日，中国国务委员戴秉国访问缅甸，确认了两国关系的紧密性。缅甸要摆脱自己在东盟国家中最穷国家的现状，于是，它不得不采取了在中美之间搞平衡的政策。这种政策也就使缅甸自身置于到中美权力争夺的背景之下，它必须考虑从谁那里获得更多的利益。缅甸不会从亲中国完全转向亲西方，而是在中国与西方之间维持平衡，从双方获得援助和投资。这也是吴登盛总统之所以一边向西方示好的政策，却一边在希拉里访问缅甸期间特别对她说“中国是缅甸多年的友好邻邦，地缘政治上非常重要”[①] 的原因。可以说，缅甸外交政策出现了在大国之间寻求平衡，谋求利益的倾向。

---

① “米中との「等距離外交」腐心”、[日]《产经新闻》，2011 年 12 月 3 日。

（二）日本配合美国的战略

美国与缅甸关系的改善是日本调整对缅政策的关键原因。日本对缅政策调整是以配合美国战略为中心，缅甸之所以推行民主开放政策，其实也是因为它在2014年成为东盟会议主席国，缅甸意在借此契机摸索打开孤立状态，恢复国内经济的途径。对于缅甸的这种变化，美国必然给予关注，但是如上所述，美国向缅甸开出的条件是进一步实行彻底的民主化，释放所有政治犯，并中断与朝鲜的军事合作。日本在这一点上是完全配合美国的，可以说，日本接近缅甸也是有条件的，它必须配合美国利用自己的经济手段促进缅甸的民主化进程。在当时的日本外相玄叶光一郎与吴登盛的会谈中，表示支持缅方呼吁与少数民族游击队停战的态度，积极评价缅甸释放政治犯的举措，就是对美国政策的呼应。特别是玄叶还对昂山素季说：我认为法制和民主主义，对人的尊重以及和平价值观是极其重要的，推进民主化也是重要的。[①] 可见，日本虽然对缅甸的经济价值认识得很清楚，但是，配合美国的战略意图，从经济和安保两个方面入手接近缅甸是日本对缅战略的中心。[②] 玄叶还提出缅甸必须在防止核扩散问题上与美国保持一致，并表达了希望缅甸与朝鲜的关系不要引起国际社会的疑虑，说应该遵守联合国决议，显然这是指朝鲜与缅甸的核合作。

2011年12月19日，日本外相玄叶光一郎访问美国，与希拉里会谈，关于缅甸问题，美方向日方介绍了国务卿访问缅甸的内容，两国就对缅甸政策进行分工的可能性进行了协商，认为双方可以进行紧密合作。[③] 玄叶外相访问缅甸的时机正好是美国宣布“亚太再平衡”战略之后，也是美国国务卿访问缅甸之后，因此媒体认为玄叶对

---

① 「玄葉氏、スー・チーさん訪日要請」、［日］《产经新闻》，2011年12月27日。

② 「日本も戦略的な民主化支援を」、［日］《读卖新闻》，2011年12月3日。

③ “日米外相会談（概要）”，2011年12月20日，日本外务省网站，http：//www. mofa. go. jp/mofaj/kaidan/g_ gemba/usa1112/fm_ meeting. html。

缅甸的访问是因为美国宣布“重返亚太”和“包围中国”的动向。①

2014 年 11 月 12 日，安倍在缅甸与吴登盛总统会谈，表示支援缅甸的经济改革，承诺向缅甸提供 260 亿日元贷款用于维修变电站，解决供电不足问题。两国首脑还就重视海洋法制达成一致。②

三、日本牵制中国崛起

日本调整对缅政策还与中国的崛起，特别是中国与缅甸的发展有关联。中缅关系基本稳定，但交往过程中也存在个案分歧，这些个案分歧被西方利用，日本也十分关注中缅关系的进展，特别是重视中国利用缅甸的战略位置，打通缅甸通往印度洋的海上通道，于是，制定积极拉拢缅甸，遏制中国的海洋战略。

（一）中缅关系的基本盘

缅甸是中国进入孟加拉湾的门户，战略位置十分重要，在缅甸“军管”期间，缅甸受到西方的制裁，但中国却一直与之保持着友好关系。其实，本来中缅两国是山水相连的友好邻邦，两国人民之间的传统友谊源远流长。二战后，缅甸独立，中缅两国在 1950 年 6 月 8 日就建立了外交关系。50 年代，两国总理还共同倡导了和平共处五项原则。1960 年 10 月，两国政府签订了《中缅边界条约》，率先圆满解决了历史遗留下来的边界问题。中缅领导人一直保持互访传统，周恩亚总理曾 9 次访缅，吴奈温 12 次访华。中缅友谊被称颂为“胞波”（兄弟）情谊。2004 年 7 月，钦纽总理对中国进行正式友好访问；2006 年 3 月，梭温总理访问中国；2010 年 6 月，温家宝总理对缅甸进行正式访问；2010 年 9 月，丹瑞大将对中国进行国事访问；

① “玄葉外相、スーチーさんに訪日要請　ミャンマー取り込みで日米一致”、产经新闻网站，2011 年 12 月 27 日，http://sankei. jp. msn. com/politics/news/111227/plc11122700280001 - n1. htm。

② 《读卖新闻》2014 年 11 月 13 日。

特别是2011年5月，吴登盛总统对中国进行国事访问，两国发表联合声明，宣布建立全面战略合作伙伴关系。昂山素承上台后也第一个访问了中国。

中缅两国的经济往来也十分密切，2010年中缅双边贸易额达44.44亿美元，同比增长53.2%，现在，中国是缅甸第二大贸易国。中国在缅投资增长也很迅速，2010年缅甸吸引的海外直接投资是200亿美元，其中七成是来自中国大陆和香地区，这一年年中国首次跃居成为第一大外国对缅投资国，投资总额达到123.2亿美元，占缅甸吸引外资的一半以上。中国还修建了经过缅甸的天然气管道和原油管道，中缅天然气管道缅甸境内段长793公里，中缅原油管道缅甸境内段长771千米，中国还在缅甸西海岸皎漂配套建设了原油码头，两条管道均起于缅甸皎漂市，从云南瑞丽进入中国内地。

（二）日本欲要拉拢缅甸牵制中国

吴登盛就任总统之后，为了争取西方解除对缅甸的制裁，出台了一些讨西方喜欢的措施，目的在于希望西方解除对缅甸的制裁。比如，缅甸叫停了中国援建的密松（Myitsone）水电站项目。密松水电站由中国电力投资集团负责，2010年开始在缅甸北方的克钦邦开工，是中缅政府计划沿伊洛瓦底江兴建7座梯次电站的首座。缅甸有人认为密松电站有质量问题和安全隐患，要求进行重新评估，保护伊洛瓦底江的生态安全。[①] 缅甸政府也迎合了这些意见宣布了暂停该项目的施工。这一决定令很多观察人士感到吃惊，[②] 当然也给外国媒体炒作中缅关系出了问题提供了材料，日本媒体就认为，这大有中美两国争夺缅甸的意味。[③] 所以，日本也在这种背景下重新评估自

---

① “昂山素季：重新评估中共公司兴建的密松水电站”，网易论坛，http://bbs.news.163.com/bbs/guoji/22709603.html.

② 桂强理：“缅甸叫停水坝工程的背后：西方挑拨中缅关系”，财讯网：http://international.caixun.com/content/20111004/CX01ttu0-all.html。

③ ［日］《产经新闻》2011年12月27日。

已近几年追随美国的对缅甸制裁政策，并在2011年12月25日，实现了日本外相时隔9年对缅甸的访问。

日本对于中国与缅甸的关系一直从海洋战略角度持冷眼观敌视态度。日本媒体认为中国是在欧美对缅甸实行制裁的背景下，为了通过缅甸走出印度洋，才与缅甸保持了良好的关系，他们说中国海军为了利用缅甸的港口，对缅甸的港湾进行了修建，因为这样中国就可以不通过马六甲海峡而从印度洋把原油从中东运输到孟加拉湾，然后通过连接缅甸的皎漂到中国昆明的石油管道输往中国。所以，日本认为中国在缅甸的存在是中国印度洋战略的重要部分，控制缅甸的出海口，不仅对于中国的石油运输具有重要意义，而且对于中国通过印度洋通向中东和非洲都有重要的战略意义。日本设想与美国合作，拉拢缅甸并使它脱离对中国的依赖，这才是日本外相玄叶光一郎访缅真正含义，是这个战略的重要一环。[①] 正如玄叶所说，缅甸在“地缘政治上也占据重要位置”。

日本对缅甸政策的着眼点是中国海洋战略的变化。日本与缅甸强化关系的重要背景之一是中国在经济和军事领域的迅速崛起。比如，对于中国在缅甸的影响力，日本媒体所作的解读是：尽管缅甸受到西方的制裁，但是它仍然有66亿美元的外汇储备，这显然与中国与缅甸的经贸合作分不开。他们注意到，缅甸是印度洋具有重要战略意义的国家，所以认为中国的战略意图是充分利用缅甸的地理位置，使其成为运送战略资源的通道。

日本有人认为，中国海军的强大和向深蓝转变成了美国的心头病，“日本应该成为美国战略的补充，发挥辅助作用”。[②] 鉴于缅甸对于中国来说是确保通过印度洋连接中东的海上通道的军事上重要

---

① “玄葉外相が26日、スー・チーさんと会談　日米連携で中国牽制”，［日］《产经新闻》2011年12月26日。

② ［日］春名幹男“米中の本音を読み取れない民主党の愚”，《VOICE》，2011年1月，第79页。

的据点，缅甸对于美国和日本来说，也同样具有重要的战略意义。所以，在美国修改对缅政策之后，利用日本辅助其对缅战略任务是美国对亚洲政策制定者的必然考虑，因为美国自身并无这样的经济宽裕度，美国的意图显然是要利用日本把缅甸纳入其对华包围网之中，其中，经济合作当然具有政治意义。日本虽然在经济上也不宽裕，但是它还是开始讨论了增加政府开发援助的额度问题，因为政府开发援助毕竟是日本外交的重要手段。日本媒体也称："日缅投资协定显然是缅甸实行民主化的重要步骤。"① 日美两国在缅甸建设港口和干线道路，支援其基础设施建设，将获得牵制中国外交上的利益。

总之，缅甸自身的所谓民主改革、日本经济政治，包括海洋战略需求和美国对缅政策的变化构成了日本调整对缅政策的背景。日本的对缅政策呈现了由注重"政经分离"原则向在"政经合一"原则的转变，具有经济与政治齐头并进的特点，其中缅甸在印度洋的战略位置尤其受到关注。日本在经济政策上主要以政府开发援助为主渗透缅甸的投资市场与资源开发领域，为日本企业寻找"走出去"的落脚地，为日本经济的恢复做贡献。在政治方面配合美国促进缅甸进行进一步民主化改革，支持民主势力，把缅甸改造成亲西方国家。特别是鉴于缅甸的海洋战略位置，通过经济和政治两方面的渗透会制衡中国在缅甸的影响力，达到在印度洋战略方面牵制中国的目的，这是日本对缅政策调整中值得关注的一点。不过，中缅关系源远流长，不可能轻易被西方国家所离间，缅甸也不会完全转向西方。这样，日本试图通过对缅政策的调整，达到其配合美国的亚太政策牵制中国海洋战略的政治与战略目的，只会收到一定程度的效果，而不会完全达到目的。

① 「外相会談、投資協定交渉入り合意」、[日]《产经新闻》2011年12月27日。

第六章　日本海洋战略的启示与评价

2014年7月，在日本海上自卫队建立50周年纪念仪式上，海上幕僚长石川亨发言说："我们今后将继承和发扬海军的优良传统"，他还引用了武士道的经典《叶隐》中的一句话说："选择艰苦的方向，磨练自己的内心。"① 按照宪法规定，日本自卫队不是军队和战力，海上自卫队也不是海军，但海上幕僚长在内部发言中称日本要继承日本海军的优良传统，意味着日本自卫队军官的军魂依然如故。其实，海上自卫队在名份上是不是海军并不重要，重要的是作为海洋国家日本必须具有一支足以匹配的海上力量，这是日本"有识之士"的共识。日本是一个高度重视海洋问题的国家，它在国际社会重视海洋问题的大背景之下，不仅制定了海洋资源保全的一系列法律法规和战略，而且将"海洋立国"作为国家的基本政策，不断丰富和完善其海洋战略。同时，为保障海洋安全和开发利用海洋资源，还在国内制定和完善了相关海洋法制，并出台了一系列政治、安全保障和海洋外交方面的政策和法律，进一步坐实了日本海洋战略的实施途径。比如，在传统安全保障方面，日本在国内解禁集体自卫权，通过安保相关法案，在外交上与美国修改了防卫合作指针，深化了日美同盟，并积极构筑包围中国的价值观同盟体系。日本的海

① 原文：「苦しい方向を選び、日々自分　自身の心を鍛えてほしい」。

洋战略给了人们许多启示，许多问题值得我们深入思考。

一、 日本海洋战略对完善我国海洋体制机制的启示

德国政治学者卡尔·施密特说：海洋国家的条件包括强大的海军力、卓越的外交力、缜密的情报网、优秀并有强烈责任感的“统治阶层”、不拘于原理原则的束缚和以“统治阶层”为基础建立的有效政治体系。其中有效的政治体系包括有效的体制和机制，在海洋战略问题上，必须建立有效的海洋体制和机制，日本在这方面的努力给了我们一定的启示。

第一，在组织机构上的启示。日本通过《海洋基本法》设置综合海洋政策本部以来，在海洋体制建设方面上已取得了实质性的进展。鉴于海洋问题和事务的复杂性和综合性及重要性，海洋国家可以按照一定的模式，建立国家海洋事务委员会，由国家元首或政府首脑负最高责任，其他相关政府部门主要负责人任成员，以统一协调海洋事务。当然，国家海洋事务委员会也可以通过制定诸如海洋开发管理法或海洋（基本）法等那样的方式设立。同时，进一步完善相关海洋执行机构的体制和机制。

第二，在海洋战略和政策上的启示。日本为推进海洋战略，不仅制定了《海洋政策大纲》，而且制定了《海洋基本计划》。这意味着海洋国家有必要细化有关海洋战略的基本内容，包括加快制定区域或地方海洋事业发展规划或计划。更重要的是，应加快制订与实施将海洋政策作为国家战略的步骤，目的是合理开发利用海洋资源，特别是有效维护海洋权益，并使有关海洋的政策上升为国家战略。为此，海洋国家还有必要整合已经出台的各种海洋规划，并适应国际形势的发展，特别是为处理海洋领域的新问题和进一步确立国际海洋秩序，需要调整和完善国家已制定的海洋战略。

第三，在提升“海洋”地位及意识上的启示。海洋是人类赖以

生存和发展的空间，今后利用海洋和维护海洋权益的重要性仍将不断显现。为合理开发利用海洋空间及其资源，国家必须进一步增强对海洋的认识和理解，特别应提升“海洋”的地位。为此，可以在宪法中增加“海洋”为自然资源的组成部分内容，以提升其地位。同时，应进一步增强国民的海洋教育活动和研究力度，提升国民认识保护海洋的重要性，增加学校教材关于海洋教育的内容，创设新的综合性海洋学科等。

第四，在活用和强化智库机构上的启示。智库是国家决策的重要依托，从对日本的海洋战略和政策分析可以看出，日本是一个高度重视海洋相关机构咨询作用的国家，即日本采用了先由海洋学术机构进行研究，提交海洋政策建议书后，再成立相关的机构进行海洋政策和法制的制定工作。当然，并不排除海洋咨询机构自发活动和根据危机意识、责任意识活动的情形。这意味着海洋国家有必要加强海洋学术机构（包括各种学术团体）的指导作用，为解决实际海洋问题提供咨询意见。另一方面，应考虑如何将学术机构的研究成果转化为国家的政策，并上升为战略，采取相应的措施，并加强海洋学术机构之间的交流和互动，做到资源共享，成果公开和共用。

二、 日本海洋战略在海洋安全保障方面的启示

日本是个岛国也是海洋国家，但是岛国与海洋国家有着本质的区别。岛国具有封闭性，它是内向型的，这一点日本已有学者论述，但是海洋国家则既是开放的，也是外向型的。日本固然具有所谓“岛国根性”，但是同时也具有海洋国家意识，既然是海洋国家，必然要处理与其他海洋国家的关系，特别是还要处理与大陆的关系。所以，日本的安全保障问题其实是个地缘政治的问题，日本必须从地缘政治的角度考虑安全保障问题。

第一，海洋国家的安全保障是综合安全保障。海洋在国家战略上，在海上交通运输上，在经济发展上，在外交上，在军事上都有重要意义的区域。日本无论作为岛国还是作为海洋国家，它与外界的接触都是通过海洋连接的，因此日本的安全保障问题必须是综合的，是综合安全保障。日本的海洋战略也具有综合性，呈现了在政治、经济、文化、社会、外交、安全保障等各个领域的综合特色。综合安全保障的思想早在1980年，就由大平内阁时期制定的综合安全保障战略中得以体现，其中，特别体现了日本经济在安全保障中的作用。ODA是日本外交的重要手段，也是推行海洋战略的重要手段之一。

第二，海洋国家必须增强其海上防卫力量。安全保障的最根本选择还是自身的努力，而岛国或者海洋国家的防御归根结底要靠海军实力。海洋国家的海上力量不但要维护来自海上的威胁，还要确保国家赖以生存的海上通道的安全。日本要确保的首先是其周边海域的安全，然后是从沿岸延伸至1000海里的海上通道的安全，如果他们预想在未来一定的期间威胁不来自俄罗斯的话，那么它的陆上力量就有必要向西南部海洋方向甚至更远的海上通道转移。冷战期间，日本预想了苏联对北海道的进攻，所以，战略防御的重点在北方，在1983年的防卫费中，陆上力量、空中力量和海上力量的比例是：100：157：102。但是在冷战结束之后的1995年，日本防卫计划大纲把陆上13个师团缩减为9个师团加5个旅团，包括预备役共计16万人。2010年的防卫计划大纲，日本首次把防御的重点转向西南诸岛，并计划增加海上力量，包括宙斯盾舰由6艘增加到8艘，潜艇由19艘增加到22艘，还准备引进美国F－35新型战机，鱼鹰侦察机，并部署监视部队到与那国岛，战略意图十分明显。

第三，海洋国家必须具有独自的外交能力。中曾根康弘曾经提出过日本外交的四原则：不做超出国力以上的事情，不做外交赌博，不逆世界潮流而动，外交不被内政利用。这就是说海洋国家除了自身实力的建设之外，安全保障确实依靠有利的国际环境，海洋战略的实施必须有外交保障，要有独自的外交力，形成对自己有利的抑制力。同盟是自然的选择，海洋国家本质上具有缔结同盟的倾向，日美同盟是日本安全保障及海洋战略的重要组成部分，为此，日本近年在国内有限解禁了集体自卫权，修改了安保相关法案，与美国修改了防卫合作指针。另外，海洋国家实现对自己有利的国际合作，还包括与敌对国家的合作，具体是指互相之间的军备控制谈判和互相信赖关系的建立。日本一方面加强与美国的同盟体制，要美国承诺防御钓鱼岛，另一方面主张与中国就海洋问题进行磋商，建立海上危机管理机制，防止出现突发事态，就是出于这种考虑。同时，日本还积极推行价值观外交，试图建立日美印澳“菱形包围圈”，介入南海争端，向中国施加政治、外交和军事压力。

日本的海洋国家意识基于其岛国的自然条件，同时其海权思想和地缘政治思考却来源于欧美的学术思想。把大陆看作对海洋国家的威胁，就是麦金德的理论，日本一些学者其实是照猫画虎，机械地照搬这种理论，臆造出所谓的大陆国家“中国威胁论”和“日美结盟论”，进而构想出建立包围大陆的战略之弧的战略。

关于日本必须与海洋国家结盟的思想不过是海权论的简单照搬和近代史的简单对比。比如，英国是19世纪的海洋霸主，美国是20世纪的海洋霸主，日本在江户时代曾败给英国，后来奋力追赶，并与英国结盟，然后战胜了大陆国家俄罗斯。战前的日本有过“陆主海从”还是“海主陆从”的争论，最后在追求主权线和利益线的过程中不断获得大陆权益，越陷越深，被卷入欧亚大陆的德意日同盟之中，与英美发生了对立。后来日本败给海洋国家美国，战后与美国结盟，在冷战阶段与新崛起的大陆国家对抗。

现在日本选择了海洋国家的定位，认为日美同盟是海洋国家联盟。与这个联盟相对立的是反对美国一极支配的中国和俄罗斯，日本认为现在这两个国家逐渐结成大陆国家联盟，从而形成了一幅海洋国家对抗大陆国家的战略构图。日本也强调自己是亚洲国家，日本外交的重点在东南亚，还有澳大利亚，南太平洋岛国以及印度和南亚国家。他们认为这是一个海洋的亚洲，不是大陆的亚洲，日本要成为这个海洋亚洲的领导。如果中国的近海防御战略得以实现，就意味着海洋的亚洲被控制在中国手里，日本将丧失主导权。所以，归根到底，日本与中国的战略对抗是海洋国家与大陆国家的对抗，在这场较量中，日本要强调价值观和海洋国家这一共同点，并与海洋的亚洲构建共同利益，目的在于遏制大陆国家中国的崛起。这便是日本海洋战略背后所隐藏的地缘政治及其海权论背景，也是日本为什么在极力维护海洋资源，保护海洋权益的同时，又特别重视深化日美同盟，拉拢南亚、东南亚和大洋洲国家构建对华包围网的根本原因。

附件一　《日本21世纪海洋政策建议书》

（2002年3月）

2002年3月日本财团出具的《日本21世纪海洋政策建议书》包括了以下六个建议。该建议书是由海洋管理研究会草拟的。

1. 建议一：制定综合性的海洋政策。《联合国海洋法公约》和联合国环境开发会议宣示了海洋的国际管理理念，规范了从日本管辖的沿岸区域到专属经济区和大陆架外缘的开发、利用、保全，以及包含公海在内的全部海洋的日本行使权利义务和国际合作内容，为此，揭示国家基本理念和行动计划的国家海洋政策应制定，并向内外明示。

（1）日本应在以下三个方面明示海洋管理的基本理念。第一，尊重海洋的国际法秩序和国际合作。占地球面积70%的海洋问题，仅靠一国无法应对。作为海洋国家的日本应尊重通过《联合国海洋法公约》和其他国际条约确立的海洋国际法秩序，以和平、安全、和强化友好关系为宗旨对海洋进行管理。第二，海洋的可持续开发和利用。海洋是维持地球生命系统的不可缺少的组成部分，应努力认识环境问题中海洋的重要性、保护和保全海洋环境，并实现海洋及其洋资源的可持续开发和利用。第三，综合管理。海洋问题相互紧密关联，有必要作为整体考虑，需要对海洋和沿岸区域的开发、利用和保全进行综合管理。

（2）在海洋政策方面应制定海洋基本法。日本应把海洋政策置于国家政策中重要课题的位置，为制定和实施海洋政策，应制定位于个别海洋相关法令之上的上位规范——海洋基本法。其包括基本理念，海洋管理基本计划，与海洋的调查、开发、利用和保全有关的政策措施，国家和地方公共团体的职责和义务，海洋相关阁僚会议，设置海洋担当大臣，设置海洋审议会等内容。

2. 建议二：完善制定和实行海洋政策的行政机构。为按照海洋管理的基本理念制定和实行政策，完善对综合探讨、制定和推进海洋政策具有任务和权限并涉及相关多数省厅的有效的行政机构。

（1）为综合性地探讨、制定和推进海洋政策，应完善以下行政组织。第一，为全面制定和实施海洋政策，应在内阁设置以总理大臣为首的、海洋担当大臣为副的、由海洋相关行政机构各大臣组成的“海洋相关阁僚会议”。第二，设立海洋担当大臣。第三，在内阁设置辅佐总理大臣、海洋担当大臣，处理海洋相关阁僚会议事务的“海洋政策统治室”（暂称）。第四，为制定和实施海洋政策，协调各省厅所涉海洋相关行政机构工作，设置“海洋相关省厅联络调整会议”，为海洋相关阁僚会议的下属组织（机构），由海洋政策统治室（暂称）管理。

（2）为有效地实施海洋政策和开展行政工作，应设置作为总理大臣（或海洋相关阁僚会议）的咨询机关如海洋审议会那样的组织。

3. 建议三：整备综合管理沿岸区域的法制。应将沿岸区域与具有独自的自然和社会环境区域的海陆作为一体加以认识，考虑其生态的综合环境保全体系，应就寻求开发和环境两立的持续地综合管理沿岸区域研讨必要的法制。

同时，应积极地评价作为受益者的沿岸区域的开发和利用、保全的当事者，以及地域住民的作用，以实现在沿岸区域管理政策的制定、实施、评价和再实施的过程中让市民积极参加。

（1）为保护和保全沿岸区域的环境，实现可持续开发和利用，并为综合管理沿岸区域，应制定和完善必要的法制。

考虑到沿岸陆域和沿岸海域的一体性这种沿岸区域的特质，为综合管理沿岸区域，应制定和完善规定让沿岸区域的持续利用与已存海岸和沿岸区域管理有关的个别关联法制能进行综合调整的理念和程序。

建议应在海洋基本法中就沿岸区域的综合管理单独设立一章。

（2）综合性的沿岸区域管理是由自治体进行的，应明确其范围和管理方法。

对于综合性的沿岸区域管理，应明确其理念和方针，相关自治体（以都道府县和政令指定都市为中心，相关市镇村参加）应就其开发、利用和保全制定综合管理计划。

沿岸区域范围应考虑自然状况、生态系统和自治体的管理实效，按以下基本条件确定：对于海岸线的方向应以自然状况和生态系统为基准，对于陆域和海域的方向，陆域边界应以与流域圈相关的市町村的行政界限为基准、海域边界应以 3 海里（封闭性和半封闭性海域的情况为全部海域）为基准，再在参考国家、相关自治体有关者和有识之士的意见后协商决定。

（3）对于封闭性和半封闭性海域，特别应考虑其的整体性质，确立综合管理体制。

考虑到三大湾、濑户内海等封闭性和半封闭性海域及其沿岸陆域，一般利用其密度高，同时，容易受到环境条件的相互影响，为综合开发、利用和保全这些海域及其陆域，应作为一个整体处理，并完善综合管理体制。

（4）应采取积极措施以抑制沿岸区域开发和恢复自然环境。

在沿岸区域应最大限度地控制废物填埋场，同时，对于临海填埋地带的工厂遗迹、利用目的不明确的地块，以及影响或丧失流域圈功能的构筑物，应采取措施尽力恢复其自然环境。

（5）应让市民积极参加管理沿岸区域的整个过程。

沿岸区域的住民、市民组织等，对沿岸区域管理政策的策划、实施和评价，以及再实施的全部过程具有“知情”权利，为此，应保障他们实质性地获知相关各种情报的权利，在整个过程中，尽可能地保障他们“参加”的机会。

（6）在日本也应真正地引入“海洋保护区”制度，并合理地管理。

在日本的沿岸区域，根据自然公园法已指定了多个海中公园地区，同时根据自然环境保全法在西表岛指定了一个地域为自然环境保全地域。但为确保生物多样性，保护人类生存基础的海洋生态系统，仅这些是远远不够的。为此，应进一步推进这些制度，将作为生息地的重要海域、生息频临密绝危险种群的海域、存在重要的珊瑚礁的海域、湿地带，以及需要进行适当保护和管理的海域指定为“海洋保护区”，根据需要利用各种方法区分保护区域和利用区域，并进行合理管理。

（7）努力实施缓和或减轻制度。

对于缓和或减轻制度（在开发和利用时，为回避环境影响或最小限度地影响环境，利用代替措施为基本的想法），虽然其存在可能使开发免罪加以使用、效果测定方法还没有确立等那样的问题，但缓和或减轻制度对于抑制环境或控制继续恶化是有效的方法之一；同时，为修复环境及创造更好的环境是有用的而得到好评；再次，为明确海洋开发的社会成本、在成本中作为内部消化的合理方法也得到了肯定，所以，今后应努力消除其不利方面，进行深入研究，并致力于使其制度化。

4. 建议四：合理管理水产资源，调整渔业和其他的海洋利用。

在合理且可持续开发海洋资源的框架中，进一步保存和管理日本周边海域的水产资源和振兴渔业是必要的。为此，为近代化和合理化渔业制度，今后应继续推进包括渔业合作组织及渔业权制度的修正在内的制度进行根本性的改革。

同时，为调整和共存渔业与其他海洋利用之间的竞争问题、确立合理的法律制度，对于渔业补偿问题，应实施为确保能得到国民全体支持的透明性和公正性的程序，并对有关的方法和手段进行修正。

(1) 为合理利用水产资源，应进一步致力于资源管理和资源恢复工作。

随着《联合国海洋法公约》的批准和专属经济区的设定，为合理管理资源，日本虽然引入了总可捕量（Total Allowable Catch）制度，为逐渐增加可捕对象鱼种及进一步管理资源，应根据近期制定的水产基本法，进一步致力于振兴渔业、恢复和培养水产资源、振兴养殖渔业等事项。

(2) 为发展渔业产业，应对渔业相关法进行改革。

随着日本远洋渔业规模的缩小，日本的渔业将重点转移至以200海里的专属经济区为中心周边海域的近海渔业及沿岸渔业，为管理和培育海洋资源，应并行实施相关政策，振兴具有国际竞争力的渔业产业，并为进一步的发展应完善必要的法制。

在战后强烈民主化的要求下确立的渔业合作制度和渔业权制度，已经过了50年，在现今的日本经济状况下，原来的制度已经阻碍了作为产业化的渔业合理化、强化竞争力的要求，所以，应继续对包含让国民容易参与渔业有关的法制进行修正。

(3) 应探讨和引入由第三者机构就渔业补偿作出裁定的制度。

对于渔业补偿问题，补偿基准与实际状态分离，在恢复渔业权的重复性渔业补偿等方面，其不透明性、缺少公正性等受到非渔业者的强烈批评。为发挥海洋管理者作用的渔业者的权利、振兴渔业这种社会价值，进一步促进国民共同资源——海洋的合理而持续的利用与社会价值的两立，应引入合理而透明度高的补偿方式。

此时，补偿基准与补偿实际状态之间的显著分离消失，使合理补偿成为可能，通过补偿振兴渔业，并进一步充实和构筑恢复与培养水产资源、资源管理新制度。为提高渔业补偿的透明度，应探讨和引入由第三者机构建议和裁定的方式。

5. 建议五：对专属经济区和大陆架的综合管理具体化。

为能在日本的专属经济区和大陆架行使《联合国海洋法公约》对有关天然资源等的主权权利、科学调查和海洋环境保护等的管辖权，日本应尽早制定综合性的海洋管理政策，并具体展开实施。

同时，对于专属经济区和大陆架，日本应在规定与划界有关的基本方针的同时，与相邻国家开展协商，修正与专属经济区和大陆架有关的法律，并为推进日本海洋政策的具体展开完善必要的法制。

(1) 应制定与开发、利用和保全专属经济区和大陆架有关的综合性国家海洋政策。根据《联合国海洋法公约》，为积极推进专属经济区（据说日本的专属经济区面积处世界第六位）和大陆架的可持续开发、利用和保全，必须制定综合性的海洋管理政策。同时，应确定与专属经济区和大陆架的划界基本方针，并促进与邻国之间的协商，进一步强化满足条件的情况下将大陆架扩大延伸至350海里的必要的调查活动，并努力确定调查活动。

（2）对包含与专属经济区和大陆架有关的现行法进行修正，以完善必要的法制。

《联合国海洋法公约》规定日本可对专属经济区和大陆架行使主权权利和管辖权，同时，要求诚实而综合地履行义务，所以，不单是适用国内法令，还应对现行的《专属经济区和大陆架法》进行修改，并考虑适用各种法律制度的具体可能性，应为推进综合性的海洋管理政策的实施完善必要的法制。

（3）应尽早完善调查、开发、保存和管理专属经济区和大陆架自然资源等的法制。

应明确日本对专属经济区和大陆架的热液矿床、锰结核、富钴结壳等矿物资源，能源以及生物资源的主权权利和管辖权，尽早完善调查、开发、保存和管理这些能源资源的法律制度。同时，在专属经济区和大陆架附近的近海海域，应完善与相关国家之间围绕开发的调查和合作体制。

6. 建议六：充实海洋的青少年教育以及学识性教育和研究工作。

为提升国民对海洋的知识和理解，积极唤起对海洋与人类共生的关注，应进一步扩大海洋教育和启发活动，特别是应扩大青少年的海洋教育工作。

同时，为了综合地处理海洋问题，应增进自然科学和社会科学、包含人文科学相互之间在内的各学科的学术研究和交流活动，应在研究生院完善与海洋管理有关的综合性教育和研究体系。

（1）在初等、中等教育中，应充实我们的生存基础：与海洋有关的教育。

日本被海包围，接受了海洋的各种恩惠，但遗憾的是对青少年的海洋教育基本不进行。所以，应在小学、中学和高中的教育课程中增加与海洋有关的事项，同时，应充实教材、提升教师对海洋的知识和理解能力。

同时，应在高中的“理科”科目中有关海洋科学的主要领域的基础知识能在“社会”科目中学习到与海洋利用的现状、存在的问题，以及可持续开发和利用方面的知识。

（2）在学校教育和社会教育中，应积极增加认识海洋和提升理解能力的机会。

海洋是一个大自然，只有接触海洋才能认识和理解海洋。仅在学校内的教育中提高对海洋的关心、提升知识及理解能力，是有限度的。为此，在学校教育中，应活用综合学习时间，同时，在区域社会和家庭中活用诸如海洋日和暑假等那样的机会，在强化野外学习机会的同时，应增加赴近郊的港口、博物馆、海洋研究机构或海洋体验设施等的参观学习、体验的机会。

（3）应在大学、研究生院与海洋有关的教育和研究作为学识性、社会性和国际性开展活动。

海洋各问题紧密相关，有必要作为整体加以认识，为培养将海洋作为环境、生态系统以及综合性地、多学科地处理问题的应对能力，除自然科学部门内各领域的教育和研究外，还应进一步增强包括社会科学与人文科学部门之间的学识性教育和研究。

在海洋教育和研究中，在引入社会实习制度的同时，一方面在产业界、行政及试验性研究机构工作外，还应完善能接受有关海洋讲义和研究的课程或项目。

再次，考虑到海洋的国际性质，应促进教授、学生的交流，以及在相互认可学分的大学之间进行的交流，以实现国际性的海洋教育。

（4）应进一步充实海洋政策、与海洋和沿岸区域综合管理有关的教育和研究工作。

考虑到各国根据20世纪末生效的《联合国海洋法公约》的实施已成为21世纪很大的课题，所以，应设置研究海洋法、海洋环境、资源管理、沿岸区域综合管理等的海洋综合管理方面的硕士以上的课程，同时，应编制研究日本和世界各国的海洋政策和海洋法制等方面的项目。

同时，应设立对海洋政策进行深度综合分析、评价和建言的海洋政策研究中心。

附注：海洋管理研究会（2001年）

海洋管理委员会由12名委员组成，委员长为栗林忠男（庆应义塾大学法学部教授），委员为石弘之（东京大学研究生院教授）、宇多高明（国土交通省国际技术政策综合研究所研究总务官）、来生新（横滨国立大学国际社会科学研究科教授）、白石隆（京都大学东南亚研究中心教授）、清野聪子（东京大学大学院综合文化研究科助手）、多握胜雄（东京水产大学资源管理科教授）、中原裕幸（海洋产业研究会常务理事）、林司宣（早稻田大学法学部教授）、村上历造（海上保安大学校海上警察学讲座教授）、秋山昌广（船舶海洋财团会长）、寺岛弘士（日本财团常务理事）。

附件二　《海洋与日本——21 世纪海洋政策建议书》（2005 年 11 月）要旨

日本《海洋与日本——21 世纪海洋政策建议书》主要包括以下三个方面的内容：

（一）制定海洋政策大纲

作为切实推进综合性海洋政策的第一阶段，有必要及早采取措施，将具体的重要事项作为国家海洋政策的大纲，尽力进行汇总。大纲的要点为：

1. 明确基本思路；
2. 完善推进海洋政策的框架；
3. 强化解决问题的措施；
4. 强化合作伙伴关系；
5. 促进对海洋的理解与研究教育。

（二）完善制定海洋基本法的推进体制

在日本，海洋的诸多问题均是在为个别目的而制定的现行法律框架下处理的，因此，有必要及早完善海洋综合管理的政策框架与法律根据。

1. 制定海洋基本法。为推进综合性海洋政策实施，有必要制定海洋基本法，内容包括明确基本理念、推进政策的方针、制定海洋基本计划的基本措施、推进相关体制的政策框架等。

2. 完善行政机构。在推进以海洋基本法为中心的综合海洋政策过程中，必须完善以下机构，包括设置海洋相关阁僚会议、任命海洋大臣、承担海洋政策的立案和实施的行政机构。

（三）对扩及海洋的“国土”管理与国际合作

1. 构筑专属经济区和大陆架的管理框架。即强化对专属经济区、大陆架、远离陆地的岛屿及其周边海域等的管理。

2. 确立海洋安全保障。即确立扩大到海洋的“国土”、海上运输等的安全保障。

3. 推进海洋环境的保护、保全与再生。即构筑环境影响评价体系、保护海洋生态系统与生物多样性等。

4. 推进兼顾海洋生态系统的海洋资源的开发。即合理管理捕捞、保存渔业资源、开发矿物资源与海洋微生物资源等。

5. 强化构筑对沿海岸区域实施统一管理的体系。即构筑由地方为主体与市民参与的管理体系、加强与流域管理机构的合作等。

6. 推进防灾与减灾。即尽早策划制定区域防灾计划、切实贯彻防灾与减灾的教育和训练。

7. 完善海洋管理所需的海洋情报。即制定收集海洋情报的国家战略、强化海洋情报管理功能等。

8. 推进为综合实现海洋政策的研究、教育与在外研究。即推进对海洋教育的扩充、对海洋管理的研究和教育、对海洋科学技术的研究等。

附件三　日本《海洋政策大纲》

（2006年12月7日）

日本海洋基本法研究会于2006年12月7日制定的《海洋政策大纲——寻求新的海洋立国》内容如下：

（一）日本针对海洋问题须采取的措施

现今人类的生存与繁荣极大地依赖于海洋，而在海洋中，围绕海域范围的国家之间的竞争、对立，海洋资源的滥用及海洋环境污染的恶化等问题日益严重。而为确保今后持续增加的世界人口所需的水、食品、资源和能源极其这些物资的顺利运输，并为维持良好的地球环境，占地球表面积的70%的海洋将发挥极大的作用。

为此，国际社会缔结了《联合国海洋法公约》，规定了新的海洋秩序，在重视海上运输的同时，坚持航行自由；另外，承认了沿海国的专属经济区和大陆架，并规定了沿海国对其资源、环境等方面的权利与责任。

里约地球峰会通过了《21世纪议程》行动计划，提出了在开发过程中必须保护环境的"可持续开发"理念。其规定沿海国对将其管辖下的沿岸海域及海洋环境进行综合管理和可持续开发的义务，并要求各国制定统一政策和规范意思决定程序。

现在，在国际合意下以各国对广大的沿岸海域予以管理为前提，为人类利益，各国协调、和平管理海洋整体的时代已经到来。

日本四周被海包围，从海洋接受了各种恩惠，又被海守护，在与海洋的深切关系中建构和发展了社会、经济和文化等事业。根据《联合国海洋法公约》，日本自称可对拥有食品、能源、矿物等丰富资源面积据世界第六位的专属经济区和大陆架进行管理。这些广大的海域将成为确保日本经济发展、国民生活所需资源，顺利利用海域，保全良好的海洋环境，以及保障国家安全担负重要作用的发展基础。

同时，随近来科学技术的进步与发达，人类对曾拒绝人类进出海洋（地球上的最后空间）的科学认知不断上升和丰富，对于资源小国的日本来说，对日本周边海域进行调查，开发、利用、保全和管理海洋资源及空间，是日本长期的愿望，以通过不断地研究开发而获得的优秀科学技术能力为基础，实现上述目的的时代已经到来。

然后，日本应对《联合国海洋法公约》《21 世纪议程》的体制相对滞后。尽管日本为管理陆域面积 12 倍的广大海域的海洋国家，但综合管理海洋的政策和体制还未完备，依然用原来纵向分割功能的方法应对海洋问题，不要说综合的海洋政策，连主管海洋的担当大臣、部局都没有。

所以，与邻国重叠的海域划界及开发、利用、保全和管理日本海域丰富资源的工作延迟。同时，最近在日本周边海域引发的以恶化海洋环境为首的事件无法合适应对，包括邻国开发石油、天然气及海洋调查活动，或他国的工作船秘密进入，对海洋通道安全的影响等问题，不仅损害国家利益，而且造成无法履行国际职责和义务的态势。

为此，日本应尽早地构筑应对上述状况处理海洋问题的新体制。为实现新的海洋立国，必须将海洋政策作为国策的重要政策，有必要对前沿的海域实施综合管理和国际合作。

所以，日本应尽早地制定推进综合海洋政策的重要法律制度——海洋基本法。

（二）制定海洋基本法

1. 海洋政策的基本理念。新的海洋政策应在“海洋与人类的共生”这个最终的理念之下，重视人类共存基础，即保全海洋环境和确保海洋的利用和安全，公平地满足现在及将来世代的人类对环境、开发和利用的必要性，致力于海洋的可持续开发和利用。为此，应通过对未知海洋领域的研究开发，充实对海洋科学的理解，开拓海洋，努力发展海洋健康产业，并以此为基础，努力构筑对相互有密切关联的各种海洋问题采取由政府和民间形成一体予以综合应对的海洋综合管理。

同时，鉴于广大海洋的物理一体性和国际性，应将“国际合作”作为国策，以对形成海洋国际秩序发挥先导作用。

2. 制定海洋基本法。在海洋基本法中除海洋政策的基本理念外，应明确记载国家、地方公共团体、企业和国民的职责和义务及制定海洋基本计划等有关海洋综合管理方面的基本政策和措施，并规定为综合推进海洋行政完善行政组织等方面的内容。

海洋基本计划是对有关海洋政策的综合化和体系化，具体规定有关日本海洋的基本政策。

对于完善行政组织，首先，应在内阁设置拥有有效和强力地推进海洋综合管理政策和事务的综合海洋政策会议（暂称）。综合海洋政策会议所管事务由规划、起草、调整基本政策和预算等必要资源分配方针的调查会议，以及重要研究开发和政策评价等组成。

同时，为有效地综合管理专门性和连续性强的海洋政策，主导各部的相关海洋政策和措施，开展海洋的综合管理，应任命长期综合管理上述事务的海洋政策担当大臣。

3. 有关海洋的政策与措施。政府各部门根据纵向分割功能实施的海洋政策和措施，应以海洋与人类的共生和确保国家利益为目标，体系化基本理念，并推进海洋综合管理的政策和措施。海洋政策应是在“了解海洋”“守护海洋”和“利用海洋”三个方面能得到平衡的政策，同时，为推进海洋政策的制定工作，不应仅关注有关海洋的国家权利的行使及行政服务，重要的是应让企业、国民在内的多种相关者参与，尽力扩大联系合作范围。

有关海洋的主要政策和措施如下，其具体内容详见附录。这些内容是制定海洋基本计划的基础。

第一，加强对日本海域的管理；

第二，开发、利用、保全和管理专属经济区和大陆架；

第三，推进海洋环境的保护、保全和再生；

第四，可持续地推进海洋资源的开发和利用；

第五，确保支撑日本经济和生活的海上运输；

第六，日本海域的安全保障和确保海上安全；

第七，保全国土和推进防灾对策；

第八，更好地利用和管理沿岸区域；

第九，培育及振兴海洋产业；

第十，推进对海洋科学技术的研究和开发；

第十一，增进国民对海洋的理解及充实海洋教育和研究；

第十二，指导海洋国际秩序和推进国际合作。

（三）实现新的海洋立国

日本为应对世界范围内发生的海洋法律秩序和海洋政策的转换，应以发展海洋科学技术为基础，通过推进制定以海洋与人类共生和确保国家利益的目标的海洋政策，实现从岛国向海洋国家的过渡，实现新的“海洋立国”。

同时，通过海洋立国，为形成海洋秩序在主权国家间更迫切需要相互依存的国际社会发挥日本的先导作用。

附录：海洋综合管理的主要政策和措施内容

1. 加强对日本海域的管理

（1）划定日本海域、完善综合管理法律制度等。为确立日本管理海域，应根据《联合国海洋法公约》的规定，尽快地划定领海、专属经济区和大陆架的边界、外缘，同时，完善日本对专属经济区和大陆架的主权权利、管辖权的行使，有关开发、利用和管理专属经济区和大陆架的综合法律制度。

同时，有关与邻国之间的划界，根据日本的主张努力争取形成合意，并对构成管辖海域的据点——离开国境的岛屿及其周边海域采取强化管理的措施。

第一，划定领海、专属经济区和大陆架的边界及外缘；

第二，依据《联合国海洋法公约》完善管理专属经济区和大陆架的法律制度；

第三，努力促成与邻国之间有关边界划定的合意；

第四，强化管理离开国境的岛屿及其周边海域。

（2）推进海洋管理的调查活动及完善海洋情报。为确保海洋综合管理顺利实施，应收集、整理、保管和利用所需海洋情报、数据，并对制定与完善海洋调查观测及海洋情报有关的国家战略采取必要的政策和措施，确保相关国际联系，推进国际合作。

第一，制定完善与海洋调查观测及海洋情报有关的国家战略；

第二，强化对海洋情报、数据的管理功能；

第三，构筑综合性的海洋调查、观测及监视系统。

2. 开发、利用、保全和管理专属经济区和大陆架

根据《联合国海洋法公约》，日本不仅对有关资源、环境等具有主权权利和管辖权及管理责任，同时为开发、利用与保全包括专属经济区的上覆水域、海底及其地下的海洋空间和大陆架，需对有关海洋空间的管理制定综合国家计划，并构筑必要的管理体制。

第一，制定有关调查、开发、利用和保全专属经济区和大陆架的计划；

第二，根据从亚寒带到热带的海域特性制定各个海域的管理计划。

3. 推进对海洋环境的保护、保全及再生

海洋环境除受到陆域、船舶引起的污染外，也受到诸如向海洋投掷垃圾和废物，渔业，开发和利用海洋空间，勘探和开发海底资源等各种活动的影响。为管理这些活动并综合地处理，应对漏油和溢油事件及其他可能对海洋造成重大污染的活动积极地采取预防措施、当事故发生时迅速地防除等对策，以保护、保全和再生海洋环境。

对于封闭性水域的慢性水质污染问题，应通过持续调查、观测和监视的方法把握海洋环境状况及变化，采取减少从陆域来的污染量等方面的对策，同时，探究污染的原因，研究相关对策，在相关者的协调与合作下采取合适的对策。

为积极地保全、再生诸如拥有藻场地、珊瑚礁等那样的浅海域及野生动物生息地，应设定海洋保护区等，并采取保全海洋生态系统及生物多样性措施。

对于漂流的垃圾等，应探讨必须由内外多种相关人员的合作与协调予以处理的综合性对策。

在对地球变暖持续担忧的情势下，应让国际社会接受在海底下地层投放的废弃物中储存二氧化碳的合意，并考虑对生态系统的影响。

第一，推进处理漏油和溢油事件及其他污染海洋的对策；

第二，继续对海洋环境实施监测；

第三，构筑海洋环境影响评估和应对体系；

第四，设法减少来自陆域的污染量；

第五，保护、保全和再生诸如拥有藻场地、珊瑚礁等那样的浅海域及野生动物生息地；

第六，加快设置为科学地和有计划地保全海洋生态系统的保护区；

第七，加快研究开发与地球变暖有关的对策；

第八，促进与保全海洋环境有关的国际合作。

4. 促进可持续地开发和利用海洋资源

对于缺乏陆域资源的日本来说，开发利用海洋资源是最重要的课题之一，日本应最大限度地对海洋环境及海洋生态系统进行保护和保全，以可持续地开发和利用海洋资源。为此，日本应积极促进与海洋与海洋资源有关的研究开发及人才培养工作。

（1）水产资源。日本的饮食生活多依赖于水产品，认识到海洋作为可持续生产食品原料场所的重要性，应努力保全海洋环境及海洋生态系统，并合适地管理和保存水产资源，以确保可持续地利用。同时，日本应促进发展中地区等在水产资源的利用及保全海洋环境和海洋生态系统方面的国际合作。

第一，促进对海洋环境及海洋生态系统的保全和合适地管理水产资源；

第二，促进海洋基础生产力、改进水产品自供自给的基础政策和措施；

第三，促进发展中地区等管理水产资源的国际合作。

（2）海底矿物资源。为确保日本资源的安全供给，应勘探和开发储存在广大的专属经济区和大陆架内的石油和天然气，进一步对将来有望成为矿物资源的甲烷水合物及国际海底矿物资源（热液硫化物、富钴结壳等）进行勘探活动，同时，积极研究开发其生产技术。

第一，勘探和开发专属经济区和大陆架内的石油、天然气资源；

第二，促进对甲烷水合物的勘探工作，加快开发其生产等技术；

第三，促进对国际海底矿物资源的勘探活动，加快开发其生产等技术。

（3）海水资源。预计在不久的将来将引发世界水资源危机，为此，应考虑将丰富的海水资源予以实用化（如海水淡水化、海洋深层水的利用等）的研究。同时，为将来着想，应进一步促进将海水中包含的金属资源等予以取出的技术的研究开发工作。

第一，进一步促进为确保水资源安全供给发挥作用的海水淡水化技术；

第二，促进对海洋深层水的利用；

第三，促进溶化在海水中的诸如钨、锂等物质予以取出的技术的研究开发。

（4）可再生能源。应引入将来有望作为可再生能源的海上风力发电，同时，进一步研究开发与海洋温度差、波力、潮流等有关的海洋能源利用问题。

第一，引入海上风力发电；

第二，研究开发与海洋温度差、波力、潮流等有关的海洋能源利用问题。

（5）海洋微生物和遗传基因资源。海洋微生物及遗传基因资源是对开发医药品、治疗遗传基因等可期待而有用的资源，必须进一步促进其研究开发。同时，为努力在海洋微生物及遗传基因资源的管理上使日本在国际协调中发挥主导作用，应进一步促进与各国之间的国际合作。

第一，促进有关海洋微生物和遗传基因资源的研究开发和产业利用；

第二，促进与海洋微生物、遗传基因有关的研究、检测、开发、保存和管理方面的国际合作。

5. 确保支撑日本经济和生活的海上运输

被海包围的日本，经济发展及安定生活所需资源、能源，食品材料，工业制品，生活用品的进出口的几乎全部均依赖于海上运输，即使国内运输其40%也依赖于海上运输。为此，日本应致力于确保公海的航行自由及领海的无害通过，形成快速的国际物流，完善海上交通网据点，构筑航行支援体系等，构筑有效而安定的海上交通并确保其安全，确保如日本生命线的马六甲海峡等那样的海上运输通道安全。同时，日本应致力于完善国际竞争中所需的海事产业的竞争条件，继承并提升技术，充实培养和确保如船员等那样的海事技术者、专家的基础，确保任何时候（无论平时还是战时）能安定地支撑日本经济和国民生活的海上运输通道。

第一，形成快速的国际物流和振兴海事产业；

第二，完善海上交通网据点；

第三，确保海上交通安全；

第四，促进与海上运输有关的安全保障；

第五，确保培养船员等的海上技术者和专家；

第六，平衡如税收制度等的国际竞争条件。

6. 日本海域的安全保障和确保海上安全

应确立日本周边管辖海域的安全保障，同时，为应对近年来频发的以海洋为舞台的违法活动，为确保日本分散在长海岸线上的各岛屿及广大海域的安全及执行法令，应强化海上安全保安体制，强化安全管理，并进一步推进与各国相关机构之间的国际协调。

第一，确立对扩大的管辖海域的安全保障；

第二，强化保安体制；

第三，促进诸如各国执法机构等有关海洋机构间的国际协调。

7. 保全国土和提升防灾对策

近年，以海啸及满潮等为起源的海洋自然灾害的规模和受灾态势发生了很大的变化，为应对灾害而修筑的各种建筑物也趋于陈旧腐化。

为此，为防止和减轻沿岸区域对海岸侵蚀及海啸和满潮等的安全性的降低，应继续采取防灾和减灾措施，同时，应制定对包括利用沿岸区域的政策和措施在内的保全国土的综合性政策和措施。

第一，促进应对源自海洋自然灾害的措施；

第二，完善源自海洋自然灾害的环境监测和监视体制；

第三，探讨兼顾防灾和减灾利用土地的政策和措施；

第四，为保全国土对有关海岸管理的框架进行修正。

8. 对沿岸区域的更好利用和管理

（1）对沿岸区域的综合管理。在一直以来支撑日本的国民生活和经济的沿岸区域，近年以来，出现了诸如因陆域引发的污染造成封闭性水域的水质污浊的经常化，填埋支持藻场、珊瑚礁等海洋生态系统的浅海域引发的生物生产量的减少，因乱捕及环境变化减少水产资源、因漂流垃圾等恶化海岸环境和景观、因对海面的利用产生纠纷及竞争引发的对立等各种问题。

为更好地利用和保全沿岸区域，应将沿岸区域纳入海陆一体的自然系统，通过国家、地方公共团体、企业、住民等各种主体的参与、联系和合作，进一步促进对沿岸区域的综合管理工作。

第一，通过多种主体的参与、联系和合作构筑沿岸区域带状管理系统；

第二，为制定沿岸区域带状综合管理计划引入支援制度；

第三，评价封闭性水域的健康性和实施综合性的对策；

第四，强化与流域带状管理间的联系；

第五，在海域利用方面构筑有关竞争问题的合理解决体系。

（2）创设亲水空间和振兴海洋娱乐。在日本，沿海岸线已聚集了大量的人口和经济活动，形成了与海洋密切相关的区域社会、生活、文化和传统等，通过经济的高度成长期对邻海区域的开发活动，使人口在大城市集中、渔村衰退、海洋环境和景观恶化，使得区域社会、国民生活疏远海洋，造成减弱对海洋的关注。

沿岸区域丰富的自然环境和扎根于此的区域社会、生活、文化和传统等，已经从海洋获取了多方面的功能和魅力，在21世纪，应充分采取合适地发挥继承作用的对策和措施。

作为一个环节，应采取为在沿岸区域创设国民与海洋可以接触的亲水空间所需的软、硬两方面的政策和措施，以对提升区域活力作出贡献，同时，应根据国民对休闲的各种需要，振兴海洋休闲及娱乐活动，进一步增加国民娱乐海洋的机会。

第一，维持和保全海洋、沿岸区域的自然环境及景观；

第二，维持和提升渔村的多种功能；

第三，创设国民与海洋接触的亲水空间；

第四，振兴生态旅游；

第五，振兴海洋休闲及娱乐等；

第六，搞活船舶旅游。

9. 培育和振兴海洋产业

发展相关海洋产业不仅有利于发展日本社会经济，而且对扩大就业也有很大的作用，为强化日本海洋产业的国际竞争力，应努力培育高端海洋产业。

同时，通过国家项目促进与海洋有关的研究开发，并促成其成果向海洋产业转移。另外，应加强在大学及研究机构培养海洋产业所需人才。

第一，尽快制定为综合调查、开发、利用和保全专属经济区和大陆架的国家计划；

第二，强化海洋产业的国际竞争力；

第三，通过促进高端海洋科学研究和技术开发的方法，扩充、培育和振兴海洋产业；

第四，引入与海洋产业发展相联系的研究开发援助制度；

第五，培育支撑海洋产业的广泛人才；

第六，搞活海洋经济活动和促进新的海洋利用。

10. 促进海洋科学技术的研究和开发

综合性海洋政策的制定和实施必须以科学认知为基础。为此，充实对海洋科学调查及海洋环境、海洋资源等方面的科学技术和研究开发是必不可少的。同时，除推进其必须的基础技术、必须完善和运用调查船舶及训练船舶等船舶和高端研究设施外，重要的是培育研究者、技术者等人才。

所以，应指定与海洋有关的研究开发国家计划，并有计划地综合实施。同时，应充实大学及研究机构等的科学研究内容。

另外，应与政府、大学和研究机构、企业、区域社会联系，为推进研究开发工作创设支援制度。

第一，促进为掌握海洋科学知识的海洋科学研究工作；

第二，推进海洋基础技术，有计划地完善和运用船舶及高端研究设施；

第三，有计划地综合推进海洋科学研究和技术开发；

第四，培育与海洋有关的科学研究和技术开发方面的人才；

第五，扩充与海洋有关的科学研究和技术方面的支援制度；

第六，引入与政府、大学和研究机构、企业、区域社会有联系的新的海洋研究支援制度。

11. 增进国民对海洋的理解和推进海洋教育与研究

为加强对海洋环境及生态系统的管理，所有国民应理解其重要性，并自发地积极地参加管理活动。为此，除在学校教育中充实海洋教育外，应增强社会教育和促学活动。

同时，为培育掌握有关海洋管理方面综合知识的人才，应在大学充实有关海洋跨学科的教育和研究活动，并为促进其发展作出国际贡献。

第一，推进学校教育、社会教育中的海洋教育；

第二，增加与海洋有关的自然实践活动，扩大综合学习的机会；

第三，将海洋管理、科学研究和教育等的现场延伸至社会的促学活动；

第四，增强为承担海洋综合管理职责人才培养所需的跨学科海洋教育和研究；

第五，在海洋跨学科教育及人才培养方面作出国际贡献。

12. 主导国际秩序和促进国际协调与合作

充满海水的海洋各种现象是互相紧密关联的，海洋空间问题具有不能区分为国内和国际问题的性质，《联合国海洋法公约》《21 世纪议程》及其他关于海洋管理的国际制度中要求积极参与，加强合作联系，特别是应留意发挥主导作用，通过双边合作及国际援助机构促进经济和技术合作。

第一，在海洋管理的国际制度中主导国际秩序和国际协调；

第二，通过双边合作及国际援助机构促进经济和技术合作。

附件四 《为安定和繁荣海洋的日美海权同盟建议》

（2009年4月17日）

日本海洋政策研究财团于2009年6月25日向防卫大臣提交了根据日美海权对话会议制定的题为《为安定和繁荣海洋的日美海权同盟》（2009年4月17日，简称《日美海权同盟》）建议，值得我们关注。即日本不仅将推进海洋战略立足于自国，而且试图通过双边关系特别是日美同盟发展海洋战略，企图通过实施《日美海权同盟》加快实现海洋战略目标。

1. 出台《日美海权同盟》的背景。考虑到海洋不仅对人类的发展和繁荣作出了贡献，同时，在安全保障、海洋开发和环境等方面也带来了很多问题，作为两个海洋大国的美国和日本，虽然日本海上自卫队和美国海军迄今建立了海上安全保障合作基础，但如果将海权同盟予以确立并作为公共财产提供给世界，则无疑是通过海洋对世界的和平和繁荣作出的贡献。为此，海洋政策研究财团与美国三大机构（太平洋论坛、新美国安全中心、美国企业研究所）合作举行了以个人资格由两国有识之士（共32人，其中日方19人，美方17人）参加的三次（2008年3月、2008年7月、2009年4月）“日美海权对话”研讨会。通过对话，对日美同盟中面临的课题、应对海洋问题的方式方法等进行了讨论，并交换了意见，此后，海洋政策研究财团整合了对话成果，作为建议草案在第三次“日美海权对话”研讨会中提出，得到参加者的好评，并在得到“日美海权对话”参加者的同意后，海洋政策研究财团于2009年6月25日向防卫大臣提交了《日美海权同盟》。《日美海权同盟》不仅提出了新海权的概念，而且向两国政府提出了拓展《日美海权同盟》的具体建议，应该引起高度重视。

2. 构建《日美海权同盟》的必要性。由于海洋对于消除或解决资源能源不足、气候变化等人类社会面临的难题，并为人类今后的发展和繁荣具有重要的作用。构建《日美海权同盟》的必要性，具体体现在以下方面：

第一，对开发利用海洋及其资源的期待。首先，海上通道无论过去现在还是将来依然是繁荣人类社会的重要路径。其次，已经发现在海底埋藏着原油、天然气、锰结核、富钴结壳等未开发的资源，而勘探和采掘它们的新技术在不断地发展；随着北极海冰层的减少，在西北和北部航路可航行的期间会增加，如果将其作为航路使用，则能大幅度地缩短欧洲、亚洲和美国大陆之间的航程。再次，溶冰使得埋藏在北极海海底的原油等资源也能开发。

第二，海洋是人类的“危机根源”。从现状来看，海盗行为及海上恐怖行动等威胁海上通道，国家之间对海域的管辖权及海洋资源取得权的新对立明显化，一些国家军事不透明、快速增加的海军力量使安全保障环境极不安定。所以，当将来在世界范围内出现资源能源不足时，针对海洋权益和海洋自由的国家之间的武力争端也就不可避免。

另一方面，由于无序开发及污染加快了对海洋的生态系统和环境的破坏，助长了气候变化问题。地球温暖化引发海平面上升，威胁岛屿国家及低海拔区域住民的生存问题。同时，气候变化也将引发新的安全保障问题。

在这种状况下，发展中国家或后发展中国家中的多数沿海国缺乏管理自国海域的资金和执行力量，而成为进行违法、无序、无通报捕鱼，海盗，海上恐怖行动的温床，损坏了海洋生物和非生物资源和对环境的保护。同时，尽管采掘海底资源的开发技术在不断地前进，但对开发引起的环境影响评估工作严重滞后。所以，尽管海洋给人类带来了很多的恩惠，是人类的共同财产，但现今也已成为人类应合作保护的“危机根源”。

第三，海洋对日美的重要性。作为世界二大经济大国的美国和日本，它们的国内生产总值的约30%是依赖于海上通商的主要海洋国家。同时，又是世界的二大石油进口国。对于两国的经济活动来说，海洋是它们真正的生命线，且海洋的重要性还将增加。开发海底资源也是两国将来必须共同应对的课题。

另外，对于面临广大海洋的两国的安全保障来说，海洋对两国具有生杀的重要性。一方面，对于攻击，海洋可作第一防卫线；另一方面，也可用从离开本土的海洋进行迅速而灵活的危机处置。同时，它们认为，日美同盟一是在相互安全保障方面有存在的意义；二是通过利用海洋为共同的国家利益服务，在本质上是海洋防卫同盟，这种观点今后也不会变更。

第四，发挥日美在海洋领域的主导作用。为安定海洋安全保障环境、振兴海洋技术、拓展海洋产业、实现海洋可持续开发，以及确立国际秩序，海洋国家的主导作用是不可缺少的。日本和美国应该为强化同盟体制再次构筑海权，并以此作为国际合作的共同基础，尽力解决与海洋开发和安全保障有关的各种海洋问题。

第五，海权概念发生了变化所求。自19世纪末马汉提出由海运、航海、船员和海军等要素组成的国家力量为海权以来，并倡议美国应构筑这些力量，以解释国家兴衰与支配海洋有密切关系的历史，通过利用海洋（伟大的共有物，伟大的共用通道）进行贸易而繁荣国家，这种海权概念在此后的世界历史潮流中产生了很大的影响。马汉提倡的这种海权即使在全球化经济发展的当今，其合理性也没有消失。

现今，所有国家正在为寻求各种海洋权益强化海洋。但作为支撑全球经济的海上通道，依然是人类伟大的共用通道；作为生物和非生物资源的供应源——海洋，也依然是伟大的共有物。综合规范海洋问题的《联合国海洋海公约》不仅赋予了沿海国开发资源和保护环境的主权权利和管辖权，也构筑了管理海洋的各种制度。在这种情况下，日美应将以下要素纳入海权概念，即把与海洋有关的调查和科技力量、资源开发力量、保护环境的管理能力等这些力量增加为海权的要素。所以，现今的海权概念应赋予其新的含义，并应采用广义的观点加以把握。

第六，日美同盟应普及海权新概念。由日美同盟构筑并提倡的海权，是广义内容的新概念。而构筑新的海权同盟的过程，是对现在日美同盟正处于弱化时期的一种新挑战。鉴于围绕海洋的状况已发生了很大的变化，日美有必要向世界广泛普及海权新概念，以确立新海权。同时，其也是和平与安定太平洋和印度洋的一种尝试。

3. 实施《日美海权同盟》的具体建议。为确保航行自由、安定海上通道的安全保障环境，并为预防与海洋权益有关的武力争端、促进海洋可持续开发，也为合力构筑新海权，《日美海权同盟》向日美政府提出了建议。同时，两国意识到海洋是一个整体，海洋问题的解决需要综合应对，为此，在军事和安全保障，资源和环境保护，促进科学技术等方面加强海洋国家之间的合作比以前更为重要，而在这些领域的合作考验日美之间的意愿。《日美海权同盟》向两国政府提出的建议，具体体现在以下方面：

（1）在海洋防卫和安全保障方面的建议。主要为：

第一，为进一步推进在印度洋和太平洋的全球海事合作上的建议。具体为：

（a）日本对于美国为加速灾害援助、阻止海上恐怖活动、海盗、大规模杀伤性武器转移所做的活用各国海权的全球海事合作予以支持，日本和美国应在印度洋、太平洋强化全球海事合作活动。

（b）日本和美国应努力构筑作为国际公共财产的海洋圈识别能力（Maritime Domain Awareness）。同时，应该对由国家及非国家主体的海洋圈识别能力不误用于影响或妨碍航行自由予以合作。

（c）赞扬或评价“北太平洋海上保安论坛长官级会议”、以东南亚为对象的同种会议，以及由日本主导推进的各国海岸警卫之间的国际合作活动。同时，承认“西太平洋海军研讨会”对于安定海洋安全保障环境的信赖养成、促进透明度和相互理解作出了很大的贡献。为此，日美应合作推进相关国际活动，以扩大地域范围、构筑多重体制。

（d）日本应该为在马六甲、新加坡海峡以及周边实施的航行安全予以支援，并在与印度的协调下，将支援活动延伸至印度洋。日本也应与在非洲东海岸区域实行支援活动的美国利用可能的形式推进合作。日本参加应对索马里附近海域海盗行为的国际协调活动，是以日美合作为基础，与欧盟、俄罗斯、中国等进行直接或间接合作，并为安全确保作为国际公共财产的海上通道构筑多国之间体制的绝好机会。

（e）评价国际海事组织在海洋安全保障问题上的国际协调作用。对于海盗问题，欢迎《亚洲海盗对策区域合作协定》规定的通过情报分析、共有及能力建设的区域合作框架，评价该协定对在东非海岸及西非海岸的海盗问题进行国际合作提供了宝贵模型。日美两国政府一方面强烈希望印度尼西亚和马来西亚尽早加盟该协定；另一方面，应将该协定模型的对策推向运用于其他的区域及其他的海洋安全保障问题。

（f）日本和美国应该向发展中国家支援其开发沿岸区域、维护国际海峡航行安全和治安以及环境保护，教育培训海上保安职员，在共享海洋安全保障相关情报方面扩大外交措施。

（g）美国和日本应该推进为马六甲、新加坡海峡航行安全及保全环境而创设的合作机制。同时，美国和日本今后也应该为吸引海运企业等民间部门的海权合作发挥作用而制定出积极的政策和措施。

（h）从确保海洋安全保障的观点出发，为有效地援助发展中国家，以及促进日美技术开发合作，日本应缓和武器出口三原则。

第二，为确立共同应对带危险性的武力争端事态处理体制上的建议。主要为：

（a）日本和美国应将今后可能围绕资源能源发生的争夺或国家管辖海域划界等国家之间的争端事态进行预测，从保障海洋安全的角度出发，有必要根据日美安全保障条约完善缓和紧张、预防武力争端、发生争端事态时共同应对的态势。

（b）为应对寻求霸权的国家进出海洋、因力量失衡使安全保障环境不安定的事态，日美应作为同盟在维持和发展强大而坚固的海洋防卫力量的同时，应与各国合作，完善情报、监视和侦察的通常态势。

（c）为实施包括抑制、前方活动、海洋控制、力量投放、海上通道防卫等在内的海上战略，应就海上自卫队、海上保安厅和美国海军、美国海军陆战队、美国海岸警卫队的作用、任务、机能和基地完善进行探讨。要求日本迅速地解决与驻冲绳美军基地的整编计划有关的各种问题。同时，日本应尽早实现将美国第五航空母舰航空团向岩国转移、确保在日本本土附近进行持久的起陆训练设施。

(d) 为防卫与海上通道有关的重要海洋设施、处理大洋上的导弹防卫，必须完善利用国际共有财产的海洋、宇宙空间和网络空间的 c4i 系统。海洋安全保障、宇宙安全保障和网络安全保障应作为一体处理，并相互关联地完善，使所有国家能自由地使用海洋、宇宙和网络空间。在该领域应考虑日美相互运用的特性，对于涉及广泛领域的海上通道安全保障问题，必须由地球上的有志者通过联合共同合作，此时日美同盟应发挥重要的主导作用。

(e) 另外，还必须考虑到气候变化恶化安全保障环境，并发展至武力争端的事态。日美应与其他国家及国际组织合作，并为应对因海平面上升产生的难民、渔业资源枯竭引发的争端、发生大规模灾害、疫病蔓延、海岸线大幅度后退等可能发生的各种事态，事先做好研究。

(f) 为使日本有责任地实施上述行动，日本应尽早解决《宪法》相关解释问题，以能使日本行使集体自卫权、主动参与联合国维和行动及其他国际和平活动。

第三，海洋国家联合构想建议。具体为：

(a) 为通过国际协调确保海洋安全保障，日美海权同盟并不是封闭性的，而是可以扩张的，应与赞成海权同盟的国家一起，倡议逐渐地构筑海洋国家联合。从这个观点出发，首先应在西太平洋与韩国和澳大利亚构筑合作体制。

(b) 在印度洋为积极应对由多国军队实施的对恐怖活动的作战、国际海盗对策等，日本和美国应努力确保自印度洋延伸至东太平洋的海上通道安全，为此，应寻求与印度的合作态势。

(c) 对于平稳地加入海洋国家联合的国家，应以遵守《联合国宪章》《联合国海洋法公约》所示的包含海洋自由在内的国际规则和国际协调为条件。对航行自由有利益的俄罗斯、对以地球规模的海上通商为国家利益的中国来说，并不排除，相反应极力让他们参加。

(2) 为可持续开发海洋的建议。主要为：

第一，在资源开发、海洋技术开发和调查研究方面的建议。日本和美国应为世界上资源和能源，以及粮食不足做好准备，在利用储存于海底和大陆架的非生物资源、海洋生物资源、海水资源的开发、利用海洋能源方面发挥主导作用。在海洋空间方面，在考虑环境保全的同时，推进海洋及其资源的开发利用活动，并致力于扩大就业，把它们作为“兰色新对策”(Blue New Deal) 加以展开，以尽早脱离世界经济低迷状态。

(a) 日本和美国为把勘探和开采海底资源或利用海洋能源等产业化，有必要在可能的领域就技术开发和资金准备进行互相合作。

(b) 为有效推进技术开发，进行与海洋有关的调查研究、数据的收集、相互利用、数据共有，以及人员交流是很重要的。为此，日美应就设立海洋资源研究开发领域的数据交换促进中心、研究开发支援中心、共同建设和利用海洋调查船及勘探开发平台等方面的问题进行探讨。同时，两国应在支撑这些研究调查开发的海洋产业界，创造和活用传达、宣传这些技术的交流机会。

（c）在海洋技术开发方面，日美应考虑向发展中国家转移技术的合适方式，并在该领域发挥指导性作用。

（d）评价在天然资源的开发利用方面日美会议——“海洋资源和工学调整委员会”迄今业绩，为进一步活用其业绩，两国之间应完善在该领域提升情报交换的体制。

第二，在保全海洋环境和应对气候变化方面的建议。具体为：

（a）日美应致力于解决现今海洋领域的重大课题：保全环境和维持生物多样性，并发挥国际主导作用。评价迄今日美在共同课题上的成果，期待今后继续推进。

（b）高度评价以日美主导推进的国际深海开采统一计划、通过在地球规模配置水温盐分机前沿进行的高度海洋监视系统、国际珊瑚活动。意识到推进为保全海洋环境和利用海洋相关的海洋科学研究是很重要的。同时，期待10年前启动的日美共同研究中心的活动成果。

（c）在深海资源采矿等的海洋资源开发上，环境影响评价、制作环境保全手册、开发保全技术和方法是困难的，又是很重要的课题，在这些领域，两国必须进行合作和有效应对。

（d）应在日美的主导下，推进海洋绿色革命、能源革命、二氧化碳吸收或隔离技术、船舶二氧化碳削减技术等，以及开发其他应对地球温暖化的技术。

第三，在《联合国海洋法公约》和其他关联条约确立的国际秩序方面的建议。主要为：

（a）1994年生效的《联合国海洋法公约》至2008年底缔约国已达157个，现已成为规范海洋国际秩序的基本法。虽然世界最大的海洋国家美国迄今对于国际海洋秩序的形成和发展作出了很大的贡献，但美国现在还未加入该公约。这不仅削弱美国政府的立场、与海洋有关的美国的主导作用，而且造成各国对美国的信赖降低，同时也损害自国的经济和安全保障。为此，欢迎美国现在将加入该公约的动向，日本和美国应合作，致力于确立《联合国海洋公约》及其通过后其他关联条约为基础的国际秩序。

（b）认识到航行和飞越上空的自由为国际海域的基本原则，日本应就与国际海底资源开发有关的问题、专属经济区内利用国的国家行动和沿海国的利益调整、抑制沿海国对过剩权利的主张、专属经济区和大陆架的划界、实行可持续开发、保护生物多样性等问题确立国际秩序。

（c）为有效促进对海盗和恐怖问题的应对，日美应尽早批准《防止海上航行安全非法行为公约》2005 年议定书，同时，应要求亚太各国批准该公约。

（d）在北极海，以《联合国海洋法公约》为对象的资源开发、利用海洋、航行、海域划界、海洋安全保障、保全环境、气候变化等课题是相互关联和累加的。日本将北极海作为是连接欧洲和亚洲的航路，美国从经济和军事的观点出发，共同关注在北极海的自由航行。沿海国的美国和利用国的日本通过交换情报和意见，以同盟关系为基础，能就围绕北极海的各种问题进行合作。

附件五　《海洋基本法》

(2007年7月20日起施行)

目录

第一章　总则

第一条（目的）　占地球大部分面积的海洋是维系人类为首的生物生命不可缺少的要素，同时，我国四面环海，实现新的海洋立国目标尤为重要，即根据《联合国国际海洋法公约》和其他国际条约，并在为实现海洋可持续发展与利用的国际框架下，在日本的国际合作下，实现海洋的和平与积极开发利用，以及协调保护海洋环境，对于实现海洋立国的目标就显得很重要。在规定关于海洋的基本理念，明确国家、地方公共团体、企业及国民的义务，制定海洋基本计划，并规定与其他海洋相关的基本政策事项的同时，通过设置综合海洋政策本部，综合而有计划地推进海洋政策，以实现我国经济社会健康发展和国民生活稳定提高、为海洋与人类的共存作出贡献为目的，制定本法。

第二条（海洋的开发、利用与海洋环境保护的协调）　鉴于海洋的开发与利用是我国经济社会发展的基础，同时确保海洋生物的多样性、维持良好的海洋环境是人类生存的基础，海洋也对丰富国民生活不可或缺，为能使将来仍享受到海洋的恩惠，应以保护海洋环境和海洋的可持续开发利用为宗旨，积极开发和利用海洋。

第三条（确保海洋安全）　考虑到我国四面环海，确保海洋安全极其重要，为此，必须积极推进确保海洋安全工作。

第四条（增进对海洋的科学认识） 为了合理地开发、利用海洋、保护海洋环境等，必须对海洋有科学的认识，同时考虑到对海洋尚有众多无法科学解释的领域，应增进对海洋的科学认知。

第五条（海洋产业的健康发展） 考虑到从事海洋的开发、利用、保护等产业（以下称为“海洋产业”）是我国经济社会健康发展和国民生活稳定提高的基础，必须谋求其健康发展。

第六条（海洋的综合管理） 考虑到海洋资源、海洋环境、海上交通、海洋安全等与海洋有关的诸多问题相互之间具有密切关系，同时需要作为一个整体加以考虑，因此应当对海洋开发、利用、保护等实行综合而一体化的海洋管理。

第七条（关于海洋的国际协调） 考虑到海洋是人类的共同财产，而且我国经济社会处于紧密的相互依赖的国际关系中，因此海洋政策的推进必须在国际协调下进行，以期对国际海洋秩序的形成及发展起到领导作用。

第八条（国家的职责） 国家有按照第二条至第七条规定的基本原则（以下称“基本原则”），综合而有计划地制定、实施海洋政策与措施的职责。

第九条（地方公共团体的职责） 在与国家合理分担任务的基础上，地方公共团体有根据基本原则，负责制定和实施与本地区的自然社会条件相适应的海洋政策与措施的职责。

第十条（企业的职责） 从事海洋产业的企业，应在依据基本理念开展业务的同时，努力配合国家和地方公共团体实施海洋政策与措施。

第十一条（国民的职责） 国民应在认识到海洋所带来的恩惠的同时，努力配合国家和地方公共团体实施海洋政策与措施。

第十二条（相关当事方的配合与合作） 国家、地方公共团体、海洋产业经营者、从事海洋活动的组织以及其他相关当事方，为实现基本理念应相互配合与合作。

第十三条（海洋节日活动） 国家及地方共同团体应努力在《国家节日法》（1948年法律第178号）第二条规定的海洋节日举行活动，以加深国民对海洋的理解与关心。

第十四条（法制上的措施等） 政府为实施海洋政策与措施，应当采取必要的法律、财政或金融措施以及其他措施。

第十五条（资料的制作与公布） 政府应制作有关海洋的情况，以及政府采取的有关海洋的政策与措施的资料，并以适当的方法随时公布。

第二章 海洋基本计划

第十六条

1. 为了全面而有计划地推进海洋政策的实施，政府应当制定有关海洋的基本规划

（以下称“海洋基本计划”）。

2. 海洋基本计划包括以下事项：

（1）关于实施海洋政策的基本方针；

（2）为实施海洋政策，政府应当采取综合而有计划的措施；

（4）除上述两项外，应规定综合而有计划地推进海洋政策所需的必要事项。

3. 内阁总理大臣应就海洋基本计划方案获得内阁会议的通过。

4. 内阁总理大臣在前项规定的内阁会议通过后应当及时公布海洋基本计划。

5. 在考虑海洋情势的变化，并对海洋政策的效果进行评估后，政府应当每隔五年，调整海洋基本计划，并作出必要的修改。

6. 第3项及第4项的规定适用于海洋基本计划的变更。

7. 为确保实施海洋基本计划所需的必要经费，政府应当尽力采取必要措施，即每年度在国家财政许可的范围内将所需资金列入预算，以顺利实施海洋基本计划。

第三章　基本政策

第十七条（推进海洋资源的开发和利用）　为保护海洋环境以及将来可持续地开发和利用海洋资源，并为推进海洋资源的积极开发和利用，为保存和管理水产资源、保护和改善水产动植物的生长环境、增进渔场生产力、推进海底或海底下面存在的石油、可燃性天然气、锰矿、钴矿等矿物资源的开发和利用，国家应当完善相关体制，并采取其他必要的措施。

第十八条（对海洋环境的保护等）

1. 考虑到海洋对保护地球环境具有重要影响，国家应当采取必要的措施，以实现保护和改善生存环境、确保海洋生物多样性、减少流入海洋的污水所引起的污染负荷、防止向海洋倾倒废弃物、迅速清除因船舶事故造成的油污、保护海洋自然景观，以及保护其他海洋环境的目的。

2. 国家应以海洋科学为依据，从对海洋环境产生负面影响的预防角度，努力实施上述措施，并适时予以修正。

第十九条（推进专属经济区等海域的开发）　鉴于对专属经济区等［其指《专属经济区与大陆架法》（1996年法律第74号）第一条第一项的专属经济区及第二条的大陆架，以下同］实施进一步开发、利用和保护等（以下简称“专属经济区等”的开发）的重要性，国家应采取必要的措施，以推进适合海域特性的专属经济区等的开发、防止侵害日本在专属经济区等的国家主权权利行为，以及推进对专属经济区等的其他开发。

第二十条（确保海上运输）　为实现高效而稳定的海上运输，国家应当采取必要的措施，确保日本船舶数量、培养船员、完善作为国际海上运输网络据点的港湾建设。

第二十一条（确保海洋安全）

1. 由于我国四面环海、我国经济社会发展的大部分主要资源依赖进口，开发和利用海洋资源、确保海上运输安全等以及维护海洋秩序对我国经济社会发展不可欠缺，所以，国家应采取必要的措施，以确保我国的和平与安全以及海上安全和治安。

2. 为防止因海啸、海潮等灾害给国土、国民生命、身体和财产造成损失，国家需采取必要措施，以预防灾害、应对灾害发生时避免损害扩大和灾后重建工作（以下称“防灾”）。

第二十二条（推进海洋调查）

1. 为合理制定和实施海洋政策，国家需努力把握海洋状况、预测海洋环境变化、制定和实施其他有关海洋政策的必要调查（以下称“海洋调查”）以及完善海洋调查所必需的监视、观测和测定等的体制。

2. 国家应努力提供海洋调查获得的资料，以帮助地方共同团体制定和实施海洋政策，以及企业等的活动。

第二十三条（推进海洋科学技术的研发等）　为推进有关海洋的科学技术（以下称“海洋科学技术”）的研究开发及成果普及，国家应当采取必要的措施，在海洋科学技术方面，健全研究体制、推进研究开发、培育研究和技术人员，强化与国家、独立行政法人［指独立行政法人通则法（1999 年法律第 103 号）第二条第一项规定的独立行政法人，下同］、都道府县以及地方独立行政法人［指《地方独立行政法人法》（2003 年法律第 118 号）第二条第一项所规定的地方独立行政法人，下同］的试验研究机构、大学和民间组织等之间的合作。

第二十四条（振兴海洋产业和加强国际竞争力）　为振兴海洋产业和加强国际竞争力，国家应采取必要的措施，在海洋产业方面，应通过推进尖端科技的研究开发、提高技术水平、培养和确保人才、完善竞争条件等方法，强化经营基础并开拓新的领域。

第二十五条（沿岸海域的综合管理）

1. 沿岸海域的诸多问题起因于陆地区域的活动，如果只对沿岸海域采取措施的话，将难于在将来也持续地享受沿岸海域的资源和自然环境的恩惠，所以，从自然和社会条件来看，国家应对宜于实施一体化管理的海域和陆域采取措施，通过规制相关活动、实施综合政策等手段，实施合适的管理。

2. 国家在采取上述措施时，应充分地考虑：沿岸海域和陆域中海岸自然条件恶劣、有多种生物生息繁育地、且有独特景观等要素，以保护因海啸、高潮、海浪和其他海水问题或地壳变化给海岸带来的灾害、整备海岸环境和确保合适利用海岸。

第二十六条（保护孤岛等）　由于孤岛对保护我国领海及专属经济区、确保海上交通安全、开发与利用海洋资源、保护海洋环境等方面具有重要作用，所以，国家在孤岛问题上，应采取必要措施，以保护海岸等、确保海上交通安全、完备开发与利用海洋资源的设施、保护周边海域的自然环境、完善居民的生活基础设施。

第二十七条（确保国际协调与促进国际合作）

1. 国家应当采取必要的措施，确保我国主动参加与海洋有关的国际规则等的制定工作，以及其他与海洋有关的国际协调。

2. 为在国际社会中积极发挥我国对海洋事务的作用，国家需在海洋资源、海洋环境、海洋科技、取缔海上犯罪、防灾、海难救助等方面采取推进国际合作的必要措施。

第二十八条（增进国民对海洋的理解等）

1. 为加深国民对海洋的理解与关心，国家需采取以下措施，即在学校和社会教育中推进海洋教育、启发《联合国海洋法公约》和其他国际规则以及为实现海洋可持续开发和利用上的国际合作、普及有关海洋的娱乐活动。

2. 为培养具有正确应对与海洋有关的政策与问题所需知识和能力的人才，国家需努力在大学等机构推进在学科教育和研究方面的措施。

第四章　综合海洋政策本部

第二十九条（设置）　为集中而综合地推进海洋政策的实施，在内阁设置综合海洋政策本部（以下称“本部”）。

第三十条（职责）　本部掌管以下事务：

一、推进海洋基本计划方案的制定和实施；

二、根据海洋基本计划，统一调整相关行政机构实施的政策；

三、除上述两项事务外，策划、起草和综合调整海洋方面的重要政策。

第三十一条（组织）　本部由综合海洋政策本部部长、副部长以及其他成员组成。

第三十二条（综合海洋政策本部部长）

1. 本部的长官为综合海洋政策本部部长（以下称“本部长）），由内阁总理大臣担任。

2. 本部长总管本部事务，领导和监督所属成员。

第三十三条（综合海洋政策本部副部长）

1. 本部设综合海洋政策本部副部长（以下称“副本部长”），由内阁官房长官及负责海洋政策的大臣（指接受内阁总理大臣的命令、协助内阁总理大臣集中而综合地推进海洋政策实施为职责的国务大臣）担任。

2. 副本部长的职责是协助本部长。

第三十四条（综合海洋政策本部成员）

1. 本部配设综合海洋政策本部成员（以下称“本部成员”）。

2. 本部成员由本部长及副本部长以外的所有国务大臣担任。

第三十五条（提供资料与其他合作）

1. 本部在履职期间认为必要时，可向有关行政机构、地方公共团体、独立行政法人的首长以及特殊法人［指依法直接设立的法人或依特别法进行特别行为而设立的法人、适用《总务省设置法》（1999年法律第91号）第四条第十五款的规定者］的代表提出提供资料、发表意见、进行说明的必要合作要求。

2. 本部在履职期间认为特别需要时，也可向上述人员以外的其他人员提出予以必要合作的要求。

第三十六条（事务）　有关本部的事务，在内阁官房处理，由受命的内阁官房副长官助理掌管。

第三十七条（主任大臣）　有关本部的事项，《内阁法》（1947年法律第5号）所称的主任大臣为内阁总理大臣。

第三十八条（政令委任）　除本法规定外，有关本部的必要事项由政令规定。

附　则

（施行日期）

1. 本法自公布之日起三个月内由政令规定的日期开始实施。

（评估）

2. 本法实施五年后，将对本部进行综合评估，根据结果采取必要措施。

附件六　《海洋构筑物安全水域设定法》

（2007年7月20日起施行）

第一条（宗旨）　为确保海洋构筑物等的安全及在其周边海域航行的船舶安全，本法根据《联合国海洋法公约》，对海洋构筑物安全水域的设定等方面内容规定必要的措施。

第二条（定义）

1. 本法的“海洋构筑物”是指，在《专属经济区和大陆架法》（1996年法律第74号）第一条第1款规定的专属经济区或其第二条规定的大陆架（以下称“大陆架”）中，进行该法第三条第1款至第3款规定的行为（以下称“特定行为”）的工作物（包括新建的或正在拆除的物件），以及从事大陆架开发的船舶（限于为开发目的而停止进行的船舶）。

2. 本法的“安全水域”是指，《联合国海洋法公约》第六十条第4款（包括适用第八十条的情形）规定的安全水域，根据本法第三条第1款的规定在海洋构筑物等周边设置的水域。

3. 本法的“特定行政机构首长”是指，主管从事与海洋构筑物等特定行为有关的企业业务的行政机构的首长。

第三条（安全水域的设定等）

1. 为确保海洋构筑物等的安全及在其周边海域航行的船舶安全，国土交通大臣可根据《联合国海洋法公约》的规定设定安全水域。

2. 上款设置的安全水域，应根据特定行政机构首长提出的申请进行。

3. 望设置安全水域时，国土交通大臣应与外务大臣、农林水产大臣、经济产业大臣、防卫大臣及其他相关行政首长协商；废除安全水域时也同样。

4. 安全水域的设置必须符合海洋构筑物等的性质及功能合理进行。

5. 安全水域的宽度应为从海洋构筑物等外缘的任何点量起不超过500米。

6. 安全水域不得设置在可能对公认的不可或缺的国际航行的使用有干扰的海域。

第四条

1. 一旦设定安全水域，国土交通大臣应立即公告其位置与范围；如果废止安全水域时，也同样。

2. 安全水域设定后，国土交通大臣可对依第三条第2款规定的提出申请的特定行政机构首长，提出采取必要措施要求，旨在对该安全水域航行的船舶知晓该安全水域的位置与范围。

第五条（禁止进入安全水域等）

1. 根据国土交通部令的规定，非经国土交通大臣的许可，任何人均不得进入安全水域，除非符合下列情形之一：

一、船舶驾驶失去自由时；

二、从事营救人员生命或船舶危急时；

三、国家或都道府县的机构在实施确保海上安全与治安业务时；

四、在该安全水域从事海洋构筑物等的业务时。

2. 在存在上款规定的许可申请时，国土交通大臣除非认定对确保海洋构筑物等的安全没有障碍，或为灾后重建及其他公益事业不得已而采取的临时措施，否则不得予以批准。

3. 国土交通大臣欲批准第1款提出的申请时，应事先与依第三条第2款规定的与安全水域有关提出申请的特定行政机构首长协商。

4. 国土交通大臣可对第一款的批准附加必要条件。

5. 国家机关或地方公共团体欲进入安全水域时（除第2款但书的规定之外），应以在该国家机关或地方公共团体与国土交通大臣之间达成协议为前提，方可视为批准第1款。

6. 第3款项的规定，适用于国土交通大臣接受根据上项规定达成的协议。

第六条（诚实履行国际规则）　应注意的是，本法的实施不得妨碍诚实履行我国已缔结的条约及其他国际规则。

第七条（罚则）

1. 符合下列情形之一者，处以一年以下徒刑或50万日元以下的罚款：

一、违反第五条第1款规定者；

二、违反国土交通大臣根据第五条第4款的规定所附条件者。

2. 法人代表、法人、或自然人的代理人、雇佣者及其他从业人员对法人或自然人的业务有违反前款规定的行为时，除处罚行为者外，还要对法人或自然人处以同款规定的罚款。

附则

本法自公布之日起三个月内由政令规定的日期开始实施。

理由

提出本法律的理由：为确保海洋构筑物等的安全及在其周边海域航行的船舶安全，根据《联合国海洋法公约》的规定，有必要完善与海洋构筑物等有关的安全水域的设定方面的规定。

附件七　《在领海等区域外国船舶航行法》

（2008年6月5日通过，2008年7月1日起施行）

目录

第一章　总则

第一条（目的）　考虑到对于被海包围的日本来说，确保海洋安全对于确保国家安全是相当重要的，通过对领海等区域外国船舶的航行方法、对有关外国船舶的航行措施，以及其他必要事项的规定，本法在维护领海等区域外国船舶航行秩序的同时，抑制外国船舶的未经许可行动，以确保领海等区域的安全为目的。

第二条（定义）　本法中各项用语的意思分别由以下各项规定。

一、领海等区域指日本的领海和内水。

二、新内水是指日本内水中根据《领海和毗连区法》（1977年法律第30号）第2条第1款规定的直线基线新成为日本内水的部分。

三、外国船舶是指《船舶法》（1899年法律第46号）第1条规定日本船舶以外的船舶（军舰，各国政府所有或航行的船舶、且仅为非商业性目的使用的船舶除外）。

四、船长等是指船长或代替船长指挥船舶的人员。

五、水域设施是指由国土交通省令规定的在日本港口的停泊地、供其他船舶的停留或下锚用的设施或场所。

六、拴住设施是指由国土交通省令规定的在日本港口的码头、供其他船舶拴住用的设施或场所。

七、水域设施等是指水域设施或拴住设施。

第二章　外国船舶的航行方法等

第三条（在领海等区域外国船舶的航行方法）　在领海等区域航行的外国船舶，通过（在内水只限于在新内水）或以与水域设施等之间的往来为目的，应继续不停迅速进行。

第四条　1. 在领海等区域，外国船舶的船长等不能让该外国船舶附带以下各项行为（以下简称“停留等”）航行。但当为避免恶劣天气、海难及其他危难，救助人员生命、其他船舶或飞机，遵守《海上冲突预防法》（1977 年法律第 62 号）及其他法令的规定，以及其他的国土交通省令的规定存在无可奈何的理由时，则该外国船舶可停留等。

（1）停留（除已在水域设施的船舶）；

（2）下锚（除已在水域设施的船舶）；

（3）拴住（除已在拴住设施的船舶）

（4）徘徊等（根据气候、海况、船舶交通状况、前方有无障碍物，以及其他周围事项，被认为是对船舶的通常航行不必要的进路或速度的航行）。

2. 除上款规定外，外国船舶的船长等在内水（除新内水，以下同）不能让该船舶到达水域设施等、或进行从水域设施等出发的航行以外的航行。但当存在上款规定的例外时，不受此限制。

第五条（外国船舶的通报义务）　1. 外国船舶的船长等，如果认为在领海等区域让该外国船舶停留、或在内水让该外国船舶进行通过航行有必要时，应事先根据国土交通省令的规定，应将该外国船舶的名称、船籍港口、停留等或通过航行的理由，以及其他国土交通省令规定的事项（下款简称“通报事项”）向最近的海上保安厅的事务所通报。但当对停留等或通过航行的理由明确由国土交通令规定时，则不受此限制。

2. 在遇到上款为避免急迫的危险而不能重新通报时，外国船舶的船长等应在避开该危险后速向最近的海上保安厅的事务所通报有关通报事项。

3. 根据上两款的规定外国船舶的船长等应进行的通报，也可由该外国船舶的所有者或船长等或所有者的代理人行使。

4. 接受根据第 1 款或第 2 款规定通报（包括根据本条第 3 款规定的通报。与第六条第 1 款相同）的海上保安厅事务所长官认为必要时，可对有关通报的外国船舶的船长等进行忠告或指导。

第六条（对外国船舶的登临检查）　1. 当海上保安厅长官考虑到在领海等区域存在

正附带停留等的航行、或在内水存在正进行通过航行的外国船舶，而对该停留等或该通过航行未根据第五条第1款或第2款的规定实施通报时，或怀疑在通报的内容中包含虚假的事实时，从周围事项进行合理判断后，认为该船舶的船长等由违反第四条规定的嫌疑，且为实现该法律的目的，有必要对该船舶附带停留等的航行或该通过航行予以确认的理由时，可让海上保安官登临该船舶、检查书面资料及其他物件，或可对该船舶的船员以及相关者进行提问。

2. 根据上款规定登临检查的海上保安官，应着制服或携带显示身份的证明书，当有相关者的请求时，应提出证明书。

3. 根据第1款登临检查的权限，不能解释为可实施犯罪搜查。

第七条（命令外国船舶退回）　根据第六条规定进行登临检查的结果，海上保安厅长官认为该船舶的船长等违反第四条的规定时，则可对该船长发布让该船舶从领海等区域退回的命令。

第三章　杂则

第八条（委任权限）　根据本法属于海上保安厅长官权限的事项，可通过国土交通省令规定，让管区的海上保安本部部长行使。

第九条（适用行政程序法除外）　根据第七条规定发布的命令，不适用《行政程序法》（1993年法律第88号）第三章的规定。

第十条（诚实履行国际规则）　在施行本法之际，不应妨碍日本缔结的条约和其他国际规则的诚实履行。

第四章　罚则

第十一条　违反根据第七条命令的船长等，处以一年以下的徒刑或五十万日元以下的罚款。

第十二条　对根据第六条第1款规定登临检查予以拒绝、妨碍或回避或对提问不予回答或作出虚假陈述的人员，处以六个月以下的徒刑或三十万日元以下的罚款。

附则

施行日期

1. 本法自公布之日起20日后施行。

部分修改海事代理士法

2. 对《海事代理士法》（1951年法律第32号）的一部分内容进行修改。（译者注：内容省略）

3. 对为发展海上运输事业的《船员法》（2004年法律第71号）等的一部分内容进行修改。（译者注：内容省略）

相关连接：

1. 为便于理解《在领海等区域有关外国船舶航行法律》内容，特将《联合国海洋法公约》相关条款刊载如下，供参考。

（1）《联合国海洋法公约》第 7 条第 1 款规定，在海岸线极为曲折的地方，或者如果紧接海岸有一系列岛屿，测算领海宽度的基线的划定可采用连接各适当点的直线基线法。

（2）《联合国海洋法公约》第 8 条第 2 款规定，如果按照第七条所规定的方法确定直线的效果使原来并未认为是内水的区域被包围在内成为内水，则在此项水域内应有本公约所规定的无害通过权。

（3）《联合国海洋法公约》第 17 条规定，在本公约的限制下，所有国家，不论为沿海国或内陆国，其船舶均享有无害通过领海的权利。

（4）《联合国海洋法公约》第 18 条第 1 款规定，通过是指为了下列目的，通过领海的航行：（a）穿过领海但不进入内水或停靠内水以外的泊船处或港口设施；或（b）通过应继续不停迅速进行。通过包括停船和下锚在内，但以通常航行所附带发生的或由于不可抗力或遇难所必要的或为救助遇险或遭难的人员、船舶或飞机的目的为限。

2. 日本《领海和毗连区法》第 2 条第 1 款规定，基线是低潮线、直线基线和在湾口或湾内或河口所引的直线。但对于内水——濑户内海来说，与其他海域的界限以政令规定的线为基线。第 2 款规定，第 1 款的直线基线，根据《联合国海洋法公约》第 7 条的规定，由政令规定。

3. 对日本海上保安厅管辖范围即管区的说明。

日本海上保安厅根据《海上保安厅法》（1948 年 4 月 27 日制定，1948 年 5 月 1 日起施行）第 1 条的规定，于 1948 年 5 月 1 日创设。即为保护海上人员生命和财产，以及预防、搜查和镇压违法人员，设置由国土交通大臣管理的外部机构——海上保安厅。根据《海上保安厅法》第 2 条的规定，海上保安厅的任务为：厉行海上法令，海难救助，防止海洋污染，搜查和逮捕海上犯人，规制海上船舶交通，管理水路、与航标有关的事务，以及其他确保海上安全和附属事务，以确保海上安全和治安。

为维持海洋秩序、救助海难事件、预防和保护海上灾害及海洋环境、确保海上安全等，日本将海上保安厅的管辖范围分为十一个管区，由北向南依次排序。在各管区，设置管区海上保安本部，在其先面设立海上保安部、海上保安署、航空基地、水陆观测所、海上交通中心等机构。

附件八 《处罚与应对海盗行为法》

（2009年6月19日制定，2009年7月24日施行）

第一条（目的） 本法对于被海包围、且对主要资源的大部分高度依赖外国贸易的日本经济社会和国民生活来说，确保海上运输的船舶及其航行安全是极其重要的，同时，兼顾《联合国海洋法公约》要求所有国家尽力在公海等海域合作处罚海盗行为的规定，日本为合适和有效地应对海盗行为规定必要事项，以求维护海上公共安全和秩序为目的。

第二条（定义） 本法中的海盗行为是指船员（除军舰及政府所有或使用的船舶）或乘客为私人目的，在公海（包括《联合国海洋法公约》规定的专属经济区）或日本的领海或内水进行的以下各项的任一行为。

一、使用暴力或威胁、或用其他方法使人处于无法抵抗的状态，掠夺航行中的其他船舶、或按自己的意图控制船舶航行的行为；

二、使用暴力或威胁、或用其他方法使人处于无法抵抗的状态，掠夺航行中其他船舶内的财物、或获得财产上的不法利益、或让他人获得利益的行为；

三、为向第三者交付财物、实施无义务的行为或要求不行使权利，以人质为目的，掠夺航行中其他船舶内人员的行为；

四、夺取或以自己的意图控制船舶航行及其船舶内人员或掠夺航行中的其他船舶内的人员为人质，要求向第三者交付财物、实施其他无义务的行为或不行使权利的行为；

五、以行使上述各项相关海盗行为为目的，侵入航行中的其他船舶或损坏其的行为；

六、以上述第1项至第4项的任一相关海盗行为为目的，让船舶航行、显著接近航行中的船舶或纠缠或妨碍船舶前进的行为；

七、以上述第 1 项至第 4 项的任一相关海盗行为为目的，准备凶器让船舶航行的行为。

第三条（海盗行为罪）　1. 行使第 2 条第 1 项至第 4 项的任一相关海盗行为者，处以无期或五年以上徒刑；

2. 上款罪（除第 2 条第 4 项有关的海盗行为）的未遂也处罚；

3. 行使第 2 条第 5 项或第 6 项相关海盗行为者，处以五年以下的徒刑；

4. 行使第 2 条第 7 项相关海盗行为者，处以三年以下的徒刑。但对在开始实施本条第 1 款或第 3 款罪行以前的自首者，予以减轻或免除罪刑。

第四条　1. 触犯第 3 条第 1 款或第 2 款者，使人员负伤时处以无期或六年以上徒刑，使人员死亡时处以死刑或无期徒刑；

2. 对上款罪的未遂者也处罚。

第五条（由海上保安厅应对海盗行为）　1. 为应对海盗行为，由海上保安厅根据法律、《海上保安厅法》（1948 年法律第 28 号）和其他法令的规定采取相应措施；

2. 本条的上款规定不能解释为，按《海上保安厅法》第 5 条第 17 项规定的警察行政厅根据相关法令的规定对海盗行为采取必要措施的权限有所妨碍。

第六条　海上保安官或海上保安官助理，除准用《海上保安厅法》第 21 条第 1 款的《警察官职务执行法》（1948 年法律第 136 号）第 7 条的规定使用武器外，为制止本法第 3 条第 3 款的海盗行为（仅限于第 2 条第 6 项）时，如果实施海盗行为的人员，不遵从其他制止措施、还让船舶航行继续实施该海盗行为时，在坚信无其他办法使该船舶停止前行，并有足够理由时，可根据事态在合理判断并认为必要的限度内使用武器。

第七条（应对海盗行动）　1. 防卫大臣为应对海盗行为认为特别必要时，在得到内阁总理大臣的许可或承认后，可命令海上自卫队采取应对海盗行为的必要行动。此时，不适用《自卫队法》（1954 年法律第 165 号）第 82 条的规定；

2. 防卫大臣为得到上款的许可时，应与相关行政机构长官协商，对以下各项作出相应的说明，并向内阁总理大臣提交。但如果应对海盗行为紧迫时，则只要向内阁总理大臣提交必要行动的概要：

一、实施上述行动（简称应对海盗行动）的必要性；

二、实施应对海盗行动的海上区域；

三、命令应对海盗行动自卫队部队的规模、构成和装备及实施期间；

四、其他应对海盗行动的重要事项；

3. 内阁总理大臣应在以下各项所指时期，无延迟地向国会报告在各项中规定的事项。

一、在许可第 1 款时，报告其目的及各项规定的事项；

二、在应对海盗行为终了时，报告其结果。

第八条（在应对海盗行为时自卫队的权限）　1.《海上保安厅法》第 16 条、第 17 条第 1 款和第 18 条的规定，准用于执行应对海盗行动的海上自卫队三等以上自卫官职务的执行；

2.《警察官职务执行法》第 7 条和第 6 条的规定，准用于执行应对海盗行动的自卫队自卫官职务的执行。此时，该条中的《海上保安厅法》第 20 条第 1 款替换为本法第 8 条第 2 款；

3.《自卫队法》第 89 条第 2 款的规定，根据准用上款《警察官职务执行法》第 7 条和第 6 条的规定，可准用于自卫官使用武器的场合。

第九条（适用日本法令）　根据第 5 条至第 8 条的规定，有关在日本国外应对海盗行为的日本公务员的职务的执行及妨碍其执行的行为，适用日本法令（包括罚则）。

第十条（相关行政机构的合作）　相关行政机构的长官，为实现第 1 条的目的，应就应对海盗行为与海上保安厅长官和防卫大臣进行合作。

第十一条（国家等的职责）　1. 国家应努力收集、整理、分析和提供因海盗行为引发的损害予以防止所必须的情报；

2.《海上运输法》（1949 年法律第 187 号）第 23 条之三第 2 款规定的船舶运输单位和其他船舶运输相关者，在各自尽力防止海盗行为引发的损害的同时，应向国家适时地提供相关海盗行为的情报。

第十二条（诚实履行国际条约等）　在施行本法律时，不妨碍日本缔结的条约和其他国际规则的诚实履行，并遵守已确立的国际规则。

第十三条（向政令的委任）　本法未规定的其他内容，有关本法实施的程序和其他有关本法施行的必要事项，由政令规定。

附则

第一条（实行日期）　本法自公布之日起 30 日后施行。但根据附则第 6 条的规定，自《为应对犯罪的国际化和组织化及情报处理的高度化修改刑法等一部分的法律》的施行日或本法施行日的迟者起开始施行。

第二条（过渡措施）至第六条（省略）。

理由

对于被海包围、且对主要资源的大部分高度依赖外国贸易的日本经济社会和国民生活来说，确保海上运输的船舶及其航行安全是极其重要的，同时，兼顾《联合国海洋法公约》要求所有国家尽力在公海等海域合作防止和惩治海盗行为的规定，日本为合适和有效地应对海盗行为规定必要事项，以维护海上公共安全和秩序。此为提出本法案的理由。

友情连接：

《海上保安厅法》第5条规定，海上保安厅为完成第2条第1款的任务，对以下各项（共28项）事务具有管辖权。

第5条第17项规定，根据《派遣国际紧急援助队法》（1987年法律第93号）有关国际紧急援助活动。（例如，《海上保安厅法》第2条规定，海上保安厅的任务为：厉行海上法令，海难救助，防止海洋污染，搜查和逮捕海上犯人，规制海上船舶交通，管理水路、与航标有关的事务，以及其他确保海上安全和附属事务，以确保海上安全和治安。）

《海上保安厅法》第16条（要求合作）：省略。

《海上保安厅法》第17条第1款规定，海上保安厅职员为切实实施其职权，必须具备以下条件，即海上保安厅职员在履行职责，认为有必要时，可要求船舶停止，并可要求船长或代替船长指挥船舶的人员提供根据法令应在船舶上配备的必备资料、船舶的同一性、船籍港、船长的姓名、出发港或出发地、目的港或目的地、货物的性质或其他与航行有关等方面的信息，进行检查；或者可对船员或旅客进行必要的提问。

第17条第2款规定，海上保安厅职员在履行上述检查或提问时，应穿制服或携带体现其身份的证件。

《海上保安厅法》第18条规定，当海上保安厅职员认为海上犯罪正在进行或天灾事变、海难、损坏工作物、危险物爆炸等危险事态存在，并将对人员的生命或身体或财产带来重大损害，以及情况紧急时，除遵守其他法令外，可采取以下措施：第一，让船舶前行、停止或禁止出航；第二，让船舶变航或移动到指定场所；第三，让船员、旅客及其他船内人员下船，或限制、禁止他们下船；第四，让货物上岸，或限制、禁止货物上岸；第五，限制、禁止其他船舶或与陆地间的交通；第六，制止对人员的生命或身体有危险、或对财产带来重大损害的行为。

《海上保安厅》第20条第1款规定，有关海上保安官或海上保安官辅助武器的使用，准用《警察官职务执行法》第7条的规定。

《警察官职务执行法》第7条规定，警察官为逮捕犯人或防止犯人逃走、防卫自己或他人或控制对执行公务的抵抗，有充足的理由认为必要时，可根据事态的进展在必要而合理的范围内使用武器。

《自卫队法》第82条规定，为保护海上人员生命和财产或维持治安，防卫大臣认为有特别必要时，在得到总理大臣的承认或许可后，可命令海上自卫队部队实施海上必要行动（即海上警备行动）。

《自卫队法》第89条第2款规定，自卫官根据《警察官职务执行法》第七条的规定使用武器时，除符合《刑法》第36条或第37条外，应遵守该部队指挥官的命令。

《海上运输法》第23条之三第2款：省略。

附件九　《领海与毗连区法》

(1977 年 5 月 2 日制定，1977 年 7 月 1 日起施行，1996 年 6 月 14 日修改)

第一条（领海的范围）　1. 日本的领海是从基线到其外侧 12 海里线以内的海域。如果 12 海里线从基线量起超过中间线时，超过部分由中间线确定，但存在与其他国家之间同意的其他线时则其代替中间线。

2. 上款的中间线是指，其每一点同基线最近点的距离与日本海岸和其他相向外国海岸测定外国领海幅度的基线上最近点的距离相等的线。

第二条（基线）　1. 基线是低潮线、直线基线和在湾口或湾内或河口划的直线。但对于属于内水的濑湖内海与其他海域之间的界限由政令规定的线为基线。

2. 上款的直线基线根据《联合国海洋法公约》第 7 条的规定，由政令确定。

3. 除上款规定外，第 1 款规定的线作为基线时的标准和规定其他基线的必要事项由政令确定。

第三条（从内水或领海的紧追适用国内法令）　日本公务员执行及妨碍其执行从内水或领海实施的《联合国海洋法公约》第 111 条规定的紧追行为，适用日本的法令（包括罚则，第 5 条也一样）。

第四条（毗连区）　1. 日本根据《联合国海洋法公约》第 33 条第 1 款的规定，为防止和处罚在领域（领土和领海）内违反海关、财政、出入国管理（移民）或卫生法规采取必要措施的水域，设定毗连区。

2. 上款的毗连区是指从基线到其外侧 24 海里线以内的海域。

3. 日本与外国之间在相互超过中间线的联合国海洋法公约第 33 条第 1 款规定区域执行措施认为是适当时，毗连区虽有上款的规定，应根据政令的规定，能将从基线起到其外侧 24 海里线内的海域作为执行海域。

第五条（毗连区使用日本的法令）　日本公务员在第4条第1款规定的毗连区履行其职务（包含从毗连区开始执行《联合国海洋法公约》第111条规定的紧追）和妨碍其职务履行的行为，适用日本法令。

附则

1. 施行日期。

2. 特定海域的领海范围。在相当时期内，对于宗谷海峡、津轻海峡、对马海峡东水道、对马海峡西水道和大隅海峡，不适用第1条的规定，与这些海峡相关的领海从各基线起到其外侧3海里的线以及与其相邻所划线内的海域。

相关连接：

一、《联合国海洋法公约》第7条（直线基线）　1. 在海岸线极为曲折的地方，或者如果紧接海岸有一系列岛屿，测算领海宽度的基线的划定可采用连接各适当点的直线基线法。

2. 在因有三角洲和其他自然条件以致海岸线非常不稳定之处，可沿低潮线向海最远处选择各适当点，而且，尽管以后低潮线发生后退现象，该直线基线在沿海国按照本公约改变以前仍然有效。

3. 直线基线的划定不应在任何明显的程度上偏离海岸的一般方向，而且基线内的海域必须充分接近陆地领土，使其受内水制度的支配。

4. 除在低潮高低上筑有永久高于海平面的灯塔或类似设备，或以这种高低作为划定基线的起迄点已获得国际一般承认者外，直线基线的划定不应以低潮高地为起讫点。

5. 在依据第1款可以采用直线基线法之处，确定特定基线时，对于有关地区所特有的并经长期惯例清楚地表明其为实在而重要的经济利益，可予以考虑。

6. 一国不得采用直线基线制度，致使另一国的领海同公海或专属经济区隔断。

二、《联合国海洋法公约》第111条（紧追权）　1. 沿海国主管当局有充分理由认为外国船舶违反该国法律和规章时，可对该外国船舶进行紧追。此项追逐须在外国船舶或其小艇之一在追逐国的内水、群岛水域、领海或毗连区内开始，而且只有追逐未曾中断，才可在领海或毗连区外继续进行。当外国船舶在领海或毗连区内接获停驶命令时，发出命令的船舶并无必要也在领海或毗连区内。如果外国船舶是在第33条所规定毗连区内，追逐只有在设立该区保护的权利遭到侵犯的情形下才可进行。

2. 对于在专属经济区内或大陆架上，包括大陆架上设施周围的安全地带内，违反沿海国按照本公约适用于专属经济区或大陆架、包括这种安全地带的法律和规章的行为，应比照适用紧追权。

3. 紧追权在被追逐的船舶进入其本国领海或第三国领海时立即终止。

4. 除非追逐的船舶以可用的实际方法认定被追逐的船舶或其小艇之一或作为一队进行活动而以被追逐的船舶为母船的其他船艇是在领海范围内，或者在毗连区或专属经济区或在大陆架上，紧追不得认为已经开始。追逐只有在外国船舶视听所及的距离内发出视觉或听觉的停驶信号后，才可开始。

5. 紧追权只可由军舰、军用飞机或其他有清楚标志可以识别的为政府服务并经授权紧追的船舶或飞机行使。

6. 在飞机进行紧追时：（a）应比照适用第 1 至第 4 款的规定；（b）发出停驶命令的飞机，除非其本身能逮捕该船舶，否则须其本身积极追逐船舶直至其所召唤的沿海国船舶或另一飞机前来接替追逐为止。飞机仅发现船舶犯法或有犯法嫌疑，如果该飞机本身或接着无间断地进行追逐的其他飞机或船舶既未命令该船停驶也未进行追逐，则不足以构成在领海以外逮捕的理由。

7. 在一国管辖范围内被逮捕并被押解到该国港口以便主管当局审问的船舶，不得仅以其在航行中由于情况需要而曾被押解通过专属经济区的或公海的一部分为理由而要求释放。

8. 在无正当理由行使紧追权的情况下，在领海以外被命令停驶或被逮捕的船舶，对于可能因此遭受的任何损失或损害应获赔偿。

三、《联合国海洋法公约》第 33 条（毗连区）　1. 沿海国可在毗连其领海称为毗连区的区域内，行使为下列事项所必要的管制：（a）防止在其领土或领海内违犯其海关、财政、移民或卫生法律和规章；（b）惩治在其领土或领海内违犯上述法律和规章的行为。

2. 毗连区从测算或领海宽度的基线量起，不得超过 24 海里。

附件十 《专属经济区和大陆架法》

（1996年6月14日制定，法律第74号，1996年7月20日起实施）

第一条（专属经济区） 1. 根据《联合国海洋法公约》第五部分关于沿海国行使主权权利及其他权利的规定，日本设定《联合国海洋法公约》规定的专属经济区。

2. 上款的专属经济区是指从基线［基线是指我国《领海与毗连区法》（1977年制定，法律第30号，1977年7月1日起实施）第2条第1款规定的基线］的任一点量起距离为200海里的海域及其海底与底土。当距离超过200海里时，超过部分应由相邻或相向国家间的等距离中间线（从我国的基线量起的距离与他国的基线量起的距离相等的线）确定。

第二条（大陆架） 根据《联合国海洋法公约》关于沿海国行使主权权利及其他权利的规定，我国的大陆架（包括海底及其底土）如下：

一、从我国的基线量起其每一点同基线最近点的距离为200海里的线内海域，当该线从基线量起超过中间线时，其超过部分有中间线划定，但当我国与他国间协议划定的线时，则该线代替中间线；

二、邻接上款大陆架海域外侧的海域，由政令根据《联合国海洋法公约》第76条的规定确定。

第三条（适用日本的法令） 1. 对于下列事项，适用日本的法令（包括罚则）：

一、对专属经济区或大陆架的自然资源的勘探与开发，保存与管理，人工岛屿、设施及结构的设置、建造、使用与管理，海洋环境的保护与保全及海洋科学研究；

二、在专属经济区从事为经济目的的勘探和开发活动（除上项的事项）；

三、大陆架的勘探（除第一项的事项）；

四、我国公务员在执行与上述三项有关的事项（包括公务员自这些海域起根据

《联合国海洋法公约》第 111 条规定实施的紧追）时，妨碍专属经济区或大陆架海域的行为。

2. 除上款规定外，对于第 1 款的人工岛屿、设施及结构被视在国内，适用日本的法令。

3. 根据上两款的规定，我国在适用法令时，认为当适用法令的海域为我国领域外、并认为可在合理范围内考虑该海域的特别事项，则能为调整适用的法令关系规定必要的事项。

第四条（条约的效力）　当该法律中规定的事项条约另有规定的，遵守其规定。

相关链接：1. 《联合国海洋法公约》第 76 条第 1 款规定，沿海国的大陆架包括其领海以外依其陆地领土的全部自然延伸，扩展到大陆边外缘的海底区域的海床和底土，如果从测算领海宽度的基线量起到大陆边的外缘的距离不到 200 海里，则扩展到 200 海里的距离。

2. 《联合国海洋法公约》第 111 条第 2 款规定，对于在专属经济区内或大陆架上，包括大陆架上设施周围的安全地带内，违反沿海国按照本公约适用于专属经济区或大陆架、包括这种安全地带的法律和规章的行为，应比照适用紧追权。

附件十一 《中日关于东海问题的原则共识》

（2008年6月18日）

一、关于中日在东海的合作

为使中日之间尚未划界的东海成为和平、合作、友好之海，中日双方根据2007年4月中日两国领导人达成的共识以及2007年12月中日两国领导人达成的新共识，经过认真磋商，一致同意在实现划界前的过渡期间，在不损害双方法律立场的情况下进行合作。为此，双方迈出了第一步，今后将继续进行磋商。

二、中日关于东海共同开发的谅解

作为中日在东海共同开发的第一步，双方将推进以下步骤：

（一）由以下各坐标点顺序连线围成的区域为双方共同开发区块：

1. 北纬29°31′，东经125°53′30″

2. 北纬29°49′，东经125°53′30″

3. 北纬30°04′，东经126°03′45″

4. 北纬30°00′，东经126°10′23″

5. 北纬30°00′，东经126°20′00″

6. 北纬29°55′，东经126°26′00″

7. 北纬29°31′，东经126°26′00″

（二）双方经过联合勘探，本着互惠原则，在上述区块中选择双方一致同意的地点进行共同开发。具体事宜双方通过协商确定。

（三）双方将努力为实施上述开发履行各自的国内手续，尽快达成必要的双边协议。

（四）双方同意，为尽早实现在东海其它海域的共同开发继续磋商。

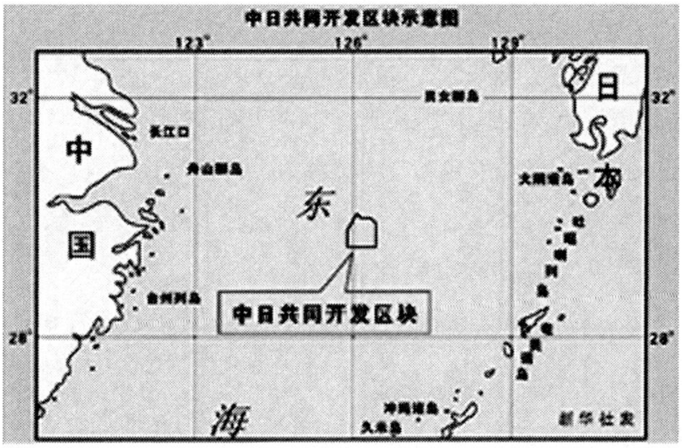

图 中日就东海问题达成原则共识，新华社发，2008 年 6 月 18 日

三、关于日本法人依照中国法律参加春晓油气田开发的谅解

中国企业欢迎日本法人按照中国对外合作开采海洋石油资源的有关法律，参加对春晓现有油气田的开发。

中日两国政府对此予以确认，并努力就进行必要的换文达成一致，尽早缔结。双方为此履行必要的国内手续。

相关链接：

中华人民共和国对外合作开采海洋石油资源条例

（1982 年 1 月 30 日国务院发布施行，根据 2001 年 9 月 23 日《国务院关于修改〈中华人民共和国对外合作开采海洋石油资源条例〉的决定》修订）

目录

第一章 总则

第二章 石油合同各方的权利和义务

第三章 石油作业

第四章 附则

第一章 总则

第一条 为促进国民经济的发展，扩大国际经济技术合作，在维护国家主权和经济利益的前提下允许外国企业参与合作开采中华人民共和国海洋石油资源，特制定本条例。

第二条 中华人民共和国的内海、领海、大陆架以及其他属于中华人民共和国海洋资源管辖海域的石油资源，都属于中华人民共和国国家所有。

在前款海域内，为开采石油而设置的建筑物、构筑物、作业船舶，以及相应的陆岸油（气）集输终端和基地，都受中华人民共和国管辖。

第三条　中国政府依法保护参与合作开采海洋石油资源的外国企业的投资、应得利润和其他合法权益，依法保护外国企业的合作开采活动。

在本条例范围内，合作开采海洋石油资源的一切活动，都应当遵守中华人民共和国的法律、法令和国家的有关规定；参与实施石油作业的企业和个人，都应当受中国法律的约束，接受中国政府有关主管部门的检查、监督。

第四条　国家对参加合作开采海洋石油资源的外国企业的投资和收益不实行征收。在特殊情况下，根据社会公共利益的需要，可以对外国企业在合作开采中应得石油的一部分或者全部，依照法律程序实行征收，并给予相应的补偿。

第五条　国务院指定的部门依据国家确定的合作海区、面积，决定合作方式，划分合作区块；依据国家长期经济计划制定同外国企业合作开采海洋石油资源的规划；制定对外合作开采海洋石油资源的业务政策和审批海上油（气）田的总体开发方案。

第六条　中华人民共和国对外合作开采海洋石油资源的业务，由中国海洋石油总公司全面负责。中国海洋石油总公司是具有法人资格的国家公司，享有在对外合作海区内进行石油勘探、开发、生产和销售的专营权。

中国海洋石油总公司根据工作需要，可以设立地区公司、专业公司、驻外代表机构，执行总公司交付的任务。

第七条　中国海洋石油总公司就对外合作开采石油的海区、面积、区块，通过组织招标，采取签订石油合同方式，同外国企业合作开采石油资源。

前款石油合同，经中华人民共和国对外贸易经济合作部批准，即为有效。

中国海洋石油总公司采取其他方式运用外国企业的技术和资金合作开采石油资源所签订的文件，也应当经中华人民共和国对外贸易经济合作部批准。

第二章　石油合同各方的权利和义务

第八条　中国海洋石油总公司通过订立石油合同同外国企业合作开采海洋石油资源，除法律、行政法规另有规定或者石油合同另有约定外，应当由石油合同中的外国企业一方（以下称外国合同者）投资进行勘探，负责勘探作业，并承担全部勘探风险；发现商业性油（气）田后，由外国合同者同中国海洋石油总公司双方投资合作开发，外国合同者并应负责开发作业和生产作业，直至中国海洋石油总公司按照石油合同规定在条件具备的情况下接替生产作业。外国合同者可以按照石油合同规定，从生产的石油中回收其投资和费用，并取得报酬。

第九条　外国合同者可以将其应得的石油和购买的石油运往国外，也可以依法将其回收的投资、利润和其他正当收益汇往国外。

第十条　参与合作开采海洋石油资源的中国企业、外国企业，都应当依法纳税，缴纳矿区使用费。

前款企业的雇员，都应当依法缴纳个人所得税。

第十一条　为执行石油合同所进口的设备和材料，按照国家规定给予减税、免税，或者给予税收方面的其他优惠。

第十二条　外国合同者开立外汇账户和办理其他外汇事宜，应当遵守《中华人民共和国外汇管理条例》和国家有关外汇管理的其他规定。

第十三条　石油合同者可以约定石油作业所需的人员，作业者可以优先录用中国公民。

第十四条　外国合同者在执行石油合同从事开发、生产作业过程中，必须及时地、准确地向中国海洋石油总公司报告石油作业情况；完整地、准确地取得各项石油作业的数据、记录、样品、凭证和其他原始资料，并定期向中国海洋石油总公司提交必要的资料和样品以及技术、经济、财会、行政方面的各种报告。

第十五条　外国合同者为执行石油合同从事开发、生产作业，应当在中华人民共和国境内设立分支机构或者代表机构，并依法履行登记手续。

前款机构的住所地应当同中国海洋石油总公司共同商量确定。

第十六条　本条例第三条、第九条、第十条、第十一条、第十五条的规定，对向石油作业提供服务的外国承包者，类推适用。

第三章　石油作业

第十七条　作业者必须根据本条例和国家有关开采石油资源的规定，参照国际惯例，制定油（气）田总体开发方案和实施生产作业，以达到尽可能高的石油采收率。

第十八条　外国合同者为执行石油合同从事开发、生产作业，应当使用中华人民共和国境内现有的基地；如需设立新基地，必须位于中华人民共和国境内。

前款新基地的具体地点，以及在特殊情况下需要采取的其他措施，都必须经中国海洋石油总公司书面同意。

第十九条　中国海洋石油总公司有权派人参加外国作业者为执行石油合同而进行的总体设计和工程设计。

第二十条　外国合同者为执行石油合同，除租用第三方的设备外，按计划和预算所购置和建造的全部资产，当外国合同者的投资按照规定得到补偿后，其所有权属于中国海洋石油总公司，在合同期内，外国合同者仍然可以依据合同的规定使用这些资产。

第二十一条　为执行石油合同所取得的各项石油作业的数据、记录、样品、凭证和其他原始资料，其所有权属于中国海洋石油总公司。

前款数据、记录、样品、凭证和其他原始资料的使用和转让、赠与、交换、出售、公开发表以及运出、传送出中华人民共和国，都必须按照国家有关规定执行。

第二十二条　作业者和承包者在实施石油作业中，应当遵守中华人民共和国有关环境保护和安全方面的法律规定，并参照国际惯例进行作业，保护渔业资源和其他自然资源，防止大气、海洋、河流、湖泊和陆地等环境的污染和损害。

第二十三条　石油合同区产出的石油，应当在中华人民共和国登陆，也可以在海上油（气）外输计量点运出。如需在中华人民共和国以外的地点登陆，必须经国务院指定的部门批准。

第四章　附则

第二十四条　在合作开采海洋石油资源活动中，外国企业和中国企业间发生的争执，应当通过友好协商解决。通过协商不能解决的，由中华人民共和国仲裁机构进行调解、仲裁，也可以由合同双方协议在其他仲裁机构仲裁。

第二十五条　作业者、承包者违反本条例规定实施石油作业的，由国务院指定的部门依据职权责令限期改正，给予警告；在限期内不改正的，可以责令其停止实施石油作业。由此造成的一切经济损失，由责任方承担。

第二十六条　本条例所用的术语，其定义如下：

1. “石油”是指蕴藏在地下的、正在采出的和已经采出的原油和天然气。

2. “开采”是泛指石油的勘探、开发、生产和销售及其有关活动。

3. “石油合同”是指中国海洋石油总公司同外国企业为合作开采中华人民共和国海洋石油资源，依法订立的包括石油勘探、开发和生产的合同。

4. “合同区”是指在石油合同中为合作开采石油资源以地理坐标圈定的海域面积。

5. “石油作业”是指为执行石油合同而进行的勘探、开发和生产作业及其有关的活动。

6. “勘探作业”是指用地质、地球物理、地球化学和包括钻探井等各种方法寻找储藏石油的圈闭所做的全部工作，以及在已发现石油的圈闭上为确定它有无商业价值所做的钻评价井、可行性研究和编制油（气）田的总体开发方案等全部工作。

7. “开发作业”是指从国务院指定的部门批准油（气）田的总体开发方案之日起，为实现石油生产所进行的设计、建造、安装、钻井工程等及其相应的研究工作，并包括商业性生产开始之前的生产活动。

8. “生产作业”是指一个油（气）田从开始商业性生产之日起，为生产石油所进行的全部作业以及与其有关的活动，诸如采出、注入、增产、处理、贮运和提取等作业。

9. “外国合同者”是指同中国海洋石油总公司签订石油合同的外国企业。外国企业可以是公司，也可以是公司集团。

10. “作业者”是指按照石油合同的规定负责实施作业的实体。

11. “承包者”是指向作业者提供服务的实体。

第二十七条　本条例自公布之日起施行。

附件十二 《中日处理和改善两国关系的四点原则共识》

（2014年11月7日）

2014年11月7日，国务委员杨洁篪在钓鱼台国宾馆同来访的日本国家安全保障局长谷内正太郎举行会谈。双方就处理和改善中日关系达成以下四点原则共识：

一、双方确认将遵守中日四个政治文件的各项原则和精神，继续发展中日战略互惠关系。

二、双方本着“正视历史、面向未来”的精神，就克服影响两国关系政治障碍达成一些共识。

三、双方认识到围绕钓鱼岛等东海海域近年来出现的紧张局势存在不同主张，同意通过对话磋商防止局势恶化，建立危机管控机制，避免发生不测事态。

四、双方同意利用各种多双边渠道逐步重启政治、外交和安全对话，努力构建政治互信。

附件十三　《中日第三轮海洋事务高级别磋商六点共识》

（2015 年 1 月 22 日）

2015 年 1 月 22 日，中日海洋事务高级别磋商第三轮磋商全体会议及工作组会议在日本横滨市举行。中方首席代表、外交部边海司副司长易先良与日方首席代表、外务省亚洲大洋洲局审议官下川真树太分别率团与会。

中国外交部、中央外办、国防部、公安部、国土资源部、交通运输部、国家海洋局、中国海警局、总参谋部等部门及日本内阁官房、外务省、文部科学省、水产厅、资源能源厅、国土交通省、海上保安厅、环境省、防卫省等部门分别派人参加。

双方举行了磋商机制全体会议和机制下设的政治法律、海上防务、海上执法与安全及海洋经济四个工作组会议，就中日关系、东海有关问题及海上合作深入交换了意见，并就如下内容达成一致，即六点共识。

一、双方对本月 12 日举行的中日防务部门海上联络机制第四轮专家组磋商取得的进展予以积极评价，同意争取早日启动防务部门海空联络机制，并就此进行磋商。

二、中国公安部边防局和日本海上保安厅同意继续就打击走私、偷渡等海上犯罪进行合作。

三、中国海警局和日本海上保安厅同意建立双方总部之间的对话窗口，并尽快讨论进一步合作的方式。

四、双方同意在中日海洋事务高级别磋商框架下，加强海洋政策及海洋法对话。

五、双方同意根据有关国际法加强在搜救、科技及环境等领域的海洋合作。双方并就早日缔结中日海上搜救协定交换了意见。

六、双方原则同意今年下半年在中国举行第四轮中日海洋事务高级别磋商，具体事宜将通过外交渠道商定。1

主要参考文献

（一） 参考著作

［1］马英九著：《从海洋法论钓鱼台列屿与东海划界问题》，台湾正中书局1986年版。

［2］陈炎著：《海上丝绸之路与中外文化交流》，北京大学出版社1996年版。

［3］西原正・土山實男共编：『日米同盟 Q&A100』，亜紀書房1998年版。

［4］栗林忠男著：《注解联合国海洋法公约》（下卷），有斐阁1994年版。

［5］山本草二著：《海洋法》，三省堂1997年版。

［6］太寿堂鼎著：《领土归属的国际法》，东信堂1998年版。

［7］芹田健太郎著：《岛屿归属与专属经济区划界》，有信堂1999年版。

［8］日本国际法学会编：《日本与国际法的100年第2卷：陆地、领空和宇宙》，三省堂2001年版。

［9］日本国际法学会编：《日本与国际法的100年第9卷：争端解决》，三省堂2001年版。

［10］日本国际法学会编：《日本与国际法的100年第3卷：海洋》，三省堂2001年版。

［11］鞠德源著：《日本国窃土源流　钓鱼列屿主权辨》，首都师范大学出版社 2001 年版。

［12］小田滋著：《注解联合国海洋法公约》（上卷），有斐阁 2002 年版。

［13］水上千之编：《现代海洋法》，有信堂 2003 年版。

［14］傅昆成著：《海洋管理的法律问题》，文笙书局 2003 年版。

［15］郑海麟著：《从历史与国际法看钓鱼台主权归属》，台湾海峡学术出版社 2003 年版。

［16］栗林忠男、杉原高岭编：《海洋法的历史发展》，有信堂 2004 年版。

［17］高健军著：《中国与国际海洋法——纪念联合国海洋法公约生效 10 周年》，海洋出版社 2004 年版。

［18］水上千之著：《海洋法——发展与现在》，有信堂 2005 年版。

［19］岛田征夫、林司宣编：《海洋法教材》，有信堂 2005 年版。

［20］高健军著：《国际海洋划界论——有关等距离/特殊情况规则的研究》，北京大学出版社 2005 年版。

［21］三杉隆敏：《海のシルクロードを調べる事典》，芙蓉書房出版，2006 年版。

［22］栗林忠男、秋山昌广编著：《海洋的国际秩序与海洋政策》，东信堂 2006 年版。

［23］林田良平著：《海洋决定日本的未来》，成山堂书店 2006 年版。

［24］蔡鹏鸿著：《争议海域共同开发的管理模式：比较研究》，上海社会科学院出版社 1998 年版。

［25］张良福著：《中国与邻国海洋划界争端问题》，海洋出版社 2006 年版。

［26］萧建国著：《国际海洋边界石油的共同开发》，海洋出版社 2006 年版。

［27］安倍晋三著：《建设美好国家》，文春新书 2006 年版。

［28］水上千之著：《专属经济区制度》，有信堂 2007 年版。

［29］郑海麟著：《钓鱼岛列屿之历史与法理研究》，中华书局 2007 年版。

［30］栗林忠男、杉原高岭编：《海洋法的主要案例及其影响》，有信堂 2007 年版。

［31］高之国、张海文主编：《海洋国策研究文集》，海洋出版社 2007 年版。

［32］国家海洋局海洋发展战略研究所课题组编：《中国海洋发展报告》，海洋出版社 2007 年版。

［33］高坂正尧著：《海洋国家日本の構想》，中央公论社 2008 年版。

［34］渡辺利夫著：《新脱亜論》，文春新書 2008 年版。

［35］林司宣著：《现代海洋法的形成与课题》，信山社 2008 年版。

［36］山本草二编：《海上保安法制——海洋法与国内法的交错》，三省堂 2009 年版。

［37］国家海洋局海洋发展战略研究所课题组编：《中国海洋发展报告》（2009），海洋出版社 2009 年版。

［38］陈德恭著：《现代国际海洋法》，海洋出版社 2009 年版。

［39］季国兴著：《中国的海洋安全和海域管辖》，上海人民出版社 2009 年版。

［40］山田吉彦著：《日本は世界 4 位の海洋大国》，讲谈社 2010 年。

［41］张新军著：《权利对抗构造中的争端——东海大陆架法律问题研究》，法律出版社 2011 年版。

［42］郑海麟著：《钓鱼台列屿——历史与法理研究》（增订本），明报出版社 2011 年版。

［43］廉德瑰著：《日本的海洋国家意识》，上海人民出版社 2012 年版。

［44］孙崎享编：《检证尖阁问题》，岩波书店 2012 年版。

［45］吴天颖著：《甲午战前钓鱼列屿归属考——兼质日本奥原敏雄教授》，社会科学文献出版社 1998 年版；《甲午战前钓鱼列屿归属考》（增订版），中国民主法制出版社 2013 年版。

［46］矢吹晋著：《尖阁问题的核心——日中关系会如何》，花伝社 2013 年版。

［47］矢吹晋著：《尖阁冲突始于冲绳归还——作为日美中三角关系顶点的尖阁》，花伝社 2013 年版。

［48］［日］井上清著，贾俊琪、于伟译：《钓鱼岛的历史与主权》，新星出版社 2013 年版。

［49］［日］村田忠禧著，韦平和等译：《日中领土争端的起源——从历史档案看钓鱼岛问题》，社会科学文献出版社 2013 年版。

［50］高健军著：《〈联合国海洋法公约〉争端解决机制研究》（修订版），中国政法大学出版社 2014 年版。

［51］王军敏著：《聚焦钓鱼岛——钓鱼岛主权归属及争端解决》，中共中央党校出版社 2014 年版。

［52］松井芳郎著：《国际法学者解读尖阁问题——拓展对争议解决的展望》，日本评论社 2014 年版。

［53］金永明著：《中国海洋法理论研究》，上海社会科学院出版社 2014 年版。

［54］金永明著：《海洋问题时评》（第一辑），中央编译出版社 2015 年版。

［55］村田忠禧著：《史料彻底考证尖阁领有》，花伝社 2015 年版。

（二）参考文献

［1］日本海洋政策研究财团编：《海洋白皮书：日本的动向，世界的动向》，2004—2015 年。

［2］日本海上保安厅编：《海上保安年度报告》，2005—2015 年，国立印刷局出版社。

［3］海洋政策研究所编：《海洋政策研究》第 1—7 卷（2005—2009 年）；海洋政策研究财团编：《海洋政策研究》第 8—13 卷（2010—2015 年）。

［4］海洋政策研究所编：《寻求人与海洋的共生：150 人的意见》，第 1—4 卷，2000—2008 年。

［5］日本财团海洋船舶部编：《日本 21 世纪海洋政策建议书》，2002 年 5 月。

［6］日本海洋政策研究财团编：《海洋与日本：21 世纪日本海洋政策建议书》，2006 年 1 月。

［7］海洋政策研究财团编：《海洋白皮书：日本的动向，世界的动向》（2007）。

［8］日本综合海洋政策本部编：《海洋基本计划草案》，2008 年 2 月。

［9］日本财团、日本海洋政策研究财团：《日本应对索马里附近海域海盗行为的建议》，2008 年 11 月 18 日。

［10］日本经济产业省编：《海洋能源与矿物资源开发计划》（草案），2009 年 1 月。

［11］日本综合海洋政策本部编：《处罚与应对海盗行为相关法案》，2009 年 3 月 13 日。

［12］日本经济产业省编：《能源白皮书》（2006—2009）。

［13］日本国土交通省海事局编：《海事レポート2013》。

［14］日本防卫省编：《防卫白皮书》（2006—2015）。

［15］松井芳郎编：《基本条约集》，2006—2014 年，东信堂 2006—2014 年。

［16］日本防卫省防卫研究所编：《东亚战略概观》，2009—2015 年。

［17］日本外务省编：《外交蓝皮书》，2009—2015 年。

［18］末川博・家永三郎监修：《現代日本史資料日米安保条約体制史（一）》，三省堂 1970 年版。

后　　记

自2013年底、2014年初本人参与策划国别海洋战略研究丛书以来，历经近3年，由上海市美国问题研究所主编的《美国·亚太地区国家海洋战略研究》丛书第一批的书稿终于面世了，这是十分欣慰之事。但在组织策划该丛书的过程中，由于研究议题的复杂性、重要性以及敏感性等，历经了众多的周折，包括作者的选换、出版社的替换等，所以，特别感谢各位作者和出版社的付出和贡献。

《美国·亚太地区国家海洋战略研究丛书》编委会期望该丛书第一批书籍的出版，对于认识理解有关国家海洋战略的演进和实施，能对我国推进海洋强国战略提供启示和借鉴，能对学者进一步研究国家海洋战略提供参考和帮助，则我们组织策划和出版该丛书的基本目的也就实现了，也能对我们组织策划第二批丛书的出版工作提供动力和信心。

为撰写《日本海洋战略研究》一书，本人先承揽了该书的写作任务，但鉴于日本海洋战略的历史发展和海洋政策演进的复杂性等，深感依靠自身单薄的知识结构实难完成此书的写作任务，为此，我特别邀请廉德瑰教授加盟该著作的写作任务。在得到他的同意后，我们经过多次反复和修改写作大纲，并在任务分工后，按时地完成了写作任务。但受知识结构、学识等限制，著作内定存在不周甚至错误之处，诚望您的指正，以便使我们在再版该书时得到修正和完善。

呈现在读者面前的《日本海洋战略研究》，由前言、六章正文组成。其中前言，第一章，第三章第1—3节，第四章第1节、第3—4节，第五章，由廉德瑰撰写；第二章，第三章第4节，第四章第2节，由金永明撰写；第六章共著。本书由廉德瑰统稿。

同时，为便于读者了解较新的日本海洋战略、海洋政策和海洋法制等内容，在本书中增加了附件资料和参考文献，以供大家备查。这些附件资料和参考文献由金永明翻译整理。

最后，感谢上海市美国问题研究所常务所长胡华研究员的信任，使我们有机会承担本书的写作任务；也对学友章骞先生为该丛书的出版付出的努力表示感谢，以示纪念；也感谢时事出版社苏绣芳副总编辑的热情支持，使得本书能够顺利面世出版！

作者代表：

2016年8月18日

图书在版编目（CIP）数据

日本海洋战略研究/上海市美国问题研究所主编；廉德瑰，金永明著．
—北京：时事出版社，2016．10
ISBN 978-7-80232-964-5

Ⅰ．①日…　Ⅱ．①上…②廉…③金…　Ⅲ．①海洋战略—研究—日本
Ⅳ．①E313．53

中国版本图书馆 CIP 数据核字（2016）第 216240 号

出 版 发 行：时事出版社
地　　　址：北京市海淀区万寿寺甲 2 号
邮　　　编：100081
发 行 热 线：（010）88547590　88547591
读者服务部：（010）88547595
传　　　真：（010）88547592
电 子 邮 箱：shishichubanshe@ sina. com
网　　　址：www. shishishe. com
印　　　刷：北京市昌平百善印刷厂

开本：787×1092　1/16　印张：25．75　字数：350 千字
2016 年 10 月第 1 版　2016 年 10 月第 1 次印刷
定价：102．00 元
（如有印装质量问题，请与本社发行部联系调换）